KB091659

돌아온 트윅의 뽀개기

RC

알씨공략

돌아온
토익 뽀개기

RC
왈씨공략

지은이 김재한
펴낸이 정규도
펴낸곳 ㈜다락원

초판 1쇄 발행 2021년 2월 15일
초판 3쇄 발행 2023년 1월 20일

책임 편집 홍인표, 조상익
디자인 박보희, 윤현주

다락원 경기도 파주시 문발로 211
내용 문의 (02)736-2031 내선 550~551
구입 문의 (02)736-2031 내선 250~252
Fax (02)732-2037
출판 등록 1977년 9월 16일 제406-2008-000007호

값 19,000원
ISBN 978-89-277-0991-6 14740
ISBN 978-89-277-0989-3 14740 (set)

http://www.darakwon.co.kr
다락원 홈페이지를 방문하시면 상세한 출판 정보와 함께 MP3 자료 등의
다양한 어학 정보를 얻으실 수 있습니다.

돌아온 토익 뽀개기

RC
알씨공략

다락원

토익

어떻게 공부해야
할까요?

많은 사람들이 토익을 공부하지만 적지 않은 시간과 비용을 투자하더라도 원하는 결과를 얻기가 쉽지 않습니다. 그 이유는 자신이 원하는 점수를 얻기 위한 효과적인 학습법을 찾기가 힘들기 때문입니다. 영어 실력이 뒷받침되지 않은 사람이 실전대비 토익 모의고사집을 푼다든지, 850점 이상을 목표로 하는 수험생이 기초 문법 교재로 토익을 공부하는 것은 전혀 효과적이지 않은 학습법이라 할 수 있습니다.

이 책은 토익 응시생들의 수준을 분석하여 가장 많은 수험생들이 가장 효과적으로 토익을 공부할 수 있도록 하기 위해 개발되었습니다. 아래의 도표들을 통해 어떤 방식의 학습법이 우리에게 필요한지 확인해 보도록 하겠습니다.

1. 2020년 상반기 영역별 평균 점수

구분	LISTENING	READING	TOTAL
평균 점수	378.41	306.32	684.73

2020년 상반기 토익 평균 점수는 684.73으로 집계되었습니다. 2019년 토익 평균 점수가 686점 정도였던 것을 감안하면 토익의 난이도가 약간 상향 조정되고 있다는 점을 알 수 있습니다.

2. 2020년 상반기 평균 점수 분포

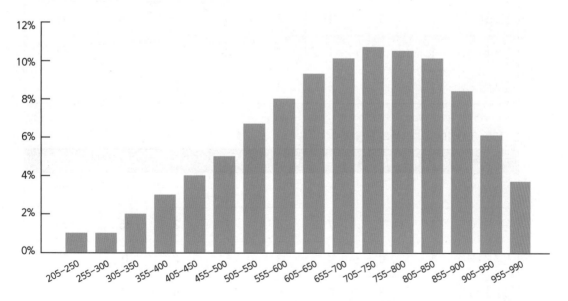

응시생 중 가장 많은 비중을 보이고 있는 점수대는 705-800점대로 나타났으며, 605-700점대와 805-900점대가 그 뒤를 잇고 있습니다. 이러한 점수대는 평균 점수와 차이를 보이는데, 그 이유는 취업이나 대학 졸업

등의 이유로 토익을 준비하는 수험생 외에 순수하게 자신의 영어 실력을 점검하려는 사람들도 다수 존재한다는 점을 보여 줍니다.

이러한 분석을 바탕으로 이 책은 700-800점대의 학생들을 위한 교재로 개발되었습니다. 이 점수대의 학생들은 어느 정도 영어 실력을 갖추고 있지만, 토익의 문제 유형에 익숙하지 않거나 풀이 전략을 제대로 공부하지 못해서 원하는 점수를 얻지 못하는 사람일 것입니다. 따라서 이 책은 토익의 모든 문제 유형을 제시하고 그에 맞는 풀이 전략을 소개함으로써 대다수 응시생들에게 필요한 학습 내용을 제공하고 있습니다.

현재 점수가 낮은 수험생은 기본 실력을 향상시킬 수 있는 종합서를 보는 것이 바람직하며, 고득점을 바라는 수험생은 실전서를 학습하는 것이 효과적일 것입니다. 이 책은 종합서와 실전서의 장점만을 모아 구성했기 때문에, 700-800점대 학생들은 이 교재만으로 문제 유형 파악과 실전 대비를 동시에 할 수 있습니다.

3. 700-800점대 응시생들의 파트별 오답 개수 분석

a. 700-750점대 응시생들의 오답 개수

	PART 1	PART 2	PART 3	PART 4	PART 5	PART 6	PART 7	전체오답개수
응시생 A	1	6	6	4	7	7	13	44
응시생 B	0	5	3	4	9	4	20	45
응시생 C	0	6	4	2	9	1	25	47
응시생 D	1	5	7	5	13	7	9	47
응시생 E	1	7	6	4	8	6	16	48

b. 750-800점대 응시생들의 오답 개수

	PART 1	PART 2	PART 3	PART 4	PART 5	PART 6	PART 7	전체오답개수
응시생 F	2	7	1	1	9	2	14	36
응시생 G	1	2	7	4	7	3	15	39
응시생 H	1	6	11	3	5	2	11	39
응시생 I	1	6	8	0	8	5	11	39
응시생 J	1	5	9	6	6	4	11	42

c. 800-850점대 응시생들의 오답 개수

	PART 1	PART 2	PART 3	PART 4	PART 5	PART 6	PART 7	전체오답개수
응시생 K	1	6	5	6	4	1	2	25
응시생 L	0	2	5	6	4	1	9	27
응시생 M	1	5	6	3	2	3	7	27
응시생 N	1	7	4	3	4	2	6	27
응시생 O	1	2	6	4	4	2	11	30

위의 표는 일부 응시생들의 파트별 오답 개수를 정리한 것입니다. 이를 보면 LC의 경우, 특히 PART 1에서 오답 개수의 차이가 거의 나타나지 않습니다. 이는 기본적으로 PART 1의 문제를 다 맞히거나 한 문제 정도만 틀려야 원하는 점수를 얻을 수 있다는 사실을 나타냅니다. 전체적으로도 LC 점수는 큰 차이를 보이지 않기 때문에 700-800점대의 학생들은 LC 점수를 높이기 보다는 실수를 줄이려는 노력을 기울여야 한다는 점을 알 수 있습니다.

보다 큰 차이를 보이는 부분은 RC인데, 이는 수험생들이 점수를 올리기 위해서는 LC보다 RC에 더욱 노력을 기울여야 한다는 점을 나타냅니다. 가장 극적인 차이를 보이는 부분은 PART 7으로, 850점 이상 고득점을 노리는 학생들은 반드시 PART 7에서 고득점을 맞아야 전체적인 점수가 올라간다는 점을 인지하고 있어야 합니다. 반대로 700점대가 목표인 학생들은 PART 7에 집중하는 것보다는 나머지 파트들에서 점수를 얻는 것이 보다 효과적인 전략이 될 수도 있다는 점을 시사합니다.

이 책은 700-800점대의 학생들이 효과적으로 점수를 올릴 수 있도록 LC의 경우 다량의 문제 풀이를 통해 실수를 줄일 수 있는 방법을 모색하고 있습니다. RC의 경우에는 상대적으로 적은 시간과 비용으로 점수를 올릴 수 있는 PART 5와 PART 6, 즉 문법과 어휘 파트에 보다 집중하고 있으며 고득점을 원하는 학생들을 위해서도 고난이도의 PART 7 지문과 문제들을 수록하고 있습니다.

이 교재를 집필하는 데 큰 도움을 주신 다락원 관계자분들, 영문 감수를 해준 저의 파트너 Michael, 그리고 무엇보다 교재를 함께 검토하고 작업해 주신 박찬기 강사님, 류미선 강사님께 꼭 감사하다는 말씀을 드리고 싶습니다.

저자 **김 재 한**

목차

이 책의 구성

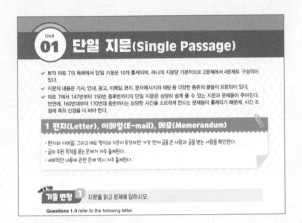

유형 설명

해당 유닛에서 학습할 유형에 대한 설명과 함께 실전에 적용할 수 있는 풀이 전략이 소개되어 있습니다.

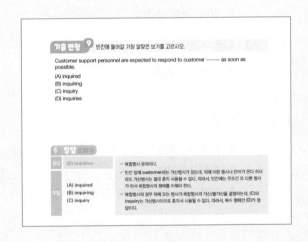

기출 변형

최신 경향의 실전 문제를 변형한 '기출 변형' 문제들이 수록되어 있습니다. 이 책에 수록된 모든 문제들은 반드시 출제되는 유형들만 선별한 것입니다. 그러므로, 교재의 모든 문제들을 풀어 봄으로써 실제 시험에 출제되는 모든 유형의 문제들을 학습할 수 있습니다.

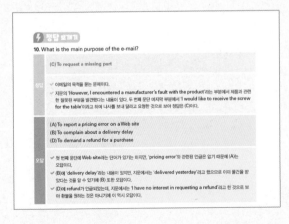

정답 뽀개기

'기출 변형' 문제를 풀고 난 다음 '정답 뽀개기'에 수록된 상세한 설명을 통해 문제를 분석할 수 있습니다. 정답과 오답 설명이 한눈에 알아볼 수 있도록 구분되어 있어서, 보다 효과적으로 학습할 수 있습니다.

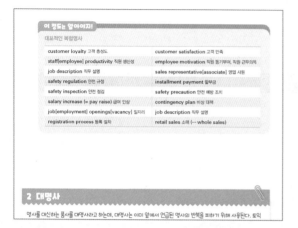

이 정도는 알아야지!

'정답 뽀개기'에서 설명되어 있는 내용 이외에 문제와 관련하여 추가적으로 학습해 두어야 하는 사항들이 있을 경우, '이 정도는 알아야지!'에 해당 내용이 정리되어 있습니다.

파트별 필수 어휘

파트가 끝날 때마다 파트별 필수 어휘가 정리되어 있습니다. 앞서 학습한 내용들 중에서 실제 시험에 자주 출제되는 어휘들이 정리되어 있기 때문에 반드시 암기해 두어야 합니다.

토익 시험 소개

토익(TOEIC)은 Test of English for International Communication의 약자로서, 영어를 모국어로 사용하지 않는 사람이 국제 환경에서 생활을 하거나 업무를 수행할 때 필요한 실용 영어 능력을 평가하는 시험입니다. 현재 한국과 일본은 물론 전 세계 약 60개 국가에서 연간 4백만 명 이상의 수험생들이 토익에 응시하고 있으며, 수험 결과는 채용 및 승진, 해외 파견 근무자 선발 등 다양한 분야에서 활용되고 있습니다.

시험 구성

구성	PART	내용		문항 수	시간	배점
Listening Comprehension	1	사진 묘사		6	45분	495점
	2	질의–응답		25		
	3	대화문		39	100문제	
	4	담화문		30		
Reading Comprehension	5	단문 공란 채우기		30	75분	495점
	6	장문 공란 채우기		16		
	7	독해	단일 지문	29	100문제	
			복수 지문	25		
Total				200문제	120분	990점

출제 분야

토익의 목적은 일상 생활과 업무 수행에 필요한 영어 능력을 평가하는 것이기 때문에 출제 분야도 이를 벗어나지 않습니다. 비즈니스와 관련된 주제를 다루는 경우라도 전문적인 지식을 요구하지는 않으며, 아울러 특정 국가나 문화에 대한 이해도 요구하지 않습니다. 구체적인 출제 분야는 아래와 같습니다.

일반적인 비즈니스 (General Business)	계약, 협상, 마케팅, 영업, 기획, 콘퍼런스 관련
사무 (Office)	사내 규정, 일정 관리, 사무 기기 및 사무 가구 관련
인사 (Personal)	구직, 채용, 승진, 퇴직, 급여, 포상 관련
재무 (Finance and Budgeting)	투자, 세금, 회계, 은행 업무 관련
생산 (Manufacturing)	제조, 플랜트 운영, 품질 관리 관련
개발 (Corporate Development)	연구 조사, 실험, 신제품 개발 관련
구매 (Purchasing)	쇼핑, 주문, 선적, 결제 관련
외식 (Dining Out)	오찬, 만찬, 회식, 리셉션 관련
건강 (Health)	병원 예약, 진찰, 의료 보험 업무 관련
여행 (Travel)	교통 수단, 숙박, 항공권 예약 및 취소 관련
엔터테인먼트 (Entertainment)	영화 및 연극 관람, 공연 관람, 전시회 관람 관련
주택 / 법인 재산 (Housing / Corporate Property)	부동산 매매 및 임대, 전기 및 가스 서비스 관련

응시 방법

시험 접수는 한국 TOEIC 위원회 웹사이트(www.toeic.co.kr)에서 온라인으로 할 수 있습니다.
접수 일정 및 연간 시험 일정 등의 정보 또한 이곳에서 확인이 가능합니다.

시험 당일 일정

수험생들은 신분증과 필기구(연필 및 지우개)를 지참하고 고사장에 입실해야 합니다. 입실 시간은 오전 시험의 경우
9시 20분, 오후 시험의 경우 2시 20분까지입니다.

	시간	
오전	9:30 - 9:45	**오리엔테이션**
오후	2:30 – 2:45	답안지에 이름, 수험 번호 등을 표시하고 직업이나 응시 횟수 등을 묻는 설문에 응합니다.
오전	9:45 - 9:50	**휴식**
오후	2:45 – 2:50	5분간의 휴식 시간 동안 화장실을 이용할 수 있습니다.
오전	9:50	**입실 마감**
오후	2:50	50분부터 출입을 통제하므로 늦어도 45분까지는 고사장에 도착하는 것이 좋습니다.
오전	9:50 - 10:05	**신분증 검사**
오후	2:50 – 3:05	LC 시험 시작 전에 감독관이 신분증을 검사하고 답안지에 확인 서명을 합니다. RC 시험 시간에는 감독관이 돌아다니면서 다시 한 번 신분증을 검사하고 확인 서명을 합니다.
오전	10:05 - 10:10	**파본 검사**
오후	3:05 – 3:10	받은 문제지가 파본이 아닌지 확인한 후 문제지에 수험 번호를 적고 답안지에 문제지 번호를 적습니다. 파본이 확인되더라도 시험이 시작되면 문제지를 교체해 주지 않으므로 이때 문제지를 빨리, 제대로 확인하는 것이 중요합니다.
오전	10:10 - 10:55	**LC 문제 풀이**
오후	3:10 – 3:55	45분 동안 LC 문제를 풉니다.
오전	10:55 - 12:10	**RC 문제 풀이**
오후	3:55 – 5:10	75분 동안 RC 문제를 풉니다.

성적 확인

시험일로부터 10일 후에 오후 3시부터 인터넷과 ARS(060-800-0515)로 성적을 확인할 수 있습니다. 성적표 발급
은 시험 접수 시에 선택한 방법으로, 즉 우편이나 온라인으로 이루어집니다.

파트별

고득점

전략

RC

개요

1. PART 5는 30문제가 출제되는데, 10분 내에 30문제를 모두 풀어야 한다.
2. PART 5의 문제 유형은 ①품사 문제 ②문법 문제 ③어휘 문제 ④전치사 문제 ⑤접속사 문제로 구분할 수 있다.

 유형 1

품사 문제
품사 문제를 풀기 위해서는 가장 먼저 빈칸의 앞과 뒤에 어떤 품사가 있는지 확인해야 한다.

예제

> The varied ------- on Mr. Park's résumé suggest that he would bring a wide range of skills to the company.
> (A) accomplished
> (B) accomplish
> (C) accomplishing
> (D) accomplishments

⚡ 예제 파헤치기

• 보기에 주어진 단어들의 기본적인 뜻은 같지만 품사가 서로 다르다.

• 빈칸의 앞과 뒤를 보고 빈칸에 들어갈 품사를 판단해야 한다.

• 빈칸의 앞에 'varied'라는 형용사가 있으므로 빈칸에는 명사가 필요하다. 따라서 명사의 접미사로 끝나는 (D)가 정답이다.

• 빈칸 뒤에는 전치사 'on'이 있는데, 품사 문제에서 뒤에 나오는 '접속사', '전치사', 'to부정사'는 앞의 품사에 영향을 주지 않기 때문에 삭제한다.

해석

Park 씨의 이력서에 있는 다양한 성과들은 그가 회사에 매우 다양한 기술을 가져다 줄 것을 암시한다.
(A) accomplished   (B) accomplish   (C) accomplishing   (D) accomplishments

정답 (D)

varied 다양한   résumé 이력서   accomplishment 성취, 성과

문법 문제

문법 문제를 풀 때에는 해석하지 않고, 해당 문법에 맞는 단어를 찾는 것이 관건이다.

예제

> Managers ------- a keener knowledge of corporate policy by attending last week's training course.
> (A) gains
> (B) will gain
> (C) gained
> (D) were gained

⚡ 예제 파헤치기

- 보기의 단어들이 뜻은 모두 같은 동사들이지만, 시제 혹은 유형이 다르다는 것을 알 수 있다.
- 본동사의 문법에 관한 문제는 「수동태」, 「수일치」 「시제」와 관련한 문제를 벗어나지 않는다.
- 빈칸의 뒤에 목적어에 해당하는 명사인 'a keener knowledge'가 있으므로 수동태인 (D)는 오답이다.
- 이 문제와 같이 나머지 보기들의 시제가 다른 경우, 문장의 맨 앞이나 뒤에서 시제와 관련된 단어를 찾는다.
- 문장의 맨 뒤에 'last week's training course'라는 과거시제 표현이 있으므로 과거형인 (C)가 정답이다.

해석

> 관리자들은 지난주의 교육 과정에 참석함으로써 회사의 정책에 더 깊은 이해를 얻었다.
> (A) gains   (B) will gain   (C) gained   (D) were gained
>
> 정답 (C)

keen 깊은, 강한   corporate 기업의   policy 정책

어휘 문제

어휘 문제를 풀 때에는 주어진 문장을 전부 해석하지 않고 빈칸의 앞이나 뒤에 있는 단어들과 어울리는 단어를 보기에서 찾아야 한다.

예제

> Please ------- Ms. Marquez that her delivery has arrived and will be held at the concierge desk until 10 P.M.
> (A) accept
> (B) notify
> (C) deliver
> (D) present

예제 파헤치기

- 보기에 주어진 단어들이 서로 다른 어휘 문제이다.
- 어휘 문제에서는 대부분 보기에 주어진 단어들의 품사가 서로 같다.
- 동사의 어휘 문제에서는 빈칸 뒤의 형태를 확인하는 것이 중요하다.
- 밑줄의 뒤에 사람명사가 나오고 그 뒤에 that절이 있기 때문에 정답은 (B)이다.
- 참고로 notify는 'notify + 사람목적어 + that절[of +명사]'의 형태로 사용된다.

해석

Marquez 씨에게 그녀의 배송이 도착했고 밤 10시까지 안내 데스크에 보관되어 있을 것이라고 알려 주세요.
(A) accept (B) notify (C) deliver (D) present

정답 (B)

delivery 배달, 배송   concierge desk 안내 데스크   accept 받다   notify 통지하다   present 주다

유형 4 전치사 문제

전치사 문제는 세 가지의 유형으로 출제되는데, ①시간과 관련한 전치사 문제 유형, ②장소 및 위치와 관련한 전치사 문제 유형, ③앞의 품사와 관련한 전치사 문제 유형, ④전치사 고유의 성질 및 의미와 관련한 문제 유형으로 구분할 수 있다.

예제

The public library is located ------- the post office on Jefferson street.
(A) without
(B) near
(C) to
(D) about

예제 파헤치기

- 보기에 주어진 단어들이 모두 전치사이므로, 가장 먼저 빈칸 뒤에 나온 명사 확인한다.
- 빈칸 뒤에 나온 명사인 'the post office'는 장소를 나타내는 명사이다.
- 빈칸의 앞에 'located'라는 동사가 있는데 'located'라는 동사는 위치 및 장소와 관련된 'in / on / at / near / by / next to / beside'등과 같은 전치사와 함께 사용된다. 정답은 (B)이다.
- 참고로 전치사 'to'에 주의해야 하는데, 'to'는 동작을 나타내는 동사와 함께 사용되기 때문에 located가 아닌 relocated와 잘 어울린다.

유형 5   접속사 문제

접속사 문제에서 일반적으로 전치사와 부사가 보기에 함께 제시되기 때문에 접속사가 정답인지를 우선 파악해야 한다. 이 유형 또한 문장 전체를 해석해야 하는 문제는 거의 출제되지 않지만, 해석이 필요한 경우에는 빈칸에 포함된 절의 동사와 빈칸이 포함되지 않은 절의 동사를 비교하면 정답을 찾는 데 도움이 된다.

예제

------- it is not necessary, carrying a passport during an overseas trip can be beneficial.

(A) Despite

(B) Because

(C) However

(D) Although

⚡ 예제 파헤치기

- 보기에 주어진 단어들을 보면 접속사 이외에도 전치사와 부사가 있다.
- 이러한 경우에는 우선 접속사부터 정답인지를 확인해 보아야 한다.
- 접속사가 정답이 되려면 빈칸 뒤에 완전한 형태의 절이 와야 한다.
- 빈칸 뒤에 '주어 + 동사 ~' 형태의 완전한 절이 왔기 때문에 빈칸은 접속사가 필요한 자리이다.
- 보기에서 접속사는 because와 although이다.
- 접속사 although는 서로 반대의 의미를 지니는 두 절을 연결하는데, 콤마 앞에 'not necessary'라는 표현이 있고 콤마 뒤에는 beneficial이라는 단어가 나와서 서로 반대의 의미이다. 따라서 정답은 (D)이다.

해석

여권을 들고 다니는 것이 꼭 필요한 것은 아니지만, 그것이 해외 여행을 하는 동안 도움이 될 수 있다.

(A) Despite   (B) Because   (C) However   (D) Although

정답 (D)

necessary 필요한   valid 유효한   overseas 해외의   beneficial 이로운, 유용한

PART 6 / 고득점 전략

개요

1. PART 6는 총 4세트의 16문항이 출제되는데, 한 세트 당 1분씩, 모든 문제를 4분안에 풀어야 한다.
2. PART 6의 기본적인 문제 풀이 요령은 문제를 읽기 전에 먼저 첫 번째 문장의 키워드를 확인한 다음, 지문의 전체적인 내용을 미리 파악하는 것이다.

예제 ①-④

Questions 1-4 refer to the following e-mail.

To: Carole Brewster <cbrewster@intermail.com>
From: Joe Ramsay <joeramsay@opalspa.com>
Date: May 17
Subject: Your Recent Spa Visit
Attachment: survey.doc

Dear Ms. Brewster,

At Opal Health Spa, ------- our amenities and services is something we take very seriously.
       1.

In order to provide the best spa experience around, we often contact our members to inquire about their recent experiences at our spa. Please find a survey form attached, which you may complete and return directly to me at your own convenience. -------. Survey respondents will
       2.

be automatically entered into a prize draw, with three winners being randomly selected at the end of the month. -------, anyone who returns a survey will receive a printable $10 discount
       3.

coupon by e-mail.

We look forward to receiving your ------- and hope to see you back here at Opal Health Spa in
       4.

the near future.

Best wishes,

Joe Ramsay
Member Services Manager
Opal Health Spa

---

1. (A) enhance
   (B) enhancing
   (C) enhanced
   (D) enhancement

2. (A) Many of the questions on your survey form were left unanswered.
   (B) We plan to unveil several new spa amenities over the coming months.
   (C) It consists of only a few short questions and should not take long.
   (D) Opal Health Spa is highly regarded for its excellent customer service.

3. (A) For instance
   (B) Nevertheless
   (C) Moreover
   (D) Instead

4. (A) payment
   (B) feedback
   (C) subscription
   (D) application

⚡ 예제 파헤치기

풀이 전략

1. 지문에서 날짜가 명시된 부분은 꼭 표시해 두어야 한다. 문제에서 동사의 시제와 관련하여 문제가 나올 수 있기 때문이다.
2. 첫 번째 문장에서 키워드를 찾아 꼭 표시해 둔다

❶ 문제 유형: 품사 문제

- 파트 6에서 품사 문제의 해결 방법은 파트 5와 마찬가지로 빈칸의 앞과 뒤를 확인해야 한다.
- 빈칸 앞에 '전치사구'의 형태가 보이고, 뒤에는 '소유격 + 명사'의 형태가 보인다.
- 빈칸 뒤의 'our amenities and services'는 명사구이므로 주어나 목적어로 사용될 수 있다. 그런데 바로 뒤의 동사 is가 단수동사이므로 이는 목적어로 사용되었다는 것을 알 수 있다.
- 따라서 빈칸은 목적어를 취하면서 문장의 주어가 될 수 있는 품사인 동명사(동사 + ing)가 필요한 자리이다. 정답은 (B)이다.

❷ 문제 유형: 문장 넣기 문제

- 빈칸에 알맞은 문장을 찾기 위해서는 앞 문장과 뒤 문장의 키워드를 파악해야 한다.
- 앞 문장에서 'find a survey form attached'를 보고 빈칸에는 설문지에 관한 내용이 와야 한다는 것을 알 수 있으며, 뒤 문장의 'Survey respondents'라는 단어를 보고 설문지에 응답하는 사람들과 관련한 내용이 이어져야 한다는 것을 알 수 있다.
- (A)는 설문지에 관한 내용이기는 하지만 동사 were가 과거시제이므로 시제가 맞지 않아서 오답이 된다.
- (B)는 'new spa amenities'라는 '새로운 편의 시설'에 관한 내용인데, 이는 지문에 언급되지 않았다.

- (C)는 '설문지(survey form)'라는 단어를 대명사 it으로 대체하였고, 설문지의 내용에 대해 설명하고 있으므로 정답이 된다.
- (D)는 'highly regarded'라는 표현으로 회사의 고객서비스로 평판이 좋다는 내용인데, 이는 설문지와 관계 없는 내용이다.

❸ 문제 유형: 접속부사를 묻는 문제

- 파트 6에서 문장의 맨 앞에 오는 접속부사를 묻는 유형을 풀 때에는 빈칸 앞 문장의 '동사 + 목적어 (전치사 + 명사)'와 뒤 문장의 '동사 + 목적어 (전치사 + 명사)'를 중심으로 의미를 파악한다.
- 앞 문장의 'automatically entered into a prize draw'에서 상품 추첨에 대해서 언급하고 있으며, 뒤 문장의 'receive a printable $10 discount coupon'라는 부분에서 설문지를 보내 주면 받을 수 있는 혜택에 대해서 설명하고 있기 때문에 정답은 (C)이다.

❹ 문제 유형: 어휘문제

- 파트 6에서의 어휘 문제는 빈칸의 바로 앞과 뒤뿐만 아니라 앞 문장과 뒤에 오는 문장 전체의 키워드들을 함께 살펴봐야 한다. 이 문제의 경우 뒤에 오는 문장이 없기 때문에 앞 문장만 살펴본다.
- 앞 문장에서 survey와 coupon과 같은 단어들이 나왔기 때문에 survey와 관련된 단어인 (B)가 정답이다.

해석

받는이: Carole Brewster 〈cbrewster@intermail.com〉
보내는이: Joe Ramsay 〈joeramsay@opalspa.com〉
날짜: 5월 17일
제목: 귀하의 최근 스파 방문
첨부: survey.doc

친애하는 Brewster 씨께,

오팔 헬스 스파에서 저희 편의 시설과 서비스를 향상시키는 것은 저희가 매우 중요하게 생각하는 것입니다. 최고의 스파를 경험하실 수 있도록, 최근에 저희 스파를 방문하셨던 경험에 대해 문의하기 위해 회원님들께 자주 연락을 드리고 있습니다. 첨부된 설문지를 확인해 주시고, 편하신 시간에 작성하신 다음 저에게 직접 보내주시면 됩니다. **몇 개의 짧은 질문들로 구성되어 있으며 오랜 시간이 걸리지 않을 것입니다.** 설문지에 응답해 주신 분들은 상품 추첨에 자동으로 응모되며, 이 달 말에 무작위로 세 명의 당첨자가 선정됩니다. 게다가, 설문지를 보내 주신 분들은 이메일로 10달러 상당의 인쇄 가능한 쿠폰을 받게 될 것입니다.

저희는 귀하의 피드백을 받게 되기를 기대하며 가까운 시일 내에 오팔 헬스 스파에서 다시 뵙기를 희망합니다.

행운을 빌며,

Joe Ramsay
회원 서비스 관리자
오팔 헬스 스파

amenity 편의 시설　inquire 질문하다, 묻다　survey 설문 조사
convenience 편의, 편리　respondent 응답자　draw 추첨

1. (A) enhance
   (B) enhancing
   (C) enhanced
   (D) enhancement

2. (A) 설문지의 많은 질문들이 답변되지 않은 상태였습니다.
   (B) 저희는 다음 몇 달에 걸쳐서 새로운 스파 편의 시설을 공개할 계획입니다.
   (C) 몇 개의 짧은 질문들로 구성되어 있으며 오랜 시간이 걸리지 않을 것입니다.
   (D) 오팔 헬스 스파는 탁월한 고객 서비스로 높이 평가되고 있습니다.

3. (A) For instance
   (B) Nevertheless
   (C) Moreover
   (D) Instead

4. (A) payment
   (B) feedback
   (C) subscription
   (D) application

정답 **1.** (B) **2.** (C) **3.** (C) **4.** (B)

PART 7 고득점 전략

1. PART 7은 전체 54문항이 출제되며, 대략 55분 안에 모든 문제를 풀어야 한다.

2. 주어진 시간이 많지 않기 때문에 지문 전체를 해석한다는 것은 불가능하다. 따라서 반드시 문제를 먼저 읽은 다음, 지문에서 정답의 단서를 찾아야 한다.

단일 지문 (Single Passage)

· 지문이 하나인 경우에는 지문의 종류에 따라서 출제될 수 있는 문제 유형을 미리 알아 두면 훨씬 수월하게 문제를 풀 수 있다.

· 또한, 문제와 보기에 주어진 단어들을 지문에 있는 단어들과 매칭시키는 방법으로 접근하면 지문 전체를 해석하지 않아도 쉽게 정답을 찾아낼 수 있다.

예제 ①-②

Questions 1-2 refer to the following notice.

Hawley Science Museum

Important Announcement!

From October 2 to October 5, Exhibit Hall A and Exhibit Hall B will be temporarily inaccessible to all visitors. This is to facilitate remodelling work that will be carried out with the aim of enlarging the halls and giving them a more contemporary design and atmosphere. The Dinosaur Fossil exhibit and the Natural Energy exhibit, typically housed in Exhibit Hall A and Exhibit Hall B, respectively, will be moved to different exhibit halls while the work is underway and will remain open to visitors. Minor decorative work will also be carried out in the main foyer during this time, but this will mostly occur outside our regular opening hours so as not to disturb our visitors. We appreciate your understanding, and we hope you will be happy with the results!

---

1. What is the main purpose of the notice?
   (A) To describe a new science exhibit
   (B) To announce the closure of a museum
   (C) To outline a renovation plan
   (D) To inform visitors of a new policy

2. What is indicated about Hawley Science Museum?
   (A) It will change its opening hours.
   (B) It normally displays fossils in Exhibit Hall B.
   (C) It contains at least three exhibit halls.
   (D) It will discontinue its Natural Energy exhibit.

지문 분석

안내문 형식의 지문에서는 안내의 목적과 그와 관련된 세부사항들에 대한 문제가 출제된다.

⚡예제 파헤치기

❶ 문제 유형: 글의 목적을 찾는 문제

글의 주제는 거의 90%가 첫 번째 혹은 두 번째 문장에서 쉽게 찾을 수 있다. 가끔 두 번째 단락의 첫 번째 문장에서 주제나 목적이 나오는 경우도 있다.

풀이 전략

1. 보기에 있는 단어들을 먼저 확인한다.
2. 지문의 맨 처음 문장에 있는 키워드 확인한다.
3. 두 번째 문장의 키워드를 확인한다.
4. 보기와 각 문장의 키워드를 매칭해 본다.

- 첫 번째 문장의 'temporarily inaccessible'이라는 부분과 두 번째 문장의 'facilitate remodelling work'이라는 부분에서 리모델링 공사가 진행된다는 것을 알 수 있기 때문에 정답은 (C)이다.

❷ 문제 유형: 지문의 특정 단어와 관련된 상세 정보를 찾는 문제

문제에서 'about' 뒤에 있는 단어를 먼저 확인한다.

풀이 전략

1. 문제에 주어진 'about' 뒤에 있는 명사를 확인한다.
2. 보기에서 숫자, 시간, 또는 장소와 관련된 단어가 있는지 확인한다.
3. 보기에 있는 숫자, 시간, 또는 장소를 지문에서 찾은 다음, 그 단어의 앞과 뒤에 있는 단어와 보기에서 주어진 단어들을 비교해 본다.

- 문제에서 about 뒤에 'Hawley Science Museum'이라는 명사가 있으며, 보기에 주어진 단어들 중에서 숫자, 시간, 또는 장소와 연관이 있는 단어는 (C)의 'at least three exhibit halls'이다. 따라서, 박물관과 관련된 내용 중 '전시관(exhibit hall)'과 관련된 부분을 지문에서 찾아본다.
- 지문의 네 번째 줄의 'Exhibit Hall A and Exhibit Hall B, respectively, will be moved to different exhibit halls'라는 부분에 A홀과 B홀이 있는데, 이 곳의 전시품들을 다른 홀로 옮긴다는 것으로 보아 적어도 홀이 3개 이상이라는 것을 알 수 있기 때문에 정답은 (C)이다.

Hawley 과학 박물관
중요 안내 사항!

10월 2일부터 10월 5일까지 A전시관과 B전시관은 일시적으로 모든 방문객들의 입장이 허락되지 않습니다. 이것은 홀을 확장하고 방문객들에게 보다 현대적인 디자인과 분위기를 제공하기 위한 목적으로 실시되는 리모델링 작업을 수월하게 진행하기 위한 것입니다. 일반적으로 A홀에서 전시되는 공룡 화석과 B홀에서 전시되는 천연 에너지는 공사가 진행되는 동안에 다른 전시관으로 이동될 것이며, 방문객들에게 계속 개방되어 있을 예정입니다. 이 기간 동안 로비에서 몇몇 인테리어 작업이 진행되겠지만, 방문객들을 방해하지 않기 위해 대부분의 작업은 운영시간 이후에 이뤄질 예정입니다. 여러분들의 협조에 감사 드리며, 리모델링 이후의 모습에 대해 여러분들이 만족하시기를 희망합니다!

temporarily 일시적으로　**inaccessible** 입장이 허락되지 않는　**facilitate** 용이하게 하다　**contemporary** 현대적인
atmosphere 분위기　**respectively** 각각　**foyer** 로비

---

1. 공지의 주요 목적은 무엇인가?

(A) 새로운 과학 전시회를 설명하기 위해서

(B) 박물관의 폐쇄를 안내하기 위해서

(C) 수리 계획을 설명하기 위해서

(D) 방문객들에게 새로운 정책을 알리기 위해서

2. Hawley 과학 박물관에 대해 언급된 것은?

(A) 관람 시간을 변경할 것이다.

(B) 보통 B 전시관에서 화석을 전시한다.

(C) 적어도 세 곳의 전시관을 보유하고 있다.

(D) 천연 에너지 전시는 중단될 것이다.

정답　**1.** (C)　**2.** (C)

복수 지문 (Double Passages / Triple Passages)

- 이중 지문 2세트와 삼중 지문 3세트가 제시되어 총 25문제가 출제가 되는데, 각 문제의 정답의 단서가 어느 지문에 포함되어 있는지를 파악해야 한다.
- 주의해야 할 유형은 연계 지문 문제이다. 이 유형의 경우 전체 지문이나 문제의 보기를 전부 해석하지 말고, 문제에 있는 키워드를 지문에서 찾은 다음 각각의 지문에서 이와 연관된 단어를 찾으면서 보기와 매칭시키는 방법으로 풀어야 한다.

예제 ①-③

Questions 1-5 refer to the following advertisement and e-mail.

The Plainview Career Fair
@ Plainview Community Center
February 24-27

The Plainview Career Fair has taken place every February for the past seven years and has proven instrumental in bringing together job seekers and local business owners. We are still actively seeking employers who wish to speak with and hire skilled workers and recent graduates that can be an asset to their companies. The career fair will focus on the following specific fields and industries:

- February 24: Food & Hospitality, Tourism, Travel & Transportation
- February 25: Business & Administration, Manufacturing, Retail & Fashion
- February 26: Web design, Software Development, Media & Entertainment
- February 27: Scientific Research, Healthcare, Construction & Engineering

A participation fee of $75 is required, payable by online bank transfer. This includes the cost of a display booth, lighting, and booth assembly by event volunteers. For an additional $25, you can receive advertising space in the full-color event program that is distributed to all attendees. If you are interested in participating, please contact our event organizer Brian Rogers at brogers@careerfair.com.

To:	Brian Rogers <brogers@careerfair.com>
From:	Lewis Cranston <lcranston@lcdesign.com>
Date:	February 3
Subject:	Plainview Career Fair

Dear Mr. Rogers,

I saw the recent advertisement regarding the upcoming Plainview Career Fair and I would be very interested in participating. As the proprietor of a brand-new clothing design company based in Plainview, I feel that your event would be hugely beneficial to me. As such, I would like to secure a booth at the community center on the day most suited to those involved in the clothing industry. I would also like to take advantage of the additional advertising opportunity available to participants, so I would like to pay the full fee of $100 at the earliest available opportunity. Please advise me on how to proceed with this payment.

Regards,
Lewis Cranston
LC Design

1. Who is the advertisement most likely targeting?

(A) Recent graduates

(B) Career advisors

(C) Experienced workers

(D) Business owners

2. What is indicated about the Plainview Career Fair?

(A) It will be held for one week.

(B) It requires no entry fees.

(C) It takes place on an annual basis.

(D) It includes overseas companies.

3. In the e-mail, the word "secure" in paragraph 1, line 4, is closest meaing to?

(A) protect

(B) obtain

(C) attach

(D) close

4. When will Mr. Cranston most likely visit the community center?

(A) On February 24

(B) On February 25

(C) On February 26

(D) On February 27

5. What is most likely true about Mr. Cranston?

(A) He has atteded the Plainview Career Fair in the past.

(B) He will send a check for 100 dollars to Mr. Rogers.

(C) His display booth will be assembled by his staff.

(D) His business will be promoted in an event program.

지문 분석

이중 지문에서 가장 쉽게 접할 수 있는 광고와 이메일의 문제이다. 각 지문의 목적과 상세 정보를 묻는 문제들이 자주 출제된다.

⚡ 예제 파헤치기

① 문제 유형: 상세정보를 찾는 문제

일반적으로 이중 지문이나 삼중 지문에서 첫 번째 문제는 첫 번째 지문에서 정답을 쉽게 찾을 수 있다.

풀이 전략

1. 문제에 주어진 키워드 확인한다.
2. 보기에서 주어진 단어들을 확인한다.
3. 첫 번째 지문에서 보기와 관련 있는 단어들 찾아 본다

- 문제에 주어진 키워드가 who와 targeting이다.
- 보기에 주어진 단어들 모두 대상(targeting)이 될 수 있는 '사람'이므로, 지문에서 사람을 의미하는 명사들을 찾아본다.
- 첫 번째 지문의 'We are still actively seeking employers'라는 부분에서 '사업가들(employers)'을 찾고 있다고 했으므로, 이 광고의 대상은 (D)이다.

② 문제 유형: 지문에서 특정 단어와 관련된 상세 정보를 찾는 문제

보통 지문의 두 번째 문제는 첫 번째 지문에 정답의 단서가 있는 경우가 많지만, 가끔 첫 번째 지문과 두 번째 지문을 모두 봐야 하는 연계 지문 문제가 출제되기도 한다.

- 문제에서 about 뒤에 'Plainview Career Fair'가 있으므로 이와 관련된 내용을 찾아야 한다.
- 보기에 주어진 단어들 중 시간, 장소, 또는 숫자와 관련된 단어들을 먼저 찾아본다.
- (A)의 'one week'과 관련된 단어를 첫 번째 지문에서 찾아보면, 지문에서 기간과 관련한 단어는 'seven years' 밖에 없기 때문에 (A)는 정답이 될 수 없다.
- (C)에 'annual basis'라는 표현이 있는데, 지문의 'every February'라는 부분을 보면 매년 2월에 박람회가 열리는 것을 알 수 있으므로 (C)가 정답이 된다.
- (B)와 (D)에는 숫자, 시간, 장소와 관련된 단어가 없으므로 (D)부터 해당 보기의 키워드를 지문과 대조해 보도록 한다.
- (B)의 키워드는 'no entry fees'인데, 첫 번째 지문의 세 번째 문단에 'A participation fee of $75 is required'라는 부분을 통해 참가비용이 존재한다는 것을 알 수 있기 때문에 이는 오답이 된다.
- (D)의 키워드는 'overseas companies'인데, 해외와 관련된 회사가 언급되기 위해서는 해외 국가명이나 도시명이 언급되어야 한다. 하지만 그렇지 않으므로 이 또한 오답이 된다.

❸ 문제 유형: 주어진 단어와 비슷한 의미로 사용된 단어를 고르는 어휘 문제

어휘 문제에서는 주어진 단어 자체의 뜻을 모른다면 일단 풀지 않고 스킵하는 것이 시간 배분에 훨씬 도움이 된다. 만약 주어진 단어의 뜻을 알고 있다면, 그 단어 자체의 뜻을 보기에서 고르는 것이 아니라, 반드시 지문에서 해당 단어를 찾아 앞과 뒤에 나온 단어들과 연계하여 정답을 골라야 한다.

풀이 전략

1. 주어진 단어의 뜻을 먼저 확인한다.
2. 주어진 단어가 포함되어 있는 문장을 지문에서 확인한다.
3. 해당 단어의 앞과 뒤의 단어들을 보고 의미를 유추한다.

- 문제에 주어진 단어는 'secure'인데, 이 단어는 '안전하게 위치를 고수하거나 확보하다'라는 의미로 사용된다.
- 지문에서 이 단어가 포함된 부분을 찾아 보면, 'secure' 뒤에 'a booth'가 있다. 여기에서 'secure'는 '얻다'라는 의미로 사용되었다는 것을 알 수 있으므로 정답은 (B)이다.

❹ 문제 유형: 연계 지문 문제

어떤 문제가 연계 지문 문제 유형인지 표시되어 있지 않기 때문에, 먼저 문제에 주어진 키워드를 지문의 내용과 비교하면서 연계 지문 문제 여부를 확인해야 한다.

풀이 전략

1. 문제에 주어진 단어와 보기에 주어진 단어들을 확인한다.
2. 문제에 주어진 단어들이 어느 지문에 있는지 확인한다.
3. 확인된 단어의 앞뒤에 있는 단어들을 다른 지문에서 찾아본다.
4. 확인한 내용들을 보기에 주어진 단어들과 비교하며 정답을 찾는다.

- 주어진 문제의 키워드는 'Mr. Cranston'과 'visit the community center'이며, 보기에는 정확한 날짜가 주어진 것을 확인할 수 있다.
- 'Mr. Cranston'을 지문에서 찾아보면, 두 번째 지문인 이메일을 작성한 사람이라는 것을 알 수 있다. 또한, 'visit the community center'는 이메일의 네 번째 줄 'community center'에서 찾을 수 있다.
- 이메일에서 찾은 부분 바로 뒤에 'on the day most suited to those involved in the clothing industry'라는 시간과 관련된 표현이 있기는 하지만, 정확한 날짜가 주어지지 않았으므로 연계 지문 문제라는 것을 파악해야 한다.
- 'on the day' 뒷부분의 'clothing industry'라는 단어와 관련된 부분을 첫 번째 지문에서 찾으면, 'February 25: Business & Administration, Manufacturing, Retail & Fashion'이라는 내용을 찾을 수 있다. 따라서 정답은 (B)이다.

❺ 문제 유형: 지문에서 특정 단어와 관련된 상세 정보를 찾는 문제

- 문제의 'about' 뒤에 있는 명사인 'Mr. Cranston'은 두 번째 지문인 이메일을 작성한 사람이다.
- (B)에 언급된 '$100'를 이메일에서 찾아본다. 마지막 문장에 '$100'가 언급이 되어 있기는 하지만 누구한 테 지불하는지는 알 수 없다. 첫 번째 지문 세 번째 문단의 첫 번째 줄에도 'payable by online bank transfer'라는 내용만 있을 뿐 'Mr. Rogers'에게 보낸다는 내용은 언급되어 있지 않기 때문에 (B)는 오답이다.
- (A)에는 시간과 관련된 표현인 'in the past'가 있는데, 그 앞의 'has attended'라는 표현이 있으므로 Cranston 씨가 이전에 박람회에 참가했던 적이 있는지 이메일에서 확인해 봐야 한다. 지문에 이전의 경험이나 사실에 관해서는 언급되어 있지 않기 때문에 (A) 역시 오답이다.
- (C)에는 장소와 관련된 'display booth'가 있는데, 그 뒤의 'assembled by his staff'와 관련된 내용을 찾아본다. 두 번째 지문에 'secure a booth'라는 표현이 있기는 하지만, 첫 번째 지문에서 입장료 75달러를 지불하면 '부스 조립은 행사 자원봉사자들이 해 준다는(booth assembly by event volunteer)' 내용이 있으므로 그의 직원이 부스를 조립한다는 내용의 (C) 또한 오답이다.
- (D)에는 숫자, 시간, 장소와 관련된 단어가 없으므로 키워드가 될 수 있는 'business'와 'promoted', 그리고 'event program'을 지문과 비교해 본다. 'promoted'는 광고와 관련된 단어인데, 이메일의 'the additional advertising opportunity'라는 내용과 그 뒤의 'so I would like to pay the full fee of $100'라는 부분에서 광고 기회와 돈의 액수가 언급되었다.
- 첫 번째 지문 마지막 부분의 'For an additional $25, you can receive advertising space in the full-color event program'에서 확인 할 수 있듯이, 추가 비용 25달러를 지불하면 이벤트 프로그램의 광고 지면을 받을 수 있다고 했기 때문에 (D)가 정답이다.

해석

Plainview 취업 박람회
Plainview 커뮤니티 센터
2월 24일 ~ 27일

Plainview 취업 박람회는 지난 7년 동안 매년 2월에 진행되었으며, 구직자들과 지역 사업가들을 모으는 데 중요한 역할을 하고 있습니다. 저희는 그들의 회사에 자산이 될 수 있는 숙련된 근로자 및 최근 졸업생들을 면접하고 이들을 채용하고자 하는 고용주들을 적극적으로 찾고 있습니다. 취업 박람회에서는 다음과 같은 특정 분야와 산업에 중점을 두고 있습니다.

- 2월 24일: 식품 및 접객, 관광, 여행 및 교통

- 2월 25일: 비즈니스 및 행정, 제조, 소매 및 패션

- 2월 26일: 웹 디자인, 소프트웨어 개발, 미디어 및 엔터테인먼트

- 2월 27일: 과학 연구, 의료, 건설 및 엔지니어링

참가비는 75달러이며, 온라인 계좌이체도 가능합니다. 참가비에는 전시 부스, 조명 및 행사 자원봉사자의 부스 조립 비용이 포함됩니다. 25달러를 추가로 지불하시면, 모든 참석자에게 배포되는 전면 컬러로 된 행사 프로그램 안내서에서 광고 지면을 받을 수 있습니다. 관심이 있으시다면, brogers@careerfair.com로 행사 주최자인 Brian Rogers 씨에게 연락하세요.

받는이: Brian Rogers 〈brogers@careerfair.com〉
보내는이 : Lewis Cranston 〈lcranston@lcdesign.com〉
날짜: 2월 3일
제목: Plainview 취업 박람회

친애하는 Rogers 씨께,

저는 곧 있을 Plainview 취업 박람회에 관한 최근의 광고를 보았고 참여하는 데 상당한 관심을 가지고 있습니다. Plainview에 본사를 둔 새로운 의류 디자인 회사의 소유주로서, 이 행사가 저에게 매우 유익할 것이라고 생각합니다. 그래서, 의류업계 종사자들에게 가장 적합한 날에 커뮤니티 센터에서 부스를 마련하기를 원합니다. 또한 참가자들이 이용할 수 있는 추가적인 광고 기회를 이용하고 싶기 때문에, 가능한 한 빨리 100달러 전액을 지불하기를 원합니다. 결제를 어떻게 진행해야 할지 알려 주세요.

친애하는,
Lewis Cranston
LC 디자인

instrumental 중요한 asset 자산 specific 특정한 hospitality 환대, 접객 volunteer 자원봉사자
distribute 배포하다 attendee 참가자 upcoming 다가오는 proprietor 소유주 take advantage of ~을 활용하다

1. 광고는 누구를 대상으로 하는 것 같은가?
(A) 최근 졸업자
(B) 진로 상담사
(C) 경력 사원
(D) 사업주

2. Plainview 취업 박람회에 대해 언급된 것은 무엇인가?
(A) 1주일 동안 열릴 것이다.
(B) 입장료를 요구하지 않는다.
(C) 매년 개최된다.
(D) 해외 업체들을 포함하고 있다.

3. 이메일에서, 첫 번째 문단 네 번째 줄의 단어 "secure"와 그 의미가 가장 가까운 것은?
(A) 보호하다
(B) 얻다
(C) 첨부하다
(D) 닫다

4. Cranston 씨는 언제 커뮤니티 센터에 방문할 것 같은가?
(A) 2월 24일에
(B) 2월 25일에
(C) 2월 26일에
(D) 2월 27일에

5. Cranston 씨에 대해 옳은 것은 무엇인 것 같은가?
(A) 그는 예전에 Plainview 취업 박람회에 참가했던 적이 있다.
(B) 그는 Rogers 씨에게 100달러를 보낼 것이다.
(C) 그의 전시 부스는 그의 직원이 조립할 것이다.
(D) 그의 사업은 행사 프로그램에서 홍보될 것이다.

정답 1. (D) 2. (C) 3. (B) 4. (B) 5. (D)

PART 5
단문 공란 채우기

RC

01 반드시 출제되는 품사 문제

1 명사

명사란 사람이나 사물의 명칭을 나타내는 품사이다. 명사는 문장에서 주어, 목적어, 보어 역할을 할 수 있다.
토익에서 명사와 관련된 문법 문제들은 주로 이러한 명사의 쓰임에 대해 묻는다.

기출 변형 1 빈칸에 들어갈 가장 알맞은 보기를 고르시오.

------- to the leadership seminar in Bangkok were delivered to the CEOs of financial companies.

(A) Invitations
(B) Invite
(C) Inviting
(D) Invitation

⚡ 정답

정답	(A) Invitations	✔ 주어에 해당하는 명사의 문제이다.
오답	(B) Invite (C) Inviting (D) Invitation	✔ 문장의 맨 앞에 주어로서 명사, 혹은 동명사가 올 수 있는데, 동명사는 항상 단수로 취급한다. 또한 동명사는 일반적으로 뒤에 목적어로서 곧바로 명사를 취하는 것이 특징이다. ✔ 문장의 동사가 were이므로 정답은 복수 형태의 명사인 (A)이다.

해석

방콕에서 열리는 리더쉽 세미나의 초대장이 금융 회사의 대표 이사들에게 배달되었다.

(A) Invitations   (B) Invite   (C) Inviting   (D) Invitation

정답 (A)

어휘 **leadership** 지도력, 리더쉽 **deliver** 배달하다, 배송하다 **CEO** 대표 이사 **financial** 금융의, 재정의

① 명사의 접미사 -ment, -sion, -tion, -ce, -cy, -ty, -th, -ness

  cf. 사람명사의 접미사: -or, -er, -ist, -yst, -ant

② 주어와 동사의 수일치

  ⓐ 주어인 명사가 복수(명사 + -s/-es)인 경우 ⇒ 복수 형태에 어울리는 동사가 뒤따른다.

  ⓑ 복수 명사 주어 + 동사 -s/~~es~~

빈칸에 들어갈 가장 알맞은 보기를 고르시오.

All staff will need the ------- of their immediate supervisors to take an extra day off.

(A) approve
(B) approval
(C) approved
(D) approvingly

정답 빼내기

정답	(B) approval	
오답	(A) approve (C) approved (D) approvingly	✔ 동사의 뒤에서 목적어로 사용되는 명사의 문제이다. ✔ 빈칸은 동사(will need)의 뒤에 목적어로서의 명사가 필요한 자리이다. ✔ 따라서, 명사의 접미사 '-al'을 취하고 있는 (B)가 정답이다.

해석

모든 직원들은 휴가를 하루 더 내기 위해 직속 상사의 승인을 받아야 할 것이다.

(A) approve   (B) approval   (C) approved   (D) approvingly

정답 (B)

어휘 **immediate supervisor** 직속 상사[상관] **take a day off** 하루 휴가를 내다 **approve** 승인하다, 찬성하다 **approval** 승인, 찬성

approvingly 찬성하여

명사의 또 다른 접미사 -al로 끝나는 명사

arrival 도착   approval 승인   proposal 제안   removal 제거   professional 전문가   individual 개인

기출 변형 3 빈칸에 들어갈 가장 알맞은 보기를 고르시오.

Mr. Larson's application for ------- to the business administration program was received by the university.

(A) admits

(B) admitted

(C) admit

(D) admission

정답 뽀개기

정답	(D) admission

✔ 전치사 **for**의 목적어 역할을 하는 명사가 필요한 자리이다.

✔ 명사의 접미사로 끝나는 (D)의 admission은 불가산명사로서 단독으로 사용될 수 있기 때문에 정답이다.

오답	(A) admits (B) admitted (C) admit

해석

경영학 프로그램에 대한 Larson 씨의 입학 신청이 대학 측에 접수되었다.

(A) admits   (B) admitted   (C) admit   (D) admission

정답 (D)

어휘   **application** 지원, 신청   **business administration** 경영학   **admit** 인정하다; 승인하다   **admission** 입학

전치사의 뒤에 목적어로 사용할 수 있는 형태

전치사   +   명사 / 대명사 / 동명사 / 명사절

기출 변형 4   빈칸에 들어갈 가장 알맞은 보기를 고르시오.

------- in the restaurant business has been exceptionally fierce over the past few years.

(A) Competition
(B) Competitor
(C) Competitive
(D) Compete

정답 빨리개기

정답	(A) Competition	
오답	(B) Competitor (C) Competitive (D) Compete	✓ 문장의 맨 앞에서 주어로 사용되는 명사 자리 문제이다. ✓ 보기에서 명사의 접미사로 끝나는 단어는 (A)와 (B)이다. ✓ (B)는 사람 명사로서 가산명사이기 때문에 단독으로 사용될 수 없다. 따라서 불가산 명사로서 혼자서 사용 가능한 (A)가 정답이다.

해석

지난 몇 년 동안 요식업계의 경쟁이 매우 치열해졌다.
(A) Competition   (B) Competitor   (C) Competitive   (D) Compete

정답 (A)

어휘   **exceptionally** 예외적으로, 매우   **fierce** 강렬한   **competition** 경쟁   **competitor** 경쟁자, 경쟁업체   **competitive** 경쟁을 하는; 경쟁력이 있는   **compete** 경쟁하다

❶ 불가산명사의 예

information 정보	equipment 장비	furniture 가구	competition 경쟁
funding 기금	training 훈련	luggage 짐, 수하물	baggage 짐, 수하물
advice 조언, 충고	management 경영	access 접근	care 주의
clothing 의류	safety 안전	processing 처리	

❷ 불가산명사의 특징

ⓐ 관사 없이 혼자서 사용 가능: I have information. (O)

ⓑ a/an + 불가산명사 (X): I have an information. (X) (*cf.* the는 사용할 수 있다.)

ⓒ 소유격 + 불가산명사: I have your information. (O)

ⓓ 불가산명사 +-s/-es (X): I have informations. (X)

❸ 가산명사: 불가산명사를 제외한 나머지

❹ 가산명사의 특징

ⓐ 혼자서 사용 불가: I have car. (X)

ⓑ a/an/the + 가산명사 (관사와 함께 사용가능): I have a/the car. (O)

ⓒ 소유격 + 가산명사: I have my car. (O)

ⓓ 가산명사 + -s/-es (복수형태 가능): I have cars. (O)

기출 변형 5 빈칸에 들어갈 가장 알맞은 보기를 고르시오.

------- of all electrical equipment take place once a month at the factory.

(A) Inspections
(B) Inspectors
(C) Inspected
(D) Inspect

정답	(A) Inspections

✔ 문장의 맨 앞에서 주어로 사용되는 명사 자리 문제이다.

✔ 명사의 접미사로 끝나는 (A)와 (B) 중 하나가 정답이다.

오답	(B) Inspectors
	(C) Inspected
	(D) Inspect

✔ 동사가 'take place(일어나다, 발생하다)'이므로 사람명사는 정답이 될 수 없다. 따라서, (A)가 정답이다.

해석

공장의 모든 전자 설비의 점검은 한 달에 한 번 실시된다.

(A) Inspections   (B) Inspectors   (C) Inspected   (D) Inspect

정답 (A)

어휘   **electrical** 전기의   **equipment** 설비, 장비   **take place** 일어나다, 발생하다   **inspection** 점검   **inspector** 조사관   **inspect** 점검하다

이 정도는 알아야지!

주어 자리에 들어갈 명사의 구분 (사람명사 vs. 사물명사)

동사를 보고, 동사가 사람이 행할 수 있는 의미를 나타내면 사람명사가 정답이며, 그렇지 않으면 사물명사가 정답이다.

기출 변형 6   빈칸에 들어갈 가장 알맞은 보기를 고르시오.

As an -------, we are recommending that our customers contact White House Linens for their laundry needs.

(A) alternation

(B) alternative

(C) alternatively

(D) alternating

정답	(B) alternative	✔ 전치사 다음에 들어갈 명사 문제이다.

✔ 빈칸의 앞에 an이라는 관사가 있으므로 단수명사가 필요하다.

오답	(A) alternation (C) alternatively (D) alternating

✔ 보기에서 명사 형태인 (A)는 '교대'라는 뜻으로 앞에 나온 전치사인 'As'와 함께 사용하지 않고, 부사인 (C)는 정답에서 제외된다.

✔ (D)는 동명사로서 절대로 관사(a, an, the)와 같이 사용할 수 없기 때문에 명사와 형용사로서 둘 다 사용 가능한 (B)가 정답이다.

해석

대안으로서, 우리는 고객들에게 White House Linens에 연락해서 세탁 서비스를 받을 것을 추천하고 있다.

(A) alternation (B) alternative (C) alternatively (D) alternating

정답 (B)

어휘 recommend 추천하다, 권고하다 contact 접촉하다; 연락하다 laundry 세탁(물) alternative 대안; 대안의 alternation 교대
alternatively 대신에

이 정도는 알아야지!

alternative의 활용: as an alternative

As an alternative, you can call me. 차선책으로서, 저에게 전화해 주세요.

→ as an alternative라는 표현은 '대안책으로서'라는 의미로 사용된다. alternative라는 단어는 형용사로도 쓰이지만 명사로도 사용할 수 있다.

cf. representative라는 단어도 형용사와 명사(사람명사)로 모두 사용될 수 있다.

기출 변형 7 빈칸에 들어갈 가장 알맞은 보기를 고르시오.

We appreciate your ------- over the last five years and hope that your restaurant continues to thrive.

(A) patron
(B) patronage
(C) patronize
(D) patronizing

정답	(B) patronage

- ✔ 적절한 품사를 고르는 문제로서, 빈칸 뒤에 나오는 전치사, 접속사 및 'to부정사'는 삭제한다.
- ✔ 소유격 뒤에 명사가 필요한 자리인데, 보기 중에서 (A)와 (B)가 명사이다.

오답	(A) patron (C) patronize (D) patronizing

- ✔ patron은 사람명사로서 '고객'이라는 의미로 사용하는데, 빈칸 앞의 appreciate 라는 동사는 뒤에 사람명사를 취하지 않기 때문에 (A)는 정답이 될 수 없다.
- ✔ patronage라는 명사는 '(가게나 상점을 계속) 애용, 후원'이라는 의미를 나타내기 때문에 (B)가 정답이다.

해석

지난 5년 동안 애용해 주신 것에 감사 드리며 귀하여 식당이 계속 번창하기를 바랍니다.

(A) patron   (B) **patronage**   (C) patronize   (D) patronizing

정답 (B)

어휘   **appreciate** 감사하다; 감상하다   **thrive** 번창하다   **patron** 후원자   **patronage** 후원, 애용

이 정도는 알아야지!

appreciate의 활용

❶ **appreciate + 명사: ~에 대해 감사하다**

I **appreciate** your help. 당신의 도움에 감사한다.

appreciate라는 동사 다음에 help라는 명사가 나와서 '도움에 대해 감사하다'라는 의미를 나타낸다.

❷ **appreciate + 명사: ~을 감상하다**

We are **appreciating** the painting. 우리는 그 그림을 감상하고 있다.

appreciate라는 동사 다음에 the painting이 나와서 '그림을 감상하다'라는 의미를 나타낸다.

기출 변형 8   빈칸에 들어갈 가장 알맞은 보기를 고르시오.

We suggest that you present your original receipt as proof of ------- when returning any item.

(A) purchase
(B) purchasing
(C) purchases
(D) purchased

정답	(A) purchase	✔ 적절한 품사를 고르는 문제이다.

✔ 적절한 품사를 고르는 문제이다.

✔ 빈칸 앞에 전치사 of가 나왔으므로 빈칸은 명사가 필요한 자리이다.

✔ 보기에서 명사로 사용할 수 있는 단어는 (A)와 (C)이다.

| 오답 | (B) purchasing
(C) purchases
(D) purchased | |

✔ purchase라는 단어는 동사와 명사 둘 다 가능하며, 명사로 사용될 경우 일반적으로 가산명사에 속하지만 'as proof of purchase'와 같이 '구매의 증거로서'라는 의미로 사용될 때에는 불가산명사로도 사용된다. 따라서 (A)가 정답이다.

해석

우리는 당신이 물품을 반납할 때 구매의 증거로서 원본 영수증을 제출할 것을 추천한다.

(A) purchase   (B) purchasing   (C) purchases   (D) purchased

정답 (A)

어휘   **present** 제출하다   **original** 원래의; 원본   **receipt** 영수증

이 정도는 알아야지!

purchase의 활용

① **make a purchase**

You need permission when you **make a purchase**. 당신은 구매할 때 허가가 필요하다.

→ make a purchase라는 표현은 '구매하다'라는 의미로, 이때 purchase는 가산명사로 사용되었다.

② **as proof of purchase**

As proof of purchase, you should keep your receipt. 구매의 증거로서, 영수증을 보관해야 한다.

→ as proof of purchase라는 표현은 '구매에 대한 증거로서'라는 의미를 나타내며, 이때 purchase는 불가산명사로 사용되었다.

③ **within/after + 시간 + from + (the date of) + purchase**

You can return any defective items **within 7 days of the date of purchase**.

구매한 날로부터 7일 이내에 하자가 있는 제품은 반품할 수 있다.

→ of the date of purchase라는 표현은 '구매한 날로부터'라는 의미를 나타내며, 이때 purchase는 불가산명사로 사용되었다.

Customer support personnel are expected to respond to customer ------- as soon as possible.

(A) inquired
(B) inquiring
(C) inquiry
(D) inquiries

⚡ 정답 맥개기

정답	(D) inquiries	✔ 복합명사 문제이다.
		✔ 빈칸 앞에 **customer**라는 가산명사가 있는데, 뒤에 어떤 품사나 단어가 온다 하더라도 가산명사는 절대 혼자 사용될 수 없다. 따라서, 빈칸에는 무조건 또 다른 명사가 와서 복합명사의 형태를 이뤄야 한다.
오답	(A) inquired (B) inquiring (C) inquiry	✔ 복합명사의 경우 뒤에 오는 명사가 복합명사의 가산/불가산을 결정하는데, (C)의 inquiry는 가산명사이므로 혼자서 사용될 수 없다. 따라서, 복수 형태인 (D)가 정답이다.

해석

고객 서비스 담당 직원이 가능한 한 신속하게 고객의 문의에 대응할 것이다.

(A) inquired   (B) inquiring   (C) inquiry   (D) inquiries

정답 (D)

어휘 **customer support personnel** 고객 서비스 담당 직원 **be expected to** ~할 것으로 예상[기대]되다 **as soon as possible** 가능한 한 빨리 **inquire** 묻다, 문의하다 **inquiry** 문의

대표적인 복합명사

customer loyalty 고객 충성도	customer satisfaction 고객 만족
staff[employee] productivity 직원 생산성	employee motivation 직원 동기부여, 직원 근무의욕
job description 직무 설명	sales representative[associate] 영업 사원
safety regulation 안전 규정	installment payment 할부금
safety inspection 안전 점검	safety precaution 안전 예방 조치
salary increase (= pay raise) 급여 인상	contingency plan 비상 대책
job[employment] openings[vacancy] 일자리	job description 직무 설명
registration process 등록 절차	retail sales 소매 (↔ whole sales)

2 대명사

명사를 대신하는 품사를 대명사라고 하는데, 대명사는 이미 앞에서 언급된 명사의 반복을 피하기 위해 사용된다. 토익에서 대명사 문제는 비교적 난이도가 낮은 편이라 할 수 있지만, 매 시험마다 하나 이상의 대명사 문제가 반드시 출제되기 때문에 그 쓰임에 대해서는 정확히 알고 있어야 한다.

기출 변형 **1** 빈칸에 들어갈 가장 알맞은 보기를 고르시오.

Ms. Lovato wants to make some changes to ------- homeowner's insurance policy.

(A) herself
(B) she
(C) her
(D) hers

정답	(C) her

✔ 보기에 인칭대명사, 소유대명사, 그리고 재귀대명사가 주어졌다.

오답	(A) herself (B) she (D) hers

✔ 빈칸 앞에 전치사 to가 있어서 목적격이 필요할 것 같아 보이지만, 빈칸 뒤에 명사인 'homeowner's insurance policy'가 있기 때문에 인칭대명사의 소유격인 (C)가 정답이다.

해석

Lovato 씨는 본인의 자택 소유 보험 증서를 수정하고 싶어 한다.

(A) herself   (B) she   (C) her   (D) hers

정답 (C)

어휘   **make a change** 변경하다, 수정하다   **insurance policy** 보험 증권, 보험 증서

이 정도는 알아야지!

① 인칭대명사의 종류

주격	목적격	소유격
I	me	my
you	you	your
he / she / it	him / her / it	his / her / its
they	them	their
we	us	our

② 인칭대명사 문제를 푸는 열쇠

대부분의 인칭대명사 문제는 소유격을 정답으로 하는 경우가 많다. 소유격이 정답이 되기 위해서는 빈칸 뒤에 반드시 명사가 와야 한다.

기출 변형 2 빈칸에 들어갈 가장 알맞은 보기를 고르시오.

After Mr. Armstrong finished his project, Ms. Jackson asked him to help finish -------.

(A) hers
(B) herself
(C) she
(D) her

정답	(A) hers	✔ 보기에 인칭대명사, 소유대명사, 그리고 재귀대명사가 있다.

✔ 빈칸 앞에 finish라는 동사가 있으므로, 빈칸에는 목적어 역할을 할 수 있는 대명사 필요하다. 그런데 (C)는 인칭대명사의 주격이기 때문에 정답이 될 수 없다.

| 오답 | (B) herself
(C) she
(D) her | ✔ 보기에서 사람을 대신하는 대명사 her, herself는 finish라는 동사의 목적어로서 사용될 수 있기는 하지만 모두 의미상 부적절하다.
✔ 문장 앞부분의 his project라는 '소유격 + 명사'의 형태를 대신할 수 있는 것은 hers(her + project)이므로 (A)가 정답이다. |

해석

Armstrong 씨가 프로젝트를 끝내자, Jackson 씨는 그에게 자신의 프로젝트를 끝내는 데 도움을 줄 것을 요청했다.

(A) hers   (B) herself   (C) she   (D) her

정답 (A)

이 정도는 알아야지!

① 소유대명사의 종류

my + 명사 → mine	your + 명사 → yours	his + 명사 → his
her + 명사 → hers	their + 명사 → theirs	our + 명사 → ours

② 소유대명사 문제를 푸는 열쇠

ⓐ 소유대명사는 소유격 인칭대명사와 다르다. 소유격은 뒤에 무조건 명사가 따라와야 하지만, 소유대명사는 '소유격 + 명사'를 합친 것이기 때문에 절대로 그 뒤에 명사가 나오지 않는다.

ⓑ 소유대명사는 일반적으로 주어와 목적어의 역할을 하며, 앞 문장에 '소유격 + 명사'의 형태가 존재할 때 자주 정답으로 출제된다.

기출 변형 ③ 빈칸에 들어갈 가장 알맞은 보기를 고르시오.

Ms. Kato worked on the quarterly budget by ------- until Mr. Humphries came back from his vacation.

(A) her

(B) herself

(C) she

(D) hers

정답	(B) herself

✔ 보기에 인칭대명사, 소유대명사, 그리고 재귀대명사 주어졌다.

✔ 빈칸 앞에 **by**라는 전치사가 있으므로, 빈칸은 전치사 뒤에 목적격이 필요한 자리이다.

오답	(A) her (C) she (D) hers

✔ 보기에 주어진 대명사들 중에서 **by**라는 전치사와 함께 사용되는 것은 재귀대명사인 (B)의 **herself**이다. 'by oneself'는 '~의 힘으로, 스스로'라는 의미의 표현이다.

해석

Kato 씨는 Humphries 씨가 휴가에서 돌아오기 전까지 혼자서 분기별 예산안을 작성했다.

(A) her   (B) herself   (C) she   (D) hers

정답 (B)

어휘   **quarterly** 분기별의   **budget** 예산   **by oneself** 혼자서, 스스로

이 정도는 알아야지!

❶ 재귀대명사의 종류

1인칭 단수	myself	1인칭 복수	ourselves
2인칭 단수	yourself	2인칭 복수	yourselves
3인칭 단수	himself / herself / itself	3인칭 복수	themselves

❷ 재귀대명사의 쓰임

ⓐ 문장의 맨 끝에서 'by + 재귀대명사' 형태 등의 관용 표현으로 사용된다. (생략 불가)

ⓑ 문장의 맨 끝에서, 혹은 주어와 동사의 사이에서 강조 용법으로 사용된다. (생략 가능)

ⓒ 동사 뒤, 혹은 전치사 뒤에서 목적어로 사용된다. (생략 불가)

❸ 재귀대명사의 선택

ⓐ 거의 모든 재귀대명사는 주어에 일치시킨다.

ⓑ 단, '주어 + 동사 + 목적어 + 보어'로 이루어지는 5형식의 문장에서는 목적어에 일치시킨다.

During this week's annual reviews, department managers were held accountable for both their own performance and ------- of their team.

(A) it

(B) one

(C) that

(D) those

⚡ 정답 빨개기

정답	(C) that	✔ 보기에 지시대명사가 주어졌다.
		✔ 빈칸 뒤에 of라는 전치사가 따라오면 일반적인 대명사는 사용될 수 없다. 이러한 경우에는 지시대명사 중에서 that이나 those라는 대명사를 사용해야 하는데, 앞에 단수명사가 나오면 that을, 복수명사가 나오면 those를 사용한다.
오답	(A) it (B) one (D) those	✔ 여기에서는 and 앞의 performance라는 단수명사를 대신할 수 있는 that이 들어가야 하기 때문에 (C)가 정답이다.

해석

이번 주 연례 인사 고과 기간 동안, 부서 관리자들은 본인의 성과와 팀의 성과 모두에 대해 책임을 졌다.

(A) it   (B) one   (C) that   (D) those

정답 (C)

어휘 **annual review** 연례 인사 고과 **be held accountable for** ~에 대해 책임을 지다 **performance** 성과, 업적; 공연

이 정도는 알아야지!

지시대명사와 지시형용사

지시대명사	지시형용사
this/that: 단수명사를 대신하는 대명사	this/that + 단수명사
these/those: 복수명사를 대신하는 대명사	these/those + 복수명사

빈칸에 들어갈 가장 알맞은 보기를 고르시오.

------- who register for night classes can fully participate in all school-sponsored activities.

(A) Those
(B) They
(C) Anyone
(D) That

정답 뽀개기

정답	(A) Those

✔ 보기에 인칭대명사 및 지시대명사가 주어졌다.

✔ 대명사인 those는 'those + who + 동사'의 형태로 사용되어 '~하는 사람들'이라는 의미를 나타낸다.

✔ 빈칸 뒤에 who가 뒤따르고 있으므로 (A)가 정답이다.

오답	(B) They
	(C) Anyone
	(D) That

해석

야간 수업에 등록하는 사람들도 학교가 지원하는 모든 활동에 전적으로 참여할 수 있다.

(A) Those   (B) They   (C) Anyone   (D) That

정답 (A)

어휘   **register for** ~을 신청하다   **fully** 전적으로, 충분히   **participate in** ~에 참여하다   **sponsor** 후원하다

이 정도는 알아야지!

❶ those의 용법

ⓐ those + who + 동사: ~하는 사람들

ⓑ those + with + 명사: ~을 갖고 있는 사람들

ⓒ those + -ing/p.p.: ~하는/~된 사람들

❷ those와 anyone의 차이

ⓐ those: 복수로 취급하며 'those + who + 동사' 형태로 사용된다.

ⓑ anyone: 단수로 취급하며 'anyone + who + 동사-s/-es' 형태로 사용된다.

Prior to takeoff, flight attendants have to ensure that ------- of the passengers has fastened their seatbelts.

(A) every

(B) all

(C) each

(D) much

정답 뽀개기

정답	(C) each	✔ 보기에 부정대명사가 주어졌다.
		✔ 빈칸 뒤에 'of + the + 명사'의 형태가 있으므로 빈칸에는 부정대명사가 들어가야 하는데, (A)의 every는 부정대명사로 사용되지 않으므로 정답에서 제외된다.
오답	(A) every (B) all (D) much	✔ (D)의 경우, much of 다음에는 불가산명사가 뒤따라야 하는데 passengers라는 복수명사가 있으므로 이 역시 오답이다.
		✔ 빈칸 뒤에 나오는 동사가 has이기 때문에 주어는 단수여야 한다. 따라서 (C)가 정답이다.

해석

항공기 승무원들은 이륙에 앞서 모든 승객들이 안전 벨트를 착용했는지 확인해야 한다.

(A) every   (B) all   (C) each   (D) much

정답 (C)

어휘 **prior to** ~에 앞서 **take off** 이륙하다; 이륙 **flight attendant** 비행기 승무원 **ensure** 확실하게 하다 **fasten** 매다, 채우다

이 정도는 알아야지!

① 부정대명사의 종류

all	most	many	much	some	several	a few
any	both	each	either	one	neither	none

② 부정대명사의 사용

ⓐ 부정대명사 + of + 목적격 인칭대명사

ⓑ 부정대명사 + of + the + 명사

ⓒ 부정대명사 + of + 소유격 + 명사

❸ 부정대명사가 주어인 경우의 수일치

ⓐ one/each가 문장의 주어인 경우, 이들은 무조건 단수로 취급한다.

ⓑ 나머지 부정대명사의 경우, of 다음에 오는 명사의 수에 따라 단/복수를 결정한다.

기출 변형 7 빈칸에 들어갈 가장 알맞은 보기를 고르시오.

Of the three construction plans that Mr. Hush proposed for the building, two are unacceptable while ------- seems to be perfect because its estimated cost is a lot lower than expected.

(A) the other

(B) one another

(C) other

(D) others

⚡ 정답 빨개기

정답	(A) the other
오답	(B) one another (C) other (D) others

✔ 수와 관련된 부정대명사의 용법을 묻는 문제이다.

✔ 문장 맨 앞에 **three**라는 숫자 표현이 등장하여 '셋 중에서'라는 의미로 시작하고 있다.

✔ 콤마 뒤에 **two**라는 표현이 있으므로, 빈칸에는 셋 중에서 둘을 제외한 '나머지 하나'라는 의미가 들어가야 한다. 따라서 정답은 (A)이다.

해석

Hush 씨가 제안한 세 건의 건물 시공 계획 중에서, 두 건은 받아들일 수 없지만 나머지 한 건은 비용이 예상보다 훨씬 낮기 때문에 완벽해 보인다.

(A) the other　　(B) one another　　(C) other　　(D) others

정답 (A)

어휘 **construction plan** 시공 계획　**unacceptable** 받아들일 수 없는

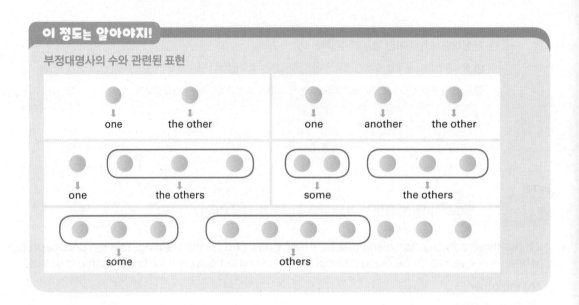

이 정도는 알아야지!

부정대명사의 수와 관련된 표현

one　the other	one　another　the other
one　the others	some　the others
some　others	

기출 변형　8　빈칸에 들어갈 가장 알맞은 보기를 고르시오.

Advertisers suggest distributing pens instead of ------- branded items because of their usability and low cost.

(A) other
(B) another
(C) others
(D) each other

정답 보기기

정답	(A) other	✔ 보기에 부정대명사가 주어졌다.
오답	(B) another (C) others (D) each other	✔ 빈칸 뒤에 **branded items**라는 복수형태의 명사가 왔으므로 이 문제는 부정대명사가 형용사로 사용되는 경우이다. ✔ 보기 중에서 복수명사와 함께 사용될 수 있는 것은 (A)의 **other**이다.

광고주들은 유용성과 낮은 가격 때문에 다른 유명 상표의 물품들 대신 펜을 나눠줄 것을 제안한다.

(A) other   (B) another   (C) others   (D) each other

정답 (A)

어휘   **advertiser** 광고주   **distribute** 나눠주다   **branded** 유명 상표의   **usability** 유용성

이 정도는 알아야지!

• **부정형용사와 명사의 결합**

ⓐ another + 단수명사 (another + 불가산명사)

ⓑ (the) other + 가산복수명사 (불가산명사도 가능)

ⓒ (the) others + 명사

ⓓ each other (= one another) + 명사

기출 변형 ⑨ 빈칸에 들어갈 가장 알맞은 보기를 고르시오.

If the printer malfunctions, we will happily replace it with ------- or provide you with a full refund.

(A) all other
(B) other
(C) another
(D) each other

정답 뽀개기

정답	(C) another	✔ 보기에 부정대명사가 주어졌다.
		✔ 빈칸 앞에 **with**라는 전치사가 나왔기 때문에 목적격으로 사용할 수 있는 단어가 필요하다.
오답	(A) all other (B) other (D) each other	✔ 'replace + A + with + B'의 형태를 완성시킬 수 있기 위해서는 앞에 나온 it과 수도 일치해야 하며, 같은 종류의 명사가 필요하다.
		✔ it은 단수이므로 보기에서 단수를 대신할 수 있는 대명사인 (C)가 정답이다.

프린터가 오작동을 하는 경우, 기꺼이 다른 제품으로 교환을 해 드리거나 전액 환불해 드릴 것입니다.

(A) all other   (B) other   (C) another   (D) each other

정답 (C)

어휘   **malfunction** 오작동하다   **replace A with B** A를 B로 교환[교체]하다   **provide** 제공하다   **full refund** 전액 환불

이 정도는 알아야지!

another의 활용

❶ replace + A(단수명사) + with + B(another)

I **replaced** the table **with another**.   나는 이 테이블을 다른 것과 교체했다.

→ replace라는 동사를 활용해서 the table이라는 단수명사와 동일하게 바꿔서 사용할 수 있는 대명사인 another를 사용했다.

❷ exchange + A(단수명사) + for/with + B(another)

I **exchanged** the item **for/with another**.   나는 이 제품을 다른 제품과 교환했다.

→ exchange라는 동사를 활용해서 the item이라는 단수명사와 동일하게 바꿔서 사용할 수 있는 대명사인 another를 사용했다.

기출 변형 10 빈칸에 들어갈 가장 알맞은 보기를 고르시오.

All team members are encouraged to share their ideas with ------- before attending meetings.

(A) either

(B) whichever

(C) one another

(D) each

정답	(C) one another
오답	(A) either (B) whichever (D) each

- ✔ 보기에 부정대명사와 복합관계대명사가 주어졌다.
- ✔ 빈칸 앞에 **with**라는 전치사가 있으므로 목적어 역할을 할 수 있는 명사나 대명사가 필요하다.
- ✔ **with** 다음에 전치사의 목적어에 해당하는 대명사인 **one another**가 와야 하므로 정답은 (C)이며, 이는 '서로서로'라는 의미이다.
- ✔ (B)의 **whichever**는 복합관계대명사로서, (B)가 정답이 되려면 문장 하나에 동사가 두 개 필요한데 그렇지 않기 때문에 오답이다.

해석

모든 팀원들은 회의에 참석하기 전에 서로 아이디어를 공유해야 한다.

(A) either　　　(B) whichever　　　**(C) one another**　　　(D) each

정답 (C)

어휘　**team member** 팀원　**be encouraged to** ~하라고 권장되다　**share** 공유하다

이 정도는 알아야지!

each other[= one another]의 활용

❶ **전치사 with와 함께 사용**

They are trying to communicate **with each other** by e-mail.

그들은 이메일로 서로 소통하는 것을 노력하고 있다.

→ communicate with와 함께 each other를 사용하여 '서로 의사소통하다'라는 의미를 나타낸다.

❷ **help + one another[each other]**

They should **help one another[each other]**.　그들은 서로 도와야 한다.

→ 동사 help 다음에 목적어로서 one another 혹은 each other를 사용하여 '서로서로 돕다'라는 의미를 나타낸다.

동사는 동작이나 행위를 나타내는 품사로서 목적어를 필요로 하는지에 따라 자동사와 타동사로, 보어를 필요로 하는지에 따라 완전동사와 불완전동사로 구분할 수 있다. 각각의 동사들이 어떠한 형식으로 사용되는지 알고 있으면 동사와 관련된 문법 문제들은 어렵지 않게 풀 수 있다.

기본중기본
기출 변형 1 빈칸에 들어갈 가장 알맞은 보기를 고르시오.

All workers should follow company safety procedures when they ------- at the factory.

(A) develop
(B) qualify
(C) operate
(D) work

⚡ **정답 벗기기**

정답	(D) work	✔ 자동사를 고르는 문제이다.
		✔ (A)의 develop은 타동사로서 목적어를 취하는 동사인데, 빈칸 뒤에 목적어가 뒤따르고 있지 않으므로 정답 후보에서 제외된다.
오답	(A) develop	✔ (B)의 qualify는 자동사로서 보통 전치사 for와 같이 사용되므로 이 또한 오답이다.
	(B) qualify	✔ (C)의 operate는 자동사와 타동사로 모두 사용이 가능하지만, 주어가 사람인 경우 '~을 가동시키다'라는 의미를 나타내는 타동사로 사용되기 때문에 목적어가 필요하다.
	(C) operate	✔ (D)의 work라는 동사는 대표적인 자동사로서 전치사 on / for / at 등과 함께 사용되므로 (D)가 정답이다.

해석

모든 직원들은 작업 현장에서 일할 때 사내 안전 수칙을 따라야 한다.

(A) develop   (B) qualify   (C) operate   (D) work

정답 (D)

어휘 **follow** 따르다 **company safety procedure** 회사의 안전 수칙 **operate** 가동하다, 작동하다; 수술하다

1 자동사의 어휘 문제를 푸는 요령

동사의 뒤에 나오는 전치사에 따라 정답이 결정된다.

2 자주 사용되는 '자동사 + 전치사' 형태

comply with (규범, 기준, 절차)를 따르다	contribute to ~에 공헌하다
collaborate with ~와 협업하다	interfere with ~을 방해하다
refrain from ~을 삼가다	proceed with/to ~을 진행하다
succeed in ~에 성공하다	result in/from ~에 대한 결과를 초래하다
lag behind ~에 뒤쳐지다	coincide with ~와 일치하다, 동시에 일어나다
invest in ~에 투자하다	come up with ~을 생각해 내다
comment on ~에 관해 말하다	react/reply/respond to ~에 대응하다, 응답하다
apologize for ~에 대해 사과하다	account for 어느 정도를 차지하다
enter into (a business) (사업을) 시작하다	participate in ~에 참여하다
merge with ~와 합병하다	

insist on (= insist + that + 주어 + 동사) ~을 주장하다

register for (= enroll in, sign up for) ~에 등록하다 *cf.* register + 목적어 ~을 등록시키다

기출 변형 2 빈칸에 들어갈 가장 알맞은 보기를 고르시오.

Housing analysts expect mortgage applications to rise ------- over the next five years.

(A) steady
(B) steadily
(C) steadiness
(D) steadied

정답	(B) steadily	
오답	(A) steady (C) steadiness (D) steadied	✔ 자동사인 rise 뒤에 올 수 있는 적절한 품사를 고르는 문제이다. ✔ 자동사는 목적어를 필요로 하지 않기 때문에 빈칸에는 생략이 가능한 품사인 부사가 오는 것이 적절하다. 따라서 (B)가 정답이다.

해석

주택 분석가들은 향후 5년 동안 융자금 신청이 꾸준히 상승할 것으로 예상한다.

(A) steady   (B) steadily   (C) steadiness   (D) steadied

정답 (B)

어휘 **housing** 주택, 주거 **analyst** 분석가 **mortgage** 융자금, 대출금 **application** 지원, 신청 **steady** 꾸준한; 균형을 잡다 **steadily** 꾸준히
steadiness 끈기

이 정도는 알아야지!

대표적인 1형식 자동사와 2형식 자동사

❶ 1형식 자동사

work 일하다	increase 증가하다	decrease 감소하다	rise 오르다
fall 감소하다	drop 떨어지다	arrive 도착하다	start 시작하다
end 끝나다	occur 발생하다	expire 기간이 끝나다	take place 일어나다

❷ 2형식 자동사

be 이다	become 되다	look 보이다	seem ~인 것 같다
appear ~인 것 같다	remain 남겨지다	feel 느끼다	

❸ 동사의 앞이나 뒤에 자주 등장하는 부사들

remotely 멀리서	closely 면밀하게, 가깝게	occasionally 때때로
carefully 조심스럽게	responsibly 책임감 있게	conveniently 편리하게
agreeably 기분 좋게	finally 마지막으로, 결국	collaboratively 협력하여
significantly (= dramatically, drastically, remarkably, steadily, considerably) 상당히		

The Con-Santo newsletter ------- important news regarding the state of the farming industry.

(A) informs
(B) agrees
(C) contains
(D) reminds

정답 빨리찾기

정답	(C) contains	✓ 타동사를 고르는 문제이다.
		✓ (A)의 inform(~에게 알리다)이라는 동사는 사람명사를 목적어로 취하기 때문에 정답에서 제외된다.
		✓ (B)의 agree(동의하다)라는 동사는 뒤에 to부정사를 목적어로 취하거나 전치사 with, upon 등과 함께 사용되기에 이 또한 정답에서 제외된다.
오답	(A) informs (B) agrees (D) reminds	✓ (D)의 remind(상기시키다)라는 동사도 뒤에 사람명사를 목적어로 취하여 'remind + 사람목적어 + [that절, to부정사, of + 명사]'의 형태로 사용되기 때문에 정답에서 제외된다.
		✓ (C)의 contain(포함하다)이라는 동사는 '사실' 혹은 '정보' 따위를 나타내는 명사를 목적어로 취하기 때문에 (C)가 정답이다.

해석

Con-Santo 뉴스레터에는 농경업계의 현황과 관련된 중요한 뉴스가 들어 있다.

(A) informs   (B) agrees   **(C) contains**   (D) reminds

정답 (C)

어휘   **newsletter** 뉴스레터   **regarding** ~에 관한   **state** 상태, 상황   **inform** 알리다   **contain** 포함하다   **remind** 상기시키다, 기억나게 하다

❶ 타동사의 어휘 문제를 푸는 요령

타동사의 어휘 문제의 경우, 동사 뒤에 나오는 목적어의 종류 및 형태에 따라 정답이 결정된다.

❷ 대표적인 타동사

타동사	형태 및 사용 예시
access 접근하다	access + 목적어(information / report)
address 해결하다	address + 목적어(problem / complaint)
brief 간략히 설명하다	brief + 사람목적어 + on + 사물목적어
issue 발행하다	issue + 목적어 (card / permit)
welcome 환영하다	welcome + 사람목적어
meet 만족/충족시키다	meet + 목적어(the requirements / the needs / expectations / the goal / the deadline)
present 제시하다	present + 목적어(identification)
prohibit (= inhibit, ban) 금지하다	prohibit [inhibit, ban] + 사람목적어 + from + 동사-ing
prolong 연장시키다	prolong + 목적어(life / hours)
boost 증가시키다	boost + 목적어(sales / production / revenue)
provide 제공하다	provide + 사람목적어(대상) + with + 사물목적어
revise 수정/검토하다	revise + 목적어(document / report)
launch 시작하다, 출시하다	launch + 목적어(item / inspection / campaign / website)
ensure 확실하게 하다	ensure + 목적어 (= ensure + that + 주어 + 동사)
assure 확신시키다	assure + 사람목적어 + that + 주어 + 동사
exceed 초과하다	exceed + 목적어(amount / figure / profit / expectation)
allocate 따로 떼어놓다	allocate + 목적어(money) + for + 명사
implement 실행하다	implement + 목적어(plan / system / strategy / policy / idea)
conduct 실행하다	conduct + 목적어(interview / tour / research / study / survey)
reserve 유지하다	reserve + 목적어(the right)
reimburse 보상하다	reimburse + 사람목적어 + for + 명사(expense)
incur 발생시키다	incur + 목적어(expense)
spend 소비하다	spend + 목적어(time / money) + (on) + 명사 혹은 동명사
recognize 인정하다	recognize + 사람목적어 혹은 사물목적어
guarantee 보장/보증하다	guarantee + 목적어(delivery)
preserve 보존하다	preserve + 목적어(condition)

express 나타내다	express + 목적어(interest / gratitude / disappointment)
expand 확장하다	expand + 목적어(business / capacity)
carry out 시행하다	carry out + 목적어(work / task)
develop 개발하다	develop + 목적어(new skill / strategy / technology)
secure 확보하다, 지키다	secure + 목적어(position / venue)
cover (= include) 포함하다	cover + 목적어(cost / work)
attract 매료시키다	attract + 사람목적어
promote 승진시키다 promote 홍보하다	promote + 사람목적어 (사람주어 + be promoted to + 직위) promote + 목적어(제품)
accommodate 수용하다	accommodate + 목적어(수량과 관계된 명사)
inspect 검사하다	inspect + 목적어(site / product)
undergo 수행하다	undergo + 목적어(operation / renovation / test)
hold 열다	hold + 목적어(workshop / session / meeting / conference)
refurbish 새로 단장하다	refurbish + 목적어(furniture / room / building)
interrupt 중단시키다	interrupt + 목적어(service)
feature ~을 특징으로 하다; 나타나다	feature + 목적어(특징)
resume 재개하다	resume + 목적어(meeting / work)
negotiate 협상하다	negotiate + 목적어(scope / salary / loan / deal)
adopt 채택하다	adopt + 목적어(proposal / idea / law / standards / measures)
indicate 나타내다	indicate + that + 주어 + 동사 indicate + which + 명사 indicate + 목적어(preference)
process 진행하다	process + 목적어(application)
claim 주장하다	claim + that + 주어 + 동사
complete 작성하다, 완성하다	complete + 목적어(application form / survey)
praise 칭찬하다	praise + 목적어(사람/사물)
inform (= notify) 알리다	inform [notify] + 사람목적어 + of + 명사 (= inform [notify] + that + 주어 + 동사)
announce 알리다	announce + 목적어 announce + that + 주어 + 동사
retain 유지하다	retain + 목적어(document / application form)

Next week, we will be ------- our preferred customers a 25% discount on all sofa purchases.

(A) suggesting
(B) planning
(C) offering
(D) assuring

⚡ 정답 뽀개기

정답	(C) offering	✔ 타동사를 고르는 문제이다.
오답	(A) suggesting (B) planning (D) assuring	✔ 빈칸 뒤에 나오는 목적어가 customers(대상 혹은 사람)와 discount(사물), 두 개이다. ✔ 두 개의 목적어를 필요로 하는 동사, 즉 무조건 대상이나 사람명사가 먼저 나오고 그 뒤에 사물명사가 나와야 하는 동사는 4형식 동사인데, 보기에서 4형식 동사는 offer이므로 (C)가 정답이다.

해석

다음 주에는 소파를 구매하는 모든 우수 고객 분들께 25%의 할인을 제공해 드릴 것입니다.

(A) suggesting   (B) planning   **(C) offering**   (D) assuring

정답 (C)

어휘 **preferred customer** 우수 고객 **discount** 할인; 할인하다 **suggest** 제안하다 **assure** 확인하다, 확언하다

이 정도는 알아야지!

❶ 타동사 중 to부정사를 목적어로 취하는 동사

want 원하다	wish 원하다	would like 원하다	prefer 선호하다
need 필요로 하다	decide 결정하다	refuse 거절하다	continue 계속하다
fail 실패하다	plan 계획하다	agree 동의하다	

❷ 타동사 중 동명사를 목적어로 취하는 동사

avoid 피하다	discontinue 중단하다	suggest 제안하다	consider 고려하다
keep 유지하다	mind 꺼리다	enjoy 즐기다	finish 끝내다

❸ 두 개의 목적어를 취하는 4형식 동사

give 주다   offer 제공하다   assign 할당하다   award 수여하다   send 보내다

cf. '주어 + 4형식 동사 + 사람/대상 + 사물'의 형식에서 두 목적어의 순서를 바꿔서 사용할 수 있지만,
이때는 3형식 동사로 취급한다.

→ 주어 + give/offer/assign/award/send + 사물명사 + to(전치사) + 사람/대상

기출 변형 5 빈칸에 들어갈 가장 알맞은 보기를 고르시오.

Supervisors should ------- their subordinates to take short breaks while transcribing text no matter how much work they have.

(A) insist
(B) encourage
(C) retain
(D) submit

정답 별개기

정답	(B) encourage	✔ 타동사의 어휘 문제이다.
		✔ insist는 뒤에 that절이나 전치사 on과 함께 사용되므로 (A)는 정답에서 제외된다.
오답	(A) insist (C) retain (D) submit	✔ 빈칸 뒤에 subordinate(부하 직원)라는 사람명사가 목적어로 나왔고, 그 뒤에 to부정사가 있으므로 5형식 동사가 정답이다. ✔ 보기 중 (B)의 encourage가 5형식 문형(주어 + 동사 + 목적어 + to부정사)에 사용될 수 있는 동사이기 때문에 (B)가 정답이다.

해석

관리자들은 부하 직원들에게 해야 할 일이 아무리 많다고 할지라도 그들이 문자 변환 작업을 하는 동안 잠깐씩 휴식을 취하도록 권고해야 한다.

(A) insist   (B) encourage   (C) retain   (D) submit

정답 (B)

어휘 **supervisor** 감독자, 관리자 **subordinate** 부하, 하급자 **take a break** 휴식을 취하다 **transcribe** (다른 형태의 문자로) 바꿔 쓰다 **insist** 주장하다 **encourage** 권고하다, 장려하다 **retain** 유지하다 **submit** 제출하다

'주어 + 동사 + 목적어 + to부정사' 형식에서 사용될 수 있는 대표적인 5형식 동사

ask 요청하다	require 요청하다	allow 허락하다	encourage 용기를 주다
cause 야기하다	remind 상기시키다	advise 조언하다	expect 예상하다
instruct 지시하다	invite 초대하다	urge 충고하다	

기본중기본
기출 변형 6 빈칸에 들어갈 가장 알맞은 보기를 고르시오.

When decorating a new office, Ms. Carter ------- it useful to consult the workers who will inhabit the space.

(A) found
(B) invited
(C) persuaded
(D) requested

⚡ **정답 빼내기**

정답	(A) found

✔ 타동사의 어휘 문제이다.
✔ persuade는 뒤에 사람목적어가 필요하고, 그 뒤에 to부정사를 취하는 5형식 동사로 사용되기 때문에 (C)는 정답에서 제외된다.

오답	(B) invited (C) persuaded (D) requested

✔ 빈칸 뒤에 it이라는 가목적어가 있고 그 뒤에 useful이라는 형용사가 온 것으로 보아, 주어진 문장은 '주어 + 동사 + 목적어 + 형용사' 형태의 5형식 문장이다.
✔ 보기에서 5형식 동사로 사용될 수 있는 (A)가 정답이다.

해석

Carter 씨는 새 사무실을 꾸밀 때, 자신의 사무실에서 지낼 직원들과 상의하는 것이 유용할 것이라고 생각했다.

(A) found   (B) invited   (C) persuaded   (D) requested

정답 (A)

어휘 **decorate** 꾸미다, 장식하다 **useful** 유용한 **consult** 상담하다, 의논하다 **inhabit** 거주하다 **space** 공간; 우주 **persuade** 설득하다

❶ '주어 + 동사 + 목적어 + 형용사' 형식에 사용될 수 있는 대표적인 5형식 동사

keep 유지하다	find 알아내다	consider 고려하다	deem 고려하다	make 만들다

❷ **동사 consider의 특징**

ⓐ consider + 동사-ing: ~하는 것을 고려하다

ⓑ consider + 목적어 + 형용사: '목적어'를 '형용사'로 여기다

ⓒ consider + 목적어 + 명사: '목적어'를 '명사'로 여기다

ⓓ consider + 목적어 + as + 명사: '목적어'를 '명사'로 여기다

cf. persuade(설득하다) + 사람명사 + to부정사: '사람'이 ~하도록 설득하다

기출 변형 7 빈칸에 들어갈 가장 알맞은 보기를 고르시오.

This week's seminar is meant to ------- new business owners develop their own social marketing plans.

(A) proceed

(B) remark

(C) help

(D) instruct

정답 빼내기

정답	(C) help
오답	(A) proceed (B) remark (D) instruct

✔ 타동사의 어휘 문제이다.

✔ 빈칸 뒤에 owners라는 명사가 있고 이어서 동사 원형인 develop이 따라오고 있으므로 이 문제는 5형식 구문에 사용되는 동사를 묻는 문제이다.

✔ 보기 중에서 (C)의 help가 5형식 구문에 사용되는 동사이므로 (C)가 정답이다.

이 정도는 알아야지!

❶ '주어 + 동사 + 목적어 + 동사 원형' 형식에서 사용될 수 있는 대표적인 5형식 동사

help 돕다　　　make 만들다　　　let ~하도록 만들다

❷ 동사 help의 특징

ⓐ help + 동사 원형: '동사'하는 것을 돕다

ⓑ help + to부정사: 'to부정사'하는 것을 돕다

ⓒ help + 목적어 + 동사 원형: '목적어'가 '동사'하는 것을 돕다

ⓓ help + 목적어 + to부정사: '목적어'가 'to부정사'하는 것을 돕다

4 동사의 시제

동사의 시제 문제는 매번 토익 시험에서 출제되는 중요한 문법 사항 중 하나이다. 각각의 시제들이 어떠한 조건에서 사용되는지 정확히 알고 있어야 문법 파트에서 고득점을 노릴 수 있다.

기출 변형 1　빈칸에 들어갈 가장 알맞은 보기를 고르시오.

The Payroll Department recently ------- all employees a 20% bonus due to the outstanding sales numbers during the last quarter.

(A) offers

(B) offered

(C) will offer

(D) has offered

정답	(B) offered	✔ 동사의 시제를 묻는 문제이다.

✔ 동사의 시제와 관련된 문제를 풀 때에는 해석보다 문장에서 시제와 연관된 단어를 찾는 것이 우선이다.

오답	(A) offers (C) will offer (D) has offered

✔ 시제와 관련된 단어들은 보통 세 군데, 즉 문장의 맨 앞, 동사의 앞뒤, 문장의 맨 끝에 위치한다.

✔ 문장에서 빈칸 앞에 과거를 나타내는 부사인 recently(최근에)가 있으므로 과거시제라는 것을 알 수 있다. 또한 문장의 맨 뒤에 'last quarter'라는 과거를 의미하는 표현도 있기 때문에 과거시제를 나타내는 (B)가 정답이다.

해석

지난 분기의 높은 판매 수치 때문에 급여 지급 부서는 전 직원에게 20%의 보너스를 제공했다.

(A) offers   (B) offered   (C) will offer   (D) has offered

정답 (B)

어휘 **Payroll Department** 급여 지급 부서, 경리부 **due to** ~ 때문에 **outstanding** 뛰어난

이 정도는 알아야지!

과거 및 과거진행 시제와 어울리는 형용사와 부사

last 지난	past 지난	yesterday 어제	previously 이전에
formerly 이전에	recently 최근에	lately 최근에	ago 전에

기출 변형 2 빈칸에 들어갈 가장 알맞은 보기를 고르시오.

The construction company ------- planning to relocate their warehouse even before it purchased the new property.

(A) will begin
(B) is beginning
(C) had begun
(D) has begun

정답	(C) had begun	

✓ 동사의 시제 문제이다.

✓ 문장에서 동사의 시제와 관련이 있는 단어는 접속사 before이다.

오답	(A) will begin (B) is beginning (D) has begun

✓ before 다음에 과거시제의 동사 purchased가 사용되었는데, 'before(~전에) + 과거 동사'는 '(과거) 이전에'라는 의미를 나타낸다.

✓ 따라서, 빈칸에는 과거보다 이전을 나타내는 과거완료가 들어가야 한다는 것을 알 수 있으므로 (C)가 정답이다.

해석

그 건설 회사는 부지를 새로 구입하기도 전에 창고 이전 계획을 실행시켰다.

(A) will begin   (B) is beginning   (C) had begun   (D) has begun

정답 (C)

어휘 construction 건설 relocate 이전하다 warehouse 창고 property 재산; 부동산

이 정도는 알아야지!

과거완료(주어 + had + p.p.): 과거의 어느 한 시점보다 이전에 일어난 시제

과거완료시제는 절대로 혼자서 사용되지 않으며, 과거시제와 함께 사용된다.

After I **had purchased** a new car, I **bought** a new house. 나는 새 차를 구매한 이후에, 새 집을 구매했다.

→ 두 개의 절이 after라는 접속사로 연결된 문장인데, 두 번째 절의 시제가 bought로 과거시제이다.

→ 주택 구입보다 자동차 구입이 먼저 일어난 일이므로 after가 이끄는 부사절에서는 과거완료가 사용되었다.

기본중기본 기출 변형 3 빈칸에 들어갈 가장 알맞은 보기를 고르시오.

Annual revenues of the country's largest pharmaceutical companies usually ------- over $10 billion.

(A) reach

(B) reaches

(C) reached

(D) will reach

정답	(A) reach	✔ 동사의 시제를 묻는 문제이다.

✔ 빈칸 앞에 **usually**라는 빈도부사가 있는데, 빈도부사는 일반적으로 현재시제와 어울리기 때문에 (A)와 (B) 중 하나가 정답이다.

오답	(B) reaches
	(C) reached
	(D) will reach

✔ 주어의 길이가 긴데, 전치사 of부터 companies까지 삭제하고 마지막에 남는 **revenues**에 동사를 일치시킨다.

✔ 주어가 복수이므로 동사에 –s/–es를 붙일 수 없다. 따라서 (A)가 정답이다.

해석

국내에서 가장 큰 제약 회사의 연간 수익은 보통 100억 달러 이상이다.

(A) reach　　　(B) reaches　　　(C) reached　　　(D) will reach

정답 (A)

어휘 **annual** 1년의, 연례의　**revenue** 수입　**pharmaceutical** 제약의　**reach** 도달하다, 닿다　**billion** 10억

이 정도는 알아야지!

❶ 현재시제와 어울리는 형용사 및 부사

every/each + 시간 매번	now 지금	currently 현재	presently 현재

❷ 빈도부사: 빈도를 나타내는 빈도부사 역시 현재시제와 어울려 사용됨

usually 대체로	typically 전형적으로	generally 일반적으로	frequently 자주
often 자주	occasionally 때때로		

❸ 주어와 동사의 수일치

주어(3인칭 단수: 'I'와 'You'를 제외한 나머지 중 '하나(단수)'를 의미하는 주어) + 동사–s/–es

She wants to improve her English. (주어가 3인칭 단수 → 동사(want)–s → **wants**)

They want to improve their English. (주어가 복수 → 동사(want) → **want**)

You want to improve your English. (주어가 2인칭 → 동사(want) → **want**)

cf. 주어가 고유명사(이름)인 경우에는 무조건 단수로 취급한다.

Harvest Foods is now expanding its business. Harvest Foods는 사업을 확장하고 있다.

→ 주어에 –s가 붙어 있지만 단수로 취급한다.

❹ 주어의 길이가 길 때 주어를 찾는 방법

Advances in biotechnology **have** made it possible for Allen Pharmaceutical to construct a new laboratory. 생명 공학에서의 발전은 Allen 제약이 새로운 연구소를 건설할 수 있도록 만들었다.

→ 전체 주어는 advances in biotechnology이지만, 전치사구 'in biotechnology'는 수식어구 역할을 할 뿐이다.

cf. 주어가 될 수 있는 것은 명사, 대명사, 동명사, 명사절뿐이다.

------- he started working at the company, Ms. Breaux has successfully doubled our customer base.

(A) When

(B) Before

(C) Whereas

(D) Since

⚡ 정답 토기기

정답	(D) Since	✔ 적절한 접속사를 고르는 문제이다.
오답	(A) When (B) Before (C) Whereas	✔ 접속사들 중에서 시제와 관련이 있는 접속사들이 있는데, since라는 접속사는 현재완료와 특히 잘 어울려 사용된다. ✔ 콤마의 뒤에 따라오는 주절의 시제가 'has doubled'로서 현재완료를 나타내고 있으므로 (D)가 정답이다.

해석

그가 회사를 창업한 이후로, Breaux 씨는 우리의 고객층을 성공적으로 두 배로 늘렸다.

(A) When   (B) Before   (C) Whereas   **(D) Since**

정답 (D)

(어휘) **double** 두 배로 만들다   **customer base** 고객층

이 정도는 알아야지!

현재완료시제(주어 + have/has + p.p.)

현재완료시제 문제는 주로 for 혹은 since의 쓰임과 관련이 있다.

❶ for

I **have studied** English **for 2 years**. 나는 2년 동안 영어 공부를 해오고 있다.

→ 'have studied'라는 현재완료시제 뒤에 'for 2 years'라는 기간을 나타내는 표현이 있다.

→ 'for(= in / over) + 숫자 혹은 기간을 나타내는 단어'는 '~ 동안'이라는 의미를 나타낸다.

② since

I have studied English **since I came to London.** 나는 런던에 온 이후로 영어 공부를 해오고 있다.

→ 'have studied'라는 현재완료시제 뒤에 'since I came to London'이라는 과거시제의 절이 있다.

→ 'since + 주어 + 과거시제 동사' 또는 'since + 과거시점'은 '~ 이후로' 혹은 '~ 이래로'라는 의미를 나타낸다.

5 빈칸에 들어갈 가장 알맞은 보기를 고르시오.

Honolulu Organic Foods ------- a small business investment seminar next week.

(A) will host
(B) hosted
(C) are hosting
(D) have hosted

정답 찾기

정답	(A) will host	✔ 동사의 시제 문제이다.
오답	(B) hosted (C) are hosting (D) have hosted	✔ 현재진행형(am/are/is + 동사-ing)이 미래를 나타낼 수 있다. 그런데 주어인 'Honolulu Organic Foods'는 회사명이기 때문에 '-s'로 끝나더라도 단수로 취급한다. 따라서 수일치에 문제가 있어서 (C)는 정답에서 제외된다. ✔ 문장의 맨 끝에 'next week'라는 미래를 나타내는 시간 표현이 있으므로 미래시제를 나타내는 (A)가 정답이다.

해석

Honolulu Organic Foods는 다음 주에 소규모 자본으로 하는 창업에 관한 세미나를 개최할 예정이다.

(A) will host   (B) hosted   (C) are hosting   (D) have hosted

정답 (A)

어휘   **investment** 투자   **host** 개최하다, 주관하다

미래시제를 나타내는 다양한 방법

❶ 주어 + will + 동사원형

❷ 주어 + am/are/is + going + to + 동사원형

❸ 주어 + am/are/is + expected + to + 동사원형

❹ 주어 + am/are/is + 동사-ing

→ 현재진행형도 미래를 나타내는 단어와 함께 사용되면 미래시제를 나타낼 수 있다.

She **is leaving** her office **tomorrow**. 그녀는 내일 그녀의 사무실을 떠날 것이다.

기출 변형 6 빈칸에 들어갈 가장 알맞은 보기를 고르시오.

Due to the poor reviews of our last three products, the Sales Department expects that profits ------- by 50% by this time next year.

(A) have decreased

(B) decrease

(C) will have decreased

(D) had decreased

⚡ 정답 풀기

정답	(C) will have decreased	✔ 동사의 시제 문제이다.
오답	(A) have decreased (B) decrease (D) had decreased	✔ 빈칸 뒤의 'by this time next year'라는 부분에서 빈칸에는 미래완료시제 가 들어가야 한다는 것을 알 수 있으므로 (C)가 정답이다. ✔ 참고로, 문제에 'by + 미래의 시간' 혹은 'by the time + 주어 + 현재동사' 의 형태가 등장하면 미래완료시제의 동사가 정답이 된다.

해석

지난 세 개의 제품에 대한 평가가 좋지 않기 때문에, 영업부는 내년 이맘때쯤에는 수익이 50% 정도 감소할 것으로 예상하고 있다.

(A) have decreased　　　(B) decrease　　　**(C) will have decreased**　　　(D) had decreased

정답 (C)

어휘 **review** 검토, 논평 **Sales Department** 영업부 **expect** 예상하다, 기대하다 **profit** 이익, 수익 **decrease** 감소하다

미래완료시제: 주어 + will + have + p.p.

미래완료시제는 단독으로 사용되지 않고, 보통 미래를 나타내는 시간부사 혹은 'by the time + 주어 + 현재시제 동사' 형태와 함께 사용된다.

She **will have worked** for 30 years **by the time** she **retires** next year.

그녀는 내년에 은퇴할 때쯤이면 30년 동안 일하는 것이 된다.

→ by the time은 '~할 때쯤'이라는 의미를 나타내는 접속사로 사용되며, 그 뒤에 따라오는 동사는 현재시제로 사용된다.

→ 원래는 미래시제를 사용해야 하지만, 현재시제를 사용해도 미래의 의미가 명백히 드러나기 때문에 미래시제를 쓰지 않는다.

5 태

주어가 어떠한 행위나 동작의 주체가 되는 형태를 능동태라고 하고, 반대로 객체가 되는 형태를 수동태라고 한다. 토익에서 태 문제는 주로 수동태와 관련된 것들이 대부분인데, 주어와 동사의 관계를 잘 파악하면 태와 관련된 문제는 어렵지 않게 풀 수 있다.

기출 변형 **1** 빈칸에 들어갈 가장 알맞은 보기를 고르시오.

At Trattoria Firenze, all recipes are ------- by award-winning Italian chef Rocco Salvatore.

(A) create
(B) creating
(C) created
(D) to create

정답	(C) created	✔ 동사의 알맞은 형태를 고르는 문제이다.

✔ 빈칸 앞에 are라는 be동사가 있으면 빈칸에 들어갈 수 있는 동사의 형태는 크게 세 가지로, 'be + 동사-ing / be+ p.p. / be + to부정사'이다.

오답	(A) create (B) creating (D) to create	✔ 빈칸 뒤에 곧바로 목적어인 명사가 나오지 않고 수동태 문장에서 자주 사용되는 전치사 by가 있는 것으로 보아, 수동태 문장을 완성시킬 수 있는 과거분사인 (C)가 정답이다.

해석

Trattoria Firenze의 모든 요리법은 수상 경력이 있는 이탈리아인 쉐프 Rocco Salvatore에 의해 만들어졌다.

(A) create　　　(B) creating　　　(C) created　　　(D) to create

정답 (C)

어휘 **recipe** 요리법, 레시피　**award-winning** 수상의　**chef** 요리사, 쉐프　**create** 창조하다, 만들다

이 정도는 알아야지!

수동태란?

주어(명사)가 행위의 대상이나 목적이 되는 형태로서 '주어 + be동사 + p.p.'의 형태이다.

• **수동태의 특징 1: 수동태의 뒤에는 목적어(명사)가 나오지 않는다**

　주어 + be동사 + p.p. + ~~목적어(명사)~~

• **be동사의 뒤에 나올 수 있는 동사의 형태**

ⓐ be + 동사-ing: 현재진행형

ⓑ be + p.p.: 수동태

ⓒ be + to부정사: to부정사의 be to용법

기본중기본
기출 변형 ② 빈칸에 들어갈 가장 알맞은 보기를 고르시오.

Our success in closing the Barksdale account was ------- aided by the diligent work of Mr. Desiree.

(A) greater

(B) great

(C) greatly

(D) greatness

✔ 수동태 형식인 be + p.p. 사이에 들어갈 수 있는 품사를 묻는 문제이다.

✔ 수동태 형식인 '주어 + be동사 + p.p.'의 형태에서 be동사와 p.p. 사이에는 어떠한 품사도 필요하지 않다.

✔ 이처럼 굳이 필요하지 않은 품사가 부사인데, 부사는 일반적으로 -ly로 끝난다. 정답은 부사인 (C)이다.

해석

Barksdale 계정을 성공적으로 폐쇄한 것은 Desiree 씨의 노고에 크게 힘입은 것이었다.

(A) greater   (B) great   (C) greatly   (D) greatness

정답 (C)

어휘   **account** 계정, 계좌   **diligent** 부지런한   **aid** 돕다

이 정도는 알아야지!

• 수동태의 특징 2: 수동태 문장 내의 be동사와 p.p. 사이에는 부사가 들어갈 수 있다.

주어 + be동사 + (부사) + p.p.

기출 변형 3   빈칸에 들어갈 가장 알맞은 보기를 고르시오.

A warning bell ------- if the assembly line's production falls more than 15% behind schedule.

(A) ringing

(B) was rung

(C) to ring

(D) rings

정답	(D) rings

✔ 동사의 알맞은 형태를 고르는 문제이다.

✔ 빈칸 뒤에 있는 if가 접속사이기 때문에, 빈칸 앞에는 반드시 '주어 + 동사' 형태의 절이 존재해야 한다.

✔ 빈칸 앞에 'a warning bell'이라는 주어만 있을 뿐 동사가 없기 때문에, 빈칸에는 완전한 형태의 동사가 들어가야 한다.

✔ 보기에서 동사로 사용할 수 없는 (A)와 (C)는 정답에서 제외한다.

오답	(A) ringing (B) was rung (C) to ring

✔ 빈칸 뒤에 목적어(명사)가 없기 때문에 수동태의 문장도 가능할 수 있다. 하지만 if절이 나와서 시제의 영향을 받게 되는데, if절에서 동사의 시제가 falls인 현재시제이므로 빈칸에는 현재나 미래시제가 필요하다. 따라서 과거시제인 (B)는 오답이 된다. 정답은 (D)의 rings인데, 동사 ring은 일반적으로 자동사로 사용되기 때문에 수동태로는 거의 사용되지 않는다.

해석

조립 라인의 생산이 예정보다 15% 이상 늦어지면 경보벨이 울린다.

(A) ringing　　　(B) was rung　　　(C) to ring　　　(D) rings

정답 (D)

[어휘] **warning bell** 경보벨　**ring** 울리다　**assembly line** 조립 라인

이 정도는 알아야지!

• 수동태의 특징 3: 자동사는 수동태가 될 수 없다.

자동사는 수동태로 쓰일 수 없지만, 아래의 두 경우처럼 '자동사 + 전치사' 형태의 어구는 수동태로 쓰일 수 있다.

You should **deal with** the items. 당신은 그 물건들을 다뤄야 한다.

→ The items should **be dealt with**. (전치사로 끝나는 것이 특징)
　그 물건들은 다루어져야 한다.

You should **fill out/in** an application form. 당신은 지원서를 작성해야 한다.

→ An application form should **be filled out/in (completely)**. (부사로도 끝날 수 있음)
　지원서는 (완전하게) 작성되어야 한다.

기출 변형 ④ 빈칸에 들어갈 가장 알맞은 보기를 고르시오.

Staff members are ------- to notify Eileen Stravos if they need to take more than three sick days at once.

(A) require
(B) requires
(C) requiring
(D) required

⚡ 정답 뽀개기

정답	(D) required	✓ 동사의 알맞은 형태를 고르는 문제이다.
오답	(A) require (B) requires (C) requiring	✓ 빈칸 앞에 are라는 be동사가 있으므로, 바로 뒤에 이어질 수 있는 (C)와 (D)가 정답의 후보이다. ✓ 빈칸 뒤에 목적어에 해당하는 명사가 없으므로 수동태 문장이 완성되어야 한다는 점을 알 수 있다. 따라서 (D)가 정답이다.

해석

직원들은 한 번에 3일 이상 병가를 써야 하는 경우 Eileen Stravos에게 통보해야 한다.

(A) require   (B) requires   (C) requiring   (D) required

정답 (D)

어휘   **staff member** 직원   **notify** 알리다, 통보하다   **take a sick day** 병가를 내다   **at once** 당장; 한꺼번에

이 정도는 알아야지!

5형식 동사의 수동태

❶ '목적격 보어가 to부정사인 경우'

능동태 주어 + 동사 + 목적어 + to부정사

수동태 주어 + be동사 + p.p + to부정사

I require him to wear a helmet. 나는 그에게 헬멧을 착용하라고 요청한다.

He is required to wear a helmet. 그는 헬멧을 착용하도록 요청을 받는다.

② 목적격 보어가 형용사인 경우

능동태 주어 + 동사 + 목적어 + 형용사

수동태 주어 + be동사 + p.p + 형용사

I keep the information secret. 나는 그 정보를 비밀로 유지한다.

The information is kept secret. 그 정보는 비밀로 유지된다.

기출 변형 5 빈칸에 들어갈 가장 알맞은 보기를 고르시오.

The Henley Corporation is ------- whether to enlarge its current headquarters or to purchase a larger office building.

(A) consider
(B) considers
(C) considering
(D) considered

 정답 보기

정답	(C) considering	✔ 동사의 알맞은 형태를 고르는 문제이다.
		✔ 빈칸 앞에 be동사 is가 있으므로 그 뒤에 올 수 없는 동사의 형태인 (A)와 (B)는 정답 후보에서 제외한다.
오답	(A) consider (B) considers (D) considered	✔ 'whether + to부정사' 혹은 'whether + 주어 + 동사'의 형태는 각각 '명사구(절의 형태가 아님)'와 '명사절(주어 + 동사의 형태)'이므로 둘 다 목적어가 될 수 있다.
		✔ whether가 이끄는 명사구가 목적어이므로 목적어를 취하는 능동태 형식의 동사인 (C)가 정답이 된다.

Henley Corporation은 현재의 본사를 확장할 것인지 더 넓은 사무용 건물을 매입할 것인지를 고민하고 있다.

(A) consider　　　(B) considers　　　(C) considering　　　(D) considered

정답 (C)

　enlarge 확장하다　**current** 현재의　**headquarters** 본사　**purchase** 매입하다, 구매하다

이 정도는 알아야지!

❶ 동사 뒤, 혹은 전치사 다음에 오는 목적어의 형태

ⓐ 「주어 + 동사 + 목적어(명사)」, 또는 「주어 + 동사 + 전치사 + 목적어(명사)」

ⓑ 「주어 + 동사 + 목적어(동명사)」, 또는 「주어 + 동사 + 전치사 + 목적어(동명사)」

ⓒ 「주어 + 동사 + to부정사」

ⓓ 「주어 + 동사 + 명사절」, 또는 「주어 + 동사 + 전치사 + 목적어(명사절)」

❷ 명사절의 특징

명사의 역할을 하는 절(주어 + 동사)의 형태

I know that JH is nice. 나는 JH가 친절하다는 것을 알고 있다.

→ that절이 know라는 동사의 목적어 역할을 하고 있다.

What I know is that JH is nice. 내가 아는 것은 JH가 친절하다는 것이다.

→ what절이 is라는 동사의 주어 역할을 하고 있다.

The time we last met was when I was in London. 우리가 마지막으로 만났던 때는 내가 런던에 있을 때였다.

→ when절이 was라는 be동사의 보어 역할을 하고 있다.

기출 변형 ⑥ 빈칸에 들어갈 가장 알맞은 보기를 고르시오.

Directions to the testing center are enclosed ------- your registration and admission ticket.

(A) with
(B) along
(C) from
(D) until

(A) with

✔ 수동태에 어울리는 전치사를 고르는 문제이다.

✔ 빈칸 앞에 'are enclosed'라는 수동태 형식이 사용되었으며, 빈칸 뒤에는 'registration and admission ticket'이라는 명사가 나왔다.

✔ 'be enclosed'라는 어구와 어울리는 전치사는 크게 두 가지인데, 첫 번째로 뒤에 따라오는 명사가 envelope(편지 봉투)와 같이 무언가를 담을 수 있는 명사가 나오면 전치사 in을 사용한다. 두 번째로 다른 명사와 함께 넣어서 보내질 수 있는 명사가 나오면 **with**를 사용한다.

✔ 빈칸 뒤에 함께 넣어서 보내질 수 있는 명사인 'registration and admission ticket'이 나왔기 때문에 (A)가 정답이다.

오답
(B) along
(C) from
(D) until

해석

시험 센터로 찾아오시는 길 안내는 귀하의 등록 서류 및 입장권에 동봉되어 있습니다.

(A) with　　　(B) along　　　(C) from　　　(D) until

정답 (A)

어휘 **directions to** ~로 찾아오는 길 안내　**enclose** 에워싸다; 동봉하다　**registration** 등록, 등록 서류　**admission ticket** 입장권
be enclosed with ~와 함께 동봉되다

이 정도는 알아야지!

자주 출제되는 'be동사 + p.p. + 전치사' 형태

be related to (= be involved in, be associated with) ~와 관련이 있다	
be committed to (= be devoted to, be dedicated to) ~에 헌신하다	
be equipped with ~가 장착되다	be acquainted with ~을 알고 있다
be accompanied by ~이 동반되다	be interested in ~에 흥미가 있다
be satisfied with ~에 만족하다	be concerned about ~에 대해 걱정[우려]하다
be faced with ~에 직면하다	be known as ~로 알려져 있다
be composed of ~로 구성되어 있다	be divided into ~로 나뉘다
be located in (on/at/near/along/next to/by) ~에 위치해 있다	

6 to부정사

to부정사는 'to + 동사원형' 형태로 나타내며, 문장에서 명사, 형용사, 그리고 부사처럼 사용될 수 있다. to부정사에도 동사의 형태가 들어가기 때문에 타동사인 경우에는 뒤에 목적어인 명사를 취한다. 그리고 수동형인 'to be + p.p.'의 형태도 가능한데, 이러한 경우에는 뒤에 목적어에 해당하는 명사가 오지 않는다.

기출 변형 1 빈칸에 들어갈 가장 알맞은 보기를 고르시오.

The current group of applicants was extremely well qualified, so it will not be easy -------
someone to fill the open position.

(A) select
(B) selecting
(C) selected
(D) to select

정답 뽀개기

정답	(D) to select	✓ 동사의 알맞은 형태를 고르는 문제이다.
		✓ 빈칸 앞에 easy라는 형용사가 나오고 뒤에는 someone이라는 목적어(대명사)가 있다.
오답	(A) select (B) selecting (C) selected	✓ so가 이끄는 절이 it이라는 가주어로 시작하고 있기 때문에, 빈칸에는 진주어로 사용될 수 있는 형태가 들어가야 한다.
		✓ 따라서 to부정사인 (D)가 정답이다.

해석

현재 입사 지원자들이 충분한 자격을 갖추고 있기 때문에 공석을 채울 사람을 선택하는 것이 쉽지 않을 것이다.

(A) select   (B) selecting   (C) selected   (D) to select

정답 (D)

어휘 current 현재의 extremely 매우 well qualified 자격이 충분한 open position 공석

이 정도는 알아야지!

to부정사의 형태 – to + 동사원형

to + be + p.p. + 목적어(명사)

· to부정사의 명사적 용법 1 – 진주어

It(가주어) + be동사 + 형용사 + to부정사(진주어)

It is difficult **to buy a new house**. 새 집을 구매하는 것은 어렵다

기출 변형 2 빈칸에 들어갈 가장 알맞은 보기를 고르시오.

When the delivery failed ------- by the scheduled date, Mr. Mukthar called the transit company.

(A) to arrive
(B) arriving
(C) arrives
(D) arrive

⚡ 정답 보기기

정답	(A) to arrive	✔ 본동사, 즉 문장의 주어의 동사 뒤에 나오는 준동사의 형태를 묻는 문제이다.
오답	(B) arriving	✔ 빈칸 앞에 **failed**라는 본동사가 있고, 보기들이 **arrive**라는 동사의 다양한 형태로 제시되어 있다.
	(C) arrives	
	(D) arrive	✔ **fail**이라는 동사 뒤에는 to부정사가 따라다니기 때문에 (A)가 정답이다.

해석

예정된 날짜에 배송품이 도착하지 않았기 때문에 Mukthar 씨는 택배 회사에 전화를 했다.

(A) to arrive   (B) arriving   (C) arrives   (D) arrive

정답 (A)

어휘   **delivery** 배송(품) **fail to** ~하는데 실패하다, ~하지 못하다 **transit company** 운송 회사, 택배 회사

- to부정사의 명사적 용법 2 – 목적어

  주어 + 동사 + to부정사(목적어)

  I **plan to visit** your house. 나는 당신의 집을 방문할 계획이다.

- to부정사를 목적어로 취하는 동사

want 원하다	wish 원하다	would like 원하다	need 필요하다
decide 결정하다	plan 계획하다	aim 목표로 하다	hesitate 주저하다
agree 동의하다	refuse 거절하다	strive 노력하다	struggle 노력하다
afford ~할 여유가 있다	promise 약속하다	choose 선택하다	prefer 선호하다

기출 변형 3 빈칸에 들어갈 가장 알맞은 보기를 고르시오.

Tate Industries' major objective is ------- even stronger ties between its domestic and international sectors.

(A) establish
(B) established
(C) establishes
(D) to establish

정답 뽀개기

정답	(D) to establish	✔ be동사의 뒤에 들어갈 적절한 동사의 형태를 고르는 문제이다.
오답	(A) establish (B) established (C) establishes	✔ 주어 자리에 objective(목표)라는 단어가 있으면 보통 동사 자리에 'be동사 + to부정사'의 형태가 들어가서 '(목표가) ~하는 것이다'라는 의미를 나타낸다. 따라서 (D)가 정답이다.

해석

Tate Industries의 주요 목표는 국내 영역과 해외 영역 간의 유대 관계를 더욱 더 강화시키는 것이다.

(A) establish　　(B) established　　(C) establishes　　(D) to establish

정답 (D)

어휘 **major** 주요한 **objective** 목적, 목표 **tie** 넥타이; 유대 관계 **domestic** 국내의 **international** 국제적인 **sector** 영역, 섹터 **establish** 설립하다

이 정도는 알아야지!

• **to부정사의 명사적 용법 3 – 주격보어**

주어 + 2형식 자동사(be / remain / seem / appear) + to부정사(주격보어)

Our aim is **to study English**. 우리의 목표는 영어를 공부하는 것이다.

• **'be + to부정사' 형태를 사용하는 경우**

주어 [aim, purpose, objective, job, way, task, commitment, acomplishment, responsibility]	+ be동사 + to부정사

기출 변형 4 빈칸에 들어갈 가장 알맞은 보기를 고르시오.

Your new convection oven includes detailed instructions that will allow you ------- the most out of it.

(A) to get
(B) get
(C) getting
(D) gets

정답	(A) to get
오답	(B) get (C) getting (D) gets

✓ 동사의 알맞은 형태를 고르는 문제이다.

✓ 빈칸 앞에 allow라는 5형식 동사가 나왔으므로, 목적어 다음에는 to부정사 형태의 보어가 있어야 한다.

✓ allow의 목적보어로서 사용될 수 있는 형태인 (A)가 정답이다.

해석

새로운 컨벡션 오븐에는 오븐을 최대한 활용할 수 있도록 해 주는 상세한 설명서가 포함되어 있습니다.

(A) to get   (B) get   (C) getting   (D) gets

정답 (A)

어휘 **convection oven** 대류식 오븐, 컨벡션 오븐 **include** 포함하다 **detailed** 상세한 **instruction** 지시; 안내, 설명 **get the most out of** ~을 최대한으로 활용하다

이 정도는 알아야지!

· **to부정사의 명사적 용법 4 – 목적격보어**

주어 + 5형식 동사 + 목적어 + to부정사(목적격보어)

Mr. Kim **asks** his students **to study English**. Kim 씨는 그의 학생들에게 영어를 공부하라고 요청한다.

기출 변형 5 빈칸에 들어갈 가장 알맞은 보기를 고르시오.

After accepting the position of head of Cardiology, Dr. Consuelo thanked the hospital's president for the ------- to lead the department.

(A) fortune

(B) situation

(C) event

(D) opportunity

정답 (D) opportunity

오답
(A) fortune
(B) situation
(C) event

✔ 명사의 어휘 문제처럼 보이지만, 해석하지 않고 쉽게 풀 수 있는 문법 문제이다.

✔ 빈칸 뒤에 따라오는 **to lead**를 단서로 정답을 찾을 수 있다.

✔ opportunity라는 명사는 뒤에서 to부정사의 수식을 받는 것을 선호하기 때문에 (D)가 정답이다.

해석

Consuelo 박사는 순환기내과의 과장 자리를 수락한 후, 해당 부서를 이끌 수 있는 기회를 준 점에 대해 병원장에게 사의를 표했다.

(A) fortune　　　(B) situation　　　(C) event　　　**(D) opportunity**

정답 (D)

어휘　**cardiology** 심장학　**thank A for B** A에게 B에 대해 감사하다　**lead** 이끌다, 지도하다

이 정도는 알아야지!

• to부정사의 형용사적 용법

명사 + to부정사 (명사의 뒤에서 명사를 수식하는 역할)
　　　⤷ 수식

• to부정사의 수식을 받는 대표적인 명사

opportunity 기회	**chance** 기회	**way** 방법	**ability** 능력
decision 결정	**authority** 권한	**permission** 허가	**effort** 노력
attempt 시도	**time** 시간	**right** 권리	**plan** 계획

 기출 변형 6 빈칸에 들어갈 가장 알맞은 보기를 고르시오.

------- its product line, iHerbals will announce the addition of weight-training supplements in the near future.

(A) Expansion

(B) To expand

(C) Expanded

(D) Expand

정답	(B) To expand
오답	(A) Expansion (C) Expanded (D) Expand

✔ 문장의 맨 앞에 나올 수 있는 품사를 고르는 문제이다.

✔ 빈칸 뒤에 'its product line'이라는 목적어가 있기 때문에, 빈칸에는 동사의 형태가 들어가야 한다. 따라서 (A)는 정답 후보에서 제외된다.

✔ (D)처럼 동사원형을 사용하면 명령문이 되고 콤마 뒤에도 절이 이어지고 있기 때문에, 결국 문장이 두 개가 되어 접속사가 필요하다. 그런데 접속사가 없기 때문에 (D) 또한 오답이다. (C)의 과거분사는 분사구문으로 사용 가능하지만, 분사구문에서 expanded 처럼 p.p 형태가 나오면 뒤에 목적어에 해당하는 명사는 올 수 없기 때문에 (C)도 오답이다.

✔ to부정사는 문두에서 부사적 용법으로 사용될 수 있으므로 (B)가 정답이다.

해석

제품 라인을 확대하기 위해 iHerbals는 가까운 시일 내에 추가적인 웨이트 트레이닝용 보충제를 발표할 것이다.

(A) Expansion　　(B) To expand　　(C) Expanded　　(D) Expand

정답 (B)

어휘 **product line** 제품 라인　**announce** 발표하다　**addition** 추가　**weight-training** 웨이트 트레이닝　**supplement** 보충(제)　**in the near future** 가까운 미래에, 조만간

이 정도는 알아야지!

• to부정사의 부사적 용법 – to부정사가 문장의 맨 앞에 나오는 경우

To earn money, you should work hard.　돈을 벌기 위해서 당신은 열심히 일해야 한다. (생략 가능)

기출 변형 7　빈칸에 들어갈 가장 알맞은 보기를 고르시오.

All nurses who have worked at Marcotte Memorial Hospital for more than five years are ------- to apply for managerial positions.

(A) eligible
(B) possible
(C) measured
(D) controlled

정답	(A) eligible

✔ 형용사 어휘 문제처럼 보이지만, to부정사의 관용 표현과 관련된 문제이다.

✔ 빈칸 앞에 are라는 be동사가 있고, 뒤에는 to부정사가 있기 때문에 'be eligible to부정사(~할 자격이 있다)'라는 표현을 완성시키는 (A)가 정답이다.

오답	(B) possible
	(C) measured
	(D) controlled

해석

Marcotte Memorial 병원에서 5년 이상 근무한 모든 간호사들은 관리직에 지원할 자격이 있다.

(A) eligible (B) possible (C) measured (D) controlled

정답 (A)

어휘 be eligible to ~할 자격이 있다 **managerial position** 관리직

이 정도는 알아야지!

'be + 형용사 + to부정사' 형태의 관용 표현

be able to부정사: ~할 수 있다	be likely to부정사: ~할 것 같다
be willing to부정사: 기꺼이 ~ 하다	be sure to부정사: ~를 확실히 하다
be about to부정사: ~할 예정이다	be eager to부정사: ~하기를 바라다
be reluctant to부정사: ~하기를 꺼리다	
be ready to부정사: ~할 준비가 되어있다(= be ready for + 명사)	
be eligible to부정사: ~할 자격이 있다(= be eligible for + 명사)	
be entitled to부정사: ~할 자격이 있다(= be entitled to + 명사)	
be pleased to부정사: ~해서 기쁘다(= be happy to부정사, be delighted to부정사)	

기출 변형 8 빈칸에 들어갈 가장 알맞은 보기를 고르시오.

Unlike other firms, Richards Steel, Inc. offers attractive pay packages ------- its employees.

(A) with

(B) about

(C) on

(D) to

정답	(D) to	✔ 전치사를 고르는 문제이다.
오답	(A) with (B) about (C) on	✔ 보통 전치사와 관련한 문제들은 문장의 동사 및 뒤에 따라 나오는 명사를 근거로 정답을 찾을 수 있다. ✔ 빈칸 앞부분에 offers(제공하다)라는 동사가 있고 빈칸 뒤에는 그 대상(사람)이 있으므로 '~에게 ...을 제공하다'라는 의미를 나타낼 수 있어야 한다. 따라서 '~에게'라는 방향성을 나타내는 의미를 포함하고 있는 전치사인 (D)가 정답이다.

해석

다른 기업들과 다르게, Richards Steel 주식회사는 직원들에게 매력적인 급여와 복지혜택을 제공하고 있다.

(A) with   (B) about   (C) on   **(D) to**

정답 (D)

어휘 **firm** 기업 **attractive** 매력적인, 멋진 **pay packages** 급여와 복지혜택

이 정도는 알아야지!

to부정사와 전치사 to의 구별 방법

전치사 to는 항상 그 앞에 방향성을 나타내는 단어를 필요로 한다.

I **sent** an e-mail **to** you. 나는 당신에게 이메일을 보냈다.

→ 동사인 sent가 방향성을 나타내므로 전치사 to가 사용된다.

She showed her **commitment to** keeping the company independent.

그녀는 회사를 독립적으로 유지할 수 있도록 헌신을 보여주었다.

→ commitment(~에 대한 헌신)라는 명사가 방향성을 나타내기에 전치사 to가 사용된다.

7 동명사

동사에 –ing를 붙여 동사를 마치 명사처럼 쓸 수 있는데, 이를 동명사라고 한다. 동명사는 명사처럼 쓰이지만 동사의 성격을 완전히 잃어버린 것은 아니기 때문에 동사의 특성도 지니고 있다는 점을 명심하자.

기출 변형 1 빈칸에 들어갈 가장 알맞은 보기를 고르시오.

------- the password requires you to consent to having all computer activity monitored by the Security Department.

(A) To use
(B) Using
(C) Use
(D) Used

정답 뽀개기

정답	(B) Using	✔ 문장의 맨 앞에서 주어로 쓰일 수 있는 품사를 고르는 문제이다.
		✔ 빈칸 뒤에 'the password'라는 목적어(명사)가 있으므로 빈칸은 동사의 형태가 필요한 자리이다.
오답	(A) To use	✔ to부정사는 문장의 맨 앞에서 주어로 사용되지 않으므로 (A)는 정답에서 제외된다.
	(C) Use	✔ 동사원형인 (C)가 문장의 맨 앞에 위치하면 명령문이 될 수 있지만, 문장 뒷부분에
	(D) Used	requires라는 문장의 동사가 있으므로 (C) 역시 오답이다.
		✔ 문장의 맨 앞에서 주어로 사용될 수 있는 동명사인 (B)가 정답이다.

해석

패스워드를 사용하기 위해서는 보안 부서에서 당신의 모든 컴퓨터 활동을 감시해도 좋다는 것에 동의해야 한다.
(A) To use   (B) Using   (C) Use   (D) Used

정답 (B)

어휘 consent 동의하다 monitor 감시하다, 모니터하다 Security Department 보안 부서; 경비실

동명사의 형태: 동사-ing

• 동명사의 역할 1 – 주어

주어(동명사) + 동사: 문장의 맨 앞에서 주어로 사용 가능

Buying stamps **makes** me feel good. 우표를 사는 것은 나의 기분을 좋게 만든다.

→ 동명사는 -s/-es를 붙여서 복수를 만들 수 없으며, 항상 단수로 취급한다.

기출 변형 ② 빈칸에 들어갈 가장 알맞은 보기를 고르시오.

After careful consideration of the two offers, the homeowner accepted the lower cash offer in order to ------- having to wait for the higher offer's mortgage to be approved.

(A) avoid
(B) register
(C) construct
(D) escape

정답 뽀개기

정답	(A) avoid	✔ 동사의 어휘 문제이다.
오답	(B) register (C) construct (D) escape	✔ 동사의 어휘 문제는 항상 뒤에 어떤 품사가 따라오는지 확인하는 것이 중요하다. ✔ 빈칸 뒤에 **having**이라는 동명사가 나왔기 때문에, 동명사를 목적어로 취하는 동사인 (A)가 정답이다.

해석

집주인은 두 제안에 대해 숙고한 후 보다 낮은 금액의 현금 지급 제안을 수락했는데, 이는 보다 높은 금액의 모기지 대출이 승인되기까지의 기다림을 피하기 위해서였다.

(A) avoid　　(B) register　　(C) construct　　(D) escape

정답 (A)

어휘 **consideration** 고려, 숙고　**accept** 받아들이다, 수락하다　**cash offer** 현금 지급　**in order to** ~하기 위해　**mortgage** (담보) 대출, 모기지

- **동명사의 역할 2 - 동사의 목적어**

  주어 + 동사 + 목적어(동명사): 동사의 뒤에서 목적어로 사용 가능

- **동명사를 목적어로 취하는 동사**

consider 고려하다	suggest 제안하다	mind 꺼리다	keep 유지하다
enjoy 즐기다	finish 끝내다	postpone 연기하다	discontinue 중단하다

기출 변형 3 빈칸에 들어갈 가장 알맞은 보기를 고르시오.

In order to lower expenses, Mr. Aoki would like to begin by ------- the travel budgets allotted to each department.

(A) reducing
(B) reduction
(C) to reduce
(D) reduced

정답 뽀개기

정답	(A) reducing	✔ 전치사 뒤에 들어갈 적절한 품사를 고르는 문제이다.
		✔ 전치사 뒤에는 명사 및 동명사가 올 수 있지만, 빈칸 뒤에 'the travel budgets'라는 명사구가 있다.
오답	(B) reduction (C) to reduce (D) reduced	✔ 빈칸 뒤에 나온 명사가 목적어 역할을 하고 있기 때문에 빈칸은 전치사의 목적어인 동시에 'the travel budgets'를 목적어로 취할 수 있는 동명사가 들어가야 할 자리이다. 따라서 (A)가 정답이다.

간접비를 줄이기 위해서, Aoki 씨는 각 부서에 할당된 출장 경비를 줄이는 일부터 시작하고 싶어 한다.

(A) reducing   (B) reduction   (C) to reduce   (D) reduced

정답 (A)

어휘 **lower** 낮추다 **expense** 비용 **travel budget** 출장 경비 **allot** 할당하다 **reduce** 줄이다, 감소시키다

이 정도는 알아야지!

• **동명사의 역할 3 – 전치사의 목적어**

전치사 + 목적어(동명사) + 목적어(명사): 전치사 뒤에서 목적어로 사용 가능

I am interested **in reading a book**. 나는 책을 읽는 것에 관심이 있다.

→ 전치사 in 다음에 명사와 동명사가 나올 수 있지만, a book이라는 목적어를 취하기 위해서는 명사가 아닌 동명사가 필요하다.

cf. 동명사 다음에 항상 목적어가 나오는 것은 아니며, 타동사를 동명사로 만든 경우에만 동명사의 목적어(명사)가 따라온다.

기출 변형 **4** 빈칸에 들어갈 가장 알맞은 보기를 고르시오.

A team of weather forecasters led by Samantha O'Brien is dedicated to ------- accurate weather information.

(A) delivery

(B) delivered

(C) delivering

(D) delivers

정답	(C) delivering	✔ to 다음에 오는 품사를 고르는 문제이다.

✔ 빈칸의 앞에 to가 나오면 'to부정사' 혹은 to가 '전치사'로 사용된 것인데, 이를 구분하려면 앞에 나온 동사나 명사를 확인하면 된다.

✔ to 앞에 나온 dedicated는 '~에 헌신[몰두]하다'라는 의미로, 뒤에 전치사 to를 취한다.

| 오답 | (A) delivery
(B) delivered
(D) delivers | |

✔ to가 전치사로 사용되었으므로, to 뒤에는 명사나 동명사가 필요하다.

✔ 빈칸 뒤에 'accurate weather information'이라는 목적어가 있기 때문에, 동명사인 (C)가 정답이다.

해석

Samantha O'Brien이 이끄는 기상 캐스터 팀은 정확한 기상 정보를 전달하는 데 헌신하고 있다.

(A) delivery   (B) delivered   (C) delivering   (D) delivers

정답 (C)

어휘   **weather forecaster** 일기 예보자, 날씨 캐스터   **accurate** 정확한

이 정도는 알아야지!

• 동명사의 관용 표현 1

be dedicated[committed, devoted] to + (동)명사 ~에 헌신하다, 몰두하다

기출 변형 5 빈칸에 들어갈 가장 알맞은 보기를 고르시오.

Jessica Walters has no trouble ------- her travel stories due to the interesting adventures she goes on.

(A) sell
(B) sold
(C) to sell
(D) selling

정답	(D) selling	
오답	(A) sell (B) sold (C) to sell	

- ✔ 동사의 형태를 묻는 문제이다.
- ✔ 빈칸 앞에 'has no trouble'이 있으므로 동명사의 관용 표현과 관련된 문제이다.
- ✔ 'have trouble[difficulty] (in) + 동명사'는 '~에 대해 어려움을 겪다'라는 의미이다.
- ✔ 빈칸에는 동명사가 들어가야 하기 때문에 (D)가 정답이다.

해석

Jessica Walters는 본인이 경험한 흥미로운 모험 덕분에 자신의 여행 이야기를 판매하는 데 전혀 문제를 겪고 있지 않다.

(A) sell　　(B) sold　　(C) to sell　　(D) selling

정답 (D)

어휘　**have no trouble -ing** ~하는 데 문제를 겪지 않다　**due to** ~ 때문에　**adventure** 모험

이 정도는 알아야지!

· 동명사의 관용 표현 2

have difficulty[trouble] (in) + (동)명사 ~하는 데 어려움을 겪다
spend + 시간/돈 + (on) + (동)명사 ~하는 데 시간/돈을 쓰다
be worth + (동)명사 ~할 가치가 있다
cannot help[avoid] + (동)명사 ~할 수밖에 없다
when it comes to (동)명사 ~에 관해 말하자면

8 분사

동사에 –ing나 –ed를 붙여 형용사처럼 사용하는 형태를 분사라고 한다. –ing로 끝나는 분사를 현재분사라고 하며 현재분사는 능동의 의미를 나타낸다. 반면 –ed로 끝나는 분사는 과거분사라 불리며 이는 수동의 의미를 나타낸다.

기본중기본 기출 변형 ① 빈칸에 들어갈 가장 알맞은 보기를 고르시오.

The new Kabuki Theater's introductory show was a ------- success.

(A) surprise
(B) surprises
(C) surprising
(D) surprised

⚡ 정답 뽈개기

정답	(C) surprising	✔ 적절한 품사를 고르는 문제이다.
오답	(A) surprise (B) surprises (D) surprised	✔ 빈칸 뒤에 success라는 명사가 나왔으므로 명사를 수식하는 형용사 역할을 할 수 있는 분사가 필요하다. ✔ 수식을 받는 명사가 사물명사이고 surprise(놀라게 하다)가 감정을 나타내는 동사이기 때문에, 빈칸에는 현재분사가 들어가야 한다. 따라서 (C)가 정답이다.

해석

새 Kabuki 극장의 오픈 기념 공연은 놀라울 정도의 성공을 거두었다.

(A) surprise   (B) surprises   (C) surprising   (D) surprised

정답 (C)

어휘   **introductory** 서두의; 출시의

분사의 기능

분사는 형용사를 대체하는 역할을 하기 때문에, 형용사가 필요한 자리에 들어갈 수 있다.

• 분사의 형태: 현재분사와 과거분사

ⓐ 현재분사(동사-ing): 능동태에서 파생 (~하는)

ⓑ 과거분사(p.p.): 수동태에서 파생 (~이 되는, ~된)

• 분사의 위치 및 역할 1 – 명사 수식

ⓐ 사물명사 앞에서 명사를 수식

The **surprising document** is on your desk. 깜짝 놀랄 만한 서류가 당신의 책상 위에 있다.

→ 사물명사인 document를 수식하기 위해 분사 surprising을 사용한다.

→ 사물명사를 수식하는 분사가 감정을 나타내는 경우 현재분사를 사용한다.

The **downloaded file** is on your desk. 다운로드 된 파일이 당신의 책상 위에 있다.

→ 사물명사를 수식하는 분사가 감정을 나타내지 않는 경우 과거분사를 사용한다.

The **remaining people** want to leave here. 남아 있는 사람들은 이곳을 떠나기를 원한다.

→ 자동사의 경우, 뒤에 사람명사가 나오든 사물명사가 나오든 수동형이 불가능하므로 현재분사의 형태로 사용한다.

ⓑ 사람명사의 앞에서 명사를 수식

The newly **hired employees** need to attend several training sessions.
새롭게 고용된 직원들은 몇 가지의 교육훈련에 참여해야 한다.

→ 사람명사인 employees(직원들)를 수식하기 위해 과거분사인 hired를 사용한다.

→ 사람명사의 앞에서 수식하는 분사의 구별은 해석에 따른다. (현재분사: '~하는', 과거분사: '~된')

→ 여기서는 '고용된 직원들'이라는 의미가 완성되어야 하기 때문에 과거분사인 hired를 사용한다.

• 감정을 나타내는 분사

사물명사에 사용하는 감정분사	사람명사에 사용하는 감정분사
confusing 혼동하게 하는	confused 혼동되는
disappointing 실망시키는	disappointed 실망되는
entertaining 즐겁게 하는	entertained 즐겁게 되는
embarrassing 창피하게 하는	embarrassed 창피하게 되는
frustrating 혼란스럽게 하는	frustrated 혼란스럽게 되는
overwhelming 압도적인	overwhelmed 압도당하는
satisfying 만족하게 하는	satisfied 만족되는
distracting 산만하게 만드는	distracted 산만하게 되는
worrying 걱정하게 만드는	worried 걱정되는
tiring 피곤하게 하는	tired 피곤하게 되는
fascinating 매혹하게 만드는	fascinated 매혹되는

annoying 짜증나게 만드는	annoyed 짜증나게 되는
alarming 놀라게 하는	alarmed 놀라게 되는
surprising 놀라게 하는	surprised 놀라게 되는

기출 변형 2 빈칸에 들어갈 가장 알맞은 보기를 고르시오.

The reviews ------- in the dining section do not necessarily reflect the opinions of the magazine's editorial staff.

(A) publish
(B) to publish
(C) publishing
(D) published

⚡ 정답 일개내기

정답	(D) published	✔ 적절한 품사를 고르는 문제이다.
		✔ 빈칸의 앞에 reviews라는 명사가 나오고, 그 뒤에 'do not necessarily reflect'라는 동사구가 있기 때문에 빈칸에는 동사가 들어갈 수 없으므로 (A)는 오답이다.
오답	(A) publish (B) to publish (C) publishing	✔ 명사 뒤에 to부정사가 나올 수 있지만, 그 뒤에 to부정사의 목적어로 사용될 명사가 없기 때문에 (B)는 정답에서 제외된다.
		✔ 빈칸은 명사의 뒤에서 명사를 수식하는 분사의 자리인데, 바로 뒤에 목적어(명사)가 없기 때문에 수동태에서 파생된 과거분사인 (D)가 정답이다.

해석

음식 섹션에 실린 리뷰들이 반드시 잡지사 편집자들의 의견을 반영하는 것은 아니다.

(A) publish   (B) to publish   (C) publishing   (D) published

정답 (D)

어휘 **review** 검토하다; 검토, 리뷰 **dining section** 식당칸; 음식을 다루는 코너 **necessarily** 반드시, 꼭 **reflect** 반영하다 **opinion** 의견 **editorial staff** 편집자 **publish** 출판하다, 공표하다, 게재하다

· 분사의 위치 및 역할 2 – 명사의 뒤에서 명사를 수식

I need the **document containing contract details**. 저는 계약 세부사항들이 있는 서류가 필요합니다.

→ 명사인 document 뒤에서 현재분사가 수식하고 있다.

→ 명사 뒤에 나오는 분사의 구별은 그 뒤에 목적어(명사)가 있는지에 따라 달라진다.

ⓐ 명사 + 현재분사 + 목적어(명사)

ⓑ 명사 + 과거분사 + ~~목적어(명사)~~

기출 변형 3 빈칸에 들어갈 가장 알맞은 보기를 고르시오.

A panel ------- of local community leaders will discuss Fanta Laboratories' plans to relocate its headquarters to the city.

(A) will consist
(B) consisting
(C) consists
(D) to be consisted

정답 뽀개기

정답	(B) consisting	✔ 적절한 동사의 형태를 고르는 문제이다.
		✔ 빈칸 앞에 주어인 명사 'a panel'이 나오고 그 뒤에 'will discuss'라는 동사가 있으므로 빈칸은 동사 자리가 아니다. 따라서 (A)와 (C)는 모두 오답이다.
오답	(A) will consist (C) consists (D) to be consisted	✔ 명사 뒤에서 명사를 수식하는 대표적인 품사는 to부정사와 분사이다.
		✔ consist는 대표적인 자동사로서 수동형으로 쓰이지 않으므로 (D) 또한 오답이다.
		✔ 따라서 consist의 현재분사 형태인 (B)가 정답이다.

지역 사회의 리더들로 구성된 패널이 본사를 시내로 이전하려는 Fanta Laboratories의 계획에 대해 논의할 것이다.

(A) will consist　　　(B) consisting　　　(C) consists　　　(D) to be consisted

정답 (B)

어휘 **panel** 패널　**local community** 지역 사회　**relocate** 이전하다　**headquarters** 본사, 본부　**consist of** ~으로 구성되다

이 정도는 알아야지!

- **분사의 위치 및 역할 3 – 명사 뒤에 자동사에서 파생된 분사를 사용할 때는 현재분사만 사용 가능**

There are some **employees working** on car engines.　자동차 엔진을 작업하고 있는 몇몇의 직원들이 있다.

→ 명사인 employees를 working이라는 현재분사가 수식하고 있다.

→ work이라는 동사는 대표적인 1형식 자동사로서 수동태로 쓰이지 않기 때문에 p.p. 형태의 과거분사로 사용되지 않는다. 즉 working이라는 현재분사 형태만 가능하다.

빈칸에 들어갈 가장 알맞은 보기를 고르시오.

The Mervine Chemical Company is ------- to announce the promotion of Pepper Saltzman to executive vice president of sales.

(A) pleased
(B) pleasant
(C) pleasure
(D) pleasing

정답 때기기

정답	(A) pleased	✓ be동사 뒤에 들어갈 적절한 품사를 고르는 문제이다.
		✓ be동사 뒤에는 형용사가 올 수 있는데, 형용사가 올 수 있는 자리에는 분사도 들어갈 수 있다.
오답	(B) pleasant (C) pleasure (D) pleasing	✓ (B)의 pleasant라는 형용사는 사물명사와 함께 사용된다. 간혹 사람명사와 사용되기도 하지만, 이러한 경우 뒤에 to부정사를 취하는 경우는 없다.

✔ 감정을 나타내는 분사인 (A)의 pleased는 사람(대상)이 주어인 경우 be동사의 보어로 사용이 가능하며, (D)의 pleasing은 사물이 주어인 경우 be동사의 보어로 사용이 가능하다.

✔ 문장의 의미상 주어인 'the Mervine Chemical Company'는 사물이라기보다는 단체, 즉 '회사 사람들'이라는 의미를 나타내므로 (A)가 정답이다.

해석

Mervine 화학은 Pepper Saltzman이 판매부사장으로 승진한 것을 알리게 되어 기쁘게 생각합니다.

(A) pleased　　　(B) pleasant　　　(C) pleasure　　　(D) pleasing

정답 (A)

어휘) **announce** 발표하다, 알리다 **promotion** 승진

이 정도는 알아야지!

· 분사의 위치 및 역할 4 – 분사가 be동사의 보어로 사용되는 경우

The game **is interesting**. 게임이 흥미롭다.

→ is라는 be동사 뒤에 interesting이라는 현재분사가 사용되었다.

→ 주어가 사물명사이기 때문에 감정을 느낄 수 없다.

→ 기본적으로 주어가 사물일 경우 감정분사는 현재분사 형태로 사용된다.

She **was disappointed**. 그녀는 실망했다.

→ is라는 be동사 뒤에 disappointed라는 과거분사가 사용되었다.

→ 주어가 사람명사이기 때문에 감정을 느낄 수 있다.

→ 기본적으로 주어가 사람일 경우 감정분사는 과거분사 형태로 사용된다.

→ 간혹 의미에 따라 현재분사도 사용될 수 있다.

cf 1. 위 문제에서 볼 수 있듯이 주어가 회사나 단체명인 경우라도 그 주체는 사람을 나타내는 경우가 많기 때문에 이를 사람명사로 취급해야 할 때도 있다.

cf 2. 분사 문제와 수동태 문제를 혼동하지 말자

The game **was finished**. 게임이 끝났다.

→ is라는 be동사 뒤에 finished라는 과거분사가 사용되었다.

→ 주어와는 상관없이 be동사 다음에 오는 분사가 감정을 나타내는 분사가 아니기 때문에 수동태 문법을 적용해야 하는데, 뒤에 목적어가 존재하지 않으므로 과거분사인 finished를 사용한다.

Keeping our clients ------- requires a strong commitment from all levels of the organization.

(A) satisfied
(B) satisfy
(C) satisfies
(D) satisfying

⚡ 정답 뽑아내기

정답	(A) satisfied	✔ 적절한 품사를 고르는 문제이다.
		✔ 빈칸 뒤에 **requires**라는 동사가 있으므로 이 자리에는 동사가 들어갈 수 없다. 따라서 (B)와 (C)는 정답에서 제외된다.
오답	(B) satisfy (C) satisfies (D) satisfying	✔ 빈칸 앞에 **keeping**이라는 5형식 동사가 나왔기 때문에 목적어인 'our clients'와 함께 목적보어 역할을 할 수 있는 형용사가 필요하다.
		✔ 보기에서 감정을 나타내는 분사는 (A)와 (D)인데, 빈칸 바로 앞에 사람명사인 clients가 있으므로 이를 수식할 수 있는 (A)가 정답이다.

해석

고객을 지속적으로 만족시키기 위해서는 조직 내의 모든 직급들이 헌신을 다해야 한다.

(A) satisfied   (B) satisfy   (C) satisfies   (D) satisfying

정답 (A)

[어휘] **client** 고객 **commitment** 헌신 **organization** 조직

이 정도는 알아야지!

· **분사의 위치 및 역할 5 – 5형식 문장에서의 분사의 쓰임**

I **found the movie exciting**. 나는 그 영화가 흥미롭다는 것을 알았다.

→ found라는 5형식 동사가 있고 그 뒤에 목적어로서 movie라는 사물명사가 나왔다.

→ 5형식 문장의 목적보어 자리에 오는 감정분사는 목적어가 사람이면 과거분사인 excited를, 사물이면 현재분사인 exciting을 사용한다.

We **keep our employees informed** of annual seminars.
우리는 직원들에게 연례 세미나의 정보를 계속해서 알려 준다.

→ keep이라는 5형식 동사가 나오고 그 뒤에 목적어로서 employees라는 사람명사가 있다.

→ 5형식 문장의 목적보어 자리에 오는 일반적인 분사는 바로 뒤에 분사의 의미상의 목적어(명사)가 있으면 현재분사인 informing을 사용하고 의미상의 목적어(명사)가 없으면 과거분사인 informed를 사용한다.

→ 목적어 뒤에 자동사의 분사형을 넣는 경우, 자동사는 수동태로 변형이 되지 않기 때문에 현재분사만 사용이 가능하다.

기출 변형 6 빈칸에 들어갈 가장 알맞은 보기를 고르시오.

The lab testing on our new QuickFix line has been completed, and the results are -------.

(A) to promise
(B) promise
(C) promised
(D) promising

정답 뽀개기

정답	(D) promising	✔ 적절한 품사를 고르는 문제이다.
		✔ 빈칸 앞에 are라는 be동사가 있으므로 그 뒤에 (B)와 같은 동사원형은 들어 갈 수 없다.
		✔ be동사 뒤에 to부정사를 사용할 수는 있지만, 이 경우 to부정사 뒤에 목적어가 필요하다. 또한, 'be + to부정사' 형식의 동사구를 사용하기 위해서는 주어인 명사가 목적이나 목표 등의 의미를 나타내는 것이어야 하기 때문에 (A) 또한 정답이 될 수 없다.
오답	(A) to promise (B) promise (C) promised	✔ 빈칸 뒤에 목적어가 없어서 수동태 형식의 (C)를 정답으로 생각하기 쉽지만, promise라는 동사는 일반적으로 수동태 형식으로 사용되지 않으며, 'promise + to부정사'의 능동 형태로 사용된다.
		✔ be동사 뒤에 형용사가 들어갈 수 있으므로 형용사인 (D)의 promising(미래가 밝은, 긍정적인)이 정답이다.

새 QuickFix 제품 라인에 대한 실험실 테스트가 완료되었으며, 그 결과들이 긍정적이다.

(A) to promise   (B) promise   (C) promised   **(D) promising**

정답 (D)

어휘 **result** 결과 **promise** 약속하다 **promising** 전도유망한

이 정도는 알아야지!

분사의 형태를 갖추고 있지만 형용사로 굳어져 사용되는 단어

❶ 현재분사에서 비롯된 형용사

demanding 까다로운	leading 선두의	outstanding 탁월한	preceding 이전의
promising 유망한, 유능한	lasting 지속적인	existing 기존의	inviting 매력적인
challenging 어려운	missing 잃어버린	misleading 잘못된	opposing 반대의

❷ 과거분사에서 비롯된 형용사

accomplished 뛰어난	distinguished 유명한; 뛰어난	informed 정보에 근거한	preferred 선호하는
qualified 자격이 있는	crowded 복잡한	dedicated 헌신적인	detailed 상세한
complicated 복잡한	advanced 상급의, 발전된	customized 주문 제작된	valued 귀중한
mistaken 잘못된	repeated 반복된	sophisticated 정교한	

기본중기본
기출 변형 7 빈칸에 들어갈 가장 알맞은 보기를 고르시오.

Each bimonthly issue includes ------- articles about the best places to spot rare birds and identification guides with beautiful color photos.

(A) informative
(B) informed
(C) inform
(D) to inform

정답 (A) informative

오답
(B) informed
(C) inform
(D) to inform

✔ 적절한 품사를 고르는 문제이다.

✔ 빈칸 앞에 includes라는 동사가 있으므로 동사인 (C)는 정답이 될 수 없다.

✔ include는 목적어로 to부정사를 취하지 않기 때문에 (D) 역시 정답에서 제외된다.

✔ 빈칸 뒤의 articles라는 명사를 앞에서 수식할 수 있는 품사가 들어가야 한다. 따라서 형용사인 (A)나 분사인 (B) 중 하나가 정답이다.

✔ 형용사와 분사의 의미가 다를 경우, 해석을 통해 정답을 확인할 수 있다.

✔ (A)의 informative(유익한)가 'informative articles(유익한 기사들)'라는 자연스러운 의미를 완성시키므로 (A)가 정답이다.

해석

두 달에 한 번 발행되는 각 호에는 희귀한 새들을 발견할 수 있는 최적의 장소에 대한 유익한 기사들과 아름다운 색채의 사진들과 함께하는 표본 도감이 포함되어 있다.

(A) informative　　　(B) informed　　　(C) inform　　　(D) to inform

정답 (A)

어휘　bimonthly 두 달에 한 번씩　issue (잡지 등과 같은 간행물의) 호　spot 발견하다　rare 희귀한　identification guide 표본 도감

이 정도는 알아야지!

어근은 같지만 서로 다른 의미를 나타내는 형용사와 분사

형용사	분사
advance 미리	advanced 진보한
forgetful 건망증이 있는	forgotten 잊혀진
comparable 견줄 만한	compared 비교하면
understandable 이해할 만한	understanding 이해심 있는
satisfactory 만족할 만한	satisfied 만족하는

The Customer Service Department is currently looking into a large number of complaints
------- the recently launched high-speed Internet service.

(A) regard

(B) regards

(C) regarded

(D) regarding

⚡ 정답 뽀개기

정답	(D) regarding	✔ 적절한 품사를 고르는 문제이다.
		✔ 빈칸 앞에 이미 'is looking'이라는 동사가 있기 때문에 동사인 (A)와 (B)는 정답에서 제외된다.
오답	(A) regard (B) regards (C) regarded	✔ 빈칸 뒤에 'the recently launched high-speed Internet service'라는 목적어가 있다는 점을 감안하면 빈칸에는 전치사가 들어가야 한다.
		✔ 따라서 현재분사에서 파생된 전치사인 (D)의 regarding(~에 관하여)이 정답이다.

해석

최근에 고객서비스부서는 새로 출시된 고속 인터넷 서비스에 관한 수많은 불만 사항에 대해 조사하고 있다.

(A) regard   (B) regards   (C) regarded   (D) regarding

정답 (D)

어휘 **look into** ~을 조사하다 **a large number of** 아주 많은 **complaint** 불만, 항의 **launch** 출시하다, 개시하다

이 정도는 알아야지!

분사에서 파생되어 전치사로 사용되는 분사들

starting (= beginning) ~부터 시작하여	following ~이후로
barring ~이 없다면	regarding (= concerning) ~에 관하여
considering ~을 고려하면	given ~을 감안하면

------- meeting notes, you should report only important information and omit incidental details.

(A) Record

(B) Records

(C) Recording

(D) Recorded

정답 뽀개기

정답	(C) Recording	✔ 적절한 품사를 고르는 문제이다.
		✔ 빈칸 뒤에 동사가 없으므로 빈칸은 주어 자리가 아니다.
		✔ 빈칸 바로 뒤는 문장이 아닌 구의 형태이고, 콤마 뒤에 '주어 + 동사' 형태의 절이 있다.
오답	(A) Record (B) Records (D) Recorded	✔ 따라서 빈칸에는 분사가 들어가서 분사구문 형태가 만들어져야 한다. 분사구문에서 현재분사를 쓸 것인지 과거분사를 쓸 것인지는 분사 뒤에 의미상 목적어인 명사가 존재하는지에 따라 달라진다.
		✔ 빈칸 뒤에 분사의 목적어 역할을 하는 명사 'meeting notes'가 있기 때문에 현재분사 형태의 (C)가 정답이다.

해석

회의 내용을 기록할 때에는 중요한 정보만 기재하고 부수적인 사항은 생략해야 한다.

(A) Record　　　(B) Records　　　(C) Recording　　　(D) Recorded

정답 (C)

어휘　note 메모　report 보도하다　omit 빠뜨리다, 누락하다　incidental 부수적인　record 녹음[녹화]하다, 기록하다

이 정도는 알아야지!

분사구문의 형태

① 주어 + 동사 ~, 분사 + 구

I am tired, **working** under pressure. 압박을 받으며 일을 해서, 나는 지쳤다.

→ '주어 + 동사 ~, 분사 + 구'의 형태이다. 분사의 목적어에 해당하는 명사가 없는데도 불구하고 현재분사인 working 이 사용된 이유는 work가 자동사이기 때문이다.

→ 자동사는 수동태로 변환되지 않기 때문에 과거분사로 사용되지 않고 항상 현재분사 형태로 사용된다.

② 분사 + 구, 주어 + 동사 ~

Discussed in the meeting, the problem should be addressed immediately.

회의에서 논의된 그 문제는 즉시 다루어져야 한다.

→ '분사 + 구, 주어 + 동사 ~'의 형태이다. 과거분사 discussed가 사용된 이유는 뒤에 분사의 목적어에 해당하는 명사가 없고 곧바로 전치사구가 나왔기 때문이다.

③ 주어, 분사 + 구, 동사 ~

Mr. Kim, **known** as a famous stockbroker, is now teaching computer science at a college.

유명한 증권 중개인으로 알려져 있는 Kim 씨는 지금 대학에서 컴퓨터공학을 가르치고 있다.

→ '주어, 분사 + 구, 동사 ~'의 형태로서, 주어 다음에 과거분사를 포함한 구의 형태가 나와서 앞에 나온 명사를 수식하고 있다. 과거분사이기 때문에 뒤에 목적어에 해당하는 명사가 없다.

9 가정법과 도치

가정법과 관련된 문제는 가끔 한 문제씩 출제되며 비교적 난이도가 낮기 때문에, 가정법과 관련된 기본적인 사항만 알고 있으면 쉽게 정답을 맞출 수 있다. 도치의 경우 주로 부정어구의 쓰임과 관련된 문제들이 등장하는데, 도치가 일어나는 조건을 알고 있으면 도치 문제 역시 어렵지 않게 정답을 찾을 수 있다.

기본중기본
기출 변형 **1** 빈칸에 들어갈 가장 알맞은 보기를 고르시오.

If you ------- in our preferred shoppers club, you will earn discount points each time you make a purchase.

(A) enroll
(B) to enroll
(C) enrolled
(D) enrolling

정답	(A) enroll	✔ 동사의 알맞은 형태를 고르는 문제이다.

✔ 동사의 알맞은 형태를 고르는 문제이다.

✔ 빈칸 앞에 **you**라는 주어가 나왔고 빈칸 뒤에 동사의 형태가 보이지 않기 때문에 빈칸은 동사가 필요한 자리이다.

✔ if가 이끄는 조건절의 시제는 주절의 시제를 보고 판단할 수 있다.

✔ 시간이나 조건을 나타내는 부사절 내에서는 현재가 미래를 대신한다.

✔ 주절의 동사 **will earn**이 미래를 나타내고 있기 때문에 빈칸에는 현재시제인 (A)가 들어가야 한다.

오답
(B) to enroll
(C) enrolled
(D) enrolling

해석

우수 회원 클럽에 등록하시면 구매하실 때마다 할인 포인트를 적립하실 수 있습니다.

(A) enroll   (B) to enroll   (C) enrolled   (D) enrolling

정답 (A)

어휘   **preferred shoppers club** 우수 회원 클럽   **earn** 벌다   **make a purchase** 구매하다   **enroll** 등록하다

이 정도는 알아야지!

가정법 현재 – 현재에서 미래를 가정

if + 주어 + 현재동사 ~, ⎡ 주어 + will/can/should/may + 동사원형 (평서문)
⎣ (please) + 동사원형 (명령문)

If you **go** to London, you **will** be able to meet your friend.
만약 당신이 런던에 간다면, 당신의 친구를 만날 수 있을 것이다.

→ if가 이끄는 부사절의 시제는 현재이고 주절의 시제는 미래이다.

기출 변형 ②   빈칸에 들어갈 가장 알맞은 보기를 고르시오.

Ms. Rose would go to the musical if she ------- to make an advance reservation.

(A) able
(B) had been able
(C) being able
(D) were able

정답	(D) were able

✔ 동사의 알맞은 형태를 고르는 문제이다.

✔ 빈칸 앞에 she라는 주어가 있고 그 뒤에 주어에 알맞은 적절한 동사의 형태가 보이지 않으므로 이 자리에는 완전한 형태의 동사가 들어가야 한다. 따라서 (A)와 (C)는 정답에서 제외된다.

오답	(A) able (B) had been able (C) being able

✔ 주절에 조동사 would가 사용되었으므로 if가 이끄는 부사절의 시제는 과거여야 한다는 점을 알 수 있다. 따라서 (D)가 정답이다.

해석

Rose 씨는 사전 예매를 할 수 있다면 뮤지컬을 보러 갈 것이다.

(A) able　　(B) had been able　　(C) being able　　**(D) were able**

정답 (D)

어휘　**musical** 뮤지컬　**advance reservation** 사전 예약

이 정도는 알아야지!

가정법 과거

If + 주어 + 과거동사 ~, 주어 + would/could + 동사원형

If she **were** in London, she **could enjoy** fish and chips.
만약 그녀가 런던에 있다면, 피시 앤 칩스를 즐길 수 있을 텐데.

→ if절의 동사가 were로 과거시제를 나타내므로 주절에서는 can의 과거형인 could를 사용한다.

cf. 가정법에서 be동사의 과거는 were만 사용한다는 의견도 있지만 현대 영어에서는 was도 많이 사용한다.

기출 변형 ③ 빈칸에 들어갈 가장 알맞은 보기를 고르시오.

If Mr. Smith's car had not been parked illegally, a fine ------- avoided.

(A) would have
(B) will be
(C) will have
(D) would have been

정답	(D) would have been	✔ 동사의 적절한 시제를 묻는 문제이다.

✔ if가 이끄는 부사절에 'had + p.p.' 형태가 사용되었으므로 이 문장은 가정법 과거완료 문장이라는 점을 알 수 있다.

(A) would have

(B) will be

✔ 가정법 과거완료 문장에서 주절의 동사는 'would/could + have + p.p.' 형태여야 한다.

오답   (C) will have

✔ 빈칸 뒤에 있는 동사인 avoided의 목적어가 보이지 않으므로 수동태 형식이 사용되어야 한다.

✔ 가정법 과거완료와 수동태 형식을 모두 만족시키는 (D)가 정답이다.

해석

Smith 씨의 차가 불법 주차되어 있지 않았다면 벌금을 피할 수 있었을 것이다.

(A) would have   (B) will be   (C) will have   (D) would have been

정답 (D)

어휘   **illegally** 불법으로   **fine** 벌금

이 정도는 알아야지!

가정법 과거완료

If + 주어 + had + p.p. ~, 주어 + would/could + have + p.p.

If he **had finished** his assignment, he **would not have been** fired.

만약 그가 임무를 끝냈다면 해고당하지 않았을 텐데.

→ if절의 동사로 'had + p.p.' 형태가 사용되었다.

→ 주절의 동사로 'would/could + have + p.p.' 형태가 사용되었다.

기출 변형 4   빈칸에 들어갈 가장 알맞은 보기를 고르시오.

------- anyone find any toxic materials in the hallways in the workplace, please report the problem to the maintenance office immediately.

(A) Should

(B) Had

(C) If

(D) Having

정답	(A) Should	
		✔ 적절한 품사를 고르는 문제이다.
		✔ 빈칸에 (C)의 if가 올 경우, if절의 주어인 anyone, 즉 3인칭 단수 주어와 동사 find 사이에 수일치 문제가 발생하므로 (C)는 정답에서 제외된다.
오답	(B) Had (C) If (D) Having	✔ 문장의 맨 앞에 (B)의 had가 들어가면 가정법 과거완료의 도치 문장으로 볼 수도 있는데, 이 경우 주어인 anyone 다음에는 과거분사형이 나와야 하기 때문에 (B) 또한 오답이다.
		✔ 빈칸에 (D)의 having이 들어가면 완료형 분사구문이 만들어지는데, 이 경우 바로 뒤에 과거분사 형태가 이어져야 한다.
		✔ 조동사 should가 가정법의 조건절을 이끄는 형태가 되면 주어인 anyone과 동사 find가 어울려 사용될 수 있기 때문에 (A)가 정답이다.

해석

작업 현장에서 독성 물질을 발견하는 경우에는 즉시 관리실에 보고해 주십시오.

(A) Should　　　(B) Had　　　(C) If　　　(D) Having

정답 (A)

어휘　**toxic** 독성의　**material** 재료, 자료　**hallway** 복도　**workplace** 작업장, 일터　**maintenance office** 관리실　**immediately** 즉시

이 정도는 알아야지!

❶ should 가정법

$$\text{Should + 주어 + 동사원형} \sim, \begin{cases} \text{주어 + will/can/should + 동사원형} \\ \text{(please) + 동사원형} \end{cases}$$

Should anyone **need** help, **please contact** Mr. Lee.
만약 누군가 도움이 필요하다면 Lee 씨에게 연락하세요.

→ should 가정법에서는 조건절의 시제를 현재시제로 보기 때문에 주절의 동사는 조동사 will/can/should 등과 함께 사용될 수 있으며, 동사원형만을 써서 명령문을 만들 수도 있다.

❷ 완료형 분사구문과 if가 생략된 가정법 문장의 구분

ⓐ 완료형 분사구문

Having + p.p. ~, 주어 + 동사 (뒤에 오는 문장의 시제는 크게 중요하지 않음)

Having finished his tasks, Mr. Kane is now taking the day off.
Kane 씨는 그의 업무를 마무리했기 때문에, 하루 휴식을 가질 예정이다.

→ Having은 현재분사로서 구를 이끄는 역할을 하며, 콤마 뒤에는 절의 형태가 나온다.

→ 완료형을 사용한 이유는 주절 앞에 위치한 분사구의 시제가 주절의 시제보다 앞선다는 것을 의미하기 때문이다.

ⓑ if가 생략된 가정법 문장

> Had + 주어 + p.p., 주어 + would/could/should + have + p.p.

Had Ms. Lopez **attended** the job interview, she **could have been** hired.
만약 Lopez 씨가 면접에 갔다면, 고용될 수 있었을 것이다.

→ Had가 문장의 맨 앞에 나오는 가정법의 도치 구문으로서, 뒤에 따라오는 문장의 시제는 일반적으로 'would/could/ should + have + p.p.'의 형태를 취한다.

기출 변형 5 빈칸에 들어갈 가장 알맞은 보기를 고르시오.

------- had he closed a big deal with Global Logistics than Mr. Phillips was promoted to general manager.

(A) Not all
(B) Hardly any
(C) Scarcely
(D) No sooner

⚡ 정답 빠개기

정답	(D) No sooner	✔ 적절한 단어를 고르는 문제이다.
		✔ 빈칸 뒤에 **had**라는 조동사가 먼저 나오고 그 뒤에 주어인 **he**가 나왔기 때문에 이 문장은 도치가 일어난 문장이다.
오답	(A) Not all	✔ 부정어를 문장의 맨 앞으로 이동시키면 도치(주어와 동사의 위치가 바뀌는 형태)가 일어난다.
	(B) Hardly any	
	(C) Scarcely	✔ 모든 보기들이 부정어로 이루어져 있는데, 보기들 중에서 부정의 의미를 나타내면서 문장에 사용된 **than**과 어울릴 수 있는 비교급 형태를 찾으면 (D)가 정답이다.

해석

Global Logistics와의 대형 계약을 체결하자마자 Phillips 씨는 총괄 관리자로 승진되었다.

(A) Not all (B) Hardly any (C) Scarcely (D) No sooner

정답 (D)

어휘 **close a deal** 계약을 체결하다 **promote** 승진시키다 **general manager** 총괄 관리자, 총지배인 **no sooner than** ~하자마자 …하다

도치

부정어를 문장의 맨 앞으로 이동시키면 주어와 동사의 위치가 바뀌는 도치가 일어난다.

No Not Never Neither Hardly Scarcely Seldom	+	be동사(am/are/is/was/were) ----------------→ 동사ing/p.p. do/does/did ----------------------------→ 동사원형 have/has/had ---------------------------→ 주어 + p.p. 조동사(can/could/will/would/should/must) + 주어 + p.p. → 동사원형

Hardly can he speak English. 그는 영어를 거의 하지 못한다.

→ 문장의 맨 앞에 부정어인 hardly가 나와서 주어인 he와 can의 위치가 뒤바뀌었다.

10 형용사

형용사는 명사를 수식하거나 보어로서 사용된다. 토익에서 형용사 문제는 크게 일반적인 형용사의 쓰임을 묻는 문제와 특수한 형용사의 의미 및 용법을 묻는 문제로 구분할 수 있다.

기본중기본

기출 변형 1 빈칸에 들어갈 가장 알맞은 보기를 고르시오.

All workers must attend the ------- workshop being presented by the HR Department before the end of the month.

(A) specially
(B) specialty
(C) special
(D) specialize

정답	(C) special
오답	(A) specially
	(B) specialty
	(D) specialize

✔ 적절한 품사를 고르는 문제이다.

✔ 빈칸 뒤에 workshop이라는 명사가 있으므로 명사를 수식하는 형용사가 필요한 자리이다.

✔ 형용사의 접미사를 갖추고 있는 (C)가 정답이다.

해석

모든 직원들은 이달 말에 인사부에서 진행하게 될 특별 워크숍에 참가해야 한다.

(A) specially　　　(B) specialty　　　(C) special　　　(D) specialize

정답 (C)

어휘 **end of the month** 월말　**specially** 특별하게　**specialty** 전문 분야; 특산품　**specialize** 전문으로 하다, 특화되다

이 정도는 알아야지!

- 형용사의 형태 1 – 형용사의 접미사: -al, -ble, -ous, -ic, -ive, -ent, -ant, -ful

- 형용사의 위치 및 역할 1 – 수식어 역할

　형용사 + 명사: 명사의 앞에서 명사를 수식

　She sent some **important** information to her colleague.　그녀는 동료에게 중요한 정보를 보냈다.

　→ information이라는 명사 앞에서 형용사인 important가 명사를 수식하고 있다.

기출 변형 2 빈칸에 들어갈 가장 알맞은 보기를 고르시오.

All lab technicians should have the emergency assistance posted at their station for ------- reference.

(A) quick

(B) quickly

(C) more quickly

(D) quickest

정답	(A) quick	✔ 적절한 품사를 고르는 문제이다.
		✔ 빈칸의 뒤에 **reference**라는 명사가 있으므로, 빈칸은 명사를 수식하는 형용사가 필요한 자리이다.
오답	(B) quickly (C) more quickly (D) quickest	✔ 보기에 형용사의 접미사가 보이지 않지만, 부사의 형태인 **quickly**에서 '-ly'를 빼면 형용사의 형태이다. 정답은 (A)이다.
		✔ 참고로 (D)도 형용사이지만, 이는 최상급 표현이기 때문에 앞에 정관사 **the**가 필요하다.

해석

모든 실험실 직원들은 신속히 참고할 수 있도록 자신의 자리에 긴급 도움을 게시해 두어야 한다.

(A) quick   (B) quickly   (C) more quickly   (D) quickest

정답 (A)

어휘 **technician** 기술자 **emergency assistance** 긴급 도움 **post** 게시하다, 붙이다 **station** 역; 주둔지 **reference** 참고

이 정도는 알아야지!

❶ 형용사 -ly → 부사

She made a **final** decision. 그녀는 최종 결정을 내렸다.

→ decision이라는 명사의 앞에 형용사인 final을 사용했다.

She has **finally** completed her project. 그녀는 마침내 프로젝트를 끝마쳤다.

→ 'has + completed'라는 동사구 사이에 동사를 수식하는 부사인 finally를 사용했다.

❷ 형용사의 최상급 앞에는 the를 붙인다.

This is **the best** car in the region. 이것은 이 지역에서 가장 좋은 자동차이다.

→ 최상급의 형태인 best 앞에 정관사인 the를 붙여서 사용했다.

기출 변형 3 빈칸에 들어갈 가장 알맞은 보기를 고르시오.

Derion Salon produces environmentally ------- products which are affordable.

(A) friend
(B) friendly
(C) friendship
(D) friends

정답	(B) friendly	<ul><li>적절한 품사를 고르는 문제이다.</li><li>빈칸 뒤에 명사 products가 나왔으므로, 빈칸은 이를 수식할 수 있는 형용사가 필요한 자리이다.</li><li>명사에 -ly를 붙여 형용사가 된 (B)가 정답이다.</li></ul>
오답	(A) friend (C) friendship (D) friends	

해석

Derion Salon은 합리적인 가격의 환경 친화적인 제품을 생산한다.

(A) friend　　　(B) friendly　　　(C) friendship　　　(D) friends

정답 (B)

어휘 **produce** 생산하다　**environmentally** 환경적으로　**affordable** 가격이 적당한, 저렴한　**friendly** 우호적인　**friendship** 우정

이 정도는 알아야지!

- **형용사의 형태 2 – 명사 -ly**

You need to participate in the **weekly** meeting. 당신은 주간 회의에 참석해야 한다.

→ 명사 meeting 앞의 형용사 자리에 weekly라는 형용사가 있다.

→ 명사 week에 접미사 '-ly'를 붙여서 weekly라는 형용사를 만들었다.

기출 변형 4 빈칸에 들어갈 가장 알맞은 보기를 고르시오.

All of the car engineers claim that punctured tires are usually -------.

(A) preventability

(B) prevention

(C) preventing

(D) preventable

정답	(D) preventable
오답	(A) preventability (B) prevention (C) preventing

✔ 적절한 품사를 고르는 문제이다.

✔ 빈칸의 앞에 부사 usually가 있는데, 부사 뒤에는 형용사나 또 다른 부사가 올 수 있다

✔ usually 앞에 be동사 are가 나왔기 때문에 빈칸은 형용사가 들어갈 자리이다.

✔ 형용사의 접미사 형태의 (D)가 정답이다.

해석

모든 자동차 엔지니어들은 타이어 펑크가 대부분 예방할 수 있는 일이라고 주장한다.

(A) preventability   (B) prevention   (C) preventing   **(D) preventable**

정답 (D)

어휘   **punctured** 구멍이 있는   **preventability** 예방할 수 있음   **prevention** 예방   **preventable** 예방할 수 있는

이 정도는 알아야지!

· 형용사의 위치 및 역할 2 – 주격 보어

주어 + be동사 및 2형식 동사 + 형용사(주격 보어)

Car accidents **are avoidable**. 자동차 사고는 피할 수 있다.

→ be동사 are 뒤에 보어 역할을 하는 형용사인 avoidable을 사용했다.

기출 변형 5   빈칸에 들어갈 가장 알맞은 보기를 고르시오.

Attractive and -------, Gilbert Thierry played professional golf for many years before becoming a model.

(A) athlete

(B) athletically

(C) athletic

(D) athletics

정답	(C) athletic	✔ 적절한 품사를 고르는 문제이다.

✔ 빈칸 앞에 and라는 등위접속사가 있기 때문에 그 앞에 나온 품사와 그 뒤에 나오는 품사는 일치해야 한다.

✔ and 앞에 attractive라는 형용사가 나왔기 때문에 그 뒤에도 형용사가 필요하다.

✔ (A)의 athlete은 명사로서 '육상선수'를 의미하며 (C)의 athletics은 명사로서 '육상경기'를 의미한다. 그리고 (B)의 athletically는 부사로서 '육상경기적으로'라는 의미이다.

✔ (C)의 athletic이 '운동선수다운, 운동을 좋아하는'이라는 의미를 나타내는 형용사이기 때문에 (C)가 정답이다.

| 오답 | (A) athlete
(B) athletically
(D) athletics | |

해석

매력적이며 운동선수다운 Gilbert Thierry는 모델이 되기 전에 수 년 동안 프로 골프 선수로 생활했다.

(A) athlete　　(B) athletically　　**(C) athletic**　　(D) athletics

정답 (C)

이 정도는 알아야지!

등위접속사: and, or, but (= yet), than

We are scheduled to travel to Paris **and** London. 우리는 파리에서 런던으로 여행을 갈 예정이다.

→ travel to 다음에 Paris와 London이라는 고유명사를 이어주는 등위접속사 and가 사용되었다.
  (등위접속사에 대한 상세한 설명은 174페이지의 '이 정도는 알아야지'의 내용 참조)

기본중기본
기출 변형 6 빈칸에 들어갈 가장 알맞은 보기를 고르시오.

The rapid advance of technology has made mobile phones more ------- for the average consumer.

(A) affordable
(B) affording
(C) affords
(D) afford

정답	(A) affordable	

✔ 적절한 품사를 고르는 문제이다.

✔ 빈칸 앞에 형용사 및 부사의 비교급에 사용되는 more가 있기 때문에, 빈칸에는 형용사나 부사가 들어갈 수 있다.

오답	(B) affording (C) affords (D) afford

✔ 빈칸 앞에 made라는 5형식 동사가 사용되었고, 'mobile phones'가 made의 목적어 역할을 하고 있다.

✔ 따라서 빈칸에는 made의 목적보어 역할을 할 수 있는 형용사 (A)가 와야 한다.

해석

급속한 기술 발전으로 인하여 일반 소비자들에게 휴대 전화의 가격이 보다 저렴해졌다.

(A) affordable   (B) affording   (C) affords   (D) afford

정답 (A)

어휘 **rapid** 빠른 **advance** 진보, 발전 **mobile phone** 휴대 전화 **average** 평균의, 평균적인 **consumer** 소비자 **afford** 여력[여유]이 있다.

이 정도는 알아야지!

• 형용사의 위치 및 역할 3 – 목적격 보어

주어 + 5형식 동사(keep / find / consider / deem / make) + 목적어 + 형용사(목적격 보어)

They **make** us **independent**. 그들은 우리를 독립적으로 만든다.

→ make라는 5형식 동사 뒤에 us라는 목적어가 나오고 그 뒤에 목적보어로 independent라는 형용사가 사용되었다.

기출 변형 7 빈칸에 들어갈 가장 알맞은 보기를 고르시오.

The user's manual should be straightforward and easily -------.

(A) understand

(B) understanding

(C) understandable

(D) understandably

정답	(C) understandable
오답	(A) understand (B) understanding (D) understandably

- ✓ 적절한 품사를 고르는 문제이다.
- ✓ 빈칸 앞에 easily라는 부사가 있으므로 빈칸에는 부사의 수식을 받을 수 있는 부사나 형용사가 들어가야 한다.
- ✓ 등위접속사 and에 의해 연결된 단어가 straightforward라는 형용사이므로 빈칸은 형용사가 들어가야 할 자리이다.
- ✓ 보기에서 형용사는 두 개로, (B)의 understanding(이해력 있는)은 사람명사를 수식하며 (C)의 understandable(이해하기 쉬운)은 사물명사와 함께 사용된다.
- ✓ be동사 뒤에 어떤 형용사를 사용할 것인지는 주어의 의미에 따라 결정된다.
- ✓ 주어가 manual이라는 사물명사이기 때문에 (C)가 정답이다.

해석

사용자 매뉴얼은 단순하고 이해하기가 쉬워야 한다.

(A) understand   (B) understanding   (C) understandable   (D) understandably

정답 (C)

어휘   **manual** 설명서, 매뉴얼   **straightforward** 간단한, 쉬운   **understanding** 이해하는, 이해심이 있는   **understandable** 이해하기 쉬운   **understandably** 당연하게도

이 정도는 알아야지!

의미 차이에 주의해야 하는 형용사

- ⓐ advisable 바람직한 → be동사 뒤에서 주격보어로, 혹은 5형식 문장에서 목적격보어로 사용
- ⓑ advisory 충고해 주는 → 명사 앞에서 명사를 수식

- ⓐ preventable 예방 가능한 → be동사 뒤에서 주격보어로, 혹은 5형식 문장에서 목적격보어로 사용
- ⓑ preventive 예방하는 → 명사 앞에서 명사를 수식

- ⓐ forgetful 건망증이 있는 → be동사 뒤에서 주격보어로, 혹은 5형식 문장에서 목적격보어로 사용
- ⓑ forgotten 잊혀진 → 명사 앞에서 명사를 수식

- ⓐ dependent (= reliant) 의존적인 → dependent on 형태로 사용
- ⓑ dependable (= reliable) 의지할 수 있는 → dependable은 on과 함께 사용되지 않음

- ⓐ confident 자신감 있는 → 사람명사를 수식
- ⓑ confidential 기밀의 → 문서나 서류 등 사물명사를 수식

- ⓐ favorite 가장 좋아하는 → 명사 앞에서 명사를 수식
- ⓑ favorable 우호적인 → reviews / conditions / terms / impressions 등의 명사와 함께 사용

ⓐ economic 경제의 → recession / growth / reform / policy 등의 명사와 함께 사용

ⓑ economical 경제적인 → '경제적인', '돈을 아낄 수 있는'이라는 의미로 사용

ⓐ considerate 사려 깊은 → 사람명사를 수식

ⓑ considerable 상당한 → growth / increase / decrease / rise 등의 명사와 함께 사용

 기출 변형 8 빈칸에 들어갈 가장 알맞은 보기를 고르시오.

------- visitors are asked to sign in at the security desk when entering the complex.

(A) Each
(B) Every
(C) All
(D) Much

⚡ 정답 보기기

정답	(C) All	✔ 적절한 단어를 찾는 문제이다.
오답	(A) Each (B) Every (D) Much	✔ 보기에 나와 있는 단어들은 모두 수량을 나타내는 형용사들이다. ✔ 빈칸 뒤에 visitors라는 복수형태의 명사가 나왔기 때문에 복수형태와 어울려 사용될 수 있는 (C)가 정답이다.

해석

모든 방문객들은 건물에 입장할 때 보안 창구에서 서명 요청을 받는다.
(A) Each   (B) Every   (C) All   (D) Much

정답 (C)

어휘 sign in 서명하다 security desk 보안 창구, 보안 데스크 complex 복합시설, (건물) 단지

수량형용사의 활용

all + 가산명사(복수)/불가산명사(단수)	most + 가산명사(복수)/불가산명사(단수)
some/any + 가산명사(단수, 복수)/불가산명사(단수)	
few/a few + 가산명사(복수) → few는 '거의 없는'이라는 부정의 의미를 나타냄 → a few는 '약간 있는'이라는 긍정의 의미를 나타냄	
little/a little + 불가산명사(단수) → little은 '거의 없는'이라는 부정의 의미를 나타냄 → a little은 '약간 있는'이라는 긍정의 의미를 나타냄	
many + 가산명사(복수)	much + 불가산명사(단수)
every/each + 가산명사(단수)	several/various/numerous + 가산명사(복수)
another + 가산명사(단수)	
a lot of (= lots of, plenty of) + 가산명사(복수)/불가산명사(단수)	

기출 변형 **9** 빈칸에 들어갈 가장 알맞은 보기를 고르시오.

The Tybalt Corporation imports a wide ------- of kitchen appliances from 15 countries around the world.

(A) various
(B) variety
(C) varieties
(D) variously

⚡ 정답 뽀개기

정답	(B) variety	✔ 적절한 품사를 고르는 문제이다.
		✔ 빈칸 앞에 **wide**라는 형용사가 있기 때문에, 빈칸은 명사가 들어가야 하는 자리이다.
오답	(A) various (C) varieties (D) variously	✔ 보기에서 명사는 (B)와 (C)이다.
		✔ 빈칸 앞쪽에 a라는 관사가 있으므로 빈칸에는 단수 명사가 들어가야 한다. 따라서 (B)가 정답이다.

Tybalt Corporation은 전 세계 15개국으로부터 매우 다양한 주방 용품들을 수입하고 있다.

(A) various   (B) variety   (C) varieties   (D) variously

정답 (B)

어휘 **import** 수입하다 **a wide variety of** 매우 다양한 **kitchen appliance** 주방용품

이 정도는 알아야지!

'a/an/the/소유격 + (형용사) + 명사 + of' 형태의 구문

a (wide/large/great) variety of (다양한) + 복수명사

a (large/wide) selection of (많은) + 복수명사

a (large/wide) collection of (많은) + 복수명사

a (bewildering/wide) array of (연속적인) + 복수명사

a choice of A or B (A와 B 중에서 선택) + 복수명사

a list of (리스트) + 복수명사

a (wide) range of (다양한) + 복수명사

a shortage(= lack) of (부족) + 복수명사

the sequence of (연속) + 복수명사

a (large/small/substantial) amount of (많은/적은 양) + 불가산명사

a (great) deal of (많은) + 불가산명사

a (large) portion of (많은) + 불가산명사

기출 변형 10 빈칸에 들어갈 가장 알맞은 보기를 고르시오.

A large number of local businesses ------- winter festivals every year.

(A) sponsor

(B) sponsoring

(C) sponsored

(D) sponsors

정답	(A) sponsor	✓ 동사의 형태를 묻는 문제이다.

✓ 동사의 형태를 묻는 문제이다.

✓ 빈칸 앞뒤에 동사가 보이지 않으므로, 빈칸은 완전한 형태의 동사를 필요로 하는 자리이다.

✓ sponsoring 단독으로는 동사로 활용할 수 없으므로 (B)는 정답에서 제외된다.

오답
(B) sponsoring
(C) sponsored
(D) sponsors

✓ 문장의 맨 마지막에 'every year'라는 표현이 있으므로, 시제는 현재여야 한다. 따라서 (C)는 정답에서 제외된다.

✓ 'a number of'는 복수 명사와 어울려 복수 취급을 받기 때문에, 단수와 어울리는 동사인 (D)는 오답이며 복수와 어울리는 동사인 (A)가 정답이다.

해석

다수의 현지 업체들이 매년 겨울 축제를 후원하고 있다.

(A) sponsor   (B) sponsoring   (C) sponsored   (D) sponsors

정답 (A)

어휘   **a large number of** 다수의   **sponsor** 후원하다

이 정도는 알아야지!

a number of와 the number of의 차이

❶ a number of + 복수명사

A number of patients are under observation. 많은 환자들이 관찰을 받고 있다.

→ a number of가 문장의 맨 앞에 나오면 그 뒤에 따라오는 복수명사인 patients에 수를 일치시켜서 복수와 어울리는 동사인 are를 사용한다.

❷ the number of + 복수명사

The number of visitors is increasing. 방문객들의 수가 증가하고 있다.

→ the number of가 문장의 맨 앞에 나오면 number에 수를 일치시켜서 단수와 어울리는 동사인 is를 사용한다.

부사는 명사를 제외한 다른 품사들을 수식할 수 있으며 문장 전체를 수식할 수도 있다. 부사는 문장의 필수 성분이 아니기 때문에, 문제에 문장의 필수 성분들이 모두 포함되어 있으면 부사가 정답일 확률이 매우 높다.

기출 변형 1 빈칸에 들어갈 가장 알맞은 보기를 고르시오.

With over 2,000 guestrooms, the Hard Rap Hotel & Casino can ------- accommodate multiple conference groups at once.

(A) ease
(B) easily
(C) easy
(D) easiest

⚡ 정답 알개기

정답	(B) easily	✔ 적절한 품사를 고르는 문제이다.
오답	(A) ease (C) easy (D) easiest	✔ 빈칸 앞에 can이라는 조동사가 있고 그 뒤에는 accommodate라는 동사원형이 나왔으므로 빈칸에 들어갈 필수적인 문장 성분은 따로 없다. ✔ 동사의 앞뒤에 나올 수 있는 품사, 즉 부사인 (B)가 정답이다.

해석

2,000개가 넘는 객실을 갖추고 있는 Hard Rap 호텔 앤 카지노는 동시에 다수의 컨퍼런스 행사를 쉽게 수용할 수 있다.

(A) ease   (B) easily   (C) easy   (D) easiest

정답 (B)

어휘   **accommodate** 수용하다   **multiple** 다수의, 복수의   **at once** 즉시, 당장; 동시에

부사의 형태: 형용사-ly

• **부사의 위치와 역할 1: 조동사와 동사 사이에서 동사를 수식**

조동사 + (부사) + 동사원형

I can **hardly** swim. 나는 수영을 거의 못한다.

→ 조동사 can 다음에는 동사원형이 와야 하기 때문에 swim이 나왔다.

→ 부사는 기본적으로 문장에서 꼭 필요한 필수 성분은 아니기 때문에 생략이 가능하다.

기출 변형 2 빈칸에 들어갈 가장 알맞은 보기를 고르시오.

Free-trade agreements have ------- contributed to higher exports in many countries.

(A) considered

(B) considerable

(C) considerate

(D) considerably

⚡ **정답 뽑기**

정답	**(D) considerably**	
오답	(A) considered (B) considerable (C) considerate	✔ 적절한 품사를 고르는 문제이다. ✔ 빈칸 앞에 have가 있기 때문에 과거분사인 (A)가 정답이라고 생각할 수 있지만, 빈칸 뒤에 contributed라는 p.p. 형태가 이미 존재한다. ✔ 빈칸은 동사를 수식할 수 있는 부사의 자리이므로 (D)가 정답이다.

해석

자유무역협정은 많은 나라들에 있어서 높은 수출에 상당히 기여했다.

(A) considered   (B) considerable   (C) considerate   (D) considerably

정답 (D)

어휘   **FTA (free-trade agreement)** 자유무역협정   **contribute** 기여하다   **export** 수출

- 부사의 위치와 역할 2: 동사의 앞뒤에서 동사를 수식

  주어 + (부사) + 동사 or 주어 + 동사 + (부사)

- 증가 및 감소를 나타내는 동사(increase, decrease, rise, fall, drop 등)와 어울리는 부사

dramatically	drastically	significantly	remarkably	sharply	substantially

  The rental fee **significantly increased**. 렌탈 비용이 상당히 증가했다.

  → 동사 increased의 앞에서 부사 significantly(상당히)가 동사를 수식하고 있다.

기출 변형 ③ 빈칸에 들어갈 가장 알맞은 보기를 고르시오.

1,000 copies of the president's new book are ------- available from schools, libraries, and community centers.

(A) readily
(B) ready
(C) readiness
(D) reading

⚡ 정답 뽀개기

정답	(A) readily	✔ 적절한 품사를 고르는 문제이다.
오답	(B) ready (C) readiness (D) reading	✔ 빈칸 앞에 are라는 be동사가 있기 때문에, 빈칸에는 현재분사, 과거분사, 그리고 형용사 등의 품사가 올 수 있다. ✔ 그런데 빈칸 뒤에 **available**이라는 형용사가 있기 때문에, 빈칸에는 형용사를 수식할 수 있는 부사인 (A)가 들어가야 한다.

해석

대통령의 신규 도서 1,000부는 학교, 도서관, 그리고 지역 문화 센터에서 쉽게 구할 수 있다.

(A) readily   (B) ready   (C) readiness   (D) reading

정답 (A)

어휘 available 구할 수 있는 community center 지역 문화 센터 readily 쉽게 readiness 준비가 되어 있음

이 정도는 알아야지!

• 부사의 위치와 역할 3: 형용사 앞에서 형용사를 수식

(부사) + 형용사

Startup companies are **entirely dependent** on the local economy.
신생 회사들은 지역 경제에 전적으로 의지한다.

→ entirely라는 부사가 그 뒤에 있는 형용사 dependent를 수식하고 있다.

기출 변형 4 빈칸에 들어갈 가장 알맞은 보기를 고르시오.

Mr. Marx is a ------- respected statistician and has been repeatedly recognized by his colleagues for his contributions to the field.

(A) high
(B) height
(C) heights
(D) highly

정답 빨개기

정답	(D) highly	✔ 적절한 품사를 고르는 문제이다.
오답	(A) high	✔ 빈칸 앞에 a라는 관사가 있고, 그 뒤에 respected라는 형용사가 나왔다.
	(B) height	✔ highly라는 부사는 일반적으로 형용사나 과거분사를 수식한다.
	(C) heights	✔ 뒤에 나온 형용사인 respected를 수식할 수 있는 부사인 (D)가 정답이다.

해석

Marx 씨는 많은 존경을 받는 통계학자이며 해당 분야에 대한 공헌으로 동료들에게 지속적인 인정을 받고 있다.

(A) high   (B) height   (C) heights   (D) highly

정답 (D)

어휘 respected 존경을 받는 statistician 통계학자 recognize 알아보다; 인정하다 colleague 동료 contribution 헌신 height 높이

이 정도는 알아야지!

'highly(상당히, 매우) + p.p.' 형태의 표현

highly advanced 매우 발전된	highly motivated 상당히 동기부여가 된
highly skilled 매우 숙련된	highly qualified 상당히 자격을 갖춘
highly recommended 상당히 추천되는	highly experienced 매우 경험이 많은

The candidate is **highly qualified**. 그 후보자는 상당히 자격을 갖췄다.

→ 부사 highly가 과거분사 형태의 qualified를 수식

기출 변형 5 빈칸에 들어갈 가장 알맞은 보기를 고르시오.

-------, the construction materials were sent to the wrong building site.

(A) Unfortunately
(B) Unfortunate
(C) Unfortunateness
(D) Unfortunates

⚡ 정답 불패기

정답	(A) Unfortunately	✔ 적절한 품사를 고르는 문제이다.
오답	(B) Unfortunate (C) Unfortunateness (D) Unfortunates	✔ 문장의 맨 앞에 올 수 있는 품사를 고르는 문제로서, 빈칸 바로 뒤에 콤마가 있으므로 빈칸은 필수적인 문장 성분이 들어가야 할 자리는 아니다. ✔ 문장의 맨 앞에서 문장 전체를 수식할 수 있는 부사인 (A)가 정답이다.

해석

불행하게도, 건축 자재들이 다른 건설 현장으로 보내졌다.

(A) Unfortunately   (B) Unfortunate   (C) Unfortunateness   (D) Unfortunates

정답 (A)

어휘 **construction material** 건축 자재 **building site** 건설 현장 **unfortunate** 불운한

- 부사의 위치와 역할 4: 문장의 맨 앞에서 문장 전체를 수식

(부사), 주어 + 동사

In fact 사실은	Additionally (= In addition) 게다가	Therefore 그러므로
Then 그래서	Otherwise 그렇지 않으면	However 그러나
Fortunately 다행히도	As a result 결과적으로	Nevertheless 그럼에도 불구하고
Unfortunately 불행하게도		

As a result, the company earned more money. 결과적으로, 회사는 더 많은 수익을 올렸다.

기출 변형 6 빈칸에 들어갈 가장 알맞은 보기를 고르시오.

Organizers are excited to announce that ------- every booth in the exhibition hall has been reserved this year.

(A) most
(B) most of
(C) almost
(D) the most

정답 뽀개기

정답	(C) almost	
오답	(A) most (B) most of (D) the most	✔ 적절한 품사를 고르는 문제이다. ✔ 빈칸 뒤에 every라는 형용사가 있으므로 빈칸에는 부사가 필요하다. ✔ 시간이나 수량 앞에서 '거의'라는 의미로 사용되는 부사인 (C)가 정답이다.

주최측은 크게 기뻐하면서 올해 전시관의 거의 모든 부스가 예약되었다는 것을 발표했다.

(A) most   (B) most of   (C) almost   (D) the most

정답 (C)

어휘   **organizer** 기획자, 조직자   **announce** 발표하다   **booth** 부스   **exhibition hall** 전시관   **reserve** 예약하다

이 정도는 알아야지!

시간이나 수량을 나타내는 단어와 함께 사용되는 부사

| almost 거의 | nearly 거의 | approximately 대략 | about 약 | around 대략 |

There are **approximately** 500 people at the banquet.   연회에 대략 500명의 사람들이 있다.

→ '대략'이라는 의미를 나타내는 부사 approximately가 '500'이라는 수를 수식하고 있다.

기출 변형 7   빈칸에 들어갈 가장 알맞은 보기를 고르시오.

MegaMart Electronics' newest printers ------- require any servicing for the first two years or 50,000 copies.

(A) hard
(B) hardest
(C) hardly
(D) harder

⚡ 정답

정답	(C) hardly	✔ 적절한 품사를 고르는 문제이다.
		✔ 빈칸 뒤에 require라는 동사가 나오고 앞에는 주어가 있기 때문에, 빈칸은 부사 자리이다.
	(A) hard	✔ (A)의 hard는 형용사와 부사로 모두 사용이 가능한데, 부사로 사용되는 경우 '열심히'라는 의미이다.
오답	(B) hardest	✔ (C)의 hardly는 부사로 '거의 ~ 않지만'이라는 부정의 의미를 나타내는데, 빈칸 뒷부분에 부정문에 주로 사용되는 any라는 형용사가 있다.
	(D) harder	✔ 따라서 부정의 의미를 나타내는 부사인 (C)가 정답이다.

MegaMart 전자의 최신 프린터는 첫 2년 동안, 혹은 50,000번 복사되는 기간 동안 어떠한 서비스도 거의 필요로 하지 않는다.

(A) hard   (B) hardest   **(C) hardly**   (D) harder

정답 (C)

어휘   **require** 요구하다   **copy** 복사

이 정도는 알아야지!

의미 차이에 주의해야 하는 부사들

hard 형 단단한 부 열심히	**late** 형 늦은 부 늦게	**just** 부 방금, 막
hardly 부 거의 ~ 않다	**lately** 부 최근에	**justly** 부 공정하게
near 형 가까운 전 ~가까이	**high** 형 높이 부 높게	**most** 형 대부분 부 가장
nearly 부 거의	**highly** 부 매우, 상당히	**mostly** 부 대체로

기출 변형 8 빈칸에 들어갈 가장 알맞은 보기를 고르시오.

As the new head of the sales committee, David Dubois will need to attend sales meetings
-------.

(A) frequent

(B) frequenting

(C) frequently

(D) frequency

정답 뽀개기

정답	(C) frequently	✔ 적절한 품사를 고르는 문제이다.
		✔ 빈칸 앞에 'sales meetings'라는 명사가 있고 그 앞에는 attend라는 동사가 있다.
		✔ 동사 뒤에 목적어가 있고 그 뒤에 오는 품사를 고르는 문제에서는 일반적으로 형용사나 부사가 정답이다.
오답	(A) frequent (B) frequenting (D) frequency	✔ 동사가 'make, find, keep, deem, consider'일 경우 목적어 다음에 형용사를 사용하고, 그렇지 않으면 부사를 사용한다. 'to attend' 다음에 목적어인 'sales meetings'가 나왔기 때문에, 그 뒤에는 없어도 되는 품사인 부사가 와야 한다.
		✔ 보기에서 부사인 (C)가 정답이다.

영업위원회의 새로운 수장으로서, David Dunois는 영업회의에 자주 참석해야 할 것이다.

(A) frequent　　　(B) frequenting　　　(C) **frequently**　　　(D) frequency

정답 (C)

이 정도는 알아야지!

형용사와 부사의 구분: 부사 뒤에는 형용사와 부사가 모두 올 수 있다.

She is **really beautiful**. 그녀는 정말 아름답다.

→ really 앞에 is라는 be동사가 있으므로, 보어로서 사용되는 형용사가 필요하기 때문에 부사 뒤에 형용사인 beautiful이 온다.

She works **really slowly**. 그녀는 정말 느리게 일한다.

→ really 앞에 works라는 1형식 자동사가 있으므로, 뒤에 아무것도 필요하지 않기 때문에 부사인 slowly가 온다.

She is running the company **really successfully**. 그녀는 회사를 정말 성공적으로 경영하고 있다.

→ really 앞에 running이라는 동사와 목적어인 the company가 있는 완전한 문장이 있다. 따라서 뒤에 아무것도 필요하지 않기 때문에 부사인 successfully가 온다.

She keeps the company **really successful**. 그녀는 회사를 정말 성공적으로 유지한다.

→ really 앞의 keep이라는 동사는 5형식 동사로 사용되어 '동사 + 목적어 + 형용사'의 형태를 취한다. 따라서 형용사인 successful이 온다.

cf. 목적보어로 형용사를 취하는 동사

주어 + keep/find/consider/deem/make + 목적어 + 형용사

기출 변형 9 빈칸에 들어갈 가장 알맞은 보기를 고르시오.

Due to retaining a public relations consultant, Zaubrecher Media plans to ------- increase its sales over the next two quarters.

(A) dramatize

(B) dramatically

(C) dramatic

(D) drama

정답	(B) dramatically	✔ 적절한 품사를 고르는 문제이다.

✔ 적절한 품사를 고르는 문제이다.

✔ 빈칸 앞에 to가 보이기 때문에 이 문제를 to부정사 문제라고 생각해서 (A)의 동사 원형을 정답으로 고르면 안 된다.

오답	(A) dramatize (C) dramatic (D) drama

✔ 빈칸 뒤에 increase라는 동사원형이 있기 때문에 빈칸은 동사 자리가 아니다.

✔ 빈칸 앞에 있는 to와 그 뒤에 있는 동사원형인 increase가 to부정사구를 이룰 수 있으므로 보기 중 빈칸에 들어갈 수 있는 것은 생략이 가능한 부사인 (B)이다.

해석

Zaubrecher 미디어는 홍보 전문가를 두고 있기 때문에 다음 두 분기 동안 매출을 극적으로 증대시킬 계획이다.

(A) dramatize　　(B) dramatically　　(C) dramatic　　(D) drama

정답 (B)

어휘 **retain** 보유하다, 유지하다　**public relations** 홍보 활동　**consultant** 상담가, 컨설턴트　**dramatize** 각색하다　**dramatically** 극적으로
dramatic 극적인

이 정도는 알아야지!

to부정사에서의 부사의 활용

to + (부사) + 동사원형

We decided **to better improve** our customer service.　우리는 고객서비스를 더욱 향상시키기로 결정했다.

→ decide 뒤에 to부정사가 있는데, to와 improve 사이에 부사 well의 비교급 형태인 better가 위치하고 있다.

기출 변형 ⑩　빈칸에 들어갈 가장 알맞은 보기를 고르시오.

The budget committee has not ------- finalized the budget for next year.

(A) still

(B) yet

(C) hardly

(D) any

정답	(B) yet	
		✔ 적절한 단어를 고르는 문제이다.
오답	(A) still	✔ 빈칸 앞에 부정어인 not이 있고 그 뒤에는 finalized라는 동사가 나왔다.
	(C) hardly	✔ 보기에서 not과 함께 사용할 수 있는 부사는 (B)의 yet이다. 보통 'not yet' 형태
	(D) any	등이 많이 사용된다.

해석

예산 위원회는 아직 내년도 예산을 확정시키지 못했다.

(A) still　　　(B) yet　　　(C) hardly　　　(D) any

정답 (B)

(어휘) **committee** 위원회 **finalize** 마무리를 짓다, 확정하다

이 정도는 알아야지!

부사 yet의 활용

① **부정어 + yet: 아직 ~이 아니다**

The installation is **not yet** complete. 설치는 아직 끝나지 않았다.

→ not이라는 부정어와 부사 yet이 함께 사용되어 '아직 ~이 아니다'라는 의미를 나타낸다.

② **have/has + yet + to부정사: 아직 더 ~해야 한다**

The position **has yet to** be filled. 그 자리는 아직 채워지지 않았다.

→ has와 to부정사 사이에 부사인 yet이 들어가서 '아직 더 ~해야 한다'는 의미를 나타낸다.

③ **최상급 + yet**

ABC Marketing is **the best** marketing company **yet**. ABC 마케팅이 지금까지의 최고의 마케팅 회사이다.

→ 앞에 최상급인 'the best'가 나왔는데, 뒤에서 yet이라는 부사가 '지금까지'라는 의미로 이를 강조하고 있다.

부사 still의 활용

① **still + 부정어: 아직 ~이 아니다**

The installation is **still not** complete. 설치가 아직 끝나지 않았다.

→ still이라는 부사 뒤에 부정어인 not을 사용하여 '아직 ~이 아니다'라는 의미를 나타낸다.

② **still + 현재시제 동사: (현재까지) 계속 ~하다**

We **still produce** the product. 우리는 아직 그 제품을 생산하고 있다.

→ still이라는 부사를 현재시제의 문장에 사용하여 '현재까지 계속 ~하다'라는 의미를 나타낸다.

③ Although + 주어 + 동사 ~, 주어 + still + 동사 ~: 비록 ~하지만, 아직도 ~하다

Although Mr. Malcom worked hard on the project, he **still** needs more time to finish it.
비록 Malcom 씨는 그 프로젝트에 열심히 일했지만, 그것을 끝내기 위해서는 아직 시간이 더 필요하다.

→ still이라는 부사는 although, however, but 등으로 시작하는 문장의 다음에 사용되는 것이 일반적이다.

 빈칸에 들어갈 가장 알맞은 보기를 고르시오.

Many economists claim that most of the people in London spend ------- too much on food.
(A) already
(B) way
(C) once
(D) few

⚡ 정답 뽀개기

정답	(B) way	
오답	(A) already (C) once (D) few	✔ 적절한 부사를 고르는 문제이다. ✔ 빈칸은 바로 뒤에 있는 **too**라는 부사를 수식하는 부사가 필요한 자리이다. ✔ 'way too(훨씬 많이)'라는 표현을 완성시킬 수 있는 **(B)**가 정답이다.

해석

많은 경제학자들은 대부분의 런던 사람들이 먹거리에 너무 많은 돈을 소비한다고 주장한다.
(A) already　　(B) way　　(C) once　　(D) few

정답 (B)

어휘 economist 경제학자

부사 way의 활용

① way too much/many + 명사: 훨씬 많은

It costs **way too much** buying a house. 집을 구매하는 것은 너무 많은 비용이 든다.

→ 부사 way가 뒤에 나오는 too라는 부사를 강조하여 '훨씬 비용이 많이 든다'는 의미를 나타낸다.

② way ahead of + 명사: 훨씬 먼저

They completed the project **way ahead of** time. 그들은 일정에 훨씬 더 앞서서 그 프로젝트를 끝마쳤다.

→ 부사 way가 뒤에 나오는 ahead of라는 어구를 강조하여 '훨씬 일찍'이라는 의미를 나타낸다.

cf. way 대신에 far를 이용해 too를 수식할 수도 있다.

12 비교급과 최상급

토익의 비교급 및 최상급 문제는 주로 어떤 조건에서 비교급과 최상급이 사용되는지에 관해 묻는다. 또한 비교급 및 최상급과 관련된 관용 표현들을 묻는 문제들도 종종 출제된다.

기출 변형 1 빈칸에 들어갈 가장 알맞은 보기를 고르시오.

Hobbs Electronics' latest vacuum is ------- powerful than previous models.

(A) such

(B) much

(C) more

(D) as

정답	(C) more	

오답	(A) such	✔ 적절한 단어를 고르는 문제이다.
	(B) much	✔ 빈칸 뒷부분에 비교급과 함께 사용되는 than(~보다)이 있다.
	(D) as	✔ than이 나왔기 때문에 형용사 powerful을 비교급으로 만들어 주는 (C)가 정답이다.

해석

Hobbs 전자의 신형 진공청소기는 이전 모델들보다 더 강력하다.

(A) such   (B) much   **(C) more**   (D) as

정답 (C)

어휘 **latest** 최신의 **vacuum** 진공 청소기 **previous** 이전의

이 정도는 알아야지!

비교급 및 원급 비교

❶ **형용사/부사-er + (than): 1음절의 형용사나 부사 뒤에는 -er을 붙인다.**

She is **younger** than me. 그녀는 나보다 더 어리다.

→ young이라는 단어는 1음절 단어이므로 –er을 붙여 비교급을 만든다.

cf. 음절은 하나의 단어 안에 모음이 몇 번 발음되는지에 따라 결정된다.

→ 하나의 단어에 모음 발음이 한 번 나오면 1음절 단어로 취급한다. 일반적으로 짧은 단어들이 이에 해당된다.

❷ **more + 형용사/부사 + (than): 2음절 이상의 형용사나 부사 앞에는 more를 붙인다.**

She is **more beautiful** than my sister. 그녀는 나의 여동생보다 더 아름답다.

→ beautiful이라는 3음절 형용사 앞에 more를 사용하여 비교급을 만든다.

❸ **as + 형용사/부사 + as: as와 as 사이에 형용사나 부사의 원급을 사용해서 '~만큼 ~한/하게'라는 의미를 나타낸다.**

She is **as beautiful as** me. 그녀는 나만큼 아름답다.

빈칸에 들어갈 가장 알맞은 보기를 고르시오.

Riviana Foods, Inc. realized that replacing its network hardware would be ------- than having it repaired.

(A) cheaper
(B) cheapest
(C) more cheaply
(D) most cheaply

정답 보기기

정답	(A) cheaper	

✔ 단어의 적절한 형태를 고르는 문제이다.

✔ 빈칸 앞에 be동사가 나오고 그 뒤에 than이라는 단어가 있다.

오답	(B) cheapest (C) more cheaply (D) most cheaply	

✔ 비교급과 함께 사용되는 than이 있기 때문에 최상급을 나타내는 (B)와 (D)는 정답에서 제외된다.

✔ 빈칸 앞에 be동사가 있는데, be동사는 보어로서 형용사를 필요로 하기 때문에 (A)가 정답이다.

해석

Riviana Foods 주식회사는 네트워크 기기를 수리하는 것보다 교체하는 것이 더 비용이 적게 들 것이라는 점을 알게 되었다.

(A) cheaper　　　(B) cheapest　　　(C) more cheaply　　　(D) most cheaply

정답 (A)

어휘 **realize** 깨닫다　**replace** 교체하다　**hardware** 하드웨어

이 정도는 알아야지!

❶ 비교급의 형태

비교급 비교	원급 비교
형용사/부사-er + (than) more + 형용사/부사 + (than)	as + 형용사/부사 + as

❷ 비교급에서의 형용사와 부사의 구별

Newly hired workers need to work **more efficiently**. 신규 채용된 직원들은 더 효율적으로 일할 필요가 있다.

→ more 다음에 부사를 사용한 문장이다.

→ 가장 가까이에 있는 동사의 형태가 be동사와 같은 2형식의 동사일 경우에는 형용사를 사용하며, 그렇지 않은 경우에는 부사를 사용한다.

→ 여기에서는 가장 가까이에 있는 동사가 1형식 자동사인 work이므로 부사인 efficiently를 사용했다.

Mr. Kerman is more qualified than Ms. Laos. Kerman 씨가 Laos 씨보다 더 적격이다.

→ more 다음에 형용사를 사용한 문장이다.

→ 가장 가까이에 있는 동사 is가 be동사이므로, 뒤에는 보어로 사용되는 형용사가 필요하다.

We produce more durable items. 우리는 더 내구성이 좋은 상품들을 생산한다.

→ more 다음에 형용사를 사용한 문장이다.

→ 앞에 produce라는 동사가 있어서 부사가 필요한 것처럼 보인다. 하지만 items라는 명사가 있기 때문에, 명사 앞에는 부사가 아닌 형용사가 필요하다.

기출 변형 3 빈칸에 들어갈 가장 알맞은 보기를 고르시오.

Compared to its competitors, Dottie Engineering places ------- importance on the prevention of accidents.

(A) greater
(B) greatly
(C) more greatly
(D) as great as

정답 뽀개기

정답	(A) greater	✔ 적절한 품사 및 단어의 형태를 고르는 문제이다.
		✔ 빈칸 앞에 places라는 동사가 있다.
		✔ 참고로, Dottie Engineering과 같이 대문자로 구성된 고유명사는 3인칭 단수로 취급한다.
오답	(B) greatly	✔ 빈칸 뒤에 importance라는 명사가 나왔으므로 빈칸은 형용사가 필요한 자리이다. 따라서 (B)와 (C)는 정답에서 제외된다.
	(C) more greatly	
	(D) as great as	✔ (D)의 'as great as'와 같이 as와 as 사이에 형용사 great를 사용하기 위해서는 앞에 be동사와 같은 2형식 동사들이 필요하기 때문에 (D) 또한 오답이다.
		✔ 비교급 형태인 (A)가 정답이다.

경쟁사들과 비교해 볼 때 Dottie 엔지니어링은 사고 예방에 보다 큰 중요성을 둔다.

(A) greater   (B) greatly   (C) more greatly   (D) as great as

정답 (A)

어휘   **compare** 비교하다   **competitor** 경쟁자, 경쟁업체   **place importance on** ~을 중시하다   **prevention** 예방

이 정도는 알아야지!

❶ 비교급에서 품사의 특징

원급	비교급	최상급
old (형용사)	older (형용사)	oldest (형용사)

→ 원급, 비교급, 그리고 최상급으로 변하더라도 본연의 품사는 절대 변하지 않는다.

ⓐ 원급: She is **old**. 그녀는 나이가 많다

ⓑ 비교급: She is **older**. 그녀는 더 나이가 많다

ⓒ 최상급: She is the **oldest**. 그녀가 나이가 제일 많다.

→ 위의 예시를 보면, 원급, 비교급, 최상급으로 사용하였지만, 여전히 is라는 be동사의 뒤에 사용되고 있기 때문에 모두 형용사이다.

❷ as + 형용사 + 명사 + as

as와 as 사이에는 형용사와 부사만 들어갈 수 있지만, 형용사와 명사를 같이 사용할 수도 있다.

They made **as many mistakes as** I did. 그들은 내가 했던 실수만큼 많은 실수를 저질렀다.

→ 명사를 사용하기 위해서는 꼭 형용사가 앞에 나와야 한다.

→ as와 as 사이에 many라는 형용사와 함께 명사 mistakes를 사용했다.

기출 변형 4 빈칸에 들어갈 가장 알맞은 보기를 고르시오.

While most items were once assembled manually, it is ------- more efficient for them to be assembled by machine.

(A) very

(B) such

(C) so

(D) much

정답	(D) much
오답	(A) very (B) such (C) so

✔ 적절한 단어를 고르는 문제이다.

✔ 빈칸 앞에 is라는 be동사와 그 뒤에 more라는 비교급 표현이 있고, more 뒤에는 형용사인 efficient가 있다.

✔ 빈칸을 생략해도 문장에 지장을 주지 않으므로 빈칸은 부사가 들어가야 할 자리이다. 보기에서 비교급을 강조할 수 있는 부사인 (D)가 정답이다.

해석

예전에는 대부분의 제품들이 수작업으로 조립되었지만, 기기에 의해 조립되는 것이 훨씬 더 효율적이다.

(A) very   (B) such   (C) so   (D) much

정답 (D)

어휘 **assemble** 조립하다 **manually** 손으로 **efficient** 효율적인 **machine** 기계

이 정도는 알아야지!

❶ 비교급의 강조

ⓐ far/by far/even/still/a lot/much + 비교급

These items are **much more durable**. 이 제품들은 훨씬 더 내구성이 좋다.

→ much라는 부사를 사용해서 뒤에 오는 more durable을 강조하고 있다.

ⓑ nearly/almost/just + as + 형용사/부사 + as

This document is **nearly as important as** the other one. 이 서류는 다른 것만큼 중요하다.

→ as important as라는 원급 비교 표현 앞에 부사 nearly를 넣어서 강조하고 있다.

❷ 비교급을 이용한 배수 표현

ⓐ 배수사 + [as many/few + 가산명사(복수)] + as

Our company makes **four times as many gloves as** our rival companies.
우리 회사는 경쟁사보다 4배 더 많은 글러브를 만든다

→ as many gloves as 앞에 four times를 넣어서 '4배 더 많은'이라는 의미를 나타내고 있다.

ⓑ 배수사 + [much/little + 불가산명사(단수)] + as

The faster ABS Factory produces its products, the ------- profits it can earn.

(A) high
(B) higher
(C) highest
(D) highly

정답 뽀개기

정답	(B) higher	✔ 적절한 품사를 고르는 문제이다.

오답	(A) high (C) highest (D) highly

✔ 빈칸 앞에 the라는 관사가 나오고 그 뒤에 명사인 profit이 있기 때문에, 빈칸은 형용사가 들어가야 하는 자리이다.

✔ 문장 맨 앞에 'The faster'라는 'the + 비교급'의 형태가 나왔기 때문에, 뒤에도 'the + 비교급'의 형태가 나와야 한다. 따라서 (B)가 정답이다.

해석

ABS Factory는 제품을 더 빨리 만들수록 더 많은 수익을 얻게 될 것이다.

(A) high   (B) higher   (C) highest   (D) highly

정답 (B)

어휘 **profit** 이익, 이윤 **earn** 벌다

이 정도는 알아야지!

The + 비교급, the + 비교급: ~하면 할 수록 점점 더 ~하다

The harder you study, **the higher** your score will be.

당신이 더 열심히 공부하면 할수록, 당신의 점수는 더 높아질 것이다.

→ 'the +비교급' 구문에서 비교급의 품사는 뒤에 오는 내용에 따라 결정된다.

→ 첫 번째 절에 you study라는 '주어 + 자동사'의 형태가 있기 때문에, harder의 품사는 부사임을 알 수 있다.

→ 두 번째 절에 '주어 + 조동사(will) + be동사'의 형태가 있기 때문에, be동사의 보어 역할을 할 수 있는 형용사가 필요하다. 따라서, higher의 품사는 형용사라는 것을 알 수 있다.

빈칸에 들어갈 가장 알맞은 보기를 고르시오.

The accounting system that we purchased is ------- the one used by our rival companies.

(A) the same
(B) same one as
(C) the same as
(D) same

⚡ 정답 뽀개기

정답	(C) the same as	
오답	(A) the same (B) same one as (D) same	✔ 적절한 단어를 고르는 문제이다. ✔ 빈칸 뒤에 one이라는 부정대명사가 나와서 앞에 있는 'the accounting system'을 대신하고 있다는 것을 알 수 있다. ✔ 'the same as(~와 똑같은)'라는 표현의 (C)가 정답이다.

해석

우리가 구매한 회계 시스템은 경쟁 회사들의 것들과 동일하다.

(A) the same　　　(B) same one as　　　(C) the same as　　　(D) same

정답 (C)

어휘　accounting 회계　purchase 구매하다　the same as ~와 똑같은

이 정도는 알아야지!

the same as: 주어(명사) + be동사 + the same as + 명사(대명사)

Your car is the same as mine. 당신의 차와 내 차는 똑같다.

→ your car와 뒤에 나온 mine, 즉 my car가 똑같다라는 것을 나타내기 위해서 the same as라는 표현을 사용했다.

Payment of the rent for the property at 115 Sycamore Lane is due ------- the fifth of the month.

(A) not later

(B) no later than

(C) not ever

(D) latest

⚡ 정답 찾기

정답	(B) no later than	✓ 적절한 단어를 고르는 문제이다.
오답	(A) not later (C) not ever (D) latest	✓ 빈칸 뒤에 시간을 나타내는 어구인 'the fifth of the month'가 나왔기 때문에 시간과 어울리는 표현을 골라야 한다. ✓ 보기 중에서 (B)의 'no later than'이 '~보다 늦지 않게', '~까지'라는 의미로 사용되기 때문에 (B)가 정답이다.

해석

Sycamore 115번로의 부동산 임대료는 늦어도 이번 달 5일 전에 지급되어야 한다.

(A) not later　　　(B) no later than　　　(C) not ever　　　(D) latest

정답 (B)

어휘 **payment** 지불, 지급　**property** 재산; 부동산, 건물　**due** 지불해야 하는　**no later than** 늦어도 ~까지

이 정도는 알아야지!

비교급을 이용한 관용 표현 1

❶ no longer: 더 이상 ~아니다

We are **no longer** refunding money without a receipt. 우리는 더 이상 영수증 없이 환불해주지 않습니다.

→ no longer는 부사 표현으로 '더 이상 ~아니다'라는 의미를 나타내며, 보통 동사의 앞이나 문장의 뒤에 사용된다.

❷ no later than: 늦어도 ~까지

You should notify us of your registration **no later than** this afternoon.

당신은 늦어도 오늘 오후까지 우리에게 등록을 알려 주어야 한다.

→ no later than이 this afternoon이라는 시간 표현과 함께 사용되어 '늦어도 오늘 오후까지'라는 의미를 나타낸다.

빈칸에 들어갈 가장 알맞은 보기를 고르시오.

Mr. Thornhill's flight from Taipei was delayed for ------- seven hours.

(A) now that
(B) within
(C) more than
(D) still

정답 뽀개기

정답	(C) more than	✔ 적절한 단어를 고르는 문제이다.
		✔ 빈칸 뒤에 'seven hours'라는 시간을 나타내는 표현이 나왔고, 빈칸 앞에는 for라는 기간을 나타내는 전치사가 있다.
오답	(A) now that (B) within (D) still	✔ 기간을 나타내는 단어의 앞에서 '~을 넘어', '~ 이상으로'라는 뜻을 지닌 (C)의 'more than (= over)'이 정답이다.

해석

타이페이에서 오는 Thornhill 씨의 항공기가 7시간 이상 지연되었다.

(A) now that　　　(B) within　　　(C) more than　　　(D) still

정답 (C)

어휘 **flight** 항공기　**delay** 지연시키다

이 정도는 알아야지!

비교급을 이용한 관용 표현 2

❶ **more than + 숫자: ~ 이상**

The company plans to purchase shares in **more than** 4,000 international companies.
그 회사는 전 세계의 4,000개 이상의 회사들의 주식을 구매할 계획이다.

→ more than이 수를 나타내는 단어의 앞에서 '~ 이상의'라는 의미로 사용되었다.

❷ **no more than + 숫자: ~보다 많지 않은, ~ 이하의**

We have **no more than** 3 parking places.　우리는 세 곳 정도의 주차 공간을 보유하고 있다.

→ no more than이 수를 나타내는 단어의 앞에서 '~이하의'라는 의미로 사용되었다.

Securing a loan from Fast-Cash Financing is easier than ------- because the new application process removes most of the paperwork.

(A) once

(B) never

(C) not

(D) ever

정답 찾기

정답	(D) ever	
오답	(A) once (B) never (C) not	✔ 적절한 단어를 고르는 문제이다. ✔ 빈칸의 앞에 than이 있으므로 그 뒤에 사용할 수 있는 형태인 (D)가 정답이다.

해석

새로운 신청 과정에서 서류 작업이 없어졌기 때문에 Fast-cash Financing에서 대출을 받는 것은 어느 때보다도 쉽다.

(A) once   (B) never   (C) not   (D) ever

정답 (D)

어휘 secure 확보하다, 획득하다 loan 융자금 application 신청 process 과정 paperwork 서류 작업

이 정도는 알아야지!

than 다음에 사용할 수 있는 표현

❶ than + ever/before

Buying a washing machine is easier **than ever**. 세탁기를 구입하는 것은 이전보다 더 쉽다.

→ easier than 다음에 ever라는 단어를 넣어서 '지금까지보다 더'라는 의미를 나타낸다.

❷ than + expected/predicted/projected/anticipated

Our profits were higher **than expected**. 우리의 수익은 예상했던 것보다 더 높았다.

→ higher than 다음에 expected가 나와서 '예상했던 것보다'라는 의미를 나타낸다.

cf. 'than + 주어 + (had) expected' 형식을 사용해 같은 의미를 나타낼 수도 있다.

The new remodeling project is ------- remarkable when you realize that it was completed for less than half the proposed budget.

(A) all the more
(B) most of
(C) too much
(D) many more

정답 밝히기

정답	(A) all the more

✔ 적절한 단어를 고르는 문제이다.

✔ 빈칸 뒤에 형용사인 remarkable이 있기 때문에, 빈칸은 형용사를 수식할 수 있는 부사가 필요한 자리이다.

오답	(B) most of (C) too much (D) many more

✔ 보기에서 부사로 사용될 수 있는 표현은 (A)의 'all the more(더욱)'와 (C)의 'too much(너무 많이)'이다.

✔ (C)의 too much는 보통 문장의 맨 끝에 나오거나 'too much + 불가산명사' 형태로 사용되기 때문에 (C)는 정답이 될 수 없다. 따라서 (A)가 정답이다.

해석

새 리모델링 공사가 제안된 예산의 절반 이하로 완공되었다는 점을 알면 리모델링 공사가 더욱 놀라워 보일 것이다.

(A) all the more   (B) most of   (C) too much   (D) many more

정답 (A)

어휘   **remarkable** 놀랄 만한   **realize** 깨닫다, 알아차리다   **budget** 예산   **all the more** 더욱

이 정도는 알아야지!

❶ all the more: 더욱

She is **all the more** grateful for us. 그녀는 우리에게 더욱 고마워한다.

→ all the more라는 부사가 형용사 앞에서 형용사를 수식하고 있다.

❷ all the more reason: 확실한 근거이다

That is **all the more reason** why we work hard. 그것은 우리가 왜 열심히 일하는지에 대한 확실한 근거이다.

→ all the more reason은 '확실한 근거가 된다'는 의미이다.

Of the three subway lines, line number 2 is the ------- to walk to from Falcon Street.

(A) most easily

(B) more easily

(C) easiest

(D) easier

정답 뽀개기

정답	(C) easiest	✔ 적절한 품사와 형태를 고르는 문제이다.
		✔ 빈칸 앞에 정관사 the가 나왔기 때문에 빈칸은 최상급이 필요한 자리이다.
오답	(A) most easily (B) more easily (D) easier	✔ 동사가 is라는 be동사이므로, 빈칸은 형용사가 필요한 자리라는 것을 알 수 있다. ✔ 따라서, 형용사의 최상급 형태인 (C)가 정답이다.

해석

세 개의 노선 중에서 2호선이 Falcon 가로부터 걸어가기에 가장 쉽다.

(A) most easily　　(B) more easily　　(C) easiest　　(D) easier

정답 (C)

어휘　subway 지하철

이 정도는 알아야지!

❶ 최상급의 형태

ⓐ the + [형용사/부사]-est: 1음절의 형용사나 부사 뒤에는 -est를 붙인다.

ⓑ the most + [형용사/부사]: 2음절 이상의 형용사나 부사의 경우, 앞에 most를 붙인다

❷ 최상급에서의 형용사와 부사의 구별

This document is **the most important**. 이 서류가 가장 중요하다.

→ 최상급 the most 뒤에 형용사나 부사가 사용된다.

→ 앞에 나오는 동사가 is라는 be동사이므로, 보어로서 형용사가 필요하기 때문에 형용사 important가 사용되었다.

Our company hired one of **the most highly** praised consulting firms in the region.

우리 회사는 이 지역에서 가장 인정받는 컨설팅회사들 중의 하나를 고용했다.

→ the most라는 최상급의 형태가 나왔으므로, 뒤에 형용사나 부사가 필요하다.

→ 형용사인 praised가 있기 때문에, 이 형용사를 수식하는 부사가 필요하다.

→ p.p. 형태의 형용사 praised를 수식하는 부사로서 highly가 사용되었다.

기출 변형 12 빈칸에 들어갈 가장 알맞은 보기를 고르시오.

------- the four candidates for the position of accounting manager, Mr. Dean seems to be the most qualified.

(A) In
(B) About
(C) For
(D) Of

⚡ 정답 풀게기

정답	(D) Of	
오답	(A) In (B) About (C) For	✔ 적절한 전치사를 고르는 문제이다. ✔ 두 번째 절에 'the most qualified'라는 최상급의 형태가 있으므로, 최상급 문장에서 '~ 중에서'라는 의미로 자주 사용되는 전치사인 (D)가 정답이다.

해석

회계부장의 자리에 지원한 네 명의 지원자 중에서 Dean 씨가 가장 자질이 우수한 것으로 보인다.

(A) In　　　(B) About　　　(C) For　　　(D) Of

정답 (D)

어휘　candidate 후보　qualified 자격이 있는

최상급의 활용

❶ **최상급 + in + 지역: ~ 내에서 가장 ~한**

This store is **the biggest** one **in the region**. 이 상점은 지역에서 가장 크다.

→ 최상급 표현인 the biggest와 지역을 한정시키는 표현인 'in + 지역'을 사용했다.

❷ **최상급 + of (= among) + 복수명사: ~ 중에서 가장 ~한**

She is **the richest** person **of all my friends**. 그녀는 내 친구들 중에서 가장 부유하다.

→ 최상급 표현인 the richest와 비교 대상을 한정시키는 표현인 'of all my friends(내 친구들 중에서)'를 사용했다.

❸ **최상급 + (that) + 주어 + have (ever) p.p.**

This is **the tallest building** that **I have ever seen**. 이것은 내가 본 것들 중에서 가장 높은 건물이다.

→ 최상급의 표현인 'the tallest building'과 현재완료 시제가 함께 사용되었다.

→ 현재완료는 과거에서부터 지금까지의 의미로서, '지금까지의 경험들 중에서'라는 의미이다.

기출 변형 13 빈칸에 들어갈 가장 알맞은 보기를 고르시오.

Anyone who is interested in the position should contact Dr. Lee by September 3 ------- the latest.

(A) at
(B) under
(C) in
(D) upon

⚡ 정답 보기

정답	(A) at	✔ 적절한 전치사를 고르는 문제이다.
		✔ 빈칸 앞에 날짜를 나타내는 표현인 'Semtember 3'가 있고, 그 뒤에는 'the latest'라는 최상급 표현이 나왔다.
오답	(B) under (C) in (D) upon	✔ 'at the latest'는 시간과 관련된 단어 뒤, 혹은 문장의 맨 마지막에서 '늦어도'라는 의미를 나타낸다. 따라서 (A)가 정답이다.

그 자리에 관심이 있는 사람은 늦어도 9월 3일까지 Lee 박사에게 연락해야 한다.

(A) at　　　(B) under　　　(C) in　　　(D) upon

정답 (A)

어휘　**contact** 접촉하다; 연락하다

이 정도는 알아야지!

최상급을 이용한 관용 표현

❶ **at the latest: 늦어도**

You need to report to Ms. Rose by tomorrow **at the latest**.

우리는 늦어도 내일까지는 Rose 씨에게 보고해야 한다.

→ 시간을 나타내는 표현인 by tomorrow 뒤에, 즉 문장의 제일 마지막에 at the latest를 사용했다.

❷ **one of the most + (형용사) + 복수명사: 가장 ~한 것 중 하나**

She is **one of the most qualified candidates**. 그녀는 가장 자격을 잘 갖춘 지원자들 중의 한 명이다.

→ 'one of the + 최상급' 형태를 이용하여 '가장 ~한 것 중 하나'라는 최상급의 의미를 나타냈다.

기출 변형 14　빈칸에 들어갈 가장 알맞은 보기를 고르시오.

The new order represents the ------- biggest sale of AeroBus planes in the company's history.

(A) all

(B) single

(C) some

(D) one

정답 찾기

정답	(B) single	✔ 적절한 단어를 고르는 문제이다.
오답	(A) all (C) some (D) one	✔ 빈칸 앞에 관사 the가 있고, 그 뒤에 biggest라는 최상급의 형태가 나왔다. ✔ 빈칸은 최상급 앞에서 최상급을 강조하는 부사가 들어가야 하는 자리이므로 (B)가 정답이다.

새로운 주문량은 그 회사의 역사상 AeroBus 항공기의 최대 판매량에 해당한다.

(A) all　　(B) single　　(C) some　　(D) one

정답 (B)

어휘　**represent** 나타내다; 상당하다, 해당하다

이 정도는 알아야지!

최상급의 강조

❶ by far/single/only/서수 + 최상급

Mr. Rain is **by far the most promising** member. Rain 씨는 가장 전도 유망한 회원이다.

→ by far를 이용하여 최상급인 the most를 강조했다.

❷ 최상급 + ever/yet

He is **the best** member **ever**. 그는 지금까지 가장 뛰어난 회원이다.

→ ever라는 부사를 이용하여 최상급인 the best를 강조했다.

❸ 최상급 + possible

Mr. Lundbeck wants to order **the brightest possible** spotlights.
Lundbeck 씨는 가능한 한 가장 밝기가 강한 조명을 주문하기를 원한다.

→ 최상급인 brightest 뒤에 최상급을 강조하는 possible을 사용했다.

→ 문장의 맨 마지막 자리에, 즉 the brightest spotlights 다음에 possible을 붙여서 최상급을 강조할 수도 있다.

기출 변형 **15** 빈칸에 들어갈 가장 알맞은 보기를 고르시오.

Those planning to move out of their apartments are required to give their landlord -------
4 weeks' notice.

(A) less

(B) more

(C) at the latest

(D) at least

정답	(D) at least

✔ 적절한 단어를 고르는 문제이다.

✔ 빈칸 뒤에 숫자, 시간과 관련된 표현이 있으므로 '적어도'라는 의미를 나타낼 수 있는 단어가 필요하다.

✔ '적어도'라는 의미를 나타내는 (D)가 정답이다.

오답	(A) less (B) more (C) at the latest

해석

아파트에서 이사 갈 계획이 있는 사람들은 임대인에게 최소한 4주 전에 통지를 해야 한다.

(A) less　　　(B) more　　　(C) at the latest　　　(D) at least

정답 (D)

어휘　**landlord** 임대인　**notice** 통지　**at the latest** 아무리 늦어도　**at least** 적어도

이 정도는 알아야지!

at least + 숫자: 적어도

We need **at least** 5 weeks to finish the project.　우리는 그 프로젝트를 끝내기 위해 적어도 5주가 필요하다.

→ at least는 수량을 나타내는 단어 앞에 위치하여 '적어도'라는 의미를 나타낸다.

→ 시간뿐만 아니라 숫자를 나타내는 모든 단어 앞에서 사용 가능하다.

13 접속사와 전치사

접속사는 두 개의 절을 이어주는 고리 역할을 한다. 접속사 문제는 토익에서 매달 출제되는데, 접속사의 종류가 상당히 많고 그 쓰임도 다양하게 때문에 접속사의 정확한 의미와 용도를 제대로 알고 있어야 파트 5와 6에서 고득점을 노릴 수 있다. 전치사 문제 역시 기본적으로 전치사의 정확한 용도를 묻는 문제가 출제되며, 전치사가 포함되어 있는 관용표현에 대해 묻는 문제들도 자주 출제되는 편이다.

기출 변형 1 빈칸에 들어갈 가장 알맞은 보기를 고르시오.

The Marquee Corporation selected Mr. Allendale to plan its publicity campaign ------- his proposal was the most persuasive.

(A) because
(B) however
(C) about
(D) according to

⚡ 정답 보기기

정답	(A) because	✔ 접속사를 고르는 문제이다.
		✔ 빈칸 앞에 절, 즉 '주어 + 동사'의 형태가 있고 빈칸 뒤에도 절의 형태가 있으므로 두 개의 절을 이어주는 접속사가 필요한 자리이다.
오답	(B) however (C) about (D) according to	✔ (B)의 however는 부사이며, (C)의 about과 (D)의 according to는 모두 전치사이므로 그 뒤에는 절의 형태가 올 수 없다. 따라서 이들은 모두 오답이다.
		✔ 접속사인 (A)가 정답이다.

해석

Allendale 씨의 제안이 가장 설득력이 있었기 때문에 Marquee 사는 광고 캠페인 기획자로 그를 선택했다.

(A) because   (B) however   (C) about   (D) according to

정답 (A)

어휘 **select** 선택하다, 선정하다 **publicity campaign** 홍보 활동 **proposal** 제안, 제의 **persuasive** 설득력이 있는 **according to** ~에 의하면

① **접속사의 위치 및 역할**

ⓐ **접속사** + 주어 + 동사, 주어 + 동사

ⓑ 주어 + 동사 + **접속사** + 주어 + 동사

→ 두 개의 절을 이어주는 역할을 한다.

→ 문장의 맨 처음에 위치하거나 절과 절 사이에 위치한다.

② **because: ~ 때문에 (= since, as, now that, in that)**

He received a promotion **because** he worked hard. 그는 열심히 일했기 때문에 승진했다.

→ 두 개의 절을 이어주는 접속사 because를 사용한다.

→ because라는 접속사는 두 절의 내용이 '원인 및 결과'의 관계에 있을 때 사용된다.

→ 앞의 절에서는 promotion(승진)이라는 일종의 결과가, 뒤의 절에서는 worked hard(열심히 일했다)라는 승진의 원인이 드러나 있다.

기출 변형 2 빈칸에 들어갈 가장 알맞은 보기를 고르시오.

------- rapidly shrinking components, computer companies are developing less expensive subnotebook computers.

(A) Because
(B) Due to
(C) Since
(D) Now that

정답 보기기

정답	(B) Due to	
오답	(A) Because (C) Since (D) Now that	✓ 접속사와 전치사를 구분하는 문제이다. ✓ 빈칸 뒤에 'rapidly shrinking components'라는 구가 이어지고 있기 때문에 접속사인 (A), (C), 그리고 (D)는 정답에서 제외된다. ✓ 구를 이끌 수 있는 전치사인 (B)가 정답이다.

빠르게 작아지고 있는 부품들 때문에, 컴퓨터 회사들은 덜 비싼 서브노트북 컴퓨터를 개발하고 있다.

(A) Because　　　(B) Due to　　　(C) Since　　　(D) Now that

정답 (B)

어휘　**rapidly** 빠르게　**shrink** 줄어들다, 작아지다　**component** 부품

이 정도는 알아야지!

인과 관계를 나타내는 전치사: due to, because of, owing to, on account of

Because of the recent advertising campaign, VIVA expects an increase in sales.

최근의 광고 때문에, VIVA 사는 판매의 증가를 기대한다.

→ because of라는 전치사 다음에 구의 형태가 나온다.

→ because of 다음에 'advertising campaign(광고)'이라는 일종의 원인이 나오고, 이어지는 절에서
'increase in sales(매출 증가)'라는 광고의 결과가 언급되었다.

기출 변형 3　빈칸에 들어갈 가장 알맞은 보기를 고르시오.

------- Mr. Ciello arrived late, he still managed to finish all of the assignments he had for the day.

(A) Because
(B) Due to
(C) For
(D) Although

정답 뽀개기

정답	(D) Although	✔ 적절한 접속사를 고르는 문제이다.
		✔ 빈칸 뒤에 절의 형태가 따라오고 있기 때문에 빈칸은 접속사가 필요한 자리이다.
오답	(A) Because (B) Due to (C) For	✔ 빈칸 뒤의 절에서 'arrived late'라는 부정적인 의미가 있고, 뒤에 따라오는 문장에서 'still managed(여전히 ~할 수 있었다)'라는 긍정적인 의미가 드러나 있다.
		✔ 두 절의 의미가 상반되는 경우에 사용할 수 있는 접속사인 (D)가 정답이다.

Ciello 씨는 늦게 도착했음에도 불구하고, 그는 그날의 모든 임무를 간신히 끝낼 수 있었다.

(A) Because   (B) Due to   (C) For   (D) Although

정답 (D)

어휘   **manage to** 간신히 ~하다   **assignment** 임무, 과제   **due to** ~ 때문에   **although** ~에도 불구하고

이 정도는 알아야지!

although: 비록 ~하지만 (= even though, though, even if)

Even though he worked hard, he still has a lot of work.

그가 열심히 일했음에도 불구하고, 그는 여전히 해야 할 일이 많다.

→ 앞에 나온 절에서 'worked hard'라는 긍정적인 의미가 드러나 있고, 뒤에 나온 절에서 'still has a lot of'라는
부정적인 의미가 드러나 있으므로 even though를 사용했다.

→ 일반적으로 although와 같이 양보의 의미를 나타내는 접속사들은 부사인 still과 상당히 자주 쓰인다.

기출 변형 4   빈칸에 들어갈 가장 알맞은 보기를 고르시오.

The Bay-Spanner Bridge is now considered a major success ------- negative public opinion
during its construction.

(A) because

(B) although

(C) due to

(D) despite

정답 쓰개기

정답	(D) despite	✓ 접속사와 전치사를 구분하는 문제이다.
오답	(A) because (B) although (C) due to	✓ 빈칸 앞에 절의 형태가 나오고 뒤에는 구의 형태가 나왔기 때문에 접속사인 (A)와 (B)는 오답이다. ✓ 빈칸 앞의 절에서 'major success'라는 긍정적인 의미의 표현이 나오고 빈칸 뒤에 'negative public opinion'이라는 부정적인 의미의 내용이 이어지고 있기 때문에 서로 상반되는 의미를 연결해 줄 수 있는 전치사인 (D)가 정답이다.

건설되는 동안 부정적인 대중들의 의견에도 불구하고 Bay-Spanner 대교는 현재 큰 성공으로 여겨진다.

(A) because   (B) although   (C) due to   (D) despite

정답 (D)

어휘   **consider** 여기다, 간주하다   **negative** 부정적인   **construction** 건설

이 정도는 알아야지!

① 양보의 의미를 나타내는 전치사: despite, in spite of

Despite his constant efforts, Mr. Donald did not get a job.

그의 계속된 노력에도 불구하고, Donald 씨는 일자리를 구하지 못했다.

→ despite라는 전치사가 구를 이끌고 있다.

→ 전치사가 이끄는 구에 'constant efforts'라는 긍정적인 의미의 단어가 사용되었고, 뒤에 나온 절에서는 'not get a job'이라는 부정적인 표현이 사용되었다.

② 기간의 의미를 나타내는 전치사: during, for

During the movie, people should refrain from using their mobile phones.

영화 상영 중에, 사람들은 휴대폰을 사용해서는 안 된다.

→ during이라는 전치사를 활용하여 '~ 동안'이라는 의미를 나타낸다.

→ 전치사 for 뒤에는 'for 5 years', 'for 2 hours'와 같이 숫자로 이루어진 기간이 나오지만, during 다음에는 'during office hours', 'during lunchtime', 'during the 1800s'와 같이 특정 기간이나 시점을 나타내는 단어들이 이어진다.

기출 변형 5   빈칸에 들어갈 가장 알맞은 보기를 고르시오.

------- recording meeting notes, report only the important information and omit incidental details.

(A) When

(B) However

(C) Despite

(D) Although

정답	(A) When	
		✓ 적절한 접속사를 고르는 문제이다.
		✓ 빈칸 뒤에 '동사-ing' 형태가 나왔고, 콤마 뒤에는 절의 형태가 따라오고 있다.
		✓ 접속사 뒤에 오는 절의 주어가 주절의 주어와 같으면 이를 생략한 다음 '동사-ing' 혹은 'p.p.'의 형태로 사용할 수 있다.
오답	(B) However (C) Despite (D) Although	✓ (C)의 전치사 despite 다음에 명사가 나올 수 있지만, recording과 그 뒤에 나온 절의 report라는 단어들이 서로 상반되는 의미를 나타내지 않으므로 (C)는 정답에서 제외된다.
		✓ (B)의 however는 부사이기 때문에 정답이 될 수 없고, 접속사인 (D)의 although 는 주어진 문장과 의미상 어울리지 않으므로 이 역시 오답이다.
		✓ 따라서 (A)가 정답이다.

해석

회의 내용을 기록할 때에는 중요한 정보만 기재하고 부수적인 사항들은 생략해야 한다.

(A) When   (B) However   (C) Despite   (D) Although

정답 (A)

어휘   **note** 메모   **report** 보도하다   **omit** 빠뜨리다, 누락하다   **incidental** 부수적인   **record** 녹음[녹화]하다, 기록하다

이 정도는 알아야지!

when과 while

when (~할 때) while (~하는 동안)	+	주어 + 동사 주어 + 동사ing + 목적어(명사) 주어 + be동사 + p.p + 목적어(명사) 주어 + be동사 + 전치사 + 명사

When faced with difficulty, please contact the general manager.
어려움에 직면하면, 총지배인에게 연락하세요.

→ when 다음에 주어와 be동사가 생략되어 p.p. 형태만 남아 있는 상태이다.

→ 'when + 동사-ing' 다음에는 목적어인 명사가 필요하다.

→ 수동태 형식에서 비롯된 'when + p.p.' 다음에는 목적어인 명사가 불필요하다.

You should fasten your seatbelt **while** in a car. 차에 있는 동안 당신은 안전벨트를 매야 한다.

→ while 다음에 주어와 be동사가 생략되고 '전치사 + 명사'의 형태만 남아 있다.

→ 원래 형태인 'while you are in a car'에서 '주어 + be동사', 즉 'you are'가 생략되었다.

 빈칸에 들어갈 가장 알맞은 보기를 고르시오.

------- carefully reviewing a large number of résumés, we are pleased to offer you a job.

(A) Beforehand
(B) Despite
(C) After
(D) Afterward

⚡ 정답 뽀개기

정답	(C) After	✔ 접속사와 전치사를 구분하는 문제이다.
		✔ 빈칸의 뒤에 구의 형태가 나오고 있기 때문에 무조건 전치사가 필요한 자리이다.
	(A) Beforehand	✔ 보기에서 전치사가 아닌 (A)와 (D)는 정답에서 제외된다.
오답	(B) Despite	✔ 전치사인 (B)의 despite의 경우, 빈칸 바로 뒤의 review와 콤마 뒤의 절에 있는 pleased의 의미가 상반되지 않기 때문에 (B) 또한 오답이다.
	(D) Afterward	✔ 따라서 접속사와 전치사로 모두 사용될 수 있는 (C)가 정답이다.

해석

많은 수의 이력서를 신중하게 검토한 후, 우리는 귀하께 일자리를 제안하게 되어 기쁩니다.

(A) Beforehand　　　(B) Despite　　　(C) After　　　(D) Afterward

정답 (C)

어휘　**be pleased to** ~해서 기쁘다　**beforehand** 사전에, 미리　**afterward** 후에, 나중에

이 정도는 알아야지!

before와 after: 접속사와 전치사로 모두 사용 가능

after (~한 후에) before (~하기 전에)	+	주어 + 동사 (접속사로서 절의 형태를 취함) 동사-ing (전치사로서 동명사(동사-ing)를 취함) 명사 (전치사로서 명사를 취함)

The treatment room will be set up **before** she gets here.　그녀가 도착하기 전에 치료실이 준비될 것이다.

→ before라는 접속사를 사용하여 '주어 + 동사' 형태의 절을 이끌고 있다.

His manager is unable to return **before** March 31.　그의 관리자는 3월 31일 이전에는 복귀할 수 없다.

→ before라는 전치사를 사용하여 시간을 나타내는 명사를 목적어로 취했다.

기출 변형 7

빈칸에 들어갈 가장 알맞은 보기를 고르시오.

The product will be launched worldwide ------- we reduce manufacturing costs.

(A) as soon as
(B) owing to
(C) although
(D) because

⚡ 정답 뽀개기

정답	(A) as soon as	✔ 적절한 접속사를 고르는 문제이다.
오답	(B) owing to (C) although (D) because	✔ 빈칸 앞과 뒤에 절의 형태가 나오고 있으므로 전치사인 (B)는 정답에서 제외된다. ✔ 빈칸 앞에 있는 절의 시제는 미래이며 빈칸 뒤에 오는 절의 시제는 현재이기 때문에 (A)가 정답이다.

해석

그 제품은 우리가 제조 원가를 낮춤과 동시에 전세계에 출시될 것이다.

(A) as soon as　　　(B) owing to　　　(C) although　　　(D) because

정답 (A)

어휘　**launch** 출시하다　**worldwide** 전세계에　**reduce** 낮추다　**owing to** ~ 때문에

이 정도는 알아야지!

❶ as soon as: ~하자마자 곧

As soon as I get the document, I will send it to you.　서류를 받자마자, 나는 그것을 당신에게 보낼 것이다.

→ 시간을 나타내는 접속사 'as soon as' 뒤에 get이라는 현재시제가 사용되었고 뒤에 오는 절에서는 'will send'라는 미래시제가 사용되었다.

→ 시간이나 조건을 나타내는 접속사의 뒤에는 미래시제 대신에 현재시제를 사용한다.

cf. '~하자마자'라는 의미를 나타내는 전치사 upon

Upon entering the building, please call Mr. Watson.　건물에 들어서자마자, Watson 씨에게 전화하세요.

→ upon이라는 전치사 뒤에 동명사인 entering을 사용하여 '들어서자마자 곧'이라는 의미를 나타낸다.

Upon request, this document will be given to your manager.
요청이 있으면, 이 문서는 당신의 관리자에게 보내질 것이다.

→ upon이라는 전치사 뒤에 request라는 명사를 사용하여 '요청이 있으면', '요청에 의해'라는 의미를 나타낸다.

❷ 시간을 나타내는 접속사: when, while, before, after, until, as soon as 등

❸ 조건을 나타내는 접속사: if, once(일단 ~하면), as long as(~하는 조건 하에),
in case(만일의 경우에 대비하여) 등

기출 변형 8 빈칸에 들어갈 가장 알맞은 보기를 고르시오.

The designer is rearranging the office layout ------- all the departments can have their own conference room.

(A) because of
(B) so that
(C) although
(D) when

⚡ 정답 찾아가기

정답	(B) so that	✔ 적절한 접속사를 고르는 문제이다.
오답	(A) because of (C) although (D) when	✔ 빈칸 뒤에 '주어 + can + 동사원형'의 형태가 나왔다. ✔ 접속사 중에서 can이라는 조동사와 함께 사용되어 '~할 수 있게 하기 위해서'라는 의미를 나타낼 수 있는 (B)가 정답이다.

해석

모든 부서에 자체적인 회의실이 갖춰질 수 있도록 디자이너가 사무실 배치를 다시 조정하고 있다.

(A) because of   (B) so that   (C) although   (D) when

정답 (B)

어휘 **rearrange** 재배열하다, 재조정하다 **layout** 배치 **conference room** 회의실

① **so that + 주어 + can + 동사원형: ~할 수 있게 하기 위해서**

The ABC Hotel's free shuttle bus runs **so that** guests **can** easily go to the airport.

손님들이 쉽게 공항에 갈 수 있도록 하기 위해서 ABC 호텔의 무료 셔틀버스가 운행된다.

→ so that이라는 접속사 뒤에 '주어 + can + 동사원형'의 형태가 사용된다.

→ so that 다음에 조동사 can이 사용되는 것이 일반적이지만, can이 반드시 필요한 것은 아니다.

① **in order that + 주어 + 동사원형: ~하기 위해서**

In order that we avoid unnecessary charges, it is better to register in advance.

우리가 불필요한 요금을 피하기 위해서, 미리 등록하는 것이 더 좋다.

→ 'in order that'이라는 접속사 다음에 절의 형태가 이어지고 있다.

→ 'in order that'이 이끄는 절에서는 일반적으로 동사원형이 사용된다.

기출 변형 9 빈칸에 들어갈 가장 알맞은 보기를 고르시오.

------- receive the correct uniforms, employees should indicate their sizes on the attached information form.

(A) In order to
(B) So that
(C) However
(D) Because

⚡ **정답 뽑아내기**

정답	(A) In order to	✔ 접속사와 전치사를 구분하는 문제이다.
오답	(B) So that (C) However (D) Because	✔ 빈칸 뒤에 receive라는 동사원형이 나왔기 때문에 빈칸은 접속사 자리가 아니다. 따라서 접속사인 (B)와 (D)는 정답에서 제외된다. ✔ 접속부사인 (C) 역시 오답이다. ✔ 동사원형 앞에 사용할 수 있는 (A)가 정답이다.

크기가 맞는 유니폼을 받기 위해서, 직원들은 첨부된 양식에 자신들의 치수를 표시해야 한다.

(A) In order to　　　(B) So that　　　(C) However　　　(D) Because

정답 (A)

어휘　indicate 표시하다　attached 첨부된　in order to ~하기 위해서

이 정도는 알아야지!

❶ in order to + 동사원형: ~하기 위해서

In order to receive a free gift, you need to attend at least one seminar.
무료 선물을 받기 위해서, 당신은 최소한 하나의 세미나에 참석해야 한다.

→ 'in order to' 다음에는 무조건 동사원형을 사용한다.

❷ so as to + 동사원형: ~하기 위해서

You should hurry **so as not to miss** your flight.　비행기를 놓치지 않으려면 당신은 서둘러야 한다.

→ so as to 다음에도 동사원형을 사용한다.

→ to 바로 앞에 not을 붙여서 '~하지 않기 위해서'라는 의미를 나타낼 수도 있다.

기출 변형 10　빈칸에 들어갈 가장 알맞은 보기를 고르시오.

------- the shipment from Breeze Furniture arrives, we will move some current inventory to make room for the new products.

(A) Since

(B) Earlier

(C) Once

(D) Despite

정답	(C) Once	✔ 접속사와 전치사를 구분하는 문제이다.
		✔ 빈칸 뒤에 '주어 + 동사' 형태의 절이 나왔으므로 빈칸은 무조건 접속사가 필요한 자리이다.
오답	(A) Since (B) Earlier (D) Despite	✔ 부사인 (B)와 전치사인 (D)는 정답에서 제외된다.
		✔ (A)의 since라는 접속사는 '~ 때문에', 혹은 '~ 이후로'라는 의미를 나타낸다.
		✔ (C)의 once(일단 ~하면)라는 접속사는 조건을 나타내는 대표적인 접속사이다.
		✔ 빈칸 뒤에 나오는 절의 시제는 arrive로 현재이며 콤마 뒤에 나오는 절의 시제는 will move로 미래이므로 (C)가 정답이다.

해석

Breeze 가구의 선적물이 도착하면 새 제품들을 위한 공간을 마련하기 위해 현재의 재고품들을 옮길 것이다.

(A) Since   (B) Earlier   **(C) Once**   (D) Despite

정답 (C)

어휘   **shipment** 수송(품)   **current** 현재의   **inventory** 재고   **make room for** ~을 위한 공간을 마련하다

이 정도는 알아야지!

once의 다양한 쓰임

❶ 접속사로서의 once

once (접속사)	+	주어 + 현재동사, 주어 + will + 동사원형 p.p., 주어 + will + 동사원형

Once we receive your application, you will be notified of the interview date.
우리가 당신의 지원서를 받으면, 당신은 인터뷰 날짜를 통지 받게 될 것이다.

→ once가 이끄는 부사절에는 receive라는 현재시제를 사용하고, 뒤의 주절에는 'will be notified'라는 미래시제를 사용한다.

cf. once가 이끄는 부사절에서 현재완료시제를 사용할 경우, 주절에서 will이나 can 등의 조동사를 사용할 수 있다.

❷ 부사로서의 once

ⓐ '한 번'

Mr. Farquad has been to Rome once. Farquad 씨는 로마에 한 번 가 본 적이 있다.

→ 여기서의 once는 부사로서 '한 번'이라는 의미를 나타낸다.

→ 보통 현재완료와 같이 사용되는 경우 문장의 맨 마지막에 위치한다.

The *Marble Industry Journal* is printed **once** a month.
*Marble Industry Journal*은 한 달에 한 번 발행된다.

→ 'a month'라는 시간을 나타내는 표현과 어울려 '한 달에 한 번'이라는 의미를 나타낸다.

❻ '(과거의) 한 때'

Ms. Lane, **once** a singer, is now a teacher. 한 때 가수였던 Lane 씨는 현재 교사이다.

→ once라는 부사를 사용하여 '(과거의) 한 때 가수였다'는 의미를 나타낸다.

→ 과거 혹은 현재시제 모두 사용 가능하다.

❸ at once: 즉시

We will give you a call **at once**. 우리는 즉시 당신에게 연락할 것이다.

→ 문장의 맨 마지막에 'at once'를 사용하여 '즉시'라는 의미를 나타낸다.

기출 변형 11 빈칸에 들어갈 가장 알맞은 보기를 고르시오.

The romantic river cruise will be offered every Friday ------- the weather remains favorable.

(A) in case of
(B) as
(C) although
(D) as long as

정답 밝혀기

정답	(D) as long as	✓ 적절한 접속사를 고르는 문제이다.
오답	(A) in case of (B) as (C) although	✓ 빈칸 뒤에 절의 형태가 있으므로 접속사가 필요한 자리이다.
		✓ 전치사인 (A)는 정답에서 제외된다.
		✓ 빈칸 뒤에 따라오는 절이 remains, 즉 현재시제를 나타내고 있고 빈칸 앞에 'will be offered'라는 미래시제가 사용되고 있으므로 조건의 의미를 나타내는 접속사인 (D)가 정답이다.

낭만적인 리버크루즈 여행은 날씨가 좋을 경우 매주 금요일마다 이용할 수 있다.

(A) in case of　　　(B) as　　　(C) although　　　(D) as long as

정답 (D)

어휘　**romantic** 낭만적인, 로맨틱한　**cruise** 유람선 여행　**favorable** 우호적인

이 정도는 알아야지!

as long as: ~하는 한, ~의 조건 하에

> as long as + 주어 + 현재시제 동사, 주어 + will/can + 동사원형

As long as you **arrive** at 6 A.M., I **will go** with you.
당신이 오전 6시까지 도착하는 한, 나는 당신과 함께 갈 것이다.

→ 조건을 나타내는 부사절에서의 시제 활용에 유의한다.

→ 위와 같이 '~하는 한'이라는 의미로 사용될 때, 'so long as'로 바꿔서 사용 가능하다.

cf 1. '~하는 조건으로', '~한다면'이라는 의미를 나타내는 표현

on the condition that + 주어 + 동사 (= on the condition of + 명사)
in the event that + 주어 + 동사 (= in the event of + 명사)

as far as + 주어 + 동사	assuming (that) + 주어 + 동사
providing (that) + 주어 + 동사	provided (that) + 주어 + 동사

cf 2. '~을 고려해 볼 때'라는 의미를 나타내는 표현

given that + 주어 + 동사, 주어 + 동사 (= given + 명사, 주어 + 동사)
considering that + 주어 + 동사, 주어 + 동사 (= considering + 명사, 주어 + 동사)

기출 변형 12 빈칸에 들어갈 가장 알맞은 보기를 고르시오.

------- it snows, the outdoor dining area will be closed.

(A) Therefore
(B) In case
(C) In the event of
(D) by

정답	(B) In case	✔ 적절한 접속사를 고르는 문제이다.
		✔ 빈칸 뒤에 절의 형태가 따라오기 때문에 접속사가 필요한 자리이다.
오답	(A) Therefore (C) In the event of (D) by	✔ 보기에서 (A)는 부사이며, (C)와 (D)는 전치사이기 때문에 정답에서 제외된다. ✔ 접속사인 (B)가 정답이다.

해석

눈이 내리는 경우, 야외 식사 구역은 폐쇄될 것이다.

(A) Therefore   (B) In case   (C) In the event of   (D) by

정답 (B)

어휘   **outdoor** 야외의   **dining area** 식사 구역

🔆 **이 정도는 알아야지!**

① in case의 쓰임

ⓐ in case + 주어 + 동사, 주어 + 동사: ~을 대비하여

In case a letter arrives, you should stay at home.   편지가 도착할 때에 대비하여, 당신은 집에 있어야 한다.

→ 조건절을 이끌기 때문에 'in case'가 이끄는 절에는 현재시제를, 주절에는 will/can/should 와 같은 조동사를 사용하여 미래시제를 나타낸다

ⓑ in case of + 명사: ~을 대비하여, ~의 경우에

In case of fire, please evacuate the building.   화재가 날 경우, 건물에서 대피하세요.

→ 'in case of' 다음에는 명사가 온다.

ⓒ just in case: 만일의 경우에 대비하여

You should take your belongings with you **just in case**.
만일의 경우에 대비하여 당신은 소지품을 꼭 챙겨야 한다.

→ 'just in case'는 부사구로서 보통 문장의 맨 뒤에 위치한다.

② 접속부사의 사용 (접속사가 아닌 부사)

therefore 그러므로	however 그러나	nevertheless 그럼에도 불구하고
otherwise 그렇지 않으면	likewise 비슷하게	on the contrary 반대로
on the other hand 이와는 반대로	then 그리고 나서, 그때	thus 따라서
in addition 게다가	besides 게다가	nonetheless 그럼에도 불구하고
notwithstanding 젠 그럼에도 불구하고 │ 부 그래도		

기출 변형 13 빈칸에 들어갈 가장 알맞은 보기를 고르시오.

The temporary position you applied for begins in March and lasts ------- late May.

(A) for
(B) on
(C) by
(D) until

⚡ 정답 보개기

정답	(D) until	
오답	(A) for (B) on (C) by	✔ 적절한 전치사 고르는 문제이다. ✔ 빈칸 뒤에 시간 및 시점을 나타내는 'late May'라는 표현이 나오고 빈칸 앞에는 '지속하다'라는 의미의 동사인 lasts가 있다. ✔ '~까지 지속하다'라는 의미를 완성시킬 수 있는 (D)가 정답이다.

해석

당신이 지원한 임시직은 3월에 시작해서 5월 말까지 계속된다.

(A) for   (B) on   (C) by   (D) until

정답 (D)

어휘 **temporary** 일시적인 **apply for** ~에 지원하다 **last** 지속되다

이 정도는 알아야지!

주의해야 할 전치사의 쓰임

❶ until

until + 명사, 주어 + 동사 (= until + 주어 + 동사, 주어 + 동사): ~까지

Until further notice, all employees should stay at home.
추후 공지가 있을 때까지, 모든 직원들은 집에 있어야 한다.

→ 기간을 나타내는 단어 앞에 until이라는 전치사를 사용하여 '~까지'라는 의미를 나타낸다.

→ until은 접속사로도 사용될 수 있다.

→ '지속'의 의미로 '~까지'라는 뜻을 나타내기 때문에, 보통 'last, continue, remain, stay, be postponed, be delayed' 등의 표현들과 함께 사용된다.

❷ by

ⓐ by + 시간을 나타내는 명사: ~까지 → **by** tomorrow 내일 까지

ⓑ by + 장소를 나타내는 명사: ~ 옆에 → **by** the building 빌딩 옆에

ⓒ by + 동사-ing: ~하는 방법으로 → **by** relocating 이전하는 방법으로

ⓓ by + 교통수단: ~을 타고 → **by** bus 버스를 타고

ⓔ by + 명사: ~로써(연락의 방법. 수단) → **by** e-mail 이메일로

❸ for

ⓐ '~의 기간 동안'

She has been working here **for** 10 years. 그녀는 이곳에서 10년 동안 근무해 오고 있다.

ⓑ '~을 위해'

This seat has been reserved **for** our president. 이 좌석은 우리 회장님을 위해 예약되었다.

→ 어떤 사람이나 사물을 위해, 혹은 어떠한 목적을 위해서 무언가가 행해졌다는 점을 나타낸다.

❹ in, on, at

ⓐ in + 달, 연도 → **in** March 3월까지, **in** 2021 2021년도에

ⓑ on + 하루의 시간 → **on** Monday 월요일에, **on** December 24 12월 24일에

ⓒ at + 시각 → **at** 11 11시에

기출 변형 14 빈칸에 들어갈 가장 알맞은 보기를 고르시오.

We cannot begin the repair work ------- the written estimate has been approved.

(A) as

(B) until

(C) otherwise

(D) in spite of

정답	(B) until

✔ 적절한 접속사를 고르는 문제이다.

✔ 빈칸 뒤에 절의 형태가 나왔기 때문에 접속사가 필요한 자리이다.

오답	(A) as (C) otherwise (D) in spite of

✔ (C)는 부사이고 (D)는 전치사이기 때문에 정답에서 제외된다.

✔ (A)의 as는 접속사이지만 의미상 주어진 문장과 어울리지 않으므로 정답이 될 수 없다.

✔ '~까지'라는 의미의 접속사인 (B)의 until이 정답이다.

해석

견적서를 승인 받을 때까지 수리 작업을 시작할 수가 없다.

(A) as (B) until (C) otherwise (D) in spite of

정답 (B)

어휘 **repair work** 수리 작업 **written estimate** 견적서 **approve** 승인하다

이 정도는 알아야지!

as의 용법

① as + 주어 + 동사, 주어 + 동사: ~ 때문에 (접속사)

As she went to London, she cannot attend the meeting.

그녀가 런던으로 갔기 때문에, 그녀는 회의에 참석할 수 없다.

→ as라는 접속사를 활용하여 '~ 때문에'라는 의미를 나타낸다.

② as + p.p., 주어 + 동사: ~한 대로 (접속사)

As discussed, we will begin our campaign tomorrow. 논의한 대로 우리는 내일 캠페인을 시작할 것이다.

→ as와 p.p. 사이에 '주어 + be동사'가 생략되어 p.p. 다음에는 목적어인 명사가 나오지 않았다.

→ 일반적으로 'as promised, as expected, as discussed' 등과 같이 관용적인 표현으로 사용된다.

③ as + 명사, 주어 + 동사: ~로서 (전치사)

As a manager, I have worked for several years. 관리자로서, 나는 여러 해 동안 근무해 왔다.

→ 직위 및 직책을 나타내는 단어, 혹은 'proof of, means of, part of' 등과 같은 표현과 같이 사용되어 '~로서'라는 의미를 나타낸다.

The instructors at the evening executive leadership seminar share tips, industry knowledge,
------- time-management skills with the more mature nontraditional students.

(A) and

(B) because

(C) then

(D) as

⚡ 정답 뽀개기

정답	(A) and	✔ 적절한 품사를 고르는 문제이다.
		✔ 빈칸 뒤에 명사의 형태가 나왔으므로 접속사인 (B)는 정답에서 제외된다.
		✔ (C)는 부사이기 때문에 뒤에 명사가 올 수 없어서 이 또한 정답에서 제외된다.
오답	(B) because (C) then (D) as	✔ (D)의 **as**는 전치사로 사용이 가능하지만, 뒤에 직책, 직위 따위를 의미하는 단어가 없기 때문에 이 역시 오답이다.
		✔ 빈칸 앞에 'industry knowledge'가 나오고 빈칸 뒤에도 'time-management skills'라는 표현이 있기 때문에 동일한 품사를 연결할 수 있는 등위접속사인 (A)의 and가 정답이다.

해석

저녁에 열리는 중역 경영자 세미나의 강사들은 팁, 산업 지식, 그리고 시간 관리법을 나이가 많은 성인 학생들과 공유한다.

(A) **and**　　(B) because　　(C) then　　(D) as

정답 (A)

어휘 **instructor** 강사　**share A with B** A를 B와 공유하다　**knowledge** 지식　**time-management skill** 시간 관리 능력　**mature** 성숙한
nontraditional student 성인 대학생, 성인 대학원생

이 정도는 알아야지!

등위접속사 and, but (= yet), or, than

She submitted her cover letter **and** résumé. 그녀는 그녀의 자기소개서와 이력서를 제출했다.

→ and라는 등위접속사를 활용해서 두 개의 품사를 연결했다.

She impressed the interviewers **but** was not hired. 그녀는 면접관들에게 깊은 인상을 남겼지만 고용되지 않았다.

→ but이라는 등위접속사를 활용하여 두 개의 절을 연결했다.

→ 이때 등위접속사가 이끄는 절의 주어가 앞에 나온 절의 주어와 같은 경우 생략이 가능하다.
(원래 문장은 **She** impressed the interviewers, **but she** was not hired이다.)

cf. 등위접속사와 부사의 구별

And she applied for another position. 그리고 그녀는 다른 직책에 지원했다.

→ and가 문장의 맨 앞에서 부사로 사용되었다.

→ 절과 절 사이에 있을 때는 접속사, 문장의 맨 앞에서 사용될 때는 부사이다.

rather than: ~보다는 오히려

I prefer coffee **rather than** milk. 나는 우유보다 커피를 더 좋아한다.

→ rather than이 등위접속사처럼 사용되었다.

→ rather than 앞에 명사인 coffee가 나오고 그 뒤에도 명사인 milk가 나왔다.

cf. rather than에 의해 연결되는 대상은 품사가 동일해야 하기 때문에 rather than 앞의 단어가 분사 형태면 뒤에도
분사의 형태가, 앞의 단어가 to부정사 형태면 그 뒤에도 to부정사 형태가 이어져야 한다.

기출 변형 16 빈칸에 들어갈 가장 알맞은 보기를 고르시오.

Neither the chairman of the board ------- the company president will be attending this year's
stockholders' meeting.

(A) or
(B) nor
(C) yet
(D) but

⚡ **정답 벗기기**

정답	(B) nor	
오답	(A) or (C) yet (D) but	✔ 적절한 접속사를 고르는 문제이다. ✔ 빈칸 맨 앞의 neither라는 단어에 유의하면 'neither A nor B'라는 상관접속사 를 완성시키는 (B)가 정답이다.

위원회 의장과 회사의 사장 둘 다 올해의 주주총회에 참석하지 않을 것이다.

(A) or   (B) nor   (C) yet   (D) but

정답 (B)

어휘 **stockholders' meeting** 주주총회

이 정도는 알아야지!

상관접속사

ⓐ both A and B: A와 B 둘 다

ⓑ either A or B: A와 B 둘 중 하나

ⓒ neither A nor B: A와 B 둘 다 아닌

ⓓ not only A but (also) B: A뿐만 아니라 B도 역시 (= B as well as A)

Most aircraft mechanics focus **not only** on repairs **but also** on preventive measures.
대부분의 항공정비사들은 수리뿐만 아니라 예방 조치에도 노력을 집중한다.

→ not only와 but also에 의해 연결되는 대상은 그 형태가 동일해야 한다.

→ but also의 also는 생략 가능하며, but은 등위접속사이기 때문에 뒤에 명사나 절이 올 수 있다.

ⓔ not A but B: A가 아니라 B

기출 변형 17 빈칸에 들어갈 가장 알맞은 보기를 고르시오.

Customers who are unhappy with a purchase may return it to any Hallstead's store ------- it is opened or unopened.

(A) either
(B) whether
(C) unless
(D) besides

정답	(B) whether

✔ 적절한 접속사를 고르는 문제이다.

✔ 빈칸 뒤에 절의 형태가 나오기 때문에 빈칸은 접속사가 필요한 자리이다.

오답	(A) either
	(C) unless
	(D) besides

✔ 전치사인 (D)의 besides는 정답에서 제외된다.

✔ (A)의 either 뒤에는 절이 이어질 수 없기 때문에 이 역시 오답이다.

✔ 빈칸 뒤의 or와 함께 사용 가능한 (B)가 정답이다.

해석

구매한 상품에 만족하지 못하는 고객들은 그것을 개봉했든 하지 않았든 Hallstead's 상점에 반품하면 된다.

(A) either   (B) whether   (C) unless   (D) besides

정답 (B)

어휘 **customer** 고객   **purchase** 구매한 물품

이 정도는 알아야지!

❶ whether의 쓰임

ⓐ whether + 주어 + 동사, 주어 + 동사

Whether we are successful or not, we will have to keep working hard.

우리가 성공하든 하지 못하든, 우리는 계속해서 열심히 일해야 한다.

→ whether라는 접속사를 사용하여 '~인지 아닌지' 혹은 '~이든 아니든'이라는 의미를 나타낸다.

ⓑ whether to

Mr. Rimaldi is uncertain about **whether to** accept the offer.

Rimaldi 씨는 제안을 받아들일지 않을지에 대해 확신하지 못한다.

→ whether 다음에 to부정사를 취한 형태로 명사구를 이끄는 역할을 한다.

ⓒ 주어 + 동사 + whether + 주어 + 동사

We have to discuss **whether** we need to hire more employees.

우리는 더 많은 직원들을 고용할 필요가 있는지에 대해 논의해야 한다.

→ discuss라는 동사의 목적어인 명사절을 이끄는 역할을 한다.

❷ 명사절의 정의

주어, 목적어, 보어의 역할을 하는 절을 명사절이라고 한다.

That Olivia is beautiful is true. Olivia가 아름답다는 것은 사실이다. (명사절 → 주어 역할)

I know **that Olivia is beautiful**. 나는 Olivia가 아름답다는 것을 안다. (명사절 → 목적어 역할)

The best way is **that Olivia goes to London**. 가장 좋은 방법은 Olivia가 런던으로 가는 것이다.

(명사절 → 보어 역할)

We ask ------- you dispose of all food and beverages when entering the computer lab.

(A) so
(B) that
(C) what
(D) unless

정답 발견하기

정답	(B) that	✔ 적절한 품사를 고르는 문제이다.
		✔ 빈칸 앞에 **ask**라는 동사가 있기 때문에 목적어 역할을 할 수 있는 명사가 필요한 자리이다.
오답	(A) so (C) what (D) unless	✔ 빈칸 뒤에 절의 형태가 나오고 있으므로 명사의 역할을 하는 절, 즉 명사절을 이끌 수 있는 접속사가 필요한 자리이다. ✔ (A)와 (D)는 접속사로서 두 개의 완전한 절을 연결해 주지만, 빈칸 앞에 **ask**의 목적어가 보이지 않으므로 빈칸 앞부분은 완전한 절의 형태가 아니다. 따라서 (D)는 정답에서 제외된다. ✔ 따라서 **ask**의 목적어, 즉 명사절을 완성시킬 수 있는 (B)가 정답이다.

해석

우리는 당신이 컴퓨터실에 들어올 때 모든 음식과 음료를 버릴 것을 요청한다.

(A) so   **(B) that**   (C) what   (D) unless

정답 (B)

어휘 **dispose** 버리다 **beverage** 음료

이 정도는 알아야지!

명사절의 종류 및 특징

❶ that + 완전한 절의 형태

I know **that** she will buy a new house. 나는 그녀가 새로운 집을 구매할 것이라는 사실을 알고 있다.

→ 동사 know의 목적어로서 that절이 나왔다.

→ that 다음에 완전한 절의 형태, 즉 '주어 + 동사 + 목적어'가 나왔다.

② **what + 불완전한 절의 형태**

What I know is not important. 내가 아는 것은 중요하지 않다.

→ what I know가 주어 역할을 하고 있으며, what 다음에 불완전한 절의 형태인 I know가 나왔다.
  (know 뒤에 목적어가 없기 때문에 불완전한 절이다.)

③ **who + 불완전한 절의 형태**

I know **who** she is. 나는 그녀가 누구인지 안다.

→ 동사 know의 목적어로서 who she is라는 명사절이 사용되었다.

→ who 다음에 불완전한 절의 형태가 나왔다.

④ **why/how/where + 완전한 절의 형태**

ⓐ why

I know **why** she left Paris. 나는 그녀가 파리로 떠난 이유를 알고 있다.

→ 동사 know의 목적어로서 why가 이끄는 완전한 형태의 절이 나왔다.

ⓑ how

We need to assess **how** effectively the seminar has been organized.
우리는 세미나가 효율적으로 준비되고 있는지 평가해야 한다.

→ 동사 assess의 목적어로서 how가 이끄는 완전한 형태의 절이 나왔다.

→ how 다음에 형용사 혹은 부사를 사용할 수도 있다. (참고로 'how + 형용사' 형태의 절이 오려면 동사는
  be동사와 같은 2형식 동사가 사용되어야 한다.)

ⓒ where

I can find **where** the document is. 나는 서류가 어디에 있는지 찾을 수 있다.

→ 동사 find의 목적어로서 where가 이끄는 완전한 형태의 절이 나왔다.

→ where 다음에는 완전한 절이 오는 것이 일반적이지만, 위의 예문처럼 불완전한 절이 올 수도 있다.
  (다만 불완전한 절의 형태가 오려면 무조건 be동사가 있어야 한다.)

cf. which가 이끄는 명사절

We will decide **which** employee needs to be given an award.
우리는 어떤 직원이 상을 받아야 하는지를 결정할 것이다.

→ 동사 decide의 목적어로서 which가 이끄는 명사절이 사용되었다.

→ which가 이끄는 명사절은 보통 decide, select, discuss, choose, determine 등의 동사 뒤에 위치한다.

→ whose도 비슷한 조건으로 사용될 수 있다.

관계사는 토익에서 상당히 자주 출제되는 중요한 품사이다. 관계사 자체가 어렵게 느껴질 수도 있겠지만, 각 관계사들의 의미와 형태를 정확히 알아두면 비교적 쉽게 정답을 맞출 수 있는 문제들이 주로 출제된다.

기출 변형 1

빈칸에 들어갈 가장 알맞은 보기를 고르시오.

Everyone ------- has trouble with an office computer should immediately contact the IT Department.

(A) who
(B) which
(C) whom
(D) whose

정답

정답	(A) who	
		✔ 적절한 단어를 고르는 문제이다.
오답	(B) which	✔ 빈칸 앞에 everyone이라는 사람명사가 나오고 빈칸 뒤에는 has라는 동사가 나왔다.
	(C) whom	
	(D) whose	✔ 사람을 대신하여 주어로 사용 가능한 주격 관계대명사인 (A)가 정답이다.

해석

사무실 컴퓨터로 문제를 겪고 있는 모든 사람들은 즉시 IT 부서에 연락해야 한다.

(A) who　　(B) which　　(C) whom　　(D) whose

정답 (A)

어휘　have trouble with ~으로 문제를 겪다　immediately 즉시

1 관계대명사의 성립 조건

ⓐ 전체 문장 1개 + 동사 2개

ⓑ 명사 + 관계대명사

ⓒ 관계대명사 + 불완전한 절

2 관계대명사의 종류

	주격	목적격	소유격
사람명사	who	whom	whose
사물명사	which	which	whose

기출 변형 2

빈칸에 들어갈 가장 알맞은 보기를 고르시오.

Kristen and Marcus, artists ------- sculptures are currently on display at the Bastille Gallery, both graduated from McGaul College.

(A) who
(B) their
(C) they
(D) whose

정답 빨리찾기

정답 (D) whose

오답
(A) who
(B) their
(C) they

✔ 적절한 품사를 고르는 문제이다.

✔ 전체적으로 문장은 하나인데, 문장에 두 개의 동사, 즉 are와 graduated가 있기 때문에 빈칸은 무조건 관계사가 들어가야 하는 자리이다. 따라서 (B)와 (C)는 정답에서 제외된다.

✔ 빈칸 앞에 artists라는 사람명사가 있고, 뒤에는 sculptures라는 사물명사가 있다.

✔ 명사 앞에 사용 가능한, 관계대명사의 소유격인 (D)가 정답이다.

Kristen과 Marcus는, 현재 이들의 조각 작품들이 Bastille 미술관에서 전시 중인데, 둘 다 McGaul 대학을 졸업했다.

(A) who   (B) their   (C) they   **(D) whose**

정답 (D)

어휘 **sculpture** 조각 **currently** 현재 **on display** 전시 중인, 진열 중인 **both** 둘 다 **graduate from** ~을 졸업하다

이 정도는 알아야지!

관계대명사 whose

명사 + whose (소유격) + 명사

Mr. Kent, **whose** house is in London, wants to buy another house in Seoul.
Kent 씨는, 런던에 그의 집이 있는데, 서울에 또 다른 집을 하나 더 구매하고 싶어 한다.

→ whose라는 소유격 관계대명사는 앞에 나오는 명사가 사람인지 사물인지에 상관없이 뒤에 명사만 있으면 사용이 가능하다.

기출 변형 ③ 빈칸에 들어갈 가장 알맞은 보기를 고르시오.

New engineers ------- wish to attend the safety session must sign up before August 15.

(A) when

(B) what

(C) whom

(D) that

정답 뽀개기

정답	(D) that	✔ 적절한 관계사를 고르는 문제이다.
오답	(A) when (B) what (C) whom	✔ 빈칸 앞에 사람명사인 **engineers**가 나오고 그 뒤에 **wish**라는 동사가 나왔기 때문에 사람을 나타내는 주격 관계대명사인 **who**가 필요한 자리이다. ✔ 관계대명사 who를 대신하여 사용할 수 있는 (D)가 정답이다.

안전 교육에 참석하기를 원하는 신입 엔지니어들은 8월 15일 이전에 신청해야만 한다.

(A) when   (B) what   (C) whom   **(D) that**

정답 (D)

어휘 **attend** 참석하다 **session** 수업 **sign up** ~에 신청하다

이 정도는 알아야지!

관계대명사 that

사람명사/사물명사 + that (주격) + 동사
사람명사/사물명사 + that (목적격) + 주어 + 동사

I need the map **that** was included in the book. 나는 이 책에 포함된 지도가 필요하다.

→ map이라는 사물명사가 있고 뒤에 was라는 동사가 있으므로, 사물을 가리키는 주격 관계대명사인 that이 사용되었다.

cf 1. 전치사 + that(관계대명사) → 관계대명사 that은 절대로 전치사와 함께 사용될 수 없다.

cf 2. 사람명사/사물명사, that(관계대명사) → 관계대명사 that은 절대로 콤마와 함께 사용될 수 없다.

기출 변형 4   빈칸에 들어갈 가장 알맞은 보기를 고르시오.

The handbook for new employees explains ------- employees should know about the company's benefits program.

(A) which
(B) where
(C) how
(D) what

정답 뽀개기

정답	(D) what	✔ 적절한 관계사를 고르는 문제이다.
오답	(A) which (B) where (C) how	✔ 빈칸 앞에 **explains**라는 동사가 나오고 뒤에 불완전한 절의 형태가 이어지고 있으므로 (D)가 정답이다.

[어휘] **explain** 설명하다 **benefit** 혜택, 이익; 수당

이 정도는 알아야지!

관계대명사 what: 선행사를 포함한 관계대명사

명사 + what

I bought **the car which** I wanted. 나는 내가 원했던 차를 구매했다.

⇒ I bought **what** I wanted. 나는 내가 원했던 것을 구매했다.

→ 관계대명사 which 앞의 the car와 which가 합해져서 만들어진 것이 관계대명사 what이다.

→ 따라서 관계대명사 what 앞에는 명사가 올 수 없다.

기출 변형 5 빈칸에 들어갈 가장 알맞은 보기를 고르시오.

The new manager assures employees that the funds should be used for the purpose for ------- they are intended.

(A) which
(B) who
(C) what
(D) that

정답	(A) which	✓ 적절한 관계사를 고르는 문제이다.

✓ 적절한 관계사를 고르는 문제이다.

✓ 빈칸 앞에 전치사 for가 있기 때문에 전치사와 사용될 수 없는 관계사인 (D)의 that은 정답에서 제외된다.

오답 (B) who
(C) what
(D) that

✓ for라는 전치사 앞에 purpose라는 명사가 있기 때문에 (C)의 what 또한 오답이다.

✓ purpose가 사물명사이기 때문에 (A)가 정답이다.

해석

신임 매니저는 직원들에게 자금이 의도된 목적대로 사용되어야 한다는 점을 분명히 밝혔다.

(A) which　　(B) who　　(C) what　　(D) that

정답 (A)

어휘　**assure** 확신시키다, 보장하다　**fund** 자금　**purpose** 목적　**intend** 의도하다

이 정도는 알아야지!

전치사 + 관계대명사 + 완전한 형태의 절

We will change the rules **to which** we are already accustomed.

우리는 우리가 이미 익숙해져 있는 규칙들을 변경할 것이다.

→ 전치사 to 다음에 관계대명사 which를 사용했다.

→ 관계대명사 which 뒤에 완전한 형태의 절이 이어지고 있다.

cf. most of whom + 불완전한 형태의 절

There are 500 employees, **most of whom** attended the annual meeting.

500명의 직원들이 있는데, 그들의 대부분은 연례 회의에 참석했다.

→ most of 다음에 관계대명사인 whom이 사용되었다.

→ 콤마 앞에 employees라는 사람명사가 나왔고 전치사 of가 있으므로 사람에 대한 목적격 관계대명사인 whom을 사용했다.

→ 'most of whom' 다음에 완전한 절의 형태가 나오지 않은 이유는 'most of whom'이 '전치사 + 관계대명사'의 형태가 아닌 '부정대명사 + of + 관계대명사'의 형태이기 때문이다.

 빈칸에 들어갈 가장 알맞은 보기를 고르시오.

You are required to book a conference room ------- the annual meeting will be held.

(A) which
(B) where
(C) what
(D) in where

⚡ 정답 찾아가기

정답	(B) where

✔ 적절한 관계사를 고르는 문제이다.

✔ 빈칸 앞에 room이라는 사물명사가 나왔고 그 뒤에는 완전한 절의 형태가 이어지고 있다.

✔ 빈칸 뒤에 완전한 절의 형태가 있기 때문에 관계대명사인 (A)와 (C)는 정답에서 제외된다.

✔ (B)와 (D) 중 하나가 정답인데, 관계부사 where는 절대로 전치사와 어울릴 수 없으므로 (B)가 정답이다.

오답	(A) which
	(C) what
	(D) in where

해석

당신은 연례 회의가 열리는 회의실을 예약해야 한다.

(A) which   (B) where   (C) what   (D) in where

정답 (B)

어휘   **book** 예약하다   **annual** 1년의; 연례의

이 정도는 알아야지!

관계부사의 활용

① where: 장소명사 + where + 완전한 형태의 절

We will go to the hotel **where** there is plenty of parking space.
우리는 주차 공간이 충분한 호텔에 갈 것이다.

→ hotel이라는 장소를 나타내는 명사 뒤에 where라는 관계부사를 사용했다.

→ 관계부사 where 다음에 완전한 절의 형태가 이어지고 있다.

② when: 시간명사 + when + 완전한 형태의 절

I remember the time **when** we attended the same school.
나는 우리가 같은 학교에 다녔던 때를 기억한다.

→ time이라는 시간을 나타내는 명사 뒤에 when이라는 관계부사를 사용했다.

→ 관계부사 when 다음에 완전한 절의 형태가 이어지고 있다.

❸ how: how + 완전한 형태의 절

This is **how** we proceed with the order. 이것이 주문을 진행하는 방법이다.

→ 방법의 의미를 나타내는 관계부사인 how는 보통 선행사 the way와 함께 사용하지 않는다.

→ 'the way + 주어 + 동사' 혹은 'how + 주어 + 동사' 중 한 가지 형태로만 사용한다.

기출 변형 7 빈칸에 들어갈 가장 알맞은 보기를 고르시오.

------- sells the most televisions in the first quarter will be awarded a special bonus.

(A) Whatever

(B) That

(C) Whoever

(D) Someone

⚡ 정답 보기기

정답	(C) Whoever	✔ 적절한 관계사를 고르는 문제이다.
		✔ 빈칸은 주어 역할을 하는 품사를 필요로 하는 자리이다.
		✔ 문장은 하나인데 동사가 두 개, 즉 sells와 'will be awarded'가 있으므로 빈칸은 관계사가 필요한 자리이다. 따라서 (D)는 정답에서 제외된다.
오답	(A) Whatever (B) That (D) Someone	✔ (B)의 that은 관계대명사로 사용 가능하지만, 앞에 명사가 없기 때문에 사용할 수 없다. 또한 that을 명사절을 이끄는 접속사로 간주할 경우라도 그 뒤에 따라오는 절이 불완전한 형태이기에 이 역시 오답이다.
		✔ 복합관계대명사인 (A)의 whatever나 (C)의 whoever는 모두 주어 역할을 할 수 있지만 sells라는 동사와 어울리기 위해서는 사람을 나타내는 관계대명사가 필요하다. 따라서 (C)가 정답이다.

누구든지 1사분기에 가장 많은 텔레비전을 판매한 사람은 특별 보너스를 받게 될 것이다.

(A) Whatever   (B) That   (C) Whoever   (D) Someone

정답 (C)

어휘   **award** 수여하다

이 정도는 알아야지!

① 복합관계대명사의 종류

ⓐ whoever (no matter who) + 동사

ⓑ whomever (no matter whom) + 주어 + 동사

ⓒ whosever (no matter whose) + 명사

ⓓ whichever (no matter which) + 명사 + 동사

ⓔ whatever (no matter what) + 명사 + 동사

② 복합관계대명사의 특징

명사 + 복합관계대명사 + 불완전 절

→ 복합관계대명사는 이미 명사를 포함하고 있기 때문에 그 앞에 명사가 절대로 나올 수 없다.

→ 복합관계대명사 뒤에는 불완전한 절의 형태가 따라온다.

기출 변형 8   빈칸에 들어갈 가장 알맞은 보기를 고르시오.

Due to limited space, office supplies should be stored ------- employees can fit them in their offices.

(A) whoever

(B) wherever

(C) whatever

(D) whichever

정답	(B) wherever	✔ 적절한 관계사를 고르는 문제이다.

✔ 빈칸 뒤에 완전한 형태의 절이 따라 나왔기 때문에 복합관계대명사는 절대로 정답이 될 수 없다. 따라서 (A), (C), (D)는 오답이다.

오답	(A) whoever (C) whatever (D) whichever

✔ 완전한 절의 형태를 취할 수 있는 (B)가 정답이다.

해석

한정된 공간 때문에, 사무용품들은 사무실 내에 직원들이 둘 수 있는 곳이면 어디든지 보관되어져야 한다.

(A) whoever   (B) wherever   (C) whatever   (D) whichever

정답 (B)

어휘   **limited** 한정된   **office supplies** 사무용품

이 정도는 알아야지!

① 복합관계부사의 종류

ⓐ whenever (no matter when) + 주어 + 동사

ⓑ wherever (no matter where) + 주어 + 동사

ⓒ however (no matter how) + 형용사/부사 + 주어 + 동사

② 복합관계부사의 특징

> 명사 + 복합관계부사 + 완전한 절

→ wherever 뒤에는 불완전 절이 이어질 수 있다 ('주어 + be동사'의 형태로 끝나는 경우)

→ 'however + 형용사/부사' 형태는 가능하다.

However cold it is, we have to wait. 날씨가 춥더라도, 우리는 기다려야 할 것이다.

1 명사 어휘

명사 어휘 문제의 Tip

▶ **STEP 1** 주어 자리에 들어갈 명사를 묻는 문제의 경우, 우선적으로 동사의 의미를 확인한다.

▶ **STEP 2** 문장의 중간에 들어갈 명사를 묻는 문제의 경우, 빈칸 앞뒤의 단어 및 표현들을 확인한다.

기출 변형 **1** 빈칸에 들어갈 가장 알맞은 보기를 고르시오.

A ------- from the Eastern Research Council arrived in Detroit for the annual awards ceremony on May 27.

(A) nomination
(B) delegation
(C) revision
(D) description

⚡ 정답 보개기

정답	(B) delegation	✔ 문장 맨 앞의 주어 자리에 들어갈 명사 어휘를 고르는 문제로서, 먼저 동사를 확인한다.
오답	(A) nomination (C) revision (D) description	✔ arrived라는 동사가 사용되었으므로 주어 자리에는 물건, 혹은 사람의 의미를 지닌 명사가 들어가야 한다. ✔ (B)의 delegation은 '대표' 혹은 '대표단'이라는 사람명사로 사용될 수 있기에 (B)가 정답이다.

해석

Eastern 연구협의회의 대표단은 연례 시상식 행사를 위해 5월 27일에 디트로이트에 도착했다.

(A) nomination　　(B) delegation　　(C) revision　　(D) description

정답 (B)

[어휘] **council** 의회, 협의회, 자문회　**nomination** 지명, 임명　**delegation** 대표단　**revision** 개정

① revision: 수정, 개정

> 빈출 패턴 make a revision to + 명사: ~에 수정을 가하다, 변경하다

We need to **make** some **revisions to** the contract. 우리는 계약서를 변경해야 한다.

→ 보통 전치사 to와 함께 사용되며 to 뒤에는 계약, 동의서 등을 의미하는 명사가 따라온다.

② description: 묘사, 설명

> 빈출 패턴 a full[detailed] description of + 명사: ~에 대한 상세한 설명

You should give us **a detailed description of** the position.
당신은 우리에게 그 직위에 대한 자세한 설명을 해 주어야 한다.

→ 참고로 information과 의미가 혼동될 수 있지만, information은 불가산명사로서 부정관사 a(n)과 함께 사용될 수 없다.

③ nomination: 지명

> 빈출 패턴 nomination for + 명사: ~에 대한 지명

I support her **nomination for** the annual employee of the year award.
저는 올해의 직원상으로 그녀를 후보로 지지합니다.

→ 보통 상, 상장 등을 의미하는 명사와 함께 사용된다.

기본중기본
기출 변형 ② 빈칸에 들어갈 가장 알맞은 보기를 고르시오.

Sales ------- are required to address customer inquiries cheerfully and politely.

(A) spectators

(B) tenants

(C) inspectors

(D) representatives

정답	(D) representatives	✔ 문장 맨 앞의 주어 자리에 들어갈 명사 어휘를 묻는 문제로 동사를 먼저 살펴봐야 한다.
		✔ 'are required'라는 동사가 사용되었으므로 사람명사가 주어여야 한다.
오답	(A) spectators (B) tenants (C) inspectors	✔ 보기의 단어들이 모두 사람명사이므로 빈칸의 바로 앞에 나온 'Sales'라는 명사와 어울려서 복합명사를 이루는 명사를 찾아야 한다. 보기에서 representatives는 대리 및 대표라는 의미도 있지만, sales라는 명사와 어울려서 'sales representatives(판매직원)'라는 의미를 갖기 때문에 (D)가 정답이다.
		✔ 토익의 파트 5, 6에서 address는 주로 '(문제점을) 다루다' 혹은 '(문제를) 해결하다'라는 의미로 사용된다. 그러므로 문장의 의미상 회사에 소속된 사람명사가 주어 자리에 들어가야 한다는 것도 힌트가 될 수 있다.

해석

판매직원들은 고객의 문의 사항들을 기꺼이 그리고 공손하게 처리하는 것이 요구된다.

(A) spectators   (B) tenants   (C) inspectors   (D) representatives

정답 (D)

어휘   **address** 다루다   **inquiry** 문의   **cheerfully** 기꺼이   **politely** 공손히   **spectator** 관중   **representative** 대표; 직원

이 정도는 알아야지!

① tenants: 세입자
→ 집, 혹은 집세 등을 언급하는 문장에서 주로 사용된다.

② inspectors: 검사관
→ 제품의 품질 검사나 특정 사건에 대한 조사 등을 언급하는 문장에서 주로 사용된다.

③ spectators: 관중
→ 스포츠 관람 등을 언급하는 문장에서 주로 사용된다.

기출 변형 ③ 빈칸에 들어갈 가장 알맞은 보기를 고르시오.

Ms. Chester recommends that the new ------- be implemented as rapidly as possible.

(A) policies
(B) researches
(C) orders
(D) interviews

정답	(A) policies

✔ 수동태 문장의 주어 자리에 오는 명사 어휘를 고르는 문제이다.

✔ 빈칸 뒤에 'be implemented'라는 수동태 형식이 사용되었다.

오답	(B) researches (C) orders (D) interviews

✔ 수동태 문장에서 주어에 해당하는 명사를 찾기 위해서는 역으로 수동태 문장을 능동태 문장으로 전환해서 동사의 목적어가 될 수 있는 단어를 찾으면 된다.

✔ implement는 '시행하다'라는 의미의 동사로 '정책' 등을 나타내는 명사를 목적어로 취한다. 따라서 (A)가 정답이다.

해석

Chester 씨는 가능한 한 빨리 새로운 정책이 실시되어야 한다고 주장했다.

(A) policies   (B) researches   (C) orders   (D) interviews

정답 (A)

어휘   **recommend** 추천하다   **implement** 실시하다, 시행하다   **rapidly** 빨리   **policy** 방침, 정책   **research** 연구, 조사   **order** 주문; 명령   **interview** 면접, 인터뷰

이 정도는 알아야지!

❶ 동사 implement의 목적어로 자주 사용되는 명사: policy, plan, new system, idea, strategy

We **implemented** a new **plan**. 우리는 새로운 계획을 시행했다.

→ 동사 implement의 목적어로 new plan이 사용되어 '새로운 계획을 시행하다'라는 의미를 나타낸다.

❷ 수동태 문장의 주어

능동태	주어 + 동사 + 목적어

수동태	주어 + be동사 + p.p + (by + 명사)

You **should make all international calls** through our operators within the company.

All international calls should be made through our operators within the company.

모든 국제전화는 사내 교환원을 통해 이루어져야 한다.

→ 능동태를 수동태로 변환할 때, 능동태 문장의 목적어는 수동태 문장의 주어가 된다.

❸ that절에서 동사원형을 사용하는 경우

ⓐ 주장이나 제안 등을 나타내는 동사

주어 +	insist order require (= ask, request) suggest (= propose) recommend	+ that + 주어 + (should) + 동사원형

They **suggest that** Ms. Reina **avoid** traveling to Europe.

그들은 Reina 씨가 유럽으로 여행을 가지 말라고 제안한다.

→ insist(주장하다)와 같이 주장, 제안 등을 나타내는 동사의 뒤에 that절이 오면 that절 내의 동사는 인칭이나 시제와 상관없이 동사원형을 사용한다. 동사원형 앞에 조동사 should가 생략된 것으로 본다.

ⓑ '중요한', '긴급한', '필요한'이라는 의미를 나타내는 형용사

It is +	important imperative essential necessary mandatory vital	+ that + 주어 + (should) + 동사원형

It is **important that** everyone **wash** their hands before entering the office.

모든 사람들이 사무실에 들어오기 전에 손을 씻는 것이 중요하다.

→ '진주어-가주어' 문장에서 형용사 important 다음에 that절이 오면, that절 내의 동사는 인칭이나 시제와 상관없이 동사원형을 사용한다. 동사원형 앞에 조동사 should가 생략된 것으로 본다.

기출 변형 ④ 빈칸에 들어갈 가장 알맞은 보기를 고르시오.

During the promotional period, Allied Insurance is offering downtown businesses a large ------- on fire insurance.

(A) delivery
(B) restraint
(C) discount
(D) renewal

정답	(C) discount	
오답	(A) delivery (B) restraint (D) renewal	✔ 전치사와 어울리는 명사 어휘를 고르는 문제이다. ✔ 주어 자리가 아닌 다른 자리에 들어갈 명사 어휘를 묻는 문제의 경우, 빈칸 앞뒤에 어떤 단어들이 있는지를 먼저 확인해야 한다. ✔ 빈칸 앞에 large라는 형용사가 나와서 크기, 혹은 수량에 관한 명사가 필요하다는 점을 알 수 있다. ✔ 빈칸 뒤의 on이라는 전치사는 보통 '~에 관하여'라는 의미를 나타내며, 'discount on + 명사'는 '~에 대한 할인'이라는 의미를 나타내기 때문에 (C)가 정답이다. on은 일반적으로 앞에 정확한 수치가 나왔을 때에도 정답으로 자주 등장한다.

해석

프로모션 기간 동안 Allied 보험은 시내 사업체에게 크게 할인된 가격의 화재 보험 상품을 제공한다.

(A) delivery   (B) restraint   (C) discount   (D) renewal

정답 (C)

어휘 **promotional** 홍보의 **downtown** 시내 중심가의 **fire insurance** 화재 보험 **restraint** 제제, 규제 **renewal** 갱신

이 정도는 알아야지!

❶ delivery: 배달, 배송

> **빈출 패턴** guarantee + 시간 + delivery

We **guarantee** one-day **delivery**. 저희는 익일배송을 약속 드립니다.

→ 시간을 나타내는 단어와 함께 사용된다.

❷ restraint: 제한

> **빈출 패턴** restraint on + 명사: ~에 대한 제한

The government imposed stringent **restraints on** imported products.
정부가 수입물품에 대해 강력한 제제를 취했다.

→ stringent restraints on은 '~에 대한 엄격한 제한'이라는 의미를 나타낸다.

❸ renewal: 갱신

> **빈출 패턴** for renewal: 갱신을 위하여

Please contact us **for** the **renewal** of our contract. 그 계약서의 갱신을 위해 저희에게 연락 주세요.

→ 보통 계약의 갱신 등의 의미를 나타낼 때 사용된다.

Zoning commission members will be on hand to answer questions from concerned citizens after the ------- on zoning changes.

(A) increase
(B) referral
(C) development
(D) presentation

정답 찾기

정답	(D) presentation	
오답	(A) increase (B) referral (C) development	✔ 전치사와 어울리는 명사 어휘를 고르는 문제이다. ✔ 빈칸 뒤의 on이라는 전치사는 '~에 관한'이라는 의미를 나타낸다. ✔ (D)의 presentation이 전치사 on과 어울려 사용되므로 (D)가 정답이다.

해석

토지 구역 변경에 관한 발표가 끝난 후, 토지 계획 위원회의 위원들이 관심이 있는 시민들의 질문을 받을 것이다.

(A) increase   (B) referral   (C) development   (D) presentation

정답 (D)

어휘   zoning 지대 설정   commission 위원회   be on hand 참여하다   concerned 우려하는, 걱정하는

이 정도는 알아야지!

① 전치사 on(~에 관한)과 자주 어울려 사용되는 명사

ⓐ presentation, workshop, session, conference, convention

There will be a **conference on** hedge funds. 헤지펀드에 대한 컨퍼런스가 있을 예정이다.

→ conference on + 명사: ~에 대한 컨퍼런스

ⓑ information, report, details, description, discussion

He requires **information on** the company's new project.
그는 회사의 새로운 프로젝트에 대한 정보를 필요로 한다.

→ information on + 명사: ~에 대한 정보

② increase: 증가

> **빈출 패턴** increase in + 명사: ～에 있어서의 증가

There is an **increase in** employment. 고용에 있어서의 증가가 있다.

cf. 'increase, decrease, rise, fall, drop + by + 수치'의 형태로도 사용 가능하다.

The sales of our laptop have **risen by** 20%. 우리 노트북의 판매가 20% 증가했다.

③ referral: 이송

> **빈출 패턴** referral to + 명사: ～으로의 이송

She asked for a **referral to** a nearby hospital. 그녀는 근처 병원으로 이송해줄 것을 요청했다.

④ development: 개발, 발전

> **빈출 패턴** 명사 + development, 또는 development of + 명사: ～의 개발[발전]

We support the **development of** new cancer medicines. 우리는 새로운 암 치료제의 개발을 지원한다.

cf. 'housing development(주택 개발)'라는 복합명사도 파트 5, 6에서 자주 볼 수 있다.

기출 변형 6 빈칸에 들어갈 가장 알맞은 보기를 고르시오.

Recent sales trends show that consumers have a growing ------- for shopping online.

(A) preference
(B) measure
(C) investment
(D) promotion

정답	(A) preference	✔ 전치사와 어울리는 명사 어휘를 고르는 문제이다.
		✔ 빈칸 앞에 **growing**이라는 형용사가 나와서 '점점 증가하는'이라는 의미를 나타낸다.
오답	(B) measure (C) investment (D) promotion	✔ 'preference for + 명사(~에 대한 선호)'라는 표현을 완성시킬 수 있는 (A)가 정답이다.

해석

최근의 판매 경향을 보면 소비자들의 온라인 쇼핑 선호도가 증가하는 것을 알 수 있다.

(A) preference   (B) measure   (C) investment   (D) promotion

정답 (A)

어휘   **trend** 경향   **preference** 선호   **measure** 조치   **investment** 투자

이 정도는 알아야지!

❶ **measure: 조치, 수단**

> 빈출 패턴   take a measure[precaution] to + 동사원형: ~하기 위한 조치를 취하다

It is important for the government to **take** every **measure to** kill viruses.
정부가 바이러스를 없애기 위해 모든 조치를 취하는 것이 중요하다.

→ take every measure to는 '~하기 위한 모든 조치를 취하다'라는 의미를 나타낸다.

❷ **investment: 투자**

> 빈출 패턴   investment in + 명사: ~에 대한 투자

We made **investments in** foreign food markets.   우리는 해외 식품 시장에 투자했다.

❸ **promotion: 승진; 홍보**

> 빈출 패턴 1   receive[get] a promotion: 승진하다
> 빈출 패턴 2   promotion to + 명사(지위): ~으로의 승진

I received a **promotion**. 나는 승진했다.

Designers with the SEDEX Design Firm have ------- to the most outstanding assortment of interior furnishings on the market.

(A) approval
(B) access
(C) approach
(D) amenity

⚡ 정답 뽀개기

정답	(B) access	✔ 전치사와 어울리는 명사 어휘를 고르는 문제이다.
오답	(A) approval (C) approach (D) amenity	✔ 빈칸 앞에 동사인 have가 나오고 빈칸 뒤에는 전치사 to가 나왔기 때문에 방향성을 나타내는 명사가 필요한 자리이다. ✔ 보기에서 방향성을 갖는, 즉 전치사 to를 필요로 하는 명사는 (B)의 access와 (C)의 approach이다. ✔ 둘 중에서 (C)의 approach는 가산명사이기 때문에 단독으로 사용될 수 없다. 따라서 불가산명사로 사용되는 (B)가 정답이다.

해석

SEDEX 디자인 회사의 디자이너들은 시중에서 가장 우수한 인테리어 가구 제품군을 이용할 수 있다.

(A) approval   (B) **access**   (C) approach   (D) amenity

정답 (B)

어휘 **firm** 기업 **outstanding** 우수한 **assortment** 모음, 구색을 갖춘 것 **furnishing** 가구, 비품

이 정도는 알아야지!

access와 approach의 구별

① **access**

ⓐ 타동사로 사용될 때: access + 목적어(명사)

Everyone can **access** the Internet all the time. 모든 사람들이 항상 인터넷에 접속할 수 있다.

→ 동사 access가 목적어로서 Internet을 취하고 있다.

ⓑ 명사로 사용될 때: access to + 명사

We have **access to** customer files. 우리는 고객 정보에 접속할 수 있다.

→ access to는 '~으로의 접근'이라는 의미를 나타낸다.

② approach

ⓐ 자동사로 사용될 때: approach

The deadline is rapidly **approaching.** 마감 기한이 빠르게 다가오고 있다.

→ 동사 approach는 목적어를 취하지 않는다.

ⓑ 명사로 사용될 때: approach to + 명사

They developed a new **approach to** their experiment. 그들은 실험에 새롭게 접근하는 법을 개발했다.

→ 명사 approach는 전치사 to와 함께 사용될 수 있지만, 가산명사이기 때문에 단독으로는 사용될 수 없고 관사인 a와 함께 사용되어야 한다.

기출 변형 8 빈칸에 들어갈 가장 알맞은 보기를 고르시오.

Farnahan Industries recently purchased a Belgian company, confirming its planned ------- into the international market.

(A) process
(B) creation
(C) expansion
(D) action

정답

정답	(C) expansion	✔ 전치사와 어울리는 명사 어휘를 고르는 문제이다.
오답	(A) process (B) creation (D) action	✔ 빈칸 뒤에 into라는 전치사가 나오는데, into는 명사 expansion과 어울려 '~으로의 확장'이라는 의미를 나타낼 수 있다. ✔ 따라서 (C)가 정답이다.

Farnahan Industries는 최근 벨기에의 한 회사를 매입했는데, 이로써 계획되었던 해외 시장으로의 진출이 확인되었다.

(A) process　　(B) creation　　(C) expansion　　(D) action

정답 (C)

어휘 | **confirm** 확인해 주다; 확정하다 　**planned** 계획된 　**international** 국제적인 　**creation** 창조, 창작

이 정도는 알아야지!

전치사 into와 자주 어울려 사용되는 명사

ⓐ expansion into + 명사: ~으로의 확장

We need to consider **expansion into** a new market. 우리는 새로운 시장으로의 확장을 고려해야 한다.

ⓑ investigation into + 명사: ~에 대한 철저한 조사

We made an **investigation into** the illegal actions. 우리는 불법 행위를 조사했다.

→ 'thorough investigation on(~에 대한 철저한 조사)'이라는 표현도 자주 사용된다.

기출 변형 9 빈칸에 들어갈 가장 알맞은 보기를 고르시오.

We appreciate your ------- in the tenth annual market research symposium and look forward to welcoming you to this event.

(A) effort

(B) expertise

(C) attention

(D) interest

정답 벗기기

정답	(D) interest	✔ 전치사와 어울리는 명사 어휘를 고르는 문제이다.
		✔ 빈칸 뒤에 전치사 in이 있으므로 (B)의 expertise와 (D)의 interest가 정답이 될 수 있다.
오답	(A) effort	
	(B) expertise	✔ 명사 expertise 뒤에 in이 나오면 '~ 분야에 있어서의 전문 지식'이라는 뜻이다.
	(C) attention	✔ 전치사 in 뒤에 참석 및 회의와 관련된 symposium이라는 명사가 있으므로 (D)의 interest가 정답이다.

제10회 시장 조사 심포지움에 대한 관심에 감사를 드리며 이번 행사에서 만나 뵙기를 고대하겠습니다.

(A) effort   (B) expertise   (C) attention   (D) interest

정답 (D)

어휘   **appreciate** 감사하다; 감상하다   **look forward to** ~을 고대하다   **welcome** 환영하다

이 정도는 알아야지!

❶ effort: 노력

빈출 패턴   make an effort + to부정사: ~하기 위해 노력하다

We **made an effort** to complete the project.   우리는 그 프로젝트를 완성하기 위해 노력했다.

❷ expertise: 전문 지식

빈출 패턴   expertise in + 명사(분야): ~에 대한 전문 지식

This job requires **expertise in** biology.   그 직업은 생물학에 대한 전문 지식을 필요로 한다.

cf 1. specialize[major] in: ~을 전문으로 하다, ~을 전공하다

cf 2. proficient in: ~에 능숙한(특히 언어 등에 능숙한)

❸ attention: 주의, 관심

빈출 패턴   give[pay] attention to + 명사: ~에 관심을 기울이다

The manager **gave attention to** the details in the contract.
매니저는 계약서의 세부 항목들에 관심을 기울였다.

cf. attention과 어근이 같은 단어: attendant(승무원), attendee(참석자), attendance(출석, 참석)

기출 변형 **10** 빈칸에 들어갈 가장 알맞은 보기를 고르시오.

To ensure ------- with the new construction standards, the house was constructed on concrete pilings nearly 80cm off the ground.

(A) compliance

(B) competence

(C) arrangement

(D) assumption

정답	(A) compliance	✔ 동사 뒤에 오는 명사 어휘를 고르는 문제이다.

| 오답 | (B) competence
(C) arrangement
(D) assumption | ✔ 빈칸 뒤에 **with**라는 전치사가 나오고 이어서 standards(기준)라는 명사가 사용되었다.
✔ 보기 중 (A)의 compliance가 '기준에 부합하다'라는 의미를 완성시킬 수 있으므로 정답은 (A)이다. 참고로, compliance는 항상 전치사 with와 함께 사용된다. |

해석

건설 기준에 부합하도록, 그 주택은 지면에서 거의 80cm 떨어진 콘크리트 말뚝에 지어졌다.

(A) compliance (B) competence (C) arrangement (D) assumption

정답 (A)

어휘 **standard** 기준, 표준 **construct** 짓다, 공사하다 **piling** 말뚝, 말뚝 박기 (공사) **compliance** 준수 **competence** 능숙함 **arrangement** 배열, 배치; 준비 **assumption** 가정

이 정도는 알아야지!

comply와 compliance의 활용

ⓐ comply with + 명사(standards, regulations, precautions, rules, requests 등): ~을 준수하다

Our restaurant **complies with** food safety regulations. 우리 식당은 식품안전규정을 준수한다.

→ comply with는 규범이나 규칙 등을 나타내는 명사와 함께 사용된다.

ⓑ in compliance with + 명사(규칙, 규범, 요구 등): ~에 따라서, ~을 따르면서 (= in accordance with)

In compliance with your request, we will ship the item tomorrow.
당신의 요구에 따라서, 우리는 그 물건을 내일 선적할 예정이다.

기본중기본
기출 변형 11 빈칸에 들어갈 가장 알맞은 보기를 고르시오.

All employees are asked to include their job title on letters, business cards, and other ------- of correspondence.

(A) forms
(B) outlines
(C) profiles
(D) views

정답	(A) forms	✔ other 뒤에 오는 명사 어휘를 고르는 문제이다.

✔ 빈칸 앞에 other라는 형용사가 나왔기 때문에 빈칸은 명사가 필요한 자리이다.

오답	(B) outlines (C) profiles (D) views	✔ 보통 other 뒤에 들어갈 명사를 묻는 문제가 제시되면 other 앞에 언급된 명사들을 먼저 살펴봐야 하는데, 이 문제의 경우 letters, business cards와 같이 연락을 취할 수 있는 형태 혹은 방법들이 언급되어 있다.

✔ 따라서 '형태'라는 의미를 나타내는 (A)가 정답이다.

해석

모든 직원들은 편지, 명함, 그리고 기타 형태의 서신에 자신의 직위를 포함시켜야 한다.

(A) forms   (B) outlines   (C) profiles   (D) views

정답 (A)

어휘   include 포함하다   job title 직위, 직책   business card 명함   correspondence 서신   outline 윤곽; 개요   profile 프로필, 개요

이 정도는 알아야지!

other 다음에 들어갈 명사를 찾는 방법

You can use our swimming pool, gym, and **other** facilities.
당신은 우리 수영장, 헬스클럽, 그리고 다른 시설들을 이용할 수 있다.

→ other facilities에서 facilities라는 단어를 사용한 이유는 그 앞에 나온 명사들, 즉 swimming pool, gym이 전부 시설에 대한 단어이기 때문이다.

기출 변형 12 빈칸에 들어갈 가장 알맞은 보기를 고르시오.

The new Declan II toaster is thought to be the best ------- of its kind.

(A) applicant
(B) application
(C) applier
(D) appliance

정답	(D) appliance	✔ be동사 뒤에 오는 명사 어휘를 고르는 문제이다.

✔ be동사 뒤에 오는 명사 어휘를 고르는 문제이다.

✔ 품사 문제처럼 포장을 했지만, 보기에 주어진 단어들이 모두 명사이기 때문에 이는 분명한 명사 어휘 문제이다.

✔ 빈칸 앞의 the best라는 최상급의 형용사가 있는 것을 통해서도 명사를 묻는 문제임을 알 수 있다.

| 오답 | (A) applicant (B) application (C) applier | |

✔ 보기에서 주어진 단어들이 전부 명사이기 때문에 빈칸 앞의 to be에서 be동사 뒤의 명사 자리에 들어갈 단어는 앞에 나온 주어에 일치해야 한다.

✔ 문장 맨 앞에 'new Declan Ⅱ toaster'라는 제품명이 나왔으므로 이와 관련이 있는 (D)가 정답이다.

해석

신형 Declan Ⅱ 토스터는 동종 최고의 기기로 여겨진다.

(A) applicant　　　(B) application　　　(C) applier　　　(D) appliance

정답 (D)

어휘　kind 종류　applicant 지원자　application 지원서　applier 신청자　appliance 기기

이 정도는 알아야지!

be동사 뒤에 들어갈 명사를 찾는 방법

❶ '주어 + be동사 + 보어'의 경우: 주어의 의미에 주목한다.

Korea is one of the biggest **exporters** of computer parts.

한국은 컴퓨터 부품들을 수출하는 가장 큰 나라들 중의 하나이다.

→ 주어인 'Korea'는 '수출국들(exporters)' 중 하나이이다. 이처럼, 주어와 보어는 항상 동종의 명사여야 한다.

Buying a house is one of the best investment **options**.

주택을 구입하는 것이 투자에서 가장 좋은 선택 중 하나이다.

→ 주어인 buying a house가 option 중 하나이다.

❷ '주어 + be동사 + p.p. + to be + 명사'의 경우

→ 주어와 to be 다음에 오는 명사가 일치해야 한다.

(be considered to be + 명사 / be thought to be + 명사)

The Bugler Alarm is considered to be one of the best **security systems**.

Bugler Alarm은 최고의 보안 시스템들 중의 하나로 여겨진다.

→ 주어인 'Bugler Alarm'이라는 제품이 to be 다음에 나오는 'security system'들 중 하나이다.

기출 변형 13 빈칸에 들어갈 가장 알맞은 보기를 고르시오.

The DC Company settled its ------- with Bronwyn Brothers at the end of the quarter.

(A) booth

(B) survival

(C) suggestion

(D) lawsuit

⚡ 정답 뽑개기

정답	(D) lawsuit	✔ 동사 뒤에 오는 명사 어휘를 고르는 문제이다.
		✔ 빈칸 앞에 있는 동사 settle의 목적어가 될 수 있는 적절한 명사를 묻는 문제이다.
오답	(A) booth (B) survival (C) suggestion	✔ settle은 '정착하다'라는 의미를 나타낼 수도 있지만, 토익에서는 '(논쟁 및 소송 따위를) 해결하다'라는 의미로 주로 사용된다. ✔ 따라서 '소송'의 의미를 나타내는 (D)가 정답이다.

해석

DC 사는 분기 말에 Bronwyn Brothers와의 소송을 해결했다.

(A) booth   (B) survival   (C) suggestion   **(D) lawsuit**

정답 (D)

어휘   **settle** (소송 등을) 해결하다   **quarter** 분기   **booth** 부스, 작은 공간   **lawsuit** 소송

이 정도는 알아야지!

동사 settle과 자주 어울려 사용되는 명사: dispute, argument 등

They finally **settled** the **dispute**. 그들은 결국 논쟁을 끝냈다.

→ settle the dispute라는 표현을 사용하여 '논쟁을 종식시키다'라는 의미를 나타낸다.

기출 변형 14 빈칸에 들어갈 가장 알맞은 보기를 고르시오.

To lower operating -------, Denver Airlines has decided to reduce the number of flights to cities with low boarding numbers.

(A) values
(B) profits
(C) outcomes
(D) costs

⚡ 정답 빨리찾기

정답	(D) costs

✔ 동사 뒤에 오는 명사 어휘를 고르는 문제이다.

✔ 빈칸 앞에 나온 동사인 **lower**가 '(비용 따위를) 낮추다'라는 의미를 나타낸다.

오답	(A) values (B) profits (C) outcomes

✔ 'operating costs(운영 비용)'라는 표현을 완성시킬 수 있는 (D)가 정답이다.

해석

Denver 항공은 운영 비용을 낮추기 위해 탑승객이 적은 항공편의 숫자를 줄이기로 결정했다.

(A) values   (B) profits   (C) outcomes   (D) costs

정답 (D)

어휘 **lower** 낮추다 **reduce** 줄이다, 감소시키다 **boarding number** 탑승객 수 **value** 가치; 가격 **outcome** 결과

이 정도는 알아야지!

동사 lower와 자주 어울려 사용되는 명사: costs, expenses, prices, taxes 등

Our company **lowered** the **prices** of our newest products. 우리 회사는 최신 제품들의 가격을 인하했다.

cf. cost, expense, spending의 차이

It is necessary to increase **spending** on health. 건강에 지출을 늘리는 것이 필요하다.

→ spending은 '지출'이라는 의미의 불가산명사로 사용되는 반면, cost와 expense는 각각 '비용', '경비'라는 의미의 가산명사로 사용된다.

Ms. Sanders has requested your ------- at the sales meeting scheduled for Friday of next week.

(A) occurrence

(B) urgency

(C) presence

(D) insistence

정답 뽀개기

정답	(C) presence		✔ 동사 뒤에 오는 명사 어휘를 고르는 문제이다.
오답	(A) occurrence (B) urgency (D) insistence		✔ 빈칸 앞 requested라는 동사는 '~을 요구하다'라는 의미를 나타낸다. ✔ 빈칸 뒤 'at the sales meeting'이라는 표현에 유의하면 회의와 관련된 명사가 필요하다. ✔ 'request one's presence'는 '~의 출석을 요구하다'라는 의미를 나타내므로 (C)가 정답이다.

해석

Sanders 씨는 다음 주 금요일에 예정된 영업 회의에 당신의 참석을 요청했다.

(A) occurrence   (B) urgency   (C) presence   (D) insistence

정답 (C)

어휘 **occurrence** 발생 **urgency** 긴급 **presence** 존재; 참석 **insistence** 주장; 고집

이 정도는 알아야지!

request의 활용

빈출 패턴 request + 소유격 + presence at + 명사: ~에의 출석을 요구하다

I **requested** Mr. **Gold's presence at** the meeting. 나는 Gold 씨에게 회의에 참석하라고 요청했다.

빈출 패턴 make a request for + 명사: ~을 요청하다

We **made a request for** more funding for our charity. 우리는 우리의 자선단체에 더 많은 자금을 요청했다.

> **빈출 패턴** request[get] permission + to 부정사: ~하기 위한 승인[허락]을 요청하다
>
> He **requested permission to** purchase office supplies. 그는 사무용품을 구매하기 위한 승인을 요청했다.
>
> *cf.* get permission from: ~으로부터 허락을 얻다
>
> He should **get permission from** his supervisor to go on a business trip to London.
> 그는 런던으로 출장을 가기 위해 그의 상관으로부터 허락을 얻어야 한다.

빈칸에 들어갈 가장 알맞은 보기를 고르시오.

According to a ------- conducted by marketing professionals, the marketing director's role has clearly changed over the last decade.

(A) survey
(B) deterioration
(C) clarity
(D) support

정답	(A) survey	✔ 전치사 뒤에 오는 명사 어휘를 고르는 문제이다.
오답	(B) deterioration (C) clarity (D) support	✔ 빈칸 앞의 'according to'는 '~에 따르면'이라는 의미를 나타낸다. ✔ 'according to' 다음에는 보통 '연구' 혹은 '조사' 등의 의미를 지닌 명사들이 나온다. ✔ 이러한 의미를 지닌 (A)가 정답이다.

해석

마케팅 전문가에 의해 실시된 설문조사에 따르면, 지난 10년에 걸쳐서 마케팅 관리자의 역할이 명확하게 변화되었다.

(A) survey   (B) deterioration   (C) clarity   (D) support

정답 (A)

어휘 **conduct** 실시하다, 진행하다 **professional** 전문가 **role** 역할 **decade** 10년 **survey** 설문조사 **deterioration** 악화, 퇴보

clarity 명확성

기출 변형 17 빈칸에 들어갈 가장 알맞은 보기를 고르시오.

For your -------, a copy of the original signed purchase order has been included with your shipment.

(A) reference
(B) learning
(C) direction
(D) meaning

⚡ 정답 뽀개기

정답	(A) reference	✔ 전치사 뒤에 오는 명사 어휘를 고르는 문제이다.
		✔ 문장 맨 앞의 전치사 for의 쓰임에 주목한다.
오답	(B) learning (C) direction (D) meaning	✔ 'a copy of'로 시작되는 절에서 주어는 order(주문서)이고 동사는 'has been included(포함되다)'이다. ✔ 일반적으로, '영수증, 문서, 서류'와 같은 단어들이 '첨부된다(included, enclosed, attached)'는 내용이 나오면, '참고, 참조'를 의미하는 단어인 (A)의 reference가 정답이 된다.

해석

참고로 알려 드리면, 서명이 들어 있는 주문서 원본에 대한 사본이 선적물에 포함되어 있습니다.

(A) reference   (B) learning   (C) direction   (D) meaning

정답 (A)

어휘 **for your reference** 참고로 **copy** 사본 **original** 원래의; 원본의 **direction** 방향; 지시

문장의 맨 앞에 나오는 for의 활용

❶ for + 기간: ~의 기간 동안

For the last two years, I have been working on the project.

지난 2년 동안, 나는 그 프로젝트를 담당해 왔다.

→ 기간을 나타내는 숫자와 함께 사용된다.

❷ for reference / for further[more] details[information]: 참조를 위해, 참고로

For your reference, please find the enclosed files. 당신의 참조를 위해서 첨부된 파일을 확인하세요.

❸ for safety reasons: 안전상의 이유로

For safety reasons, please fasten your seatbelt. 안전상의 이유로, 안전벨트를 착용하세요.

2 동사 어휘

동사 어휘 문제의 Tip

STEP 1 동사의 어휘 문제가 등장하면 자동사가 필요한지, 타동사가 필요한지 먼저 확인한다.
즉, 빈칸 뒤에 목적어가 있는지 확인하도록 한다.

STEP 2 자동사의 어휘 문제의 경우, 동사와 어울려 사용되는 전치사가 있는지 확인한다.

STEP 3 타동사의 어휘 문제의 경우, 주어진 문장이 3, 4, 5형식 중에서 어떤 형식인지 확인한다.
아울러 타동사의 목적에 뒤에 나오는 전치사를 확인한다.

STEP 4 수동태 문장이 주어지면 주어의 의미를 파악하여 주어와 어울리는 동사를 찾도록 한다.

빈칸에 들어갈 가장 알맞은 보기를 고르시오.

Please ------- your CV and completed application to Mr. Smith in the HR Department by Friday.

(A) appoint
(B) forward
(C) process
(D) contribute

정답	(B) forward	✔ 동사 어휘 문제는 보통 빈칸의 뒤, 즉 목적어 혹은 전치사에 힌트가 숨어 있다.

정답 (B) forward

✔ 동사 어휘 문제는 보통 빈칸의 뒤, 즉 목적어 혹은 전치사에 힌트가 숨어 있다.

✔ 빈칸 뒤에 'your CV and completed application'이라는 표현이 있는데, 이렇게 긴 목적어가 있다는 것은 그 뒤에 오는 결정적인 힌트를 감추기 위한 것이다.

오답
(A) appoint
(C) process
(D) contribute

✔ 목적어 뒤에 전치사 **to**가 나온 것을 보니 빈칸에 들어갈 동사는 기본적으로 '~으로 보내다', '~에게 주다'와 같은 방향성을 나타내는 동사여야 한다.

✔ 따라서 이러한 의미에 부합되는 (B)가 정답이다.

해석

늦어도 금요일까지 인사부의 Smith 씨에게 이력서와 작성하신 입사 지원서를 건네 주십시오.

(A) appoint　　　(B) forward　　　(C) process　　　(D) contribute

정답 (B)

어휘 **CV** (= curriculum vitae) 이력서 **appoint** 지명하다 **forward** 건네다, 전달하다 **process** 처리하다; (처리) 과정 **contribute** 기여하다, 기부하다

이 정도는 알아야지!

❶ forward: 전달하다

> **빈출 패턴** forward + 목적어(명사) + to + 명사: ~을 ~에게 넘겨 주다, ~을 ~에게 보내다

He **forwarded** the document to me. 그는 나에게 그 서류를 전달했다.

❷ appoint: 지명하다

> **빈출 패턴** appoint + 목적어(사람) + (as) + 보어(명사): ~를 ~으로 임명하다

The CEO **appointed** Ms. Kim (as) the sales manager. 최고경영자는 Kim 씨를 판매 부장으로 임명했다.
→ 목적어 자리에 항상 사람명사가 들어가야 하며 목적격보어로는 직위나 직책을 의미하는 단어가 올 수 있다.
→ 목적어와 목적격보어 사이에 as라는 전치사가 들어갈 수 있다.

❸ process: 처리하다

> **빈출 패턴** process + 목적어(명사): ~을 처리하다

We will **process** your order immediately. 저희는 당신의 주문을 즉시 처리하겠습니다.

❹ contribute: 기여하다, 기부하다

> **빈출 패턴** contribute + (돈) + to + 명사: ~에 ~을 기부하다

We **contributed** $40,000 to the world's famine relief fund.
우리는 국제 기근구제기금에 4만 달러를 기부했다.
→ contribute는 '기부[기여]하다'라는 의미를 나타내며 자동사로도, 타동사로도 사용이 가능하다.

cf 1. attribute + 목적어(명사) + to + 명사(대상): ~을 ~의 탓[덕]으로 돌리다

We **attributed** our success **to** our employees' hard work.
우리는 우리의 성공을 직원들이 열심히 일해준 덕으로 돌렸다.

cf 2. distribute + 목적어(명사) + to + 명사(대상): ~을 ~에게 나누어 주다

They **distributed** pamphlets **to** our employees. 그들은 전단지를 우리 직원들에게 나누어 주었다.

기출 변형 2 빈칸에 들어갈 가장 알맞은 보기를 고르시오.

Organizers are ------- both families and individuals to participate in the ride regardless of their cycling experience.

(A) suggesting
(B) insisting
(C) discussing
(D) encouraging

⚡ 정답 찾아가기

정답	(D) encouraging	✔ 빈칸 뒤에 동사의 목적어로서 'both families and individuals'가 나오고 그 뒤에 to부정사가 있다.
오답	(A) suggesting (B) insisting (C) discussing	✔ '주어 + 동사 + 목적어 + to부정사'의 5형식 구문을 완성시킬 수 있는 5형식 동사를 고르는 문제이다. ✔ 보기 중에서 5형식 문장에 사용할 수 있는 동사는 (D)이다. *cf.* 이와 같은 5형식 동사의 종류는 64페이지의 '이 정도는 알아야지'에 정리된 내용을 참고하자.

해석

주최측은 사이클링 경험에 상관없이 가족과 개인 모두에게 자전거 타기 행사에 참여할 것을 권장하고 있다.

(A) suggesting   (B) insisting   (C) discussing   (D) encouraging

정답 (D)

어휘 **organizer** 기획자 **individual** 개인 **participate in** ~에 참가하다 **regardless of** ~와 상관없이 **insist** 주장하다; 고집하다 **encourage** 격려하다, 고무시키다

① suggest: 제안하다

> **빈출 패턴 1** suggest + 동명사: ~하는 것을 제안하다

I **suggest** delaying our seminar. 나는 세미나를 연기할 것을 제안한다.

> **빈출 패턴 2** suggest that + 주어 + (should) + 동사원형: ~가 ~할 것을 제안하다

I **suggest that** we **delay** our seminar. 나는 우리가 세미나를 연기해야 한다고 제안한다.

② insist: 주장하다, 고집하다

> **빈출 패턴** insist on + 동명사: ~하는 것을 주장하다

We **insist on** holding a seminar this year. 우리는 올해 세미나를 열어야 한다고 주장한다.

③ discuss, talk, speak의 차이

ⓐ discuss(논의하다): 타동사로서 뒤에 목적어를 취한다.

We **discussed** our future plans. 우리는 미래의 계획을 토론했다.

ⓑ talk(말하다): 「talk about + 주제」, 혹은 「talk to + 사람명사」와 같은 형태로 사용된다.

We have **talked** about the latest product. 우리는 우리 최신 제품에 대해서 이야기를 나눴다.

ⓒ speak(말하다): 「speak + 언어」, 혹은 「speak to[with] + 사람명사」와 같은 형태로 사용된다.

He **speaks** with his clients every Monday. 그는 그의 고객들과 매주 월요일에 대화를 한다.

기출 변형 ③ 빈칸에 들어갈 가장 알맞은 보기를 고르시오.

Attendees should ------- that the first night's welcome dinner is the only meal that is covered by the registration fee.

(A) notify
(B) announce
(C) note
(D) inform

정답	(C) note	✔ 빈칸 뒤에 목적어 역할을 하는 that절이 있다.
		✔ 보기 중 목적어로 that절을 취할 수 있는 동사는 (B)의 announce와 (C)의 note이다.
오답	(A) notify (B) announce (D) inform	✔ 이처럼 빈칸의 뒤에 나오는 형태를 목적어로 취할 수 있는 동사가 보기에 2개 이상 있을 경우에는 주어를 살펴봐야 한다.
		✔ (B)의 announce(발표하다)의 경우 '회사'나 '주최측'의 의미를 나타내는 단어들이 주어가 되어야 하는데, 주어인 attendee가 '참가자'라는 의미이므로 (C)의 note(주목하다)가 정답이다.

해석

참가자들은 첫날 밤에 제공되는 환영 만찬만이 참가비로 제공된다는 점에 유의해야 한다.

(A) notify   (B) announce   **(C) note**   (D) inform

정답 (C)

어휘 **welcome dinner** 환영 만찬 **cover** 덮다; 포함시키다 **registration fee** 등록비, 참가비 **notify** 알리다 **note** 주목하다, 주의하다

이 정도는 알아야지!

① note: 주목하다

> **빈출 패턴** note that + 주어 + 동사: ~라는 점을 명심하다

Please **note that** all staff members should bring their own lunch.
모든 직원들은 점심을 가져와야 한다는 것을 명심하세요.

② announce: 발표하다, 공고하다

> **빈출 패턴 1** announce + 명사: ~을 알리다
> **빈출 패턴 2** announce that + 주어 + 동사: ~을 알리다, 공고하다

The company **announced that** it will merge with its rival company next month.
그 회사는 다음 달에 경쟁 회사와 합병할 것이라고 발표했다.

③ inform과 notify의 활용

ⓐ inform[notify] + 목적어(사람명사 혹은 대상) + of + 명사: ~에게 ~을 알리다

We **notified** Mr. Larson of our idea. 우리는 Larson 씨에게 우리 생각을 전달했다.

→ notify라는 동사 뒤에 사람명사가 나오고 그 뒤에 'of + 명사' 형태가 나와서 '~에게 ~을 알리다'라는 의미를 나타낸다.

ⓑ inform[notify] + that + 주어 + 동사: ~라는 점을 알리다

The organizer will ------- a tour of the exhibition hall, where various industry vendors and product manufacturers will have booths set up.

(A) conduct
(B) specify
(C) indicate
(D) dedicate

정답

정답	(A) conduct	✔ 빈칸 뒤 tour라는 명사가 '견학'이라는 의미로 사용되었다.
오답	(B) specify (C) indicate (D) dedicate	✔ 따라서 tour와 가장 잘 어울리는 동사인 (A)의 conduct가 정답이다. ✔ 동사 conduct의 활용은 60페이지의 '이 정도는 알아야지' 하단에 있는 conduct 항목을 참고하자.

해석

주최측은 다양한 산업체와 제조업체들의 부스가 마련될 예정인 전시관을 견학시켜 줄 것이다.

(A) conduct   (B) specify   (C) indicate   (D) dedicate

정답 (A)

어휘 **tour** 견학, 투어 **exhibition hall** 전시관 **various** 다양한 **vendor** 행상인, 판매 회사 **booth** 부스 **set up** 설치하다 **specify** 명시하다
conduct 실시하다, 실행하다 **indicate** 나타내다; 암시하다

이 정도는 알아야지!

❶ specify: 명시하다

빈출 패턴 1 specify + 명사: ~을 명시하다
빈출 패턴 2 specify + 명사절: ~이라는 점을 명시하다

Please **specify** who should receive an award. 누가 상을 받을 것인지 명시하세요.

② indicate: 나타내다, 가리키다

> 빈출 패턴 1   indicate + 명사: ~을 가리키다
>
> 빈출 패턴 2   indicate + that + 주어 + 동사: ~을 나타내다, 보여주다

The results **indicate** that customers prefer to shop online.
그 결과들은 고객들이 온라인 쇼핑을 선호한다는 것을 보여준다.

→ indicate / show / reveal / mention / verify 등과 같은 동사들은 일반적으로 that절을 목적어로 취한다.

③ dedicate: 바치다, 헌신하다

> 빈출 패턴   be dedicated to + 명사/동명사: ~에 전념하다, 헌신하다

She has **been dedicated** to her project.   그녀는 프로젝트에 헌신을 다했다.

→ be committed to, be devoted to 등도 같은 의미를 나타낸다.

기출 변형 5   빈칸에 들어갈 가장 알맞은 보기를 고르시오.

The owner of Tinsel & Treasures has ------- compliments from everyone who has seen the exquisite displays she put up for Christmas.

(A) taken
(B) sent
(C) quoted
(D) received

⚡ 정답 별기기

정답	(D) received	✔ 빈칸 뒤에 목적어로서 compliments라는 명사가 나오고 그 뒤에 from이라는 전치사가 있다.
오답	(A) taken (B) sent (C) quoted	✔ 전치사 from은 출처 및 출신의 의미를 지니고 있으며, 보통 '~을 얻다/받다', '~에서 오다', '~에서 제거하다'와 같은 의미를 나타내는 동사들과 어울려 사용된다. ✔ 보기 중 이러한 동사에 해당되는 (D)가 정답이다.

Tinsel & Treasures의 주인은 그녀가 크리스마스를 위해 설치한 매우 아름다운 장식을 본 사람들로부터 찬사를 받았다.

(A) taken　　(B) sent　　(C) quoted　　(D) received

정답 (D)

어휘　**compliment** 찬사　**exquisite** 정교한, 매우 아름다운　**quote** 인용하다

이 정도는 알아야지!

take의 활용

빈출 패턴　take charge of + 명사: ~의 책임을 맡다

She **took charge of** our marketing campaign.　그녀는 마케팅 캠페인의 책임을 맡았다.

cf. be in charge of: ~의 책임자

빈출 패턴　take advantage of: ~을 활용하다 (= make good use of)

We will **take advantage of** new facilities in the community center.
우리는 지역시민센터의 새로운 시설들을 잘 이용할 것이다.

빈출 패턴　take + 명사 + into consideration[account]: ~을 고려하다

You should **take it into consideration**.　당신은 그것을 고려해야 한다.

빈출 패턴　take + 시간 + to부정사: ~하는 데 ~의 시간이 걸리다

It will **take 3 hours to** complete the work.　작업을 완료하는 데 3시간이 걸릴 예정이다.

기출 변형 ⑥　빈칸에 들어갈 가장 알맞은 보기를 고르시오.

Finian and Tang retail stores are ------- highly motivated department managers for several of their Newberry locations.

(A) seeking

(B) looking

(C) entering

(D) asking

정답	(A) seeking	✔ 빈칸 뒤에 **highly**라는 부사가 나오는데, 동사의 어휘 문제에서는 부사나 형용사보다는 동사의 목적어로 쓰일 수 있는 명사를 먼저 찾아야 한다.

<table>
<tr><td rowspan="3">오답</td><td>(B) looking</td><td rowspan="3">✔ 문장 후반부에 managers라는 명사가 나오므로 사람명사를 목적어로 취할 수 있는 동사가 필요하다.

✔ 보기에서 look이라는 동사는 뒤에 전치사 for가 있어야 사람명사와 사용할 수 있기 때문에 (B)는 오답이다. 사람명사를 목적어로 취하여 '~을 구하다'라는 의미로 사용할 수 있는 동사는 (A)이다.</td></tr>
<tr><td>(C) entering</td></tr>
<tr><td>(D) asking</td></tr>
</table>

해석

Finian and Tang 소매점은 뉴베리 지역에서 의욕적으로 일할 수 있는 부서장을 모집 중이다.

(A) seeking   (B) looking   (C) entering   (D) asking

정답 (A)

어휘   **retail store** 소매점   **highly motivated** 의욕적인   **location** 장소, 위치   **seek** 구하다, 찾다

이 정도는 알아야지!

❶ seek: 찾다, 추구하다

> **빈출 패턴**   seek + 목적어: (사람, 자료 등을) 찾다, (조언 등을) 구하다

I am **seeking** advice on my future career.   나는 나의 경력에 대해 조언을 구하고 있다.

cf. seek/search for/look for/recruit/hire + 사람명사: 사람을 구하다, 고용하다

❷ enter: 들어가다; 입력하다

> **빈출 패턴**   enter + 목적어(장소): ~에 들어가다

Only those who have ID cards can **enter** this building.
오직 신분증을 갖고 있는 사람들만 이 건물에 들어갈 수 있다.

> **빈출 패턴**   enter + 목적어(입력 대상): ~을 입력하다

Please **enter** your password.   당신의 비밀번호를 입력하세요.

> **빈출 패턴**   enter into a business with + 명사: ~와 사업을 함께 하다

We have **entered into a business** agreement with TAS.   우리는 TAS와 사업을 시작했다.

→ 'enter into + 명사'는 '~을 시작하다'라는 의미를 나타낸다.

Dorothy Nyland's volunteer work at the local hospital ------- her to become interested in the medical field.

(A) offered

(B) caused

(C) made

(D) modified

⚡ 정답 보기기

정답	(B) caused	
오답	(A) offered (C) made (D) modified	✔ 빈칸 뒤에 목적어인 명사가 나오고 그 뒤에 **to**부정사가 있다. 따라서 5형식 동사를 고르는 문제이다. ✔ 보기에서 5형식 문장에 사용될 수 있는 동사는 **(B)**이다.

해석

인근 병원에서 자원 봉사를 한 덕분에 Dorothy Nyland는 의료 분야에 관심을 갖게 되었다.

(A) offered   (B) caused   (C) made   (D) modified

정답 (B)

어휘 **volunteer work** 자원 봉사 **medical field** 의료 분야 **cause** 원인이 되다, 야기하다 **modify** 수정하다

이 정도는 알아야지!

❶ offer: 제공하다; 제안하다, 제의하다

빈출 패턴 **1** offer + 간접목적어(사람 혹은 대상) + 직접목적어(사물): ~에게 ~을 제공하다

We **offered** the charity some furniture. 우리는 그 자선단체에 약간의 가구를 제공했다.

→ offer가 4형식 동사로 사용되었다.

빈출 패턴 **2** offer + to부정사: ~할 것을 제안하다

We **offered to** visit the charity. 우리는 그 자선단체에 방문할 것을 제안했다.

❷ make: 만들다; 하다

빈출 패턴 make + 목적어(call, effort, reservation, attempt, decision, mistake, impression 등)

We **made** a hotel reservation last week. 우리는 지난주에 호텔을 예약했다.

→ make a reservation은 '예약하다'라는 의미이다.

❸ modify: 수정하다, 변경하다

빈출 패턴 modify + 목적어: ~을 수정하다

He **modified** his plan. 그는 그의 계획을 수정했다.

cf. make modifications to + 명사: ~을 수정하다, 변경하다

    (= make alterations[changes, adjustments, revisions])

He **made modifications to** the contract. 그는 그 계약서를 변경했다.

빈칸에 들어갈 가장 알맞은 보기를 고르시오.

Employees are required to ------- several payroll forms in the Human Resources Department on their first day.

(A) apply
(B) submit
(C) complete
(D) interview

⚡ 정답 빨개기

정답	(C) complete	
오답	(A) apply (B) submit (D) interview	✔ 빈칸 뒤에 forms라는 명사가 있기 때문에 '작성하다'라는 의미를 가지고 있는 (C)가 정답이다.

직원들은 첫 근무일에 인사부서에서 급여 지급 대상자 양식 몇 건을 작성해야 한다.

(A) apply　　(B) submit　　**(C) complete**　　(D) interview

정답 (C)

어휘　**payroll** 급여 지급 대상자 명단; 급여 지급 총액　**submit** 제출하다

이 정도는 알아야지!

❶ apply: 지원하다; 적용되다

빈출 패턴 1　apply for + 명사(직위, 직책 등): ~에 지원하다

I **applied for** a managerial position.　나는 매니저 직위에 지원했다.

빈출 패턴 2　apply to + 명사: ~에 적용되다

These rules **apply to** all staff members.　이 규정들은 모든 직원들에게 적용된다.

cf 1. apply는 타동사로도 사용되므로, 수동태 문장으로 변환하여 'be applied to'의 형태로도 사용이 가능하다.

cf 2. apply와 어근이 같은 단어: application(지원), applicant(지원자), applicable(~에 적용 가능한)

❷ submit (= turn in): 제출하다; 굴복하다

빈출 패턴　submit + 목적어 + to + 명사(사람, 장소 등): ~을 ~에게 제출하다

All employees should **submit** holiday request forms to Ms. Choi.
모든 직원들은 Choi 씨에게 휴가 신청서를 제출해야 한다.

기출 변형 9　빈칸에 들어갈 가장 알맞은 보기를 고르시오.

Even though Glacier's copiers are simple and inexpensive to use, they often ------- expensive maintenance.

(A) call
(B) advise
(C) adapt
(D) require

정답	(D) require	✔ 빈칸 뒤에 maintenance(유지)라는 명사가 나왔다.

✔ 빈칸 앞에 they라는 대명사가 나왔는데, 이 대명사는 앞에 나온 복수명사인 copiers를 대신하고 있다.

오답	(A) call (B) advise (C) adapt	✔ 주어가 사물이기 때문에 (D)의 require가 정답이다.

해석

Glacier's 복사기는 편리하고 사용하기에 비싼 편도 아니지만 유지비가 많이 드는 경우가 종종 있다.

(A) call　　(B) advise　　(C) adapt　　(D) require

정답 (D)

어휘　**expensive** 비싼　**maintenance** 유지　**adapt** 적응하다; 조정하다

이 정도는 알아야지!

❶ require: 필요로 하다

빈출 패턴 1　require + (동)명사: ~을 필요로 하다

The furniture **requires** assembly. 그 가구는 조립이 필요하다.
The table **requires** cleaning. 그 테이블은 청소가 필요하다.

빈출 패턴 2　require + 목적어 + to부정사: ~에게 ~할 것을 요구하다

We **require** you to contact Mr. Panes. 우리는 당신이 Panes 씨에게 연락할 것을 요청한다.
→ 5형식 동사로 사용되었다.

❷ adapt: 적응하다

빈출 패턴　adapt + (재귀대명사) + to + 명사: ~에 적응하다

You need to **adapt** yourself to a new environment. 당신은 새로운 환경에 적응해야 한다.
→ adapt는 본래 '~에 적응시키다'라는 의미이다.
→ adapt는 목적어로 재귀대명사를 취할 수 있고, 목적어 없이 전치사 to와 함께 사용할 수도 있다.

❸ call: 부르다, 요구하다

빈출 패턴　call off + 명사: 취소하다

We have to **call off** the meeting. 우리는 회의를 취소해야 한다.

Despite having received an extension on the project, Mr. Ju and his construction company ------- it impossible to complete the building on time.

(A) found
(B) urged
(C) revised
(D) supplied

정답 뽀개기

정답	(A) found	
오답	(B) urged (C) revised (D) supplied	✔ 빈칸 뒤에 it이라는 목적어가 있고, 그 뒤에 impossible이라는 형용사가 목적보어로 나왔으므로 이 문장은 5형식 문장이다. ✔ 보기의 동사들 중에서 '주어 + 동사 + 목적어 + 목적보어(형용사)'의 5형식 문장에 쓰일 수 있는 동사는 (A)뿐이다.

해석

프로젝트의 기한 연장을 받았음에도 불구하고, Ju 씨와 그의 건설 회사는 제시간에 건설을 완료하는 것이 불가능하다는 것을 알게 되었다.

(A) found   (B) urged   (C) revised   (D) supplied

정답 (A)

어휘 **extension** 연장 **construction** 건설 **complete** 완료하다 **on time** 제시간에

이 정도는 알아야지!

① **urge: 주장하다; 재촉하다, 촉구하다**

빈출 패턴 1 urge + 목적어 + to부정사: ~에게 ~하라고 조언하다

He **urged** me to better serve customers. 그는 내가 고객들에게 더 잘 대하라고 조언했다.

→ '주어 + 동사 + 목적어 + 목적보어(to부정사)'의 5형식 문장에서 사용된다.

빈출 패턴 2 urge + that + 주어 + (should) + 동사원형: ~가 ~할 것을 강력히 권고하다

Because influenza is now prevalent all over the country, Dr. Stewart **urged that** we **stay** at home. 지금 전국적으로 독감이 유행하고 있기 때문에 Stewart 박사는 우리가 집에 머물도록 권고했다.

② revise: 수정하다, 개정하다

> 빈출 패턴 revise + 목적어(document, contract, policy 등): ~을 수정하다

The contract needs to be **revised** immediately. 그 계약서는 즉시 수정되어야 한다.

→ revise라는 동사는 '~을 수정하다'라는 의미로, 보통 서류 및 의견을 뜻하는 명사들과 함께 사용된다.

③ supply: 공급하다, 제공하다

> 빈출 패턴 1 supply + 목적어(공급받을 대상) + with + 명사(공급할 품목): ~에게 ~을 공급하다

We will not **supply** your company **with** office furniture any longer.
우리는 더 이상 당신의 회사에 사무용 가구들을 공급하지 않겠다.

→ supply라는 동사는 provide와 마찬가지로 '~에게 ~을 공급하다'라는 의미로 사용된다.

→ 사람 혹은 공급받을 대상이 목적어 자리에 오며, with 다음에는 공급할 품목이 나온다.

> 빈출 패턴 2 supply + 목적어(공급할 품목) + to + 명사(공급받을 대상): ~을 ~에게 공급하다

→ 공급할 품목이 목적어 자리에 오며, to 다음에는 사람 혹은 공급받을 대상이 나온다.

기출 변형 11 빈칸에 들어갈 가장 알맞은 보기를 고르시오.

Commuter ferries on Silver Lake are ------- to depart every hour except during periods of inclement weather.

(A) prohibited
(B) updated
(C) scheduled
(D) resumed

정답	(C) scheduled	✔ 빈칸 앞에 are라는 be동사가 있고 빈칸 뒤에는 to부정사가 나왔다.
오답	(A) prohibited (B) updated (D) resumed	✔ 5형식의 수동태 형태인 'be + p.p. + to부정사' 형식을 완성시킬 수 있는 동사를 찾으면 (C)가 정답이다.

해석

Silver 호수의 통근용 페리는 악천후 기간 동안을 제외하고 매시간마다 출발할 예정이다.

(A) prohibited   (B) updated   **(C) scheduled**   (D) resumed

정답 (C)

어휘   **ferry** 페리, 연락선   **depart** 출발하다   **inclement weather** 악천후

이 정도는 알아야지!

❶ 5형식의 수동태

> **능동태** 주어 + 동사 + 목적어 + to부정사
> **수동태** 주어 + be동사 + p.p. + to부정사

All employees **are encouraged to** participate in the annual meeting.
모든 직원들은 연례회의에 참석할 것을 권고 받는다.

→ 'be encouraged to(~할 것이 권장되다)'라는 5형식의 수동태가 만들어진다.

❷ prohibit: 금하다

> **빈출 패턴**   prohibit[inhibit, forbid, ban] + 목적어 + (from + 동명사): ~이 ~하는 것을 금지하다

The government **prohibits** its citizens **from** traveling abroad.
정부는 시민들이 해외 여행하는 것을 금지한다.

cf. refrain from + 동명사: ~을 삼가다 (refrain은 자동사로 사용)

Please **refrain from** smoking here. 이곳에서 담배를 피우지 마세요.

❸ resume: 재개하다, 다시 시작하다

> **빈출 패턴 1**   resume + 목적어(업무, 일 등): ~을 재개하다

I will **resume** my work after the holiday. 나는 휴가 이후에 일을 재개할 것이다.

기출 변형 12   빈칸에 들어갈 가장 알맞은 보기를 고르시오.

A Swiss company is developing smart devices that can ------- food temperatures during transit.

(A) monitor
(B) reserve
(C) treat
(D) train

정답 빼내기

정답	(A) monitor	✔ 빈칸 뒤에 **food temperatures**라는 목적어가 나왔다.
오답	(B) reserve (C) treat (D) train	✔ 명사 **temperatures**와 함께 자주 사용되는 동사들은 '유지하다' 혹은 '감시하다' 라는 의미를 나타내는 동사이다. ✔ 따라서 이러한 의미에 부합되는 (A)가 정답이다.

해석

한 스위스 기업은 수송하는 도중에 식품의 온도를 감시할 수 있는 스마트 기기를 개발하고 있다.

(A) monitor   (B) reserve   (C) treat   (D) train

정답 (A)

어휘   **transit** 수송   **monitor** 감시하다   **reserve** 예약하다

이 정도는 알아야지!

❶ **reserve**: 따로 떼어 두다, 비축하다; 예약하다; 유보하다

빈출 패턴   reserve + 목적어(좌석, 의견, 결정 등): ~을 보류하다

The parking space is **reserved** for residents.   주차 공간이 지역 주민들을 위해 남겨져 있다.

→ 동사 reserve는 '예약하다'라는 의미로도 사용되지만, 의견이나 결정과 같은 의미를 나타내는 단어와 함께
    사용되면 '보류하다'라는 의미를 나타낸다.

→ 'have reservations about'이라는 표현은 '(회의적이거나 의심스럽기 때문에) ~에 대하여 보류하다'라는
    의미이다.

② treat: 대접하다; 취급하다

> 빈출 패턴 treat + 목적어(사람, 사물 등): ~을 대접하다; ~을 취급하다

We should **treat** our staff with respect. 우리는 직원들을 존경으로 대해야 한다.
→ 목적어로 사람명사를 취하면 '~에게 대하다'라는 의미를 나타낸다.
→ 목적어로 사물명사를 취하면 '~을 다루다', '취급하다'라는 의미를 나타낸다. (= deal with, handle)

③ train: 훈련시키다, 교육하다

> 빈출 패턴 train + 목적어(사람): ~을 교육하다

It is a good idea to **train** newly hired employees before they start work.
신입사원들이 일을 시작하기 전에 교육을 시키는 것은 좋은 생각이다.
→ 참고로, training은 불가산명사이다.

기출 변형 **13** 빈칸에 들어갈 가장 알맞은 보기를 고르시오.

Please ------- your user's manual before contacting our customer relations staff.

(A) consult
(B) refer
(C) rely
(D) activate

⚡ 정답 뽀개기

정답	(A) consult	
오답	(B) refer (C) rely (D) activate	✔ 빈칸 뒤에 **manual**이라는 명사가 있기 때문에 '~을 참고[참조]하다'라는 의미를 나타내는 동사가 필요하다. ✔ 따라서 (A)가 정답이다.

우리의 고객 상담 직원에게 연락하시기 전에 사용자 설명서를 참고해 주세요.

(A) consult   (B) refer   (C) rely   (D) activate

정답 (A)

어휘   **manual** 설명서   **customer relations** 고객 상담   **consult** 참고하다, 찾아보다

이 정도는 알아야지!

① refer: 참고하다

> 빈출 패턴   refer + to + 사물명사: ~을 참고[참조]하다

Please **refer to** the employee handbook.   직원 책자를 참고하세요.

cf. refer + 사람명사 + to + 명사: ~에게 ~을 찾아보게 하다

② rely: 의지하다, 의존하다

> 빈출 패턴   rely + on + 명사: ~에 의존하다 (= depend on)

We **rely** solely **on** newspaper marketing.   우리는 신문 광고에 전적으로 의존한다.

③ activate: 활성화시키다

> 빈출 패턴   activate + 목적어(시스템, 기기 등): ~을 작동시키다

This system is **activated** by smoke.   이 시스템은 연기에 의해 작동된다.

기출 변형 14   빈칸에 들어갈 가장 알맞은 보기를 고르시오.

Mr. Jains in the Personnel Department has asked new employees to ------- themselves with all company regulations.

(A) enclose

(B) comply

(C) select

(D) familiarize

정답	(D) familiarize	✓ 빈칸 뒤의 **themselves**라는 재귀대명사가 목적어 역할을 한다.
오답	(A) enclose (B) comply (C) select	✓ 그 뒤에 **with**라는 전치사가 사용되어 '~에게 ~을 익숙하게 하다'라는 의미가 완성되어야 한다. ✓ 따라서 (D)가 정답이다.

해석

인사부의 Jains 씨는 신입 직원들에게 모든 사내 규정에 익숙해질 것을 요청했다.

(A) enclose　　　(B) comply　　　(C) select　　　(D) familiarize

정답 (D)

어휘　**Personnel Department** 인사부　**regulation** 규정　**enclose** 동봉하다　**comply** 준수하다, 따르다　**familiarize** 익숙하게 하다

이 정도는 알아야지!

① familiarize: 익숙하게 하다

빈출 패턴　familiarize + 목적어(재귀대명사) + with + 명사: ~을 ~에 익숙하게 하다

You need to **familiarize** yourself with our company policies.
당신은 우리 회사의 정책들에 익숙해져야 한다.

→ 참고로 'be familiar with' 또한 '~에 익숙하다'라는 의미를 나타낸다.

② enclose: 동봉하다

빈출 패턴　enclose + 목적어(서류, 문서 등): ~을 동봉하다

All the necessary documents should be **enclosed** in the envelope provided.
모든 필요한 서류들은 제공된 봉투에 동봉되어야 한다.

→ 'be enclosed in + 명사'는 '~ 안에 동봉되다'라는 의미를 나타낸다.

→ 'be enclosed with + 명사'는 '~와 함께 동봉되다'라는 의미를 나타낸다.

③ select: 고르다, 선택하다

빈출 패턴　select + 목적어(명사/명사절): ~을 선정하다, 선택하다

We will **select** which employee should be given a bonus.
우리는 어느 직원이 보너스를 받아야 할지 선택해야 한다.

→ 동사 select는 목적어로서 which 혹은 whose가 이끄는 명사절과 함께 사용 가능하다.

④ **comply**: 따르다, 준수하다

빈출 패턴 comply + with + 명사(규범, 규율, 기준): ~을 따르다, 준수하다

You should **comply** with the rules. 당신은 규범들을 잘 따라야 한다.

cf. 'in compliance with / in accordance with'와 같이 명사의 형태로도 사용된다.

빈칸에 들어갈 가장 알맞은 보기를 고르시오.

Since the employee discount is ------- to current employees, one must present a valid employee ID to take advantage of it.

(A) planned
(B) limited
(C) required
(D) liked

 정답 뽀개기

정답	(B) limited	
오답	(A) planned	✔ 빈칸 앞의 be동사 is에 유의하면 주어진 문장은 수동태 문장임을 알 수 있다.
	(C) required	✔ 빈칸 뒤의 전치사 to와 함께 사용될 수 있는 (B)가 정답이다.
	(D) liked	

해석

직원 할인은 현 직원들만으로 제한되기 때문에, 그것을 이용하려면 유효한 사원증을 제시해야만 한다.

(A) planned　　(B) limited　　(C) required　　(D) liked

정답 (B)

어휘 **discount** 할인 **valid** 유효한 **take advantage of** ~을 이용하다

❶ limit: 제한하다

> **빈출 패턴** be limited(= restricted) to + 명사: ~에 국한되다

This lounge is **limited to** employees. 이 휴게실은 직원들만 들어갈 수 있다.

❷ plan: 계획하다

> **빈출 패턴** plan + to부정사: ~을 계획하다

We are **planning to** relocate our office to the downtown area.
우리는 사무실을 도심 지역으로 이전할 계획이다.

❸ like: 좋아하다

> **빈출 패턴** would like + to부정사: ~ 하고 싶다

I **would like to** express my apology to your company. 나는 당신의 회사에 사과의 뜻을 전하기를 원한다.

→ 파트 5, 6에서 동사 like는 단독으로 사용되지 않고 항상 'would like + to부정사' 형태로 등장한다.

cf1. 전치사 like

Like other companies, our company offers customers complimentary gifts.
다른 회사들과 마찬가지로, 우리 회사는 고객들에게 무료 선물을 증정한다.

→ 전치사 like는 '~와 같이', '~처럼'이라는 의미를 나타내며 복수 명사와 함께 사용된다.

→ unlike는 '~와는 같지 않게', '~와 다르게'라는 의미를 나타낸다.

cf2. be likely + to부정사: ~일 것 같다, ~할 가능성이 있다

It **is likely to** rain. 비가 올 것 같다.

기출 변형 16 빈칸에 들어갈 가장 알맞은 보기를 고르시오.

Although it was created to treat persistent coughing, the new medicine ------- to be good at lowering blood pressure.

(A) proved
(B) commented
(C) affected
(D) collected

정답	(A) proved	
오답	(B) commented (C) affected (D) collected	✓ to부정사와 어울려 '~으로 판명되다'라는 의미를 완성시키는 (A)가 정답이다.

해석

신약은, 만성적인 기침을 치료하기 위해 개발되기는 했지만, 혈압을 낮추는 데 효과가 있다는 점이 입증되었다.

(A) proved   (B) commented   (C) affected   (D) collected

정답 (A)

어휘 **create** 창조하다, 만들다 **persistent** 끊임없이 지속되는 **cough** 기침하다 **be good at** ~에 능숙하다 **blood pressure** 혈압
prove 입증하다 **comment** 논평하다 **affect** 영향을 미치다

이 정도는 알아야지!

❶ prove: 입증하다, 증명하다

> 빈출 패턴 1 prove to be + 형용사: ~으로 판명되다

The software **proved to be** more efficient than the previous one.
이 소프트웨어는 이전보다 더 효과가 좋다는 것이 입증됐다.

> 빈출 패턴 2 prove + 목적어 + 형용사: ~이 ~하다는 점을 입증하다

He **proved** himself innocent. 그는 자신이 결백하다는 것을 증명했다.

> 빈출 패턴 3 prove + (that) + 주어 + 동사: ~이 ~하다는 점을 증명하다

He **proved** that he didn't do anything wrong. 그는 어떠한 잘못도 하지 않았다는 것을 증명했다.

❷ comment: 논평하다, 언급하다

> 빈출 패턴 comment on + 명사: ~에 대해 언급하다

We don't want to **comment on** the issue. 우리는 그 부분에 대해 언급하기를 원하지 않는다.

③ affect: 영향을 미치다

> **빈출 패턴** be affected by + 명사: ～의 영향을 받다

This town **was affected by** a severe storm. 이 마을은 심각한 태풍에 영향을 받았다.

cf. 'be adversely affected by'의 형태와 같이, 수동태의 형태인 경우에 주로 'adversely(좋지 않게)'와 같은 의미의 부사와 자주 사용된다.

④ collect: 모으다, 수집하다

> **빈출 패턴** collect + 목적어(문서, 정보 등): ～을 수집하다

She is **collecting** a lot of information about IT products.
그녀는 IT 제품들에 관한 많은 정보를 수집하고 있다.

cf. gather라는 동사도 타동사로 사용되면 '～을 모으다'라는 의미로 사용될 수 있다.

기출 변형 17 빈칸에 들어갈 가장 알맞은 보기를 고르시오.

Most municipalities ------- regulations that determine the fares that taxi companies are allowed to charge.

(A) enforce
(B) conform
(C) act
(D) advise

⚡ 정답 빠기기

정답	(A) enforce	
오답	(B) conform (C) act (D) advise	✔ 빈칸 뒤에 regulations(규범)라는 명사가 나왔다. ✔ regulations를 목적어로 취하여 '집행하다'라는 의미를 나타내는 (A)가 정답이다.

대부분의 지방자치단체들은 택시 회사에서 부과할 수 있는 요금을 결정하는 규제를 실시한다.

(A) enforce　　(B) conform　　(C) act　　(D) advise

정답 (A)

어휘 **regulation** 규제, 규정　**municipality** 지방자치단체　**determine** 결정하다　**fare** 요금　**enforce** 집행하다, 실시하다　**conform** 따르다, 순응하다

이 정도는 알아야지!

❶ conform: 따르다, 준수하다

> **빈출 패턴** conform to/with(전치사) + 명사: ~을 따르다, 지키다

You didn't **conform to/with** the building's regulations.　당신은 그 건물의 규범을 따르지 않았다.

❷ act: 행동하다

> **빈출 패턴** act + (like/as + 명사): ~의 역할[기능]을 하다

The device is **acting as** a filter.　그 장치는 필터 역할을 한다.

❸ advise: 충고하다

> **빈출 패턴 1** advise + 목적어(사람) + to부정사: ~에게 ~하라고 충고하다

Our supervisor **advised** us **to** turn off the lights before leaving the office.
우리 매니저는 사무실을 나가기 전에 전등을 소등하라고 충고했다.

→ 5형식 동사로 사용되었다.

> **빈출 패턴 2** advise + that + 주어 + 동사: ~이 ~할 것을 충고하다

The manager **advises that** every staff member wear protective gear.
그 매니저는 모든 직원들이 안전장비를 착용하라고 충고한다.

Please ------- receipt of the signed contract that was included with the welcome pack last week.

(A) sign

(B) alter

(C) acknowledge

(D) contact

⚡ 정답 찾기

정답	**(C) acknowledge**	
오답	(A) sign (B) alter (D) contact	✔ 빈칸 뒤에 receipt(수령)라는 명사가 나왔기 때문에, '수령한 것을 알리다'라는 의미를 완성시킬 수 있는 (C)가 정답이다.

해석

지난주 환영 패키지에 포함되어 있던, 서명이 기재된 계약서를 받으셨다는 점을 알려 주십시오.

(A) sign   (B) alter   (C) acknowledge   (D) contact

정답 (C)

어휘 **receipt** 수령, 인수; 영수증   **contract** 계약서   **include** 포함하다   **welcome pack** 환영 패키지   **alter** 변경하다   **acknowledge** 인정하다; 받았다는 점을 알리다   **contact** 접촉하다

이 정도는 알아야지!

① **acknowledge: 받았음을 알리다; 인정하다**

> **빈출 패턴 1** acknowledge + 목적어(편지, 문서, 서류, 소포 등): ~을 수령한 것을 알리다

You are required to **acknowledge** the receipt of the reimbursement form.
당신은 배상신청서를 받았다는 것을 알려야 한다.

→ acknowledge라는 동사는 '편지, 문서, 서류, 소포' 등을 나타내는 명사들과 함께 사용하여 '~을 수령한 것을 알리다'라는 의미를 나타낸다.

Mr. Gilbert **is acknowledged as** the most qualified candidate.
Gilbert 씨는 가장 자격을 갖춘 지원자로 인정을 받는다.

❷ alter: 고치다; 변경하다

빈출 패턴 alter + 목적어: ~을 고치다; ~을 변경하다

This costume needs to be **altered**. 이 의상은 수선해야 한다.

→ 동사 alter는 '(옷 따위를) 수선하다', '고치다'라는 의미로 사용되며, 가끔 '(상황 등을) 변경하다'라는 의미로도 사용된다.

❸ contact: 접촉하다; 연락하다

빈출 패턴 contact + 목적어(사람): ~에게 연락하다

Please **contact** Ms. Liam to register for the course. 그 수업에 등록하기 위해 Liam 씨에게 연락하세요.

 **기출 변형 19** 빈칸에 들어갈 가장 알맞은 보기를 고르시오.

Either Ms. Thornhill or Ms. Lewis will ------- Design Star Enterprises at the Calgary Architecture Expo.

(A) order
(B) represent
(C) regard
(D) hold

정답	(B) represent	
오답	(A) order (C) regard (D) hold	✔ 빈칸 뒤에 회사 이름이 등장하고 있는데, 회사, 단체, 혹은 나라와 연관된 단어들과 함께 사용되어 '~을 대표하다'라는 의미를 나타내는 (B)가 정답이다.

해석

Thornhill 씨나 Lewis 씨가 캘거리 건축 박람회에서 Design Star Enterprises를 대표하게 될 것이다.

(A) order   **(B) represent**   (C) regard   (D) hold

정답 (B)

어휘   **represent** 대표하다   **regard** ~을 ...으로 여기다

이 정도는 알아야지!

❶ regard: 간주하다, 여기다

빈출 패턴   be regarded by/as + 명사: ~으로 간주되다

He is highly **regarded as** one of the best analysts.   그는 최고의 분석가들 중의 하나로 여겨진다.

→ 파트 5, 6에서 동사 regard는 거의 수동태 형식으로만 출제된다.

→ 주로 'be widely regarded(폭넓게 간주되다)', 혹은 'be highly regarded(높이 평가되다)' 형태로 등장한다.

cf. 전치사 regarding(~에 관하여): regarding + 명사

There are some issues **regarding** sales figures.   판매 수치와 관련하여 몇 가지 문제들이 있다.

→ concerning, about, as to, as for 등으로 대체할 수 있다.

❷ hold: 잡다, 쥐다; 열다, 개최하다

빈출 패턴 1   hold + 목적어(회의, 행사 등): ~을 개최하다

We are going to **hold** a seminar this week.   우리는 이번 주에 세미나를 개최할 예정이다.

→ be held라는 수동태 형식과 관련된 문제도 자주 출제된다.

빈출 패턴 2   be held + 형용사: ~으로 여겨지다.

He is **held responsible** for the contract.   그가 계약서에 대한 책임을 지고 있다고 여겨진다.

❸ order: 주문하다; 명령하다

> **빈출 패턴** order + 목적어(상품 등): ~을 주문하다

They **ordered** several tables. 그들은 몇 개의 테이블을 주문했다.

cf 1. in order: 순서대로 (= in an orderly fashion)

Please put the boxes **in order**. 박스들을 순서에 맞게 두세요.

cf 2. in order + to부정사: ~하기 위하여

In order to get a refund, you need to present the original receipt.
환불을 받기 위해서 당신은 원본 영수증을 제시해야 한다.

기출 변형 20 빈칸에 들어갈 가장 알맞은 보기를 고르시오.

The spokesperson for J. Pritchett Oil announced that the company has finally been ------- permits to begin exploratory drilling.

(A) granted
(B) proposed
(C) originated
(D) accustomed

⚡ 정답 빼개기

정답	**(A) granted**	✔ 빈칸 앞에 been이라는 be동사가 있으므로 빈칸에는 p.p. 형태가 들어가서 수동태 형식을 완성시켜야 한다.
오답	(B) proposed (C) originated (D) accustomed	✔ 수동태의 특징 중 하나는 뒤에 목적어가 나오지 않는 것인데, 빈칸 뒤에 permits라는 명사가 있다. ✔ 수동태에서 유일하게 목적어를 취할 수 있는 동사는 4형식 동사이다. ✔ 보기 중에서 4형식 동사로 사용될 수 있는 것은 (A)의 granted이다.

어휘　spokesperson 대변인　announce 발표하다　permit 허가　exploratory drilling 시추　grant 주다

이 정도는 알아야지!

1 originate: 유래하다, 기원하다

빈출 패턴　originate from/in + 명사: ~에서 유래되다

These materials **originated from** Europe.　이 재료들은 유럽에서 왔다.

2 accustom: 익숙하게 하다

빈출 패턴　be accustomed to + (동)명사: ~에 익숙하다

I **am accustomed to** living in a city.　나는 도시에 사는 것에 익숙해져 있다.

→ 'be used to + (동)명사'도 '~하는 데 익숙하다'라는 의미로 사용되며, 이때 주어는 원칙적으로 사람명사여야 한다.

cf 1. be + used + to부정사: ~하기 위해 사용되다

This cart **is used to** carry heavy office equipment.　이 카트는 무거운 사무용품을 나르기 위해 사용된다.

cf 2. used + to부정사: (과거에) ~하곤 했다, 한때 ~이 있었다

I **used to** live in the countryside.　나는 시골에서 살았었다.

기출 변형 21　빈칸에 들어갈 가장 알맞은 보기를 고르시오.

Cellular One ------- itself many fans in the marketing community due to its innovative use of social networking.

(A) verified
(B) rectified
(C) designed
(D) won

정답	(D) won
오답	(A) verified (B) rectified (C) designed

✔ 빈칸 뒤의 재귀대명사 itself는 강조용법으로 사용되어 생략이 가능하다.

✔ 문장의 맨 앞에 주어로서 회사가 나오고, 빈칸의 뒤쪽에 many fans라는 목적어가 나오기 때문에 '회사가 ~을 얻다'라는 의미를 나타내는 (D)가 정답이다.

해석

Cellular One은 소셜네트워크의 혁신적인 활용 덕분에 마케팅 업계에서 다수의 팬을 얻었다.

(A) verified   (B) rectified   (C) designed   **(D) won**

정답 (D)

어휘   **innovative** 혁신적인   **verify** 확인하다, 입증하다   **rectify** 바로잡다

이 정도는 알아야지!

① verify: 확인하다, 입증하다

> **빈출 패턴**   verify + 목적어(명사절): ~라는 점을 명확히 하다

Please **verify** that we have enough products in our warehouse.
우리가 창고에 충분한 제품들을 갖고 있다는 것을 확인하세요.

→ 동사 verify는 목적어로서 명사절을 선호하는데, that절 혹은 whether절이 목적어가 되는 경우가 일반적이다.

② design: 설계하다, 고안하다

> **빈출 패턴**   be designed + to부정사 / be designed for + 명사: ~하기 위해 고안되다

This system **was designed to** send instant messages to our customers.
이 시스템은 고객들에게 즉각적인 메시지를 전달하기 위해 만들어졌다.

③ rectify: 바로잡다

> **빈출 패턴**   rectify + 목적어(상황, 문제점, 실수 등): (잘못된 점이나 상황을) 바로잡다

They were hired to **rectify** the problems.   그들은 그 문제점들을 해결하기 위해 고용되었다.

기출 변형 22 빈칸에 들어갈 가장 알맞은 보기를 고르시오.

Port St. Lucie Hospital has recently upgraded its emergency room equipment to allow doctors to ------- patients more quickly.

(A) compare
(B) diagnose
(C) collapse
(D) respond

⚡ 정답 밝혀기

정답	(B) diagnose	
오답	(A) compare (C) collapse (D) respond	✔ 빈칸 뒤에 patients라는 명사를 목적어로 취하여 '환자들을 진단하다'라는 의미를 완성시킬 수 있는 (B)가 정답이다.

해석

포트세인트루시병원은 의사들이 더 빠르게 환자들을 진단할 수 있도록 하기 위해서 최근에 응급실 장비를 업그레이드했다.

(A) compare   (B) diagnose   (C) collapse   (D) respond

정답 (B)

어휘   **recently** 최근에   **emergency room** 응급실   **diagnose** 진단하다   **collapse** 붕괴하다

이 정도는 알아야지!

❶ compare: 비교하다

빈출 패턴   compare + 목적어 + with/to + 명사: ~와 ~을 비교하다

Customers can **compare** our products **with** others online.
고객들은 우리의 제품들을 다른 제품들과 온라인에서 비교할 수 있다.

cf. compared to + 명사: ~와 비교하여 (분사구문의 표현)

② respond: 대답하다, 응답하다

> **빈출 패턴** respond to + 명사: ~에 대답하다, 응답하다

Please **respond to** the e-mail immediately. 이 이메일에 즉시 답변해 주세요.

→ 유사한 표현으로 'reply to(~에 답신하다)', 'react to(~에 반응하다)' 등이 있다.

기출 변형 23 빈칸에 들어갈 가장 알맞은 보기를 고르시오.

All marketing representatives can ------- from ongoing training in social networking.

(A) focus
(B) benefit
(C) arrive
(D) decide

⚡ 정답 빨기기

정답	(B) benefit	
오답	(A) focus (C) arrive (D) decide	✔ 빈칸 바로 뒤에 from이라는 전치사가 나왔다. ✔ 보기 중 자동사로서 전치사 from과 함께 사용될 수 있는 (B)가 정답이다.

해석

모든 마케팅 직원들은 현재 진행 중인 소셜 네트워크에 관한 교육으로 혜택을 받을 수 있다.

(A) focus   **(B) benefit**   (C) arrive   (D) decide

정답 (B)

어휘 **representative** 대표 **ongoing** 진행 중인 **training** 훈련, 교육 **focus** 집중하다, 초점을 맞추다 **benefit** 혜택을 받다

① benefit: 유용하다; 이득을 보다

> **빈출 패턴** benefit from + (동)명사: ~으로부터 혜택을 얻다

Customers can **benefit from** using our online banking service.
고객들은 우리 온라인 뱅킹 서비스를 이용함으로써 혜택을 얻을 수 있다.

→ benefit이 타동사로 사람명사를 목적어로 취하는 경우 '~에게 혜택을 주다'라는 의미를 나타낸다.

② focus: 집중하다

> **빈출 패턴** focus on + 명사: ~에 집중하다, 초점을 맞추다

We should **focus on** our online marketing. 우리는 온라인 마케팅에 집중해야 한다.

③ decide: 결정하다

> **빈출 패턴** decide + to부정사 / decide + 명사절(which/whose): ~할 것을 결정하다

We have **decided to** hire more employees. 우리는 더 많은 직원들을 고용하기로 결정했다.

④ arrive: 도착하다

> **빈출 패턴** arrive at + 한정된 장소 / arrive in + 넓은 지역: ~에 도착하다

We just **arrived at** Incheon International Airport. 우리는 지금 인천국제공항에 도착했다.

cf. 'arrive + from'의 형태로 출발지를 언급하는 경우도 있다.

기출 변형 24 빈칸에 들어갈 가장 알맞은 보기를 고르시오.

A trip to Roatan Island will ------- travelers excited about the abundant flora and fauna.

(A) leave
(B) base
(C) support
(D) offer

정답	(A) leave

✔ 빈칸 뒤에 travelers라는 명사가 있고 그 뒤에 excited라는 형용사가 있으므로 5형식 동사가 들어가야 한다.

오답	(B) base (C) support (D) offer

✔ 5형식 동사로 사용이 가능한 (A)가 정답이다.

해석

로아탄섬 여행에서 여행객들은 풍부한 동식물로 인해 큰 흥미를 느끼게 될 것이다.

(A) leave   (B) base   (C) support   (D) offer

정답 (A)

어휘   **abundant** 풍부한   **flora and fauna** 동식물   **base** 기반하다

이 정도는 알아야지!

❶ leave: 두다, 남기다; 떠나다

> **빈출 패턴 1**   leave + 목적어 + 형용사: ～을 ～ 상태로 남겨놓다

Please **leave** the windows open.   창문을 열린 상태로 두세요.

> **빈출 패턴 2**   leave + 목적어(사람, 물건 등): ～에 두고 오다, 놓다

Please **leave** your luggage in the lobby.   당신의 짐을 로비에 두세요.

> **빈출 패턴 3**   leave + 목적어(장소 등): ～을 떠나다

I **left** London.   나는 런던을 떠났다. (런던에서 머무르다가 다른 곳으로 떠났다는 의미)

> **빈출 패턴 4**   leave for + 명사(장소): ～으로 떠나다

I **left for** London.   나는 런던으로 떠났다. (다른 곳에 있다가 런던으로 떠났다는 의미)

❷ base: 기반하다

> **빈출 패턴**   be based on + 명사: ～에 기반하다, ～에 근거하다

This novel **is based on** a true story.   이 소설은 실화를 바탕으로 한다.

❸ support: 지지하다, 지원하다

> **빈출 패턴** support + 목적어(견해, 정책, 법안 등): ~을 지지하다

We **support** the new employment law proposed by the president.
우리는 대통령에 의해 발의된 새로운 채용 법안을 지지한다.

기본중기본
기출 변형 25 빈칸에 들어갈 가장 알맞은 보기를 고르시오.

The warranty on all LED televisions ------- 90 days after the date of purchase.

(A) confirms
(B) requires
(C) rotates
(D) expires

⚡ 정답

정답	(D) expires	✔ 빈칸 뒤에 기간을 나타내는 표현인 '90 days'가 나오는데, 이는 부사이기 때문에 빈칸에는 자동사가 필요하다.
오답	(A) confirms (B) requires (C) rotates	✔ 보기에서 자동사는 (C)의 rotates와 (D)의 expires이다. ✔ 둘 중에서 기간을 나타내는 표현과 어울려 사용될 수 있으면서 warranty를 주어로 삼을 수 있는 동사는 (D)의 expires이다.

해석

모든 LED 텔레비전에 대한 보증 기간은 구입 후 90일에 만료된다.
(A) confirms   (B) requires   (C) rotates   **(D) expires**

정답 (D)

어휘   **warranty** 보증 (기간)   **confirm** 확인하다   **rotate** 돌다, 회전하다   **expire** 소멸하다, 만료되다

1 expire: 기한이 만료되다

> **빈출 패턴** expire + (시간부사): 기한이 만료되다

My visa **expires** tomorrow. 나의 비자는 내일 기한이 만료된다.

→ expire는 자동사로서 보통 시간을 나타내는 부사와 함께 사용된다.

→ expire라는 동사는 앞으로의 미래를 나타내는 경우에도 현재시제로 사용하는 것이 일반적이다.

2 confirm: 확인하다

> **빈출 패턴 1** confirm + 목적어: ~을 확인하다

I would like to **confirm** my reservation. 저는 예약을 확인하고 싶습니다.

→ 동사 confirm은 '~을 확인하다'라는 의미를 나타내며 주로 계약, 예약, 약속 등과 관련이 있는 표현들과 자주 사용된다.

> **빈출 패턴 2** confirm + that + 주어 + 동사: ~가 ~라는 점을 확인하다

3 rotate: 돌다, 회전하다

> **빈출 패턴** rotate through/around + 명사: ~ 주위를 돌다

The employees are required to **rotate through** different divisions.
직원들은 다른 부서로 옮겨 다니게 될 예정이다.

기출 변형 **26** 빈칸에 들어갈 가장 알맞은 보기를 고르시오.

All junior associates can ------- in the mentoring program during their first year of work.

(A) enroll
(B) admit
(C) result
(D) subscribe

정답	(A) enroll
오답	(B) admit
	(C) result
	(D) subscribe

✔ 빈칸 뒤의 전치사 in과 함께 사용될 수 있는 자동사를 찾는 문제이다.

✔ 보기 중에서 프로그램, 세션, 세미나 등을 나타내는 표현과 어울려 사용될 수 있는 동사는 (A)의 enroll이다.

해석

모든 신입 사원들은 근무 첫 해 동안 멘토링 프로그램에 등록할 수 있다.

(A) enroll   (B) admit   (C) result   (D) subscribe

정답 (A)

어휘   **junior associate** 신입 직원, 직급이 낮은 사원   **enroll** 등록하다   **admit** 인정하다   **subscribe** 구독하다

이 정도는 알아야지!

❶ enroll: 등록하다

빈출 패턴   enroll in + 명사: ~에 등록하다

Please **enroll in** the training session one week in advance.   1주일 먼저 교육 과정에 등록하세요.

→ enroll in과 마찬가지로 register for, sign up for도 같은 의미로 사용된다.

❷ result: 결과로 발생하다

빈출 패턴   result + in + 명사: ~을 초래하다

The prevalence of viruses has **resulted in** a high number of deaths.

바이러스의 유행이 많은 수의 죽음을 야기했다.

cf. result from + 명사(원인): ~으로부터 결과가 나타나다

❸ admit: 인정하다

빈출 패턴   admit + that + 주어 + 동사: ~라는 점을 인정하다

You should **admit** that your presentation was disappointing.

당신은 당신의 프레젠테이션이 실망스러웠다는 것을 인정해야 한다.

cf. 'admit + 목적어 + to(전치사)'의 형태로 '~로의 입장을 허가하다'라는 의미로 사용된다.

❹ subscribe: 구독하다

빈출 패턴   subscribe to + 명사(신문, 잡지 등): ~을 구독하다

We **subscribed to** *National Geography*.   우리는 *내셔널 지오그래피*를 구독했다.

cf. 명사 subscription도 전치사 to와 함께 사용되어 '~을 구독'이라는 의미를 나타낸다.

3 형용사 어휘

형용사 어휘 문제의 Tip

> **STEP 1** 빈칸 뒤에 명사가 있으면 명사의 의미를 확인한다.
> **STEP 2** 빈칸에 들어갈 형용사가 be동사와 같은 2형식 동사의 주격보어로 사용된 경우 주어를 확인한다.
> **STEP 3** 빈칸에 들어갈 형용사가 keep, find, consider, deem, make 등 5형식 동사의 목적격보어로 사용된 경우 목적어를 확인한다.

기출 변형 1 빈칸에 들어갈 가장 알맞은 보기를 고르시오.

Ms. Lennox's résumé is impressive, but I am ------- to hire a new salesperson without at least three years of international sales experience.

(A) reluctant
(B) devoted
(C) adhesive
(D) impartial

정답 뽑개기

정답	(A) reluctant	
오답	(B) devoted (C) adhesive (D) impartial	✔ 빈칸 뒤에 to부정사가 있는데, '~을 꺼려하다'라는 의미로 쓰이는 형용사 reluctant는 항상 'be reluctant to부정사'의 형태로 사용된다. 정답은 (A)이다

해석

Lennox 씨의 이력서는 인상적이지만, 최소한 3년의 해외 영업 경력도 없는 신입 영업 사원을 채용하는 것은 꺼려진다.

(A) reluctant   (B) devoted   (C) adhesive   (D) impartial

정답 (A)

어휘 **impressive** 인상적인 **at least** 적어도, 최소한 **international** 국제적인 **reluctant** 꺼리는 **adhesive** 들러붙는, 접착력이 있는 **impartial** 공정한

① reluctant: 내키지 않는, 꺼리는

> 빈출 패턴 be reluctant + to부정사: ~하는 것을 꺼리다

The CEO **is reluctant to** approve my request for a transfer to the branch in London.
최고경영자는 런던 지점으로의 전근 요청을 승인하는 것을 꺼려한다.

② devoted: 헌신적인; 몰두한

> 빈출 패턴 be devoted to + (동)명사: ~에 몰두하다

He **is devoted to** teaching students. 그는 학생들을 가르치는 것에 헌신한다.

③ adhesive: 들러붙는

cf. adhesive는 명사로 '접착제'라는 의미를 나타내며, 형용사로서는 '~에 들러붙는'이라는 의미로 사용된다.

These materials are very **adhesive**. 이 재료들은 상당히 접착력이 강하다.

④ impartial: 공정한 (= unbiased)

She asked for **impartial** investigations. 그녀는 공정한 조사를 요청했다.

기출 변형 2 빈칸에 들어갈 가장 알맞은 보기를 고르시오.

White House Linens specializes in providing delivery linen service to the Lakeview area's hotels and restaurants at ------- prices.

(A) intelligent
(B) extended
(C) cheerful
(D) reasonable

정답 받개기

정답	(D) reasonable
오답	(A) intelligent (B) extended (C) cheerful

✔ 빈칸 뒤의 price(가격)라는 명사와 자주 어울려 사용되는 형용사인 (D)가 정답이다.

해석

White House Linens는 Lakeview 지역의 호텔과 식당에 합리적인 가격으로 린넨 제품의 배송을 제공하는 것을 전문으로 하고 있다.

(A) intelligent   (B) extended   (C) cheerful   (D) reasonable

정답 (D)

어휘   **specialize** 전문으로 하다   **linen service** 린넨 서비스 (호텔 등에 제복 등을 대여하는 서비스)   **intelligent** 지능적인   **extended** 길어진   **cheerful** 쾌활한   **reasonable** 합리적인

이 정도는 알아야지!

❶ 명사 price와 자주 어울려 사용되는 형용사

reasonable 합리적인   reduced 할인한   discounted 할인된   affordable (가격이) 알맞은

❷ extended: 연장된

We worked **extended** hours. 우리는 연장 근무했다.

→ 보통 시간의 의미를 나타내는 명사를 수식한다.

❸ cheerful과 intelligent의 활용

→ 일반적으로 두 형용사 모두 사람명사를 수식할 수 있다.

→ cheerful은 사물명사와 함께 사용하여 '쾌적한'이라는 의미를 나타낼 수 있다.

Ms. Lee is so **cheerful** that everyone likes her. Lee 씨는 상당히 쾌활해서 모든 사람들이 그녀를 좋아한다.

Ms. Perez is very **intelligent** and works very hard. Perez 씨는 매우 영리하며, 열심히 일한다.

기출 변형 3 빈칸에 들어갈 가장 알맞은 보기를 고르시오.

The terms of sale clearly set a two-week time limit for exchanging ------- purchases.

(A) intense

(B) defective

(C) stable

(D) agreeable

⚡ 정답 빨개기

정답	(B) defective	✔ 빈칸 뒤의 purchase라는 명사와 빈칸 바로 앞의 exchange라는 명사가 정답의 단서이다.
오답	(A) intense (C) stable (D) agreeable	✔ 빈칸 뒤의 purchase라는 명사가 '구매'라는 뜻인데, 빈칸 앞의 교환(exchange)한다는 의미를 생각해 보면, 빈칸에는 부정적인 의미를 가진 형용사가 와야 하므로 (B)가 정답이다.

해석

판매 조항에는 결함이 있는 제품의 교환 시기가 2주로 제한된다는 점이 명확히 드러나 있다.

(A) intense   (B) defective   (C) stable   (D) agreeable

정답 (B)

어휘   **terms of sale** 매매 조건, 판매 조건 **clearly** 명확하게 **limit** 제한, 한계 **intense** 강렬한 **defective** 결함이 있는 **stable** 안정적인

이 정도는 알아야지!

① defective: 결함이 있는

> 빈출 패턴 defective + 명사(제품, 구매 등)

→ 주로 교환 및 반품 등을 의미하는 단어들과 함께 사용된다.

Please return any defective items within 5 days. 5일 안으로 하자가 있는 제품들은 반품하세요.

② intense: 강렬한

> 빈출 패턴 intense + 명사(경쟁, 상황 등)

→ intense competition과 같은 표현이 자주 사용된다.

→ intense 대신 severe를 사용할 수도 있다.

Dr. Martin is well known as a very **intense** speaker.
Martin 박사님은 상당히 열성적인 연설가로 잘 알려져 있다.

❸ stable: 안정적인

> 빈출 패턴   be/remain stable: 안정적이다

Housing prices will **remain stable**. 주택 가격은 안정적일 것이다.

→ 'stable + 명사'의 형태로도 사용이 가능하며 stable price는 '안정적인 가격'이라는 의미를 나타낸다.

❹ agreeable: 알맞은

> 빈출 패턴   agreeable to + 명사(사람): ~에게 알맞은

cf. agreeably라는 부사는 be located라는 형태의 동사와 함께 사용될 수 있으며, 이는 '모든 사람이 좋아하는'
  이라는 의미이다.

The shopping mall is **agreeably** situated, and its location attracts many visitors.
그 쇼핑몰은 좋은 위치에 있으며 많은 방문객들의 관심을 끌고 있다.

기출 변형 ❹ 빈칸에 들어갈 가장 알맞은 보기를 고르시오.

The construction foreman keeps all permits and ------- paperwork in his trailer on the building site.

(A) achievable
(B) related
(C) alike
(D) interested

정답	(B) related	
오답	(A) achievable (C) alike (D) interested	✔ 빈칸 뒤에 paperwork(서류 작업)라는 명사가 나오는데, 보기 중에서 이와 가장 잘 어울려 사용될 수 있는 형용사인 (B)가 정답이다.

해석

공사 감독은 건설 현장의 트레일러에 허가증 일체와 관련 서류들을 보관해야 한다.

(A) achievable   (B) related   (C) alike   (D) interested

정답 (B)

어휘   **foreman** 작업 반장, 십장   **permit** 허가(증)   **paperwork** 서류, 서류 작업   **trailer** 이동식 주택, 트레일러   **building site** 공사 현장, 건설 현장   **achievable** 달성할 수 있는   **related** 연관된

이 정도는 알아야지!

① related: 관련된, 연관된

> **빈출 패턴**   be related to + 명사: ～와 관련이 있다

→ 주로 작업, 업무 분야, 사건 등의 의미를 나타내는 명사와 함께 사용된다.

Many crimes **are related to** copyright infringement.   많은 범죄들이 저작권 침해와 관련되어 있다.

② interested: 관심이 있는

> **빈출 패턴**   be interested in + 명사: ～에 관심이 있다

We **are interested in** importing some raw materials.   우리는 원자재들을 수입하는 것에 관심이 있다.

③ alike: 비슷한

> **빈출 패턴**   look alike: 비슷하게 보이다

cf 1. alike가 형용사로 사용될 경우 명사 앞에서는 사용되지 않는다.

Office workers are all very much **alike**.   사무실직원들은 모두 똑같다.

cf 2. alike가 부사로 사용될 경우, 문장의 맨 마지막에 위치하며 '둘 다', '똑같이'라는 의미를 나타낸다.

Everyone, both young and old **alike**, can take part in the event.
젊든 나이가 들든 모두 이 이벤트에 참여할 수 있다.

As the manager of the Human Resources Department, Charlotte Greyson is ------- for the overall management of the company's employees.

(A) payable
(B) able
(C) capable
(D) responsible

 정답 찾기

정답	(D) responsible	
오답	(A) payable (B) able (C) capable	✔ 빈칸 뒤의 for라는 전치사와 어울려 사용될 수 있는 (D)가 정답이다.

해석

Charlotte Greyson은 인사부의 부장으로서 회사 직원들을 전반적으로 관리하는 일을 담당하고 있다.

(A) payable   (B) able   (C) capable   (D) responsible

정답 (D)

어휘 **Human Resources Department** 인사부 **overall** 전체적인, 전반적인 **management** 관리, 경영 **payable** 지불할 수 있는 **capable** 할 수 있는; 유능한 **responsible** 책임을 지는

이 정도는 알아야지!

❶ responsible: 책임이 있는

빈출 패턴 be responsible for + 명사: ~에 대한 책임을 지다

We **are responsible for** the errors. 우리는 그 오류에 관해서 책임을 지고 있다.

❷ able: 할 수 있는

> 빈출 패턴 be able + to부정사: ~할 수 있다

→ 'be capable of + 명사'도 같은 의미를 나타낸다.

Our company should **be able to** survive in the market. 우리 회사는 시장에서 살아남을 수 있어야 한다.

❸ payable: 지불 가능한

> 빈출 패턴 1 payable to + 명사(지불 받을 사람이나 대상): ~에게 지불 가능한

> 빈출 패턴 2 payable by + 명사(지불 수단): ~으로 지불 가능한

Please make the check **payable to** Mr. White. White 씨에게 지불 가능한 수표를 결제해 주세요.

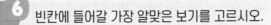 **기출 변형 6** 빈칸에 들어갈 가장 알맞은 보기를 고르시오.

Mr. Kardashian notified the post office of his change of address as soon as it was ------- that he was being transferred.

(A) apparent
(B) visible
(C) busy
(D) adequate

⚡ 정답 뽀개기

정답	(A) apparent	
오답	(B) visible (C) busy (D) adequate	✔ 빈칸 뒤에 **that**절이 따라오고 그 앞에는 가주어 **it**이 사용되었다. ✔ '진주어 – 가주어 구문'에서 사용할 수 있는 대표적인 형용사인 (A)가 정답이다.

Kardashian 씨는 그가 전근되는 것이 확실해지자 마자 그의 주소 변경을 우체국에 통지했다.

(A) apparent   (B) visible   (C) busy   (D) adequate

정답 (A)

어휘   **notify A of B** A에게 B를 공지하다   **transfer** 전근 조치하다   **apparent** 명확한, 뚜렷한   **visible** 눈에 보이는   **adequate** 적절한

이 정도는 알아야지!

❶ '진주어-가주어 구문'에서 사용될 수 있는 형용사

essetial 필수적인	necesary 필요한	important 중요한	imperative 반드시 해야 하는
vital 필수적인	apparent 분명한	mandatory 의무적인	advisable 권할 만한
natural 당연한	common 흔한	customary 관례적인	

It is **essential** to download a map from our Web site.
우리 웹사이트에서 지도를 다운로드하는 것이 필요하다.

❷ adequate: 적절한, 적당한

→ 형용사 adequate는 '적당한, 적절한'이라는 의미를 나타내며 주로 조치, 보상, 공급과 같은 의미를 나타내는 명사를 수식한다.

You should be given **adequate** compensation.   당신은 적절한 보상을 받아야 한다.

기출 변형 7   빈칸에 들어갈 가장 알맞은 보기를 고르시오.

Monrovia Bank's online account services will be ------- from 12:00 to 5:00 A.M. on Monday, January 1.

(A) hesitant
(B) unavailable
(C) satisfied
(D) understanding

정답	(B) unavailable	✔ 빈칸 뒤에 전치사 from이 있고, 빈칸 앞에는 be동사가 보이기 때문에 먼저 주어를 확인한다.
오답	(A) hesitant (C) satisfied (D) understanding	✔ 주어가 services이므로 '이용할 수 있는지', 혹은 '이용할 수 없는지'라는 의미를 나타낼 수 있는 형용사가 필요하다. ✔ 따라서 '이용할 수 없는'이라는 의미의 (B)가 정답이다.

해석

1월 1일 월요일 오전 12시부터 5시까지는 Monrovia 은행의 온라인 서비스를 이용하실 수 없습니다.

(A) hesitant　　　(B) unavailable　　　(C) satisfied　　　(D) understanding

정답 (B)

어휘 **from A to B** A에서 B까지　**hesitant** 주저하는　**unavailable** 이용할 수 없는

이 정도는 알아야지!

① available: 이용할 수 있는; 연락할 수 있는

빈출 패턴 주어(services, products, information 등) + be/become available

→ 주로 be동사의 뒤에 사용하며, 사용하거나 이용할 수 있는 의미를 지닌 명사들이 주어인 경우에 사용한다.
→ 다양한 전치사와 어울려 사용 가능하다.

available +	for + 대상
	to부정사
	on + 웹사이트
	in + 크기, 색상

This software is only **available for** employees.　이 소프트웨어는 오직 직원들만 이용 가능하다.

② satisfied: 만족한

빈출 패턴 be satisfied with + 명사: ~에 만족하다

→ '~에 만족하지 못하다'라는 의미는 'be dissatisfied with + 명사'로 표현한다.

We **are satisfied with** your product.　우리는 당신의 제품에 만족한다.

③ hesitant: 주저하는

빈출 패턴 1 be hesitant + to부정사: ~하는 것을 망설이다

빈출 패턴 2 be hesitant about + 명사: ~에 대해 망설이다

Mr. Sanchez **was hesitant to** attend the meeting.　Sanchez 씨는 회의에 참석하는 것을 망설였다.

기출 변형 8 빈칸에 들어갈 가장 알맞은 보기를 고르시오.

Ms. Olsen always insists that her many successes are due in large part to her ------- work ethic.

(A) dependent
(B) finished
(C) strong
(D) probable

⚡ 정답 빨개기

정답	(C) strong	
오답	(A) dependent (B) finished (D) probable	✔ 빈칸 뒤의 'work ethic(직업 의식)'과 가장 잘 어울려 사용될 수 있는 형용사인 (C)가 정답이다.

해석

Olsen 씨는 그녀의 많은 성공들은 대부분 그녀의 강력한 직업 의식 덕분이라고 항상 주장한다.

(A) dependent   (B) finished   **(C) strong**   (D) probable

정답 (C)

어휘 **insist** 주장하다 **due in part to** 부분적으로 ~ 때문에 **work ethic** 직업 의식, 근면함 **dependent** 의지하는 **probable** 개연성 있는

이 정도는 알아야지!

❶ **strong: 강한**

→ 주로 생각, 의견, 의식 등의 의미를 나타내는 명사들과 자주 사용된다.

We expressed **strong** agreement with the project. 우리는 그 프로젝트에 강한 동의를 표했다.

❷ **dependent: 의존하는, 의지하는**

빈출 패턴 be dependent on + 명사: ~에 의지하다

The company **is** solely **dependent on** its online advertisement.
그 회사는 온라인 광고에 전적으로 의지하고 있다.

③ probable: 사실일 것 같은

→ 주로 원인을 나타내는 표현들과 함께 사용된다.

This is the most **probable** source of the high volume of returns.
이것이 많은 반품에 대한 가장 그럴듯한 이유일 것이다.

기출 변형 9 빈칸에 들어갈 가장 알맞은 보기를 고르시오.

The Central African Republic is becoming increasingly ------- on oil imports from Nigeria and other African countries.

(A) reliable
(B) reliant
(C) dependable
(D) redundant

정답

정답	(B) reliant	
오답	(A) reliable (C) dependable (D) redundant	✔ 빈칸 뒤의 전치사 on과 어울려 '~에 의존하는'이라는 의미로 사용되는 (B)의 reliant가 정답이다.

해석

중앙아프리카 공화국은 나이지리아 및 기타 아프리카 국가로부터 수입하는 석유에 점점 더 의존하고 있다.

(A) reliable   (B) **reliant**   (C) dependable   (D) redundant

정답 (B)

어휘 **increasingly** 점점 더 **import** 수입 **reliable** 의존하는 **reliant** 의존하는 **dependable** 의지할 수 있는, 믿을 수 있는 **redundant** 불필요한

① reliant: 의존하는

　빈출 패턴 be reliant on + 명사: ~에 의존하다

→ 이와 달리 reliable이나 dependable은 전치사 on과 함께 사용되지 않는다.

We are reliant on oil exports.　우리는 석유 수출에 의존하고 있다.

② redundant: 불필요한

→ 정보, 내용 등을 의미하는 명사들과 어울려 '불필요한'이라는 의미를 나타낸다.

Please get rid of any **redundant** details.　불필요한 정보들을 폐기하세요.

기출 변형 **10**　빈칸에 들어갈 가장 알맞은 보기를 고르시오.

Tempo Cars, an international rental company based in Canada, is one of the ------- providers of rental cars internationally.

(A) accusing

(B) defining

(C) existing

(D) leading

⚡ **정답 뽀개기**

정답	(D) leading	
오답	(A) accusing (B) defining (C) existing	

✔ 빈칸 뒤에 providers라는 명사가 있고, 그 앞에 'one of the'라는 구문이 나왔다.

✔ 일반적으로 'one of the' 다음에는 '최고'라는 의미와 비슷한 단어들이 나오기 때문에 **(D)**가 정답이다.

✔ 'one of + the/소유격 + 복수명사'의 형태는 최상급이 아닌 '~중의 하나'라는 의미로도 사용될 수 있다.

캐나다에 본사를 두고 있는 다국적 렌터카 업체인 Tempo Cars는 선도적인 다국적 렌터카 업체 중 하나이다.

(A) accusing　　　(B) defining　　　(C) existing　　　**(D) leading**

정답 (D)

international 국제적인　**rental company** 렌터카 회사　**base** 기반하다　**accuse** 비난하다; 고소하다　**define** 정의하다　**existing** 현존하는　**leading** 선도적인

이 정도는 알아야지!

① leading: 선도적인

→ 회사나 단체 등을 의미하는 명사와 어울려 '선도적인'이라는 의미를 나타낸다.

MSC is one of the **leading** computer manufacturers in the UK.
MSC는 영국에서 선도적인 컴퓨터 제조업체들 중 하나이다.

② existing: 존재하는, 현존하는

→ 명사 앞에서만 사용될 수 있다.

It is time to change the **existing** laws on taxes. 세금에 대한 현재의 법령을 바꿀 시기이다.

기출 변형 11 빈칸에 들어갈 가장 알맞은 보기를 고르시오.

Everyone thought that yesterday's meeting was effective, and the sales team found it particularly -------.

(A) productive
(B) abundant
(C) inaudible
(D) plentiful

정답 찾기

정답	(A) productive	✔ 빈칸 앞 found라는 동사를 통해 주어진 문장이 5형식 문장임을 알 수 있다.
오답	(B) abundant (C) inaudible (D) plentiful	✔ 목적어 자리에 있는 대명사 it은 meeting을 가리킨다. ✔ 등위접속사 and 앞에 회의와 관련하여 긍정적인 의미의 형용사 effective가 사용되었으므로, 그 뒤에도 긍정적인 의미를 나타내는 형용사인 (A)가 들어가야 한다.

모든 사람들이 어제의 회의는 효율적이었다고 생각했으며, 영업부는 회의가 특히 생산적이었다는 점을 깨달았다.

(A) productive   (B) abundant   (C) inaudible   (D) plentiful

정답 (A)

어휘   **effective** 효과적인, 효율적인   **particularly** 특히   **productive** 생산적인   **abundant** 풍부한   **inaudible** 들리지 않는

이 정도는 알아야지!

❶ productive: 생산적인

→ 주로 be동사와 같은 2형식 동사의 뒤에서 사용된다.

→ 사람명사와도 함께 사용이 가능하다.

It is important to be **productive** while at a meeting.   회의 중에 생산적이 되는 것은 중요하다.

❷ abundant: 풍부한

→ be동사 뒤에서 보어로 사용 가능하며 명사 앞에서 명사를 수식할 수도 있다.

→ plentiful도 비슷한 의미를 나타낸다.

Vietnam is **abundant** in natural resources.   베트남은 천연자원이 풍부하다.

4 부사 어휘

부사 어휘 문제의 Tip

> **STEP 1** 가장 먼저 부사가 들어갈 빈칸의 위치를 확인한다.

> **STEP 2** 동사의 앞뒤에 부사가 들어갈 빈칸이 있으면 동사의 시제를 확인한다.

> **STEP 3** 시제와 관련이 없는 부사 어휘 문제인 경우, 동사의 의미를 확인한다.

> **STEP 4** 부사가 들어갈 빈칸이 형용사 앞에 있으면 형용사의 의미를 확인한다.

기출 변형 1 빈칸에 들어갈 가장 알맞은 보기를 고르시오.

This offer is available ------- to current employees of the Turner Group of Companies.

(A) frequently
(B) promptly
(C) exclusively
(D) excessively

정답

정답	(C) exclusively
오답	(A) frequently (B) promptly (D) excessively

✔ 빈칸 앞에 available이라는 형용사가 나오고 그 뒤에 to라는 전치사가 나오면, 그 사이에 들어갈 수 있는 부사는 단 한 가지 (C)의 exclusively뿐이다.

해석

이번 제안은 Turner Group of Companies의 현 직원들만을 대상으로 한다.

(A) frequently   (B) promptly   **(C) exclusively**   (D) excessively

정답 (C)

어휘 **offer** 제안, 제의 **current** 현재의 **frequently** 빈번히, 종종, 자주 **promptly** 신속하게 **exclusively** 배타적으로, 독점적으로 **excessively** 과도하게

① exclusively: 독점적으로, 오로지

> **빈출 패턴** be available + (exclusively) + to/for + 대상: ~에게 (독점적으로) 이용할 수 있는

→ 부사 exclusively는 available이라는 형용사와 상당히 자주 사용된다.

This vending machine **is available exclusively for** employees.
이 자동판매기는 오직 직원들만 사용 가능하다.

cf. exclusive right: 독점권

② promptly: 즉시

> **빈출 패턴 1** 주어 + 조동사 + (promptly) + 동사원형
> **빈출 패턴 2** 주어 + be + p.p. + (promptly)

→ 부사 promptly는 동사의 앞이나 뒤에 위치하거나, 문장의 맨 끝에 올 수 있다.

The furniture in the lounge should **promptly be moved** to the warehouse.
휴게실에 있는 가구들은 즉시 창고로 옮겨져야 한다.

기출 변형 2 빈칸에 들어갈 가장 알맞은 보기를 고르시오.

Reporters working for the *Daily Advocate* are ------- sent to international locations.

(A) assumingly
(B) regularly
(C) precisely
(D) oppositely

⚡ 정답 발개기

정답	(B) regularly
오답	(A) assumingly (C) precisely (D) oppositely

✔ 빈칸 앞에 are라는 be동사가 있고, 빈칸 뒤에는 sent라는 동사가 나왔다.
✔ 동사의 시제가 현재이므로 반복적인 의미를 지닌 (B)의 regularly가 정답이다.

*Daily Advocate*의 기자들은 정기적으로 해외 지역에 파견된다.

(A) assumingly　　(B) regularly　　(C) precisely　　(D) oppositely

정답 (B)

어휘 reporter 기자, 리포터　**location** 장소, 위치　**assumingly** 건방지게　**precisely** 정확하게　**oppositely** 마주 보고, 거꾸로

이 정도는 알아야지!

❶ regularly: 정기적으로, 규칙적으로

빈출 패턴 주어 + regularly + 현재시제 동사

We **regularly** hold meetings.　우리는 정기적으로 회의를 연다.

→ 부사 regularly는 현재시제의 동사와 어울려 사용된다.

❷ precisely: 정확하게

빈출 패턴 주어 + start/end + precisely/promptly + in/on/at + 시간

The meeting will start **precisely** at 2 P.M.　회의가 정확히 2시에 시작할 것이다.

→ 부사 precisely는 '시작하다', '끝나다'라는 의미의 동사와 주로 함께 사용된다.

→ 시간을 나타내는 단어와도 잘 어울려 사용된다.

기출 변형 3 빈칸에 들어갈 가장 알맞은 보기를 고르시오.

JB Cruise Lines often changes its departure times without notifying customers -------.

(A) in advance

(B) as a result

(C) accordingly

(D) prior to

정답	(A) in advance		✔ 문장의 맨 뒤에 위치할 수 없는 (B)는 정답에서 제외된다.
오답	(B) as a result		✔ (D)의 prior to는 전치사이기 때문에 목적어(명사)를 필요로 한다. 따라서 (D) 역시 오답이다.
	(C) accordingly		✔ 빈칸 앞의 'without notifying(통지하지 않고)'이라는 표현에 유의하면 (A)가 정답이다.
	(D) prior to		

해석

JB Cruise Lines는 종종 고객들에게 미리 통지를 하지 않고서 출발 시간을 변경한다.

(A) in advance　　　(B) as a result　　　(C) accordingly　　　(D) prior to

정답 (A)

어휘 **departure** 출발 **notify** 알리다, 고지하다 **in advance** 미리, 앞서 **as a result** 그 결과, 따라서

이 정도는 알아야지!

❶ in advance: 미리, 앞서서

　빈출 패턴 (시간) + in advance

If you plan to move out, please contact us 2 weeks **in advance**.
만약 이사를 간다면, 2주 전에 미리 연락하세요.

→ in advance는 시간을 나타내는 부사(구)와 함께 사용될 수 있다.

→ 일반적으로 문장의 맨 뒤에 위치한다.

❷ accordingly: 그에 따라, 따라서

→ 주로 문장의 맨 앞이나 뒤에 위치한다.

You should talk to the manager about the event and act **accordingly**.
당신은 매니저와 이벤트에 관해 대화를 나누고 그에 따라 행동해야 한다.

❸ as a result: 그 결과, 따라서

　빈출 패턴 as a result, 주어 + 동사

→ 접속부사처럼 사용되며, 보통 문장의 맨 앞에 위치한다.

→ 'as a result of + 명사'의 형태로도 사용이 가능하다.

As a result, we have to delay our new project. 결과적으로, 우리는 새로운 프로젝트를 연기해야 할 것이다.

④ prior to: ~에 앞서, ~보다 미리

빈출 패턴 prior to + (동)명사

→ 전치사로 취급한다.

Please give us a call **prior to** shipping the items. 물건들을 선적하기 전에 저희에게 전화하세요.

기출 변형 ④ 빈칸에 들어갈 가장 알맞은 보기를 고르시오.

After intense negotiations, the Roadahl Company ------- completed its takeover of Markseas Com, Inc. earlier this morning.

(A) intentionally
(B) finally
(C) attentively
(D) deliberately

⚡ 정답 보기기

정답	(B) finally	
오답	(A) intentionally (C) attentively (D) deliberately	✔ 빈칸 뒤에 completed라는 동사가 나왔다. ✔ 문장의 맨 앞에 'After intense negotiations'라는 표현이 있는데, '~한 후, 결국에 동사(completed)했다'라는 의미가 되어야 하므로 (B)가 정답이다.

해석

팽팽한 협상 후, Roadahl 사는 오늘 아침 일찍 마침내 Markseas Com 주식회사의 인수를 끝마쳤다.

(A) intentionally   (B) finally   (C) attentively   (D) deliberately

정답 (B)

어휘 **intense** 강렬한, 치열한   **negotiation** 협상   **takeover** 인수   **intentionally** 고의적으로, 의도적으로   **deliberately** 신중하게; 고의로

❶ finally: 마침내

> **빈출 패턴** After + 명사(주어) + 동사, 주어 + finally + 동사

After careful consideration, she **finally** agreed to acquire the rival company.
조심스럽게 고민한 후에, 그녀는 결국 경쟁회사를 인수하기로 결정했다.

→ 부사 finally는 접속사 혹은 전치사로 사용되는 after와 자주 어울려 사용된다.

→ agree, decide 등의 동사들과도 자주 어울려 사용된다.

❷ attentively: 조심스럽게; 신중히

> **빈출 패턴** 동사 + 목적어 + attentively

We should handle customer inquiries more **attentively**.
우리는 고객들의 질문에 더욱 주의를 기울여야 한다.

→ 부사 attentively는 보통 동사의 앞뒤 보다는 목적어의 뒤에 위치한다.

→ listen, handle, treat 등의 동사들과 자주 어울려 사용된다.

기출 변형 5 빈칸에 들어갈 가장 알맞은 보기를 고르시오.

The prize panel ------- selected Anya Talakova's *Round the Far Side* as the album of the year.

(A) deeply
(B) unanimously
(C) likely
(D) adaptively

⚡ 정답 밑개기

정답	(B) unanimously	
오답	(A) deeply (C) likely (D) adaptively	✔ 빈칸 뒤에 '선택하다'라는 의미의 selected가 나왔다 ✔ 보통 결정 및 선택의 의미를 나타내는 동사와 함께 사용되는 부사는 '만장일치로'라는 의미인 (B)의 unanimously이다.

수상 위원회는 만장일치로 Anya Talakova의 *Round the Far Side*를 올해의 앨범으로 선정했다.

(A) deeply   (B) unanimously   (C) likely   (D) adaptively

정답 (B)

어휘   **panel** 판; 패널   **unanimously** 만장일치로   **adaptively** 적응하여

이 정도는 알아야지!

- unanimously: 만장일치로

빈출 패턴   주어 + unanimously + 동사

They **unanimously** agreed to a partnership with ABS Tires.
그들은 만장일치로 ABS 타이어와 제휴를 맺는 것에 동의했다.

→ 부사 unanimously는 agree, decide, select, choose, vote 등의 동사들과 자주 어울려 사용된다.

기출 변형 6   빈칸에 들어갈 가장 알맞은 보기를 고르시오.

According to the tourism office, it takes ------- 45 minutes to reach the city center from the airport.

(A) ultimately
(B) closely
(C) approximately
(D) neatly

⚡ 정답 빼개기

정답	(C) approximately

✔ 빈칸 앞의 take라는 동사는 '시간이 걸리다'라는 의미를 나타낸다.
✔ 빈칸 뒤의 '45 minutes'가 시간을 나타내는 표현이므로 '대략', '약'이라는 의미를 나타내는 부사인 (C)가 정답이다.

오답	(A) ultimately
	(B) closely
	(D) neatly

여행업체에 의하면, 공항에서 시 중심가까지 가는 데 약 45분 정도 걸린다.

(A) ultimately　　(B) closely　　(C) approximately　　(D) neatly

정답 (C)

어휘　**reach** 도달하다, 닿다　**airport** 공항　**ultimately** 궁극적으로, 결국　**neatly** 단정하게

이 정도는 알아야지!

① approximately: 대략

빈출 패턴　approximately + 수량 및 시간 표현

There are **approximately** 30 people who registered for the language class.
그 언어 수업에 등록한 사람들이 대략 30명이 있다.

→ 부사 approximately는 보통 숫자와 관련한 단어 앞에서 사용된다.

→ 부사 about, almost, nearly, at least, around 등도 숫자와 함께 사용되면 유사한 의미를 나타낸다.

② closely: 밀접하게

빈출 패턴　주어 + closely + 동사

These two cases are **closely** connected.　이 두 가지의 경우들이 밀접하게 연관되어 있다.

→ 주로 '관련되다', '연관이 있다'라는 의미를 나타내는 동사와 함께 사용된다.

→ inspect(조사하다), test(시험하다) 등의 동사와 함께 사용될 수 있으며, 이때 thoroughly라는 부사를 대신 사용할 수 있다.

cf. 'close + to + 명사'의 형태로 '~에 가까운'이라는 의미로 사용된다.

기출 변형 7　빈칸에 들어갈 가장 알맞은 보기를 고르시오.

The variety of equipment and courses available at New Life Gym is impressive, but its membership fees are ------- high.

(A) respectively
(B) reliably
(C) surprisingly
(D) interestingly

정답	(C) surprisingly	✔ 빈칸 뒤에 high라는 형용사가 있으며 be동사의 주어는 fees(요금)이다.
		✔ 빈칸 앞 부분의 콤마 앞에 impressive라는 긍정적인 의미의 단어가 있기는 하지만, but이라는 접속사에 유의하면 뒤에 이어질 내용은 앞의 내용과 반대여야 한다.
오답	(A) respectively (B) reliably (D) interestingly	✔ 따라서 '(예상하지 못해서) 놀랍게도'라는 의미인 (C)의 surprisingly가 정답이다.

해석

New Life 체육관에서 이용할 수 있는 다양한 기구와 강습은 인상적이지만, 회비가 놀라울 정도로 비싸다.

(A) respectively   (B) reliably   (C) surprisingly   (D) interestingly

정답 (C)

어휘   variety 다양성   equipment 장비   impressive 인상적인   membership fee 회비, 가입비   respectively 각각   reliably 믿을 수 있게, 확실히

이 정도는 알아야지!

❶ surprisingly: 놀랍게도 (= unexpectedly)

> **빈출 패턴 1**   주어 + be동사 + surprisingly + 형용사 혹은 부사
>
> **빈출 패턴 2**   surprisingly, 주어 + 동사

Our company's financial status became **surprisingly** worse.
우리 회사의 재정 상황은 놀랍게도 더 악화되었다.

→ 부사 surprisingly는 동사를 수식할 수도 있지만 주로 형용사를 수식한다.

❷ respectively: 각각

> **빈출 패턴**   주어(명사 and 명사) + 동사 ~ 명사 and 명사, respectively

The sales figures for 2019 and 2020 increased 19% and 20%, **respectively**.
판매 수치는 2019년과 2020년에 각각 19%와 20% 상승했다.

→ 보통 문장의 맨 끝에서 '각각'이라는 의미를 나타낸다.

→ 둘, 혹은 셋 이상의 명사를 언급한 다음 각각의 명사와 관련이 있는 수치나 수량을 언급할 때 사용된다.

The problems with the computer were ------- due to the electrical storm last night.

(A) probably
(B) narrowly
(C) usefully
(D) safely

⚡ 정답 뽀개기

정답	(A) probably	
오답	(B) narrowly (C) usefully (D) safely	✔ 빈칸 뒤에 '~ 때문에'라는 의미를 나타내는 'due to'가 나왔다. ✔ 이유, 원인이 명확하지 않은 경우에 자주 사용되는 부사인 (A)가 정답이다.

해석

컴퓨터 문제는 아마 어젯밤의 심한 뇌우 때문이었을 것이다.

(A) probably   (B) narrowly   (C) usefully   (D) safely

정답 (A)

어휘 **due to** ~ 때문에 **electrical storm** 심한 뇌우 **usefully** 유용하게 **safely** 안전하게

이 정도는 알아야지!

❶ probably: 아마도

빈출 패턴 주어 + be동사 + probably + due to + 명사

The increase in sales of our ski boots was **probably** due to the growing demand for ski lessons.
우리의 스키화 판매의 증가는 아마도 스키 강좌에 대한 수요 증가 때문이었을 것이다.

→ 부사 probably는 동사 cause나 전치사 due to와 같이 인과 관계를 나타내는 표현들과 함께 자주 사용된다.

② narrowly: 가까스로

빈출 패턴 주어 + narrowly + 동사

I **narrowly** caught a train bound for New York. 나는 간신히 뉴욕으로 가는 기차를 탔다.

→ 부사 narrowly는 '가까스로'라는 의미로서 어떤 상황을 모면하는 경우에 자주 사용된다.

기출 변형 9 빈칸에 들어갈 가장 알맞은 보기를 고르시오.

Team members who have not yet signed their new contracts are asked to report to the HR Department to do so -------.

(A) nearly
(B) immediately
(C) solely
(D) significantly

⚡ 정답 뽀개기

정답	(B) immediately	✔ 문장의 맨 마지막에 들어갈 부사의 어휘를 묻고 있으므로 동사의 의미를 확인해야 한다.
오답	(A) nearly (C) solely (D) significantly	✔ 'are asked to'라는 표현은 should와 의미상 연관성이 있으므로 (B)가 정답이다. immediately와 관련된 자세한 내용은 다음 페이지의 '이 정도는 알아야지'를 통해 확인하자.

해석

아직 새로운 계약서에 서명하지 않은 팀원들은 즉시 서명하겠다고 인사과에 보고하도록 요청을 받는다.

(A) nearly   (B) immediately   (C) solely   (D) significantly

정답 (B)

어휘 **contract** 계약서 **nearly** 거의 **immediately** 즉시 **solely** 단독으로 **significantly** 상당히

1 immediately: 즉시

빈출 패턴 주어 + will/should/have to/must + 동사원형 + immediately

You should call your supervisor **immediately**. 당신은 상관에게 곧바로 전화해야 한다.

→ 부사 immediately는 동사의 앞에서도 사용이 가능하지만, 보통 문장의 맨 끝에 사용된다.

2 solely: 전적으로

빈출 패턴 주어 + 동사 + solely

We focus **solely** on sugar exports. 우리는 전적으로 설탕 수출에 주력한다.

→ rely on, depend on, 또는 focus on과 같은 동사들과 자주 어울려 사용된다.

기출 변형 10 빈칸에 들어갈 가장 알맞은 보기를 고르시오.

Employees who have been ------- trained to use the new database software claim that it is much simpler than the old system.

(A) indefinitely
(B) inevitably
(C) anonymously
(D) adequately

정답 따개기

정답	(D) adequately	
오답	(A) indefinitely (B) inevitably (C) anonymously	✔ 빈칸 뒤의 'have been trained'라는 표현에 유의하면 '적절하게'라는 의미를 나타내는 (D)가 정답이다.

신형 데이터베이스 소프트웨어를 사용할 수 있도록 적절하게 교육된 직원들은 그것이 구형 시스템보다 훨씬 더 다루기 수월하다고 주장한다.

(A) indefinitely   (B) inevitably   (C) anonymously   (D) adequately

정답 (D)

어휘   **claim** 주장하다   **indefinitely** 무기한으로   **inevitably** 필연적으로   **anonymously** 익명으로   **adequately** 적절하게

이 정도는 알아야지!

① adequately: 충분하게, 적절하게

빈출 패턴   주어 + adequately + 동사

All employees should be **adequately** prepared for the plant inspection.
모든 직원들은 충분하게 공장 검사를 준비해야 한다.

→ '충분히 보상받다' 혹은 '충분히 준비를 하다'와 같은 의미로 사용된다.

② anonymously: 익명으로

빈출 패턴   주어 + 동사 + anonymously

The comments on our newest product were **anonymously** made.
우리의 최신 제품들에 대한 글들은 익명으로 작성된다.

→ 주로 '글의 작성'이나 '정보의 전달'을 의미하는 표현들과 자주 어울려 사용된다.

cf. 'According to an anonymous source'와 같이 '익명의 제보에 의하면'이라는 의미로 사용된다.

Unit 03 반드시 출제되는 전치사 문제

1 시간과 관련한 전치사 문제 유형

전치사 문제는 크게 네 유형으로 나뉘어 출제되는데, ① 시간과 관련한 전치사, ② 장소 및 위치와 관련한 전치사, ③ 앞의 품사와 관련한 전치사, ④ 전치사 고유의 성질 및 의미와 관련한 문제이다. 가장 먼저, 다양한 시간 표현 앞에 사용되기에 적절한 전치사를 구분할 수 있어야 한다.

기출 변형 1 빈칸에 들어갈 가장 알맞은 보기를 고르시오.

The manager said that this year's gala would be over ------- 10:00 P.M.

(A) on
(B) by
(C) in
(D) of

⚡ 정답 별개기

정답	(B) by	
오답	(A) on (C) in (D) of	✔ 전치사의 문제는 철저하게 빈칸의 뒤에 오는 단어에 먼저 집중해야 한다. ✔ 뒤에 시간이나 장소와 관련된 명사가 나왔는지 확인한다. ✔ 빈칸 뒤에 명확한 시각을 나타내는 표현인 '10:00 P.M.'이 나왔기 때문에 (B)가 정답이다.

해석

그 매니저는 이번 연도의 연회가 밤 10시까지는 끝날 것이라고 말했다.

(A) on   (B) by   (C) in   (D) of

정답 (B)

[어휘] **gala** 연회 **be over** 끝나다

시간과 어울리는 전치사

① at: 시각 앞에 사용

The meeting will start **at** 9 o'clock. 회의가 9시에 시작할 예정이다.

→ 전치사 at이 시간과 함께 사용될 경우, 일반적으로 시각을 나타내는 표현과 함께 사용된다.

② on: 하루 단위의 시간 앞에 사용

The meeting will be held **on** Monday. 회의가 월요일에 열릴 예정이다.

→ 전치사 on은 일반적으로 하루의 시간을 나타내는 경우에 사용된다. 따라서, 주로 요일 및 날짜 앞에 사용된다.

③ in: 한 달 혹은 연도 앞에 사용

The meeting will take place **in** November. 회의가 11월에 열릴 예정이다.

→ 전치사 in은 일반적으로 한 달 혹은 그 이상인 연도를 나타내는 시간 표현과 관련하여 사용된다.

④ by: '~까지'라는 의미로서 시간을 나타내는 모든 단어와 함께 사용 가능

You should submit the report **by** Friday. 당신은 금요일까지 보고서를 제출해야 한다.

→ 전치사 by는 '~까지'라는 의미로서 시각, 요일, 날짜, 달, 그리고 연도 앞에 모두 사용될 수 있다.

→ by는 특정시점을 나타내므로, 기간을 나타내는 단어들과는 어울릴 수 없다.

I have been working ~~by~~ three weeks. (×)

기출 변형 2 빈칸에 들어갈 가장 알맞은 보기를 고르시오.

The current fundraising campaign will continue ------- three weeks.

(A) for
(B) of
(C) until
(D) with

정답	(A) for	✔ 빈칸 뒤를 보면, 'three weeks'라는 기간을 나타내는 단어가 나왔기 때문에 정답은 (A)이다.
오답	(B) of (C) until (D) with	✔ 일반적으로 전치사 of는 시간이나 시점을 나타내는 단어들과 사용되지 않으므로 (B)는 오답이다. ✔ 전치사 with가 시간과 어울려서 사용되기 위해서는 'with 10 years of experience'와 같이 경험을 나타내는 단어들과 함께 사용되어야만 한다. 따라서 (D) 또한 오답이다.

해석

현재 모금 캠페인은 3주 동안 지속될 예정이다.

(A) for   (B) of   (C) until   (D) with

정답 (A)

어휘   **current** 현재의   **fundraising** 모금   **continue** 지속되다

이 정도는 알아야지!

기간을 나타내는 표현과 어울리는 전치사

❶ for: '~ 동안'

We have provided our high-tech computers to your company **for** 10 years.

우리는 귀하의 회사에 10년 동안 최고 품질의 컴퓨터를 제공해 왔습니다.

→ 전치사 for는 일반적으로 기간을 나타내는 표현 앞에 위치하여, '~ 기간 동안'이라는 의미로 사용된다.

→ 참고로, 이때 for 대신에 in 혹은 over라는 전치사를 사용할 수도 있다.

❷ until: '~까지'

The festival will last **until** this Friday.   축제는 금요일까지 계속될 예정이다.

→ 전치사 until은 시간과 함께 사용되기는 하지만, 일반적으로 기간을 나타내는 표현과 함께 사용될 수 없고 시점을 나타내는 표현과 함께 사용된다.

→ 즉, 'until two days'처럼 사용될 수 없다.

→ 마찬가지로, by도 시점을 나타내는 표현과 사용된다.

In addition to having a storewide sale every spring, Party City also holds several smaller sales ------- the year.

(A) without
(B) throughout
(C) off
(D) down

정답

정답	(B) throughout	✔ 빈칸 뒤에 'the year'가 있으므로 시간을 나타내는 전치사가 필요하다.
		✔ 전치사 throughout이 'the year'라는 시간과 결합하여 '일년 내내'라는 의미가 되므로 (B)가 정답이 된다.
오답	(A) without (C) off (D) down	✔ (A)의 without이라는 전치사는 시간과 어울리지 않으며, (C)의 off는 전치사보다는 부사로서 사용되므로 오답이다. (D)의 down도 전치사보다는 부사로서 사용되기에 오답이 된다.

해석

매년 봄마다 점포 전체 할인을 하는 것 이외에도, Party City는 일년 내내 몇 번의 소규모 할인 행사도 진행하고 있다.

(A) without   (B) throughout   (C) off   (D) down

정답 (B)

어휘   **in addition to** ~ 이외에도   **storewide** 점포 전체   **sale** 할인   **hold** 열다   **several** 몇몇의

이 정도는 알아야지!

① throughout의 용법

throughout은 '전체, 전부'라는 의미로 보통 뒤에 시간이나 장소를 나타내는 표현과 어울려 사용된다.

We hold meetings **throughout** the year.   우리는 일년 내내 회의를 소집한다.

② without의 용법

'without + agreement/consent/permission/proof'와 같이 '동의/합의/허락/증명'과 관련된 명사들과 함께 사용된다.

Do not print this document **without** my permission.   이 서류는 내 허락 없이는 복사하면 안 된다.

Clients who purchase items from Roxyfox.com usually receive their orders ------- 4 business days.

(A) within
(B) to
(C) until
(D) while

⚡ 정답 뽀개기

정답	(A) within

✔ 빈칸 뒤에 '**4 business days**'라는 기간을 나타내는 표현이 나왔으므로, '~의 기간 이내에'라는 의미를 지닌 (A)가 정답이 된다.

오답	(B) to (C) until (D) while

✔ to는 장소를 나타내는 표현과 함께 사용되므로 (B)는 오답이며, (D)의 while은 접속사이기 때문에 오답이다.

✔ 시점이 아닌 기간 표현 앞이기 때문에 (C)의 until 또한 사용될 수 없다.

해석

Roxyfox.com에서 물건을 사는 고객들은 일반적으로 영업일 4일 이내에 물건을 받는다.

(A) within   (B) to   (C) until   (D) while

정답 (A)

어휘   **purchase** 구매하다   **receive** 받다   **business day** 영업일

이 정도는 알아야지!

• **within + 기간**

전치사 within은 숫자로 나타내는 기간 표현 앞에 사용된다.

Please return any defective items to our store **within** 7 days.
하자가 있는 물건들은 7일 이내에 저희 가게로 반품해주세요.

The museum will be open from 10 A.M. to 6 P.M. from Monday ------- Friday and will be closed on Saturday and Sunday.

(A) on
(B) for
(C) between
(D) through

⚡ 정답 찾기

정답	(D) through	✔ 빈칸의 앞과 뒤에 요일을 의미하는 명사가 있다.
		✔ '~에서 ~까지'라는 의미가 되도록 하려면 'Monday through Friday(월요일에서 금요일까지)'와 같이 표현해야 하므로 정답은 (D)이다.
오답	(A) on (B) for (C) between	✔ (A)의 on은 요일을 나타내는 명사와 사용할 수 있지만, 빈칸 앞에 요일이 하나 더 있기 때문에 사용할 수 없다.
		✔ Friday 뒤에 and가 있지만, and 다음에 요일이 나오지 않아서 (C)의 between 또한 오답이다.
		✔ for라는 전치사는 뒤에 기간을 나타내는 명사와 함께 사용되므로 (B)도 오답이다.

해석

그 박물관은 월요일에서 금요일까지 오전 10시에서 6시까지 운영하며, 토요일과 일요일에는 문을 닫는다.

(A) on   (B) for   (C) between   (D) through

정답 (D)

어휘 **museum** 박물관 **from A to B** A에서 B까지

이 정도는 알아야지!

❶ through의 용법

'요일 및 시간 + through + 요일 및 시간'의 형태로 '~에서 ~까지'라는 의미로 사용된다.

We work from Monday **through** Saturday. 우리는 월요일에서 토요일까지 근무한다.

❷ between의 용법

'between + 명사 + and + 명사'의 형태로 양쪽에 오는 명사들이 서로 같은 종류의 의미를 갖고 있어야 한다.

I will call you **between** 3 o'clock and 4 o'clock. 제가 3시와 4시 사이에 전화를 드리겠습니다.

2 장소 및 위치와 관련한 전치사 문제 유형

빈칸 뒤에 오는 명사가 '장소'나 '위치'를 나타내는 경우에 적절한 전치사를 고르는 유형의 문제가 출제된다.
시간과 관련한 전치사 유형과 마찬가지로, 장소의 종류에 따라 사용해야 하는 전치사를 구분할 수 있어야 한다.

기출 변형 **1** 빈칸에 들어갈 가장 알맞은 보기를 고르시오.

If you wish to try our newest dishwasher, please visit one of our locations ------- London.

(A) in
(B) through
(C) onto
(D) by

⚡ 정답 뽀개기

정답	(A) in	· 빈칸 뒤에 지역을 나타내는 명사인 London이 있으므로 정답은 (A)이다.
오답	(B) through (C) onto (D) by	· through라는 전치사는 장소와 함께 사용되면 '~을 지나서'라는 의미가 되기 때문에 (B)는 오답이다. · 전치사 onto는 '~ 위로 올라가다'라는 표현이므로 (C) 또한 오답이다. · 전치사 by는 장소 명사와 함께 사용되면 '~ 옆에'라는 의미이기 때문에 (D)도 오답이다.

해석

만약 저희의 최신형 식기세척기를 시험해 보고 싶다면 런던에 있는 저희 지점 중 한 곳을 방문하여 주시기 바랍니다.

(A) in　　　(B) through　　　(C) onto　　　(D) by

정답 (A)

[어휘] **newest** 최신의 **visit** 방문하다 **location** 지점

장소 및 위치를 나타내는 대표적인 전치사

① on의 용법

'on + 위치'의 형태로 사용하며, 일반적으로 '평면 위에 놓여 있다'는 의미이다.

Our office is located **on** the second floor. 우리 사무실은 2층에 있다.

② at의 용법

'at + 특정한 하나의 장소'와 같이 사용하며, 일반적으로 어느 하나의 특정 지점을 나타내는 장소와 함께 사용한다.

The meeting will be held **at** the community center. 그 회의는 주민회관에서 열릴 예정이다.

③ in의 용법

'in + 넓은 도시 및 지역'과 같이 사용하며, 도시 이름이나 나라 이름을 지칭하는 명사와 함께 사용한다.

Our company is one of the biggest energy suppliers **in** New York.
우리 회사는 뉴욕에서 가장 큰 에너지 공급 업체들 중 하나이다.

④ through의 용법

'through + 장소'와 같이 사용하며, 일반적으로 그 앞에 'go / pass / exit / drive'등의 동사와 함께 사용한다.

We need to go **through** the tunnel. 우리는 그 터널을 지나가야 한다.

⑤ by의 용법

'by + 장소'의 형태로 '~ 옆에'라는 의미이다. 'near / next to' 등과 비슷한 의미로 사용한다.

There are many bottles **by** the door. 문 옆에 많은 병들이 놓여 있다.

기출 변형 2 빈칸에 들어갈 가장 알맞은 보기를 고르시오.

To request a transfer ------- the company, you should consult with Mr. Castellano in Human Resources in advance.

(A) among
(B) since
(C) within
(D) whereas

정답	(C) within

✔ 빈칸 뒤에 장소를 나타내는 명사인 the company가 있으므로 정답은 (C)이다.

✔ among이라는 전치사는 세 개 이상의 복수를 나타내는 명사와 사용되므로 (A)는 오답이다.

오답	(A) among
	(B) since
	(D) whereas

✔ since는 장소 명사 앞에 사용되지 않기 때문에, 그리고 whereas는 접속사이기 때문에 (B)와 (D) 또한 오답이다.

해석

회사 내에서의 전근 요청을 하기 위해서는 인사과에 있는 Castellano 씨와 미리 상담해야 한다.

(A) among　　　(B) since　　　(C) within　　　(D) whereas

정답 (C)

어휘　request 요청하다　transfer 전근, 이전　consult with ~와 상담하다　in advance 미리

이 정도는 알아야지!

① within의 용법

'within + 장소 명사'의 형태로 사용하며, 일반적으로 '~ 안에서'라는 의미이다.

We need to help each other **within** the company. 우리는 회사 내에서 서로 도와주어야 한다.

② among의 용법

'among + 복수명사'의 형태로, 보통 '세 개 이상의 명사들 중에서'라는 의미로 사용한다.

There was severe competition for the government bidding **among** companies.
회사들 사이에서 정부 입찰을 위한 치열한 경쟁이 있었다.

③ since의 용법

'since + 과거시점'의 형태로, 현재완료시제(have/has + p.p.)와 함께 사용되어 '~ 이후로'라는 의미를 지닌다.

Our sales have increased **since** last May. 지난 5월 이후로 우리의 판매가 증가했다.

You can find a list of our local centers ------- our website at www.annonprinters.com.

(A) in
(B) on
(C) at
(D) off

⚡ 정답 뽀개기

정답	(B) on
오답	(A) in (C) at (D) off

✔ 빈칸 뒤에 website가 있는데, 앞에 전치사 on이 사용되어 'on + website' 형태로서 '웹사이트에서'라는 의미가 된다. 정답은 (B)이다.

✔ off는 전치사보다는 주로 부사로 사용되므로 (D)는 오답이며, 나머지 전치사들은 website라는 단어와 함께 쓰이지 않는다.

해석

귀하는 저희 홈페이지 www.annonprinters.com에서 지점들의 리스트를 찾을 수 있습니다.

(A) in   (B) on   (C) at   (D) off

정답 (B)

어휘   **find** 찾다   **center** 지점

기출 변형 4 빈칸에 들어갈 가장 알맞은 보기를 고르시오.

The public library is located ------- the post office on Jefferson Street.

(A) nearby
(B) near
(C) for
(D) down

정답	(B) near	✔ 빈칸 뒤에 장소를 나타내는 'post office'가 있으므로 '~ 근처에'라는 의미를 가지고 있는 (B)가 정답이 된다.

오답	(A) nearby (C) for (D) down	✔ (A)의 nearby는 형용사나 부사로 사용되기 때문에 오답이며, (C)의 for는 기간을 나타내는 전치사로서 시간 명사와 사용된다. ✔ (D)의 down은 전치사보다는 주로 부사로 사용된다.

해석

그 공공 도서관은 Jefferson 가의 우체국 근처에 위치해 있다.

(A) nearby   (B) near   (C) for   (D) down

정답 (B)

어휘   **public library** 공공 도서관   **be located** 위치해 있다

이 정도는 알아야지!

❶ near의 용법

'near + 장소'의 형태로 '~의 근처에'라는 의미로 사용한다.

The Robbin Hotel is located **near** our company.   Robbin 호텔은 우리 회사 근처에 있다.

❷ nearby의 용법

ⓐ 형용사: 'nearby + 장소 명사'의 형태로 사용되며, '근처'라는 의미이다.

I should eat lunch at a **nearby** restaurant.   나는 근처 식당에서 점심을 먹어야 한다.

ⓑ 부사: nearby는 '근처에'라는 의미의 부사로도 사용된다.

There is an Indian restaurant **nearby**.   근처에 인도 식당이 있다.

기출 변형 5   빈칸에 들어갈 가장 알맞은 보기를 고르시오.

Heavy snow has shut down the transportation network ------- Seoul.

(A) between

(B) except

(C) throughout

(D) ahead of

정답	(C) throughout	✔ 빈칸 뒤에 특정 지역을 나타내는 Seoul이 나왔다. 'throughout Seoul'의 형태로 '서울 전체'라는 의미를 완성하는 (C)가 정답이 된다.
오답	(A) between (B) except (D) ahead of	✔ (A)의 between은 뒤에 and가 없으므로 오답이다. ✔ except는 장소 명사와 함께 사용될 수는 있지만, 앞에 '모두'라는 의미를 지닌 단어와 함께 사용되기 때문에 (B)는 오답이다. ✔ (D)의 'ahead of'는 '~ 시간보다 먼저'라는 의미로서 시간 표현과 함께 사용되므로 정답이 될 수 없다.

해석

상당히 많이 내린 눈이 서울 전체의 교통을 마비시켰다.

(A) between　　　(B) except　　　(C) throughout　　　(D) ahead of

정답 (C)

어휘　shut down 폐쇄하다　transportation 교통

이 정도는 알아야지!

❶ throughout의 용법

ⓐ 'throughout + 장소'의 형태로, '그 장소 전체'라는 의미로 사용한다.

Instant messaging systems have become popular **throughout** the world.
인스턴트 메시지 시스템은 전 세계적으로 인기가 있다.

ⓑ 'throughout + 신문/잡지'의 형태로 '전체 범위'라는 의미로 사용될 수 있다.

There are many pictures **throughout** the magazine.
그 잡지 전체에 걸쳐서 많은 삽화들이 있다.

❷ except의 용법

'except + 명사'의 형태로, 일반적으로 '모든'의 개념을 갖고 있는 단어인 'all, every, daily, weekly, monthly, yearly'등과 같은 단어의 뒤에 사용된다.

All of the employees, **except** Mr. Linz, should attend the meeting.
Linz 씨를 제외한 모든 직원들은 회의에 참석해야 한다.

❸ ahead of의 용법

'ahead of + time/schedule'의 형태로 '시간이나 스케줄에 앞서서'라는 의미로 사용된다.

We completed our project **ahead of** schedule.　우리는 스케줄보다 앞서서 그 프로젝트를 완성했다.

cf. 'go + ahead'와 같이 동사와 함께 사용하여 '먼저 해라'와 같은 의미로 사용 가능하다.

기출 변형 6 빈칸에 들어갈 가장 알맞은 보기를 고르시오.

In recognition of Hedge Industries' unprecedented profits last year, the company will offer bonuses ------- all of its employees.

(A) in
(B) with
(C) to
(D) of

 정답 따개기

정답	(C) to	
오답	(A) in (B) with (D) of	✔ 빈칸 뒤에 'its employees'라는 대상이 나오고, 그 앞에 동사 offer가 와서 '~에게 제공하다'라는 의미가 되어야 한다. 따라서 의미상 '방향성'을 갖고 있는 전치사인 (C)의 to가 정답이 된다.

해석

지난해 Hedge Industries의 전례 없던 수익을 기념하기 위하여, 회사는 직원들에게 보너스를 제공할 예정이다.

(A) in   (B) with   (C) to   (D) of

정답 (C)

어휘   **unprecedented** 전례 없는   **profit** 수익   **offer** 제공하다

이 정도는 알아야지!

to의 용법

'to + 장소/지역/사람/부서'등의 형태로 사용되는데, to 앞에는 '방향성'을 나타내는 동사 혹은 명사가 사용되는 것이 일반적이다.

We are going to send our new brochures **to** our customers.
우리는 고객들에게 새로운 안내 책자들을 보낼 예정이다.

Mr. Gibson showed a strong commitment **to** the community.
Gibson 씨는 그 지역 사회에 강한 헌신을 보여 주었다.

3 앞의 품사와 관련한 전치사 문제 유형

시간이나 장소를 나타내는 표현 앞에 오기에 적절한 전치사를 고르는 문제와 같이 빈칸 뒤의 단어를 보고 정답을 고르는 유형도 있지만, 빈칸 앞의 품사에 따라 적절한 전치사를 고르는 유형도 있다. 이러한 유형의 경우, '품사 + 전치사'를 숙어처럼 외워 두는 것이 문제를 빠르게 푸는 데 도움이 된다.

기출 변형 1 빈칸에 들어갈 가장 알맞은 보기를 고르시오.

The Tootie Corporation plans to significantly reduce its expenses by signing long-term agreements ------- its four main suppliers.

(A) with
(B) in
(C) within
(D) into

정답

정답	(A) with	
오답	(B) in (C) within (D) into	✔ 빈칸 앞에 agreements라는 명사가 있는데, '~와 동의/계약'이라는 의미가 되려면 'agreements with + 명사'의 형태여야 하므로 (A)가 정답이다.

해석

Tootie Corporation은 네 곳의 주된 공급업체와 장기간 계약함으로써 비용을 상당히 줄일 계획을 하고 있다.
(A) with   (B) in   (C) within   (D) into

정답 (A)

어휘 **significantly** 상당히 **reduce** 줄이다 **expense** 비용 **agreement** 계약 **supplier** 공급업체

into의 용법

'into + 장소/제품' 형태로 사용되는데, 일반적으로 앞에 'expansion, investigation'과 같은 명사들과 함께 사용된다.

We need to discuss the expansion **into** online markets.

우리는 온라인시장으로 확장하는 것을 논의할 필요가 있다.

We should make an investigation **into** the defective products.

우리는 하자가 발생한 제품들을 조사해야 한다.

기출 변형 2 빈칸에 들어갈 가장 알맞은 보기를 고르시오.

The survey results seem to indicate a strong preference ------- fuel-efficient vehicles.

(A) for
(B) in
(C) on
(D) as

⚡ 정답 뽀개기

정답	(A) for	
오답	(B) in (C) on (D) as	✔ 빈칸 앞에 preference라는 명사가 있는데, '~에 대한 선호도'라는 의미가 되려면 'preference for + 명사'의 형태여야 한다. 따라서 (A)가 정답이다.

해석

설문 결과는 연비가 좋은 차들에 대한 상당한 선호도를 보여 주는 것 같다.

(A) for   (B) in   (C) on   (D) as

정답 (A)

어휘 **survey result** 설문 결과   **preference** 선호

as의 용법

'as + 직책/직위/proof/means/part' 등의 형태로 '~로서'라는 의미로 사용된다.

You have to present the receipt for the item when returning it **as** proof of purchase.
당신은 구매의 증빙자료로서 반품할 때 영수증을 제시해야 한다.

기출 변형 3 빈칸에 들어갈 가장 알맞은 보기를 고르시오.

We are well acquainted ------- the services and the industry information available from Training Quest Partners.

(A) to
(B) at
(C) with
(D) inside

정답

정답	(C) with	
오답	(A) to (B) at (D) inside	✓ 빈칸의 앞에 **acquainted**라는 단어가 있는데, '~을 잘 숙지하고 있다'는 의미로 사용되기 위해서는 'be acquainted with'의 형태가 되어야 한다. 정답은 (C)이다.

해석

우리는 Training Quest Partners의 서비스들과 산업 정보들을 상당히 잘 알고 있다.

(A) to   (B) at   (C) with   (D) inside

정답 (C)

어휘 **acquainted** 알고 있는 **information** 정보

inside의 용법

'inside + 장소(건물)/제품'의 형태로 보통 건물이나 공간의 안쪽을 의미한다. 'inside of + 명사'의 형태로도 사용할 수 있다.

We found some corrosion **inside** the container. 우리는 컨테이너 안쪽에서 부식을 발견했다.

cf. 'outside' 혹은 'outside of'의 형태로 inside와는 반대의 의미로 사용된다.

기출 변형 **4** 빈칸에 들어갈 가장 알맞은 보기를 고르시오.

In order to better familiarize yourself ------- our services, we would like to invite you to join this exceptional program by March 31.

(A) with
(B) on
(C) for
(D) toward

⚡ **정답 보기기**

정답	(A) with	
오답	(B) on (C) for (D) toward	✔ 빈칸 앞에 familiarize라는 동사가 있는데, '~을 잘 이해하도록 만들다'라는 의미가 되려면 'familiarize + 목적어 + with'의 형태로 사용해야 하기 때문에 정답은 (A)이다.

해석

저희 서비스를 더욱 잘 이해하실 수 있게 하기 위해서, 3월 31일까지 이번 각별한 프로그램에 참여하도록 초대하고 싶습니다.

(A) with   (B) on   (C) for   (D) toward

정답 (A)

어휘 **in order to 동사원형** ~하기 위해서 **familiarize** 잘 알게 하다 **invite** 초대하다 **join** 참여하다

toward의 용법

'toward + 방향/목적/시간'의 형태로 주로 사용한다.

We have always admired Mr. Robinson's attitude **toward** life.

우리는 항상 Robinson 씨의 삶에 대한 자세를 존경해 왔다.

The proceeds from the charity will be put **toward** the construction of our new dormitory.

자선단체로부터 받은 수익금은 새로운 기숙사를 짓는 데 사용될 것이다.

Our factory workers had to work all night and finished work **toward** morning.

우리의 공장 근로자들이 밤을 새워 근무해야 했고 아침 무렵에 일을 끝마쳤다.

 **기출 변형 5** 빈칸에 들어갈 가장 알맞은 보기를 고르시오.

Galore Graphics is renowned ------- its high-quality services and products.

(A) in
(B) for
(C) at
(D) within

 정답

정답	(B) for	
오답	(A) in (C) at (D) within	✔ 빈칸 앞을 보면 renowned라는 단어가 있는데, '~로 유명하다 / 정평이 나 있다'라는 의미가 되기 위해서는 'be renowned for + 명사'의 형태로 사용해야 한다. 따라서 정답은 (B)이다.

해석

Galore Graphics는 최상의 품질과 제품으로 정평이 나 있다.

(A) in   (B) for   (C) at   (D) within

정답 (B)

어휘 **high-quality** 최상의 품질, 고품질 **renowned** 잘 알려진

전치사 for와 함께 사용되어 '유명한'이라는 의미를 나타내는 표현

❶ '~으로 유명하다': be famous for / be known for / be renowned for

❷ '~에 대한 명성을 갖다/쌓다/얻다': have/build/earn + a reputation for + 명사

LIG Electronics has a reputation **for** its quality washing machines.
LIG 전자는 품질 좋은 세탁기로 명성을 갖고 있다.

기출 변형 ❻ 빈칸에 들어갈 가장 알맞은 보기를 고르시오.

The Entrepreneurial Institute is hosting a workshop series aimed ------- assisting people who want to go into business for themselves.

(A) to

(B) in

(C) on

(D) at

정답	(D) at	
오답	(A) to (B) in (C) on	✔ 빈칸 앞에 aimed라는 단어가 나왔다. 'aim + (목적어) + at'의 형태로 사용되어 '~을 목표로 한다'라는 의미를 나타내므로 정답은 (D)이다.

해석

Entrepreneurial Institute는 자신들만의 사업을 운영하고 싶어 하는 사람들을 도와주는 것을 목표로 하는 워크샵을 연속해서 진행할 예정이다.

(A) to   (B) in   (C) on   (D) at

정답 (D)

어휘 **host** 진행하다 **assist** 돕다 **go into business for oneself** 자기 자신의 사업을 하다

aim의 용법

'aim + (목적어) + at + 명사'의 형태로서, 목적어로 사용되는 명사는 있어도 되고 없어도 된다. 또한, 'aim + to + 동사원형'의 형태로도 사용될 수 있다.

We **aim to be** one of the best hotels in the world.
우리는 세계에서 가장 좋은 호텔들 중 하나가 되는 것을 목표로 한다.

기출 변형 7 빈칸에 들어갈 가장 알맞은 보기를 고르시오.

CVU, one of the country's largest automobile tire manufacturers, announced the third straight decline ------- its quarterly profits.

(A) at
(B) by
(C) for
(D) in

정답 내기기

정답	(D) in	
오답	(A) at (B) by (C) for	✔ 빈칸 앞의 decline은 'decline + in'의 형태로 사용되어 '~에 있어서의 감소'라는 의미가 된다. 따라서, 정답은 (D)이다. decline은 타동사로서 '~을 거절하다'라는 의미로 사용될 수도 있다.

해석

국내 최대의 자동차 타이어 생산 업체들 중의 하나인 CVU는 세 분기 연속으로 수익이 감소했다는 것을 발표했다.

(A) at   (B) by   (C) for   (D) in

정답 (D)

어휘 **manufacturer** 생산 업체 **announce** 발표하다 **decline** 감소

증가 및 감소와 관련된 전치사의 용법

❶ increase/decrease/rise/drop + in + 대상

무엇이 증가 혹은 감소하였는지를 나타내는 경우에는 전치사 in을 사용한다.

There was a significant decrease **in** employment in the last quarter.

지난 분기에 고용에 상당한 감소가 있었다.

❷ increase/decrease/rise/drop + by + 수치

어느 정도의 증가 혹은 감소가 있는지를 나타내는 경우에는 전치사 by를 사용한다.

Our computer sales in the last quarter increased **by** 10%.

지난 분기에 우리의 컴퓨터 판매가 10% 만큼 증가했다.

기출 변형 8 빈칸에 들어갈 가장 알맞은 보기를 고르시오.

In accordance ------- union rules, Keebler Autos pays its employees an incentive to work more than 8 hours per day.

(A) with
(B) to
(C) at
(D) for

⚡ 정답 찾기

정답	(A) with	
오답	(B) to (C) at (D) for	✔ 빈칸 앞에 나온 명사인 accordance가 'in accordance with'의 형태로 '규정이나 규범을 따라서'라는 의미로 사용된다. 따라서 정답은 (A)이다.

해석

Keebler Autos는 조합의 규정에 따라서 하루에 8시간 이상 근무한 직원들에게 인센티브를 지급한다.

(A) with   (B) to   (C) at   (D) for

정답 (A)

어휘　**rule** 규정　**more than** ～이상　**per day** 하루에

in accordance with의 용법

'in accordance with + 법/규범/규정'의 형태로 '~을 따라서'라는 의미로 사용된다. 'in compliance with'도 비슷한 의미로 사용할 수 있다.

All firms are equipped with fire extinguishers in accordance with industry safety rules.
모든 회사들은 산업안전관리의 규정에 따라 소화기들을 배치해 놓고 있다.

4 전치사 고유의 성질 및 의미와 관련한 문제 유형

전치사 문제의 마지막 유형으로서, 전치사 고유의 성질과 정확한 의미를 알아야 풀 수 있는 문제 유형이 있다. 이러한 문제를 풀기 위해서는 각 전치사의 정확한 의미뿐만 아니라 어떠한 경우에 사용되는지를 정확하게 알고 있어야 한다.

기출 변형 1 빈칸에 들어갈 가장 알맞은 보기를 고르시오.

The Belmont Inn is ------- a thirty-minute drive of most of the city's biggest tourist destinations.

(A) within
(B) onto
(C) beside
(D) such as

정답	(A) within

✔ 빈칸 뒤에 거리를 나타내는 'a thirty-minute drive'라는 표현이 있다. 'within a thirty-minute drive' 형태로 '자동차로 30분 거리 이내에'라는 의미를 만드는 (A)가 정답이다.

오답	(B) onto (C) beside (D) such as

✔ (B)의 onto와 (C)의 beside는 장소 및 위치와 관련해서 사용되기 때문에 오답이며, (D)의 such as는 앞에 나온 명사의 예를 들어 설명하는 전치사이기 때문에 정답이 될 수 없다.

해석

Belmont Inn은 이 도시의 대부분의 가장 큰 관광지에서 자동차로 30분 거리 안에 위치해 있다.

(A) within   (B) onto   (C) beside   (D) such as

정답 (A)

어휘 **tourist destination** 관광지 **drive** 운전하다, 운전

이 정도는 알아야지!

❶ within의 용법

'within + 거리/범위'의 형태로 '~의 거리 및 범위 안에'라는 의미로 사용한다.

There are some supermarkets **within** a five-minute walking distance.
도보로 5분 거리 이내에 몇몇의 슈퍼마켓이 있다.

❷ beside의 용법

'beside + 장소'의 형태로 '~의 옆에'라는 의미로 사용한다.

You should put the bottle **beside** the window. 당신은 그 병을 창문 옆에 놔둬야 한다.

cf. 'besides'는 '~이외에도, 게다가'라는 의미로 부사 및 전치사로 사용 가능하다.

❸ such as의 용법

'복수명사 + such as + 명사/동명사'의 형태로 '~와 같은 명사들'이라는 의미이다. 이는 앞에 나온 명사들의 종류를 예를 들어 설명하는 경우에 사용된다.

There are so many computer viruses, **such as** trojans and spyware.
트로잔과 스파이웨어와 같은 많은 컴퓨터 바이러스들이 있다.

cf. 'including', 혹은 'like'와 바꿔서 사용 가능하다.

She gained her degree in economics ------- the university's continuing education program.

(A) in honor of
(B) on behalf of
(C) through
(D) aside from

⚡ 정답 빨기기

정답	(C) through	✔ 빈칸의 뒤에 **program**이라는 명사가 있고, 앞에 'gained her degree'라는 단어가 있다. '프로그램을 통해서 학위를 얻었다'라는 의미를 완성하려면 (C)의 **through**를 정답으로 골라야 한다.
오답	(A) in honor of (B) on behalf of (D) aside from	✔ (A)의 'in honor of'는 뒤에 사람 명사가 와야 하고, (B)의 'on behalf of'는 뒤에 회사, 사람, 단체와 관련된 명사가 와야 하기 때문에 오답이다. ✔ (D)의 'aside from'이라는 전치사의 경우, 뒤에 나온 명사인 **program** 이외에 또 다른 프로그램이 빈칸 앞에 언급되어야 정답이 될 수 있다.

해석

그녀는 대학교의 평생교육 프로그램을 통해서 경제학 학사 학위를 취득했다.

(A) in honor of　　　(B) on behalf of　　　(C) through　　　(D) aside from

정답 (C)

어휘 **gain** 얻다 **degree** 학위 **economics** 경제학

이 정도는 알아야지!

❶ **in honor of의 용법**

'in honor of + 사람/회사/단체'의 형태로 '~을 기념하여'라는 의미이다. 이는 일반적으로 사람명사와 함께 사용한다. 그리고 'in celebration of'라는 표현도 비슷한 의미로 사용할 수 있다.

We made a bronze statue **in honor of** Jason Shilling.
우리는 Jason Shilling을 기념하기 위해 동상을 만들었다.

❷ **on behalf of의 용법**

'on behalf of + 사람/단체/회사'의 형태로 '~을 대표/대리하여'라는 의미로 사용한다. 'instead of + 명사'와 구별하여 사용해야 한다.

On behalf of LNC Logic, Mark Chandler announced the opening of its second location.
LNC Logic을 대표하여, Mark Chandler는 두 번째 지점의 개장을 발표했다.

③ aside from의 용법

'aside from + 명사'의 형태로 'apart from / in addition to / besides'와 비슷하게 '~ 이외에도'라는 의미로 사용할 수 있다.

Aside from her strong work ethic, Nancy always tries to treat people cordially.
Nancy는 그녀의 강한 직업 의식 이외에도 항상 사람들을 진심으로 대하려고 노력한다.

cf. 'apart from'과 비슷한 의미로 사용 가능하다.

빈칸에 들어갈 가장 알맞은 보기를 고르시오.

We are looking for applicants ------- strong communication and leadership skills.

(A) between
(B) into
(C) for
(D) with

⚡ 정답 뽀개기

정답	(D) with	
오답	(A) between (B) into (C) for	✔ 빈칸 앞에 applicants라는 사람 명사가 나오고, 그 뒤에 사람이 갖춰야 할 사항들을 나열한 것으로 보아, '지원자(applicants)가 갖춰야 한다'는 의미가 되어야 하기 때문에 정답은 (D)의 with이다

해석

우리는 강한 소통 능력과 리더십을 갖춘 지원자들을 찾고 있다.

(A) between   (B) into   (C) for   (D) with

정답 (D)

어휘   **applicant** 지원자   **communication skill** 의사소통 능력

with의 용법

❶ 사람/사물명사 + with + 명사: '〜와 함께', '〜을 가지고'

Only those **with** parking stickers can park here.
오직 주차 스티커를 갖고 있는 사람들만 이곳에 주차할 수 있다.

All the office doors **with** red knobs in the building will be replaced **with** new blue ones.
건물에 있는 모든 빨간색 손잡이가 달린 문들은 파란색 손잡이가 달린 것들로 대체될 것이다.

We need to open an account **with** ABC Bank. 우리는 ABC 은행과 계좌를 만들 필요가 있다.

❷ send/deliver/hand + 명사 + along with + 명사: '〜와 함께 보내다'

Please send the parcel **along with** this letter. 이 편지와 함께 소포를 보내시기 바랍니다.

기출 변형 ④ 빈칸에 들어갈 가장 알맞은 보기를 고르시오.

It is illegal to reproduce photographic material ------- the permission of the copyright holder.

(A) into
(B) under
(C) among
(D) without

정답 뽀개기

정답	(D) without	
오답	(A) into (B) under (C) among	✔ 빈칸 뒤에 permission이라는 단어가 나와서 '〜의 허락 없이'라는 의미가 되어야 하므로 정답은 (D)의 without이다.

해석

저작권을 갖고 있는 사람의 허락 없이 사진 자료를 복제하는 것은 불법이다.

(A) into   (B) under   (C) among   **(D) without**

정답 (D)

어휘　**illegal** 불법적인　**reproduce** 복제하다　**permission** 허락　**copyright** 저작권

① without의 용법

'without + 허가/허락/승인'의 형태로 사용되는데, 뒤에 동명사와 함께 쓰일 수 있다.

Employees are not allowed to take vacations **without** consulting their immediate supervisor.
직원들은 그들의 직속 상사와의 상담 없이는 휴가를 가질 수 없다.

cf. 'without + consent/agreement/permission/consensus'의 형태로 자주 사용된다.

② under의 용법

'under + 보증서/법/관리/감독/의무'의 형태로 사용된다.

You are going to work **under** the supervision of Ms. Lee. 당신은 Lee 씨의 관리하에서 일하게 될 것이다.

cf. 'under + warranty/obligation/law/supervision(= direction)'의 형태로 자주 사용된다.

기출 변형 5 빈칸에 들어갈 가장 알맞은 보기를 고르시오.

------- working with local affiliates, the Siemens Corporation has doubled its computer sales in the area.

(A) During
(B) By
(C) Thus
(D) Alike

⚡ 정답 찾기

정답	(B) By	✔ 빈칸 뒤에 있는 동명사 **working**이 by라는 전치사와 함께 사용되어 '~하는 방법으로'라는 의미가 된다. 정답은 (B)이다.
오답	(A) During (C) Thus (D) Alike	✔ (A)의 **during**이라는 전치사는 기간을 나타내는 명사들과 함께 사용되며 동명사와는 사용되지 않는다. ✔ (C)의 **thus**와 (D)의 **alike**는 모두 부사이기 때문에 오답이다.

Siemens 사는 지역의 제휴 업체들과 일하면서 해당 지역의 컴퓨터 판매를 두 배 증가시켰다.

(A) During   (B) By   (C) Thus   (D) Alike

정답 (B)

어휘 **affiliate** 제휴하다, 제휴 업체 **double** 두 배가 되다, 두 배로 만들다

이 정도는 알아야지!

① by의 용법

'by + 동사-ing'의 형태로 '~을 하는 방법으로'라는 의미로 사용한다.

We can solve these auditing problems **by** employing external accountants.
우리는 외부 회계사들을 초청함으로써 이 회계 문제들을 해결할 수 있다.

② during의 용법

'during + 명사'의 형태로서, 보통 정확한 숫자로 기간을 나타내는 표현 보다는 불특정한 명사로 기간을 나타내는 표현 앞에 사용되는 경우가 많다.

During the event, there will be more visitors. 이벤트 동안, 더욱 많은 관광객들이 모일 것이다.

During office hours, employees must not use any social networking services.
업무 시간 동안, 직원들은 어떠한 SNS라도 사용해서는 안 된다.

cf. 가끔 during이 기간을 나타내는 숫자와 사용되어 for를 대신할 수도 있다.

기출 변형 6 빈칸에 들어갈 가장 알맞은 보기를 고르시오.

Joanna Anderson received an award ------- her continuous commitment to our company.

(A) onto
(B) for
(C) within
(D) at

정답	(B) for
오답	(A) onto
	(C) within
	(D) at

✔ 빈칸 앞에 'received an award'라는 '상을 받았다'는 표현이 있고, 뒤에 'continuous commitment'라는 상을 받은 이유가 설명되어 있다. 따라서 (B)의 for가 정답이다.

해석

Joanna Anderson은 회사에 대한 계속적인 헌신으로 상을 받았다.

(A) onto   (B) for   (C) within   (D) at

정답 (B)

어휘   **award** 상   **continuous** 계속적인   **commitment** 헌신

이 정도는 알아야지!

for의 용법

'for + 이유, 목적'의 형태로 어떤 일을 행한 이유나 목적을 나타내는 경우에 사용한다.

❶ **이유의 의미로 사용하는 경우**

Mr. Mason was given an award **for** his innovative development of a new vaccine.
Mason 씨는 새로운 백신의 혁신적인 개발로 상을 받았다.

❷ **목적의 의미로 사용하는 경우**

The seats have been reserved **for** the board of directors.
그 좌석들은 이사진들을 위해 예약된 자리들이다.

UNIT 01

a large number of 아주 많은

a wide variety of 매우 다양한

accommodate 수용하다

according to ~에 의하면

account 계정, 계좌

accountable 책임이 있는

accounting 회계

accurate 정확한

addition 추가

admission ticket 입장권

admission 입학

admit 인정하다; 승인하다

advance reservation 사전 예약

advertiser 광고주

affordable 가격이 적당한, 저렴한

afterward 후에, 나중에

aid 돕다

all the more 더욱

allot 할당하다

alternation 교대

alternative 대안; 대안의

alternatively 대신에

although ~에도 불구하고

analyst 분석가

annual 1년의; 연례의

annual review 연례 인사 고과

announce 발표하다, 알리다

application 지원, 신청

apply for ~에 지원하다

appreciate 감사하다; 감상하다

approval 승인, 찬성

approve 승인하다, 찬성하다

approvingly 찬성하여

as soon as possible 가능한 한 빨리

assemble 조립하다

assembly line 조립 라인

assignment 임무, 과제

assure 확신시키다, 보장하다

at once 즉시, 당장; 동시에

at the latest 아무리 늦어도

attached 첨부된

attend 참석하다, 출석하다

available 구할 수 있는

average 평균의, 평균적인

award-winning 수상의

be eligible to ~할 자격이 있다

be enclosed with
~와 함께 동봉되다

be encouraged to
~하라고 권장되다

be expected to
~할 것으로 예상[기대]되다

be held accountable for
~에 대해 책임을 지다

be pleased to ~해서 기쁘다

beforehand 사전에, 미리

benefit 혜택, 이익; 수당

beverage 음료

bimonthly 두 달에 한 번씩

book 예약하다

booth 부스

branded 유명 상표의

budget 예산

building site 건설 현장

business administration 경영학

by oneself 혼자서, 스스로

candidate 후보

cardiology 심장학

cash offer 현금 지급

chef 요리사, 쉐프

client 고객

close a deal 계약을 체결하다

colleague 동료

commitment 헌신

committee 위원회

community center 지역 문화 센터

company safety procedure
회사의 안전 수칙

compare 비교하다

compete 경쟁하다

competition 경쟁

competitive 경쟁을 하는;
경쟁력이 있는

competitor 경쟁자, 경쟁업체

complaint 불만, 항의

complex 복합시설, (건물) 단지

component 부품

conference room 회의실

consent 동의하다

consider 여기다, 간주하다

consideration 고려, 숙고

consist of ~으로 구성되다

construction material 건축 자재

construction plan 시공 계획

consult 상담하다, 의논하다

consultant 상담가, 컨설턴트

consumer 소비자

contain 포함하다

contribute 기여하다

contribution 헌신

convection oven 대류식 오븐

currently 현재

customer base 고객층

customer support personnel
고객 서비스 담당 직원

customer 고객

decorate 꾸미다, 장식하다

decrease 감소하다

delay 지연시키다

deliver 배달하다, 배송하다

delivery 배송(품)

detailed 상세한

diligent 부지런한

dining section 식당칸; 음식을
다루는 코너

directions to ~으로 찾아오는
길 안내

dispose 버리다

distribute 나눠주다

domestic 국내의

dramatic 극적인

dramatically 극적으로

dramatize 각색하다

due 지불해야 하는

due to ~ 때문에

economist 경제학자

editorial staff 편집자

efficient 효율적인

electrical 전기의

emergency assistance 긴급 도움

enclose 에워싸다; 동봉하다

enlarge 확장하다

enroll 등록하다

ensure 확실하게 하다

environmentally 환경적으로

establish 설립하다.

exceptionally 예외적으로, 매우

exhibition hall 전시관

expense 비용

explain 설명하다

export 수출

extremely 매우

fasten 매다, 채우다

favorable 우호적인

fierce 강렬한

finalize 마무리를 짓다, 확정하다

financial 금융의, 재정의

fine 벌금

firm 기업

flight attendant 비행기 승무원

frequently 자주

friendly 우호적인

full refund 전액 환불

fund 자금

general manager 총괄 관리자,
총지배인

get the most out of
~을 최대한으로 활용하다

graduate from ~을 졸업하다

hallway 복도

have no trouble -ing
~하는 데 문제를 겪지 않다

have trouble with
~으로 문제를 겪다

headquarters 본사, 본부

height 높이

host 개최하다, 주관하다

housing 주택, 주거

illegally 불법으로

immediate supervisor
직속 상사[상관]

in order to ~하기 위해서

incidental 부수적인

inform 알리다

inhabit 거주하다

inquire 묻다, 문의하다

inquiry 문의

inspect 점검하다

inspection 점검

inspector 조사관

instruction 지시; 안내, 설명

instructor 강사

insurance policy 보험 증권,
보험 증서

intend 의도하다

introductory 서두의; 출시의

inventory 재고

investment 투자

kitchen appliance 주방용품

knowledge 지식

landlord 임대인

last 지속되다

latest 최신의

launch 출시하다, 개시하다

layout 배치

lead 이끌다, 지도하다

leadership 지도력, 리더쉽

limited 한정된

loan 융자금

look into ~을 조사하다

lower 낮추다

maintenance office 관리실

major 주요한

make a change 변경하다, 수정하다

make a purchase 구매하다

make room for
~을 위한 공간을 마련하다

malfunction 오작동하다

manage to 간신히 ~하다

managerial position 관리직

manually 손으로

material 재료, 자료

mature 성숙한

mean 의미하다; 의도하다

monitor 감시하다, 모니터하다

mortgage (담보) 대출, 모기지

multiple 다수의, 복수의

necessarily 반드시, 꼭

negative 부정적인

no later than 늦어도 ~까지

no sooner than ~하자마자 …하다

nontraditional student
성인 대학생, 성인 대학원생

note 메모

notice 통지

notify 알리다, 통보하다

objective 목적, 목표

office supplies 사무용품

omit 빠뜨리다, 누락하다

on display 전시 중인, 진열 중인

open position 공석

operate 가동하다, 작동하다; 수술하다

opinion 의견

organization 조직

organizer 기획자, 조직자

original 원래의; 원본

outdoor 야외의

outstanding 뛰어난

owing to ~ 때문에

paperwork 서류 작업

participate in ~에 참여하다

patron 후원자

patronage 후원, 애용

pay packages 급여와 복지혜택

payment 지불, 지급

Payroll Department
급여 지급 부서, 경리부

performance 성과, 업적; 공연

persuade 설득하다

persuasive 설득력이 있는

pharmaceutical 제약의

place importance on
~을 중시하다

post 게시하다, 붙이다

preferred customer 우수 고객

present 제출하다

preventability 예방할 수 있음

preventable 예방할 수 있는

prevention 예방

previous 이전의

prior to ~에 앞서

proceed 진행하다

produce 생산하다

product line 제품 라인

profit 이익, 이윤

promising 전도유망한

promote 승진시키다

promotion 승진

property 재산; 부동산, 건물

proposal 제안, 제의

public relations 홍보 활동

publicity campaign 홍보 활동

publish 출판하다; 공표하다,

punctured 구멍이 있는

purpose 목적

qualified 자격이 있는

quarterly 분기별의

rapidly 빠르게

rare 희귀한

reach 도달하다, 닿다

readily 쉽게

readiness 준비가 되어 있음

rearrange 재배열하다, 재조정하다

recognize 알아보다; 인정하다

reference 참고

reflect 반영하다

regarding ~에 관한

register for ~을 신청하다

registration 등록, 등록 서류

relocate 이전하다

remark 언급하다

remarkable 놀랄 만한

remind 상기시키다, 기억나게 하다

repair work 수리 작업

replace A with B
A를 B로 교환[교체]하다

represent 나타내다; 상당하다, 해당하다

require 요구하다

reserve 예약하다

respected 존경을 받는

retain 보유하다, 유지하다

revenue 수입

review 검토, 논평; 검토하다

Sales Department 영업부

sector 영역, 섹터

secure 확보하다, 획득하다

security desk 보안 창구, 보안 데스크

session 수업

share A with B A를 B와 공유하다

share 공유하다

shipment 수송(품)

shrink 줄어들다, 작아지다

sign in 서명하다

sign up ~에 신청하다

specialize 전문으로 하다, 특화되다

specially 특별하게

specialty 전문 분야; 특산품

sponsor 후원하다

spot 발견하다

staff member 직원

state 상태, 상황

statistician 통계학자

steadily 꾸준히

steadiness 끈기

steady 꾸준한; 균형을 잡다

stockholders' meeting 주주총회

straightforward 간단한, 쉬운

submit 제출하다

subordinate 부하, 하급자

supervisor 감독자, 관리자

supplement 보충(제)

take a day off 하루 휴가를 내다

take a sick day 병가를 내다

take off 이륙하다; 이륙

take place 일어나다, 발생하다

technician 기술자

temporary 일시적인

thrive 번창하다

the same as ~와 똑 같은

tie 넥타이; 유대 관계

time-management skill 시간 관리 능력

toxic 독성의

transcribe (다른 형태의 문자로) 바꿔 쓰다

transit company 운송 회사, 택배 회사

travel budget 출장 경비

unacceptable 받아들일 수 없는

understandable 이해하기 쉬운

understandably 당연하게도

understanding 이해하는, 이해심이 있는

unfortunate 불운한

usability 유용성

vacuum 진공 청소기

warehouse 창고

workplace 작업장, 일터

worldwide 전세계에

written estimate 견적서

UNIT 02

abundant 풍부한

accuse 비난하다; 고소하다

achievable 달성할 수 있는

acknowledge 인정하다; 받았다는 점을 알리다

adapt 적응하다; 조정하다

adaptively 적응하여

address 다루다

adequate 적절한

adequately 적절하게

adhesive 들러붙는, 접착력이 있는

anonymously 익명으로

apparent 명확한, 뚜렷한

appliance 기기

applier 신청자

appoint 지명하다

arrangement 배열, 배치; 준비

assortment 모음; 구색을 갖춘 것

assumingly 건방지게

assumption 가정

at least 적어도, 최소한

be good at ~에 능숙하다

be on hand 참여하다

blood pressure 혈압

boarding number 탑승객 수

business card 명함

capable 할 수 있는; 유능한

cause 원인이 되다, 야기하다

cheerful 쾌활한

cheerfully 기꺼이

claim 주장하다

clarity 명확성

clearly 명확하게

collapse 붕괴하다

comment 논평하다

commission 위원회

competence 능숙함

complete 완료하다

compliance 준수

compliment 찬사

comply 준수하다, 따르다

concerned 우려하는, 걱정하는

conduct 실시하다, 실행하다

confirm 확인해 주다; 확정하다

conform 따르다, 순응하다

construct 짓다, 공사하다

construction 건설

consult 참고하다, 찾아보다

contact 접촉하다

contract 계약서

copy 사본

correspondence 서신

cough 기침하다

council 의회, 협의회, 자문회

cover 덮다; 포함시키다

create 창조하다, 만들다

creation 창조, 창작

customer relations 고객 상담

CV (= curriculum vitae) 이력서

decade 10년

defective 결함이 있는

define 정의하다

delegation 대표단

deliberately 신중하게; 고의로

depart 출발하다

departure 출발

dependable 의지할 수 있는,
믿을 수 있는

dependent 의지하는

deterioration 악화, 퇴보

determine 결정하다

diagnose 진단하다

direction 방향; 지시

discount 할인

downtown 시내 중심가의

due in part to 부분적으로 ~ 때문에

effective 효과적인, 효율적인

electrical storm 심한 뇌우

emergency room 응급실

encourage 격려하다, 고무시키다

enforce 집행하다, 실시하다

equipment 장비

excessively 과도하게

exclusively 배타적으로, 독점적으로

existing 현존하는

expensive 비싼

expire 소멸하다, 만료되다

exploratory drilling 시추

exquisite 정교한, 매우 아름다운

extended 길어진

extension 연장

fare 요금

ferry 페리, 연락선

fire insurance 화재 보험

flora and fauna 동식물

focus 집중하다, 초점을 맞추다

for your reference 참고로

foreman 작업 반장, 십장

forward 건네다, 전달하다

frequently 빈번히, 종종, 자주

furnishing 가구, 비품

grant 주다

hesitant 주저하는

highly motivated 의욕적인

Human Resources Department
인사부

immediately 즉시

impartial 공정한

implement 실시하다, 시행하다

import 수입

impressive 인상적인

inaudible 들리지 않는

inclement weather 악천후

include 포함하다

increasingly 점점 더

indefinitely 무기한으로

indicate 나타내다; 암시하다

individual 개인

inevitably 필연적으로

innovative 혁신적인

insist 주장하다; 고집하다

insistence 주장; 고집

intelligent 지능적인

intense 강렬한

intense 강렬한, 치열한

intentionally 고의적으로, 의도적으로

international 국제적인

interview 면접, 인터뷰

job title 직위, 직책

junior associate 신입 직원,
직급이 낮은 사원

kind 종류

lawsuit 소송

leading 선도적인

limit 제한, 한계

linen service 린넨 서비스
(호텔 등에 제복 등을 대여하는 서비스)

look forward to ~을 고대하다

maintenance 유지

management 관리, 경영

manual 설명서

measure 조치

medical field 의료 분야

membership fee 회비, 가입비

modify 수정하다

municipality 지방자치단체

nearly 거의

neatly 단정하게

negotiation 협상

nomination 지명, 임명

note 주목하다, 주의하다

notify A of B A에게 B를 공지하다

occurrence 발생

on time 제시간에

ongoing 진행 중인

oppositely 마주 보고, 거꾸로

order 주문; 명령

outcome 결과

outline 윤곽; 개요

overall 전체적인, 전반적인

owing to ~ 때문에

panel 판; 패널

participate in ~에 참가하다

particularly 특히

payable 지불할 수 있는

payroll 급여 지급 대상자 명단;
급여 지급 총액

permit 허가(증)

persistent 끊임없이 지속되는

Personnel Department 인사부

piling 말뚝, 말뚝 박기 (공사)

planned 계획된

policy 방침, 정책

politely 공손히

precisely 정확하게

presence 존재; 참석

probable 개연성 있는

process 처리하다; (처리) 과정

productive 생산적인

professional 전문가

profile 프로필, 개요

promotional 홍보의

promptly 신속하게

prove 입증하다

quarter 분기

quote 인용하다

reasonable 합리적인

receipt 수령, 인수; 영수증

recently 최근에

recommend 추천하다

rectify 바로잡다

redundant 불필요한

regard ~을 …으로 여기다

regardless of ~와 상관없이

registration fee 등록비, 참가비

related 연관된

reliable 의존하는

reliably 믿을 수 있게, 확실히

reliant 의존하는

reluctant 꺼리는

renewal 갱신

rental company 렌터카 회사

reporter 기자, 리포터

representative 대표; 직원

research 연구, 조사

reserve 예약하다

respectively 각각

responsible 책임을 지는

restraint 제제, 규제

retain store 소매점

revision 개정

role 역할

rotate 돌다, 회전하다

safely 안전하게

seek 구하다, 찾다

set up 설치하다

settle (소송 등을) 해결하다

solely 단독으로

specify 명시하다

spectator 관중

spokesperson 대변인

stable 안정적인

standard 기준, 표준

subscribe 구독하다

survey 설문조사

take advantage of ~을 이용하다

takeover 인수

terms of sale 매매 조건, 판매 조건

tour 견학, 투어

trailer 이동식 주택, 트레일러

training 훈련, 교육

transit 수송

trend 경향

ultimately 궁극적으로, 결국

unanimously 만장일치로

unavailable 이용할 수 없는

urgency 긴급

usefully 유용하게

valid 유효한

value 가치; 가격

variety 다양성

various 다양한

vendor 행상인, 판매 회사

verify 확인하다, 입증하다

visible 눈에 보이는

volunteer work 자원 봉사

warranty 보증 (기간)

welcome dinner 환영 만찬

welcome pack 환영 패키지

welcome 환영하다

work ethic 직업 의식, 근면함

zoning 지대 설정

UNIT 03

acquainted 알고 있는

affiliate 제휴하다, 제휴 업체

agreement 계약

announce 발표하다

applicant 지원자

assist 돕다

award 수여하다; 상

be located 위치해 있다

be over 끝나다

business day 영업일

center 지점

communication skill 의사소통 능력

consult with ~와 상담하다

continue 지속되다

continuous 계속적인

copyright 저작권

current 현재의

decline 감소

degree 학위

double 두 배가 되다, 두 배로 만들다

economics 경제학

expense 비용

familiarize 잘 알게 하다

find 찾다

from A to B A에서 B까지

fundraising 모금

gain 얻다

gala 연회

go into business for oneself
자기 자신의 사업을 하다

high-quality 최상의 품질, 고품질

hold 열다

illegal 불법적인

in addition to ~ 이외에도

in advance 미리

information 정보

invite 초대하다

join 참여하다

location 지점

manufacturer 생산 업체

more than ~이상

museum 박물관

newest 최신의

offer 제공하다

per day 하루에

permission 허락

preference 선호

public library 공공 도서관

purchase 구매하다

reduce 줄이다

renowned 잘 알려진

reproduce 복제하다

request 요청하다

several 몇몇의

shut down 폐쇄하다

significantly 상당히

storewide 점포 전체

supplier 공급업체

survey result 설문 결과

tourist destination 관광지

transfer 전근, 이전

transportation 교통

unprecedented 전례 없는

PART 6
장문 공란
채우기

RC

Questions 1-4 refer to the following e-mail.

To: jslee@samg.com
From: epattinson@greem.com
Subject: Employment at SamG International

Dear Mr. Lee,

I would like to -------- my great honor at being offered the job of senior engineer at SamG
     1.

International. However, after careful --------, I must regretfully decline your offer as I plan to accept
     2.

another position which is more closely aligned with my work experience and future goals.
--------. I was impressed by SamG International's -------- to excellence in the field and its generous
  3.   **4.**

salaries and benefits packages.

I wish you and all of the SamG International staff the greatest successes.

Respectfully,

Eve Pattinson

1. (A) express
   (B) handle
   (C) regard
   (D) receive

2. (A) consideration
   (B) considerable
   (C) considerate
   (D) consider

3. (A) Thank you for meeting me and for discussing the available position.
   (B) Besides, I have worked for several media conglomerates.
   (C) I look forward to hearing more about the duties I will be performing.
   (D) There are several positions available on our Web site.

4. (A) response
   (B) commitment
   (C) likelihood
   (D) proposal

1. 동사 어휘 문제

정답	(A) express	✓ 동사의 어휘 문제의 경우 파트 5에서와 마찬가지로 빈칸 뒤에 오는 단어들이 중요하다. ✓ 빈칸 뒤에 honor라는 사람의 감정이나 느낌과 관련된 명사가 등장한다는 점에 주의하도록 한다. ✓ 정답은 honor와 어울려 '영광을 표현하다'라는 의미를 완성시킬 수 있는 (A)이다.
오답	(B) handle (C) regard (D) receive	✓ (B)의 handle이라는 동사는 타동사로서, 문제 혹은 일을 나타내는 명사를 목적어로 취한다.

어휘 | **express** 표현하다 **handle** 다루다, 취급하다 **regard** 여기다, 간주하다 **receive** 받다

이 정도는 알아야지!

❶ regard (동사): 'regard + 명사 + as + 명사'의 형태로 사용된다.

We **regard** this matter as a priority. 우리는 이 문제를 우리의 우선 사항으로 여긴다.

❷ regarding (전치사): '~에 관하여'라는 의미이다.

I have some information **regarding** this matter. 나는 이 문제에 관하여 몇몇 정보를 갖고 있다.

2. 품사 문제

정답	(A) consideration	✓ 파트 6의 품사 문제 역시 빈칸 앞뒤에 위치한 품사를 보고 정답을 고를 수 있다. ✓ 빈칸 앞에 after라는 전치사가 나오고 그 뒤에 careful이라는 형용사가 등장한다는 점을 알 수 있다. ✓ 형용사 뒤에는 명사가 들어가야 하므로 정답은 명사형 어미로 끝나는 (A)이다.
오답	(B) considerable (C) considerate (D) consider	✓ (B)의 considerable(상당한)과 (C)의 considerate(사려 깊은)는 형용사로 모두 정답이 될 수 없다.

① **considerable**: '상당한'이라는 의미로, '증가/감소'와 같이 수나 양과 관련된 명사와 어울려 쓰인다.

There is a **considerable** increase in our sales. 우리의 판매에 상당한 증가가 있다.

② **considerate**: '사려 깊은', '배려하는'이라는 의미로 사람을 수식하는 경우에만 쓰인다.

Every employee should be **considerate** to each other. 모든 직원은 다른 직원을 배려해야 한다.

3. 적절한 문장 넣기 문제

▶ 앞 문장의 키워드: **decline** 거절하다 **offer** 제안 **accept** 받아들이다 **another position** 다른 직업

▶ 뒤 문장의 키워드: **impressed** 인상을 받다 **excellence** 우수함 **generous salaries** 높은 급여 **benefit packages** 복지

정답	(A) Thank you for meeting me and discussing the available position.
	✔ 앞과 뒤의 핵심 단어들을 통해서 발신인이 주어진 기회를 거절하고 지원했던 회사에 대한 칭찬을 하고 있는 상황임을 알 수 있다.
	✔ 보기의 문장들에서 키워드만 확인해 보면 (A)에서 '만나고 얘기해 줘서 감사하다'는 내용이 언급되기 때문에 정답은 (A)이다.

오답	(B) Besides, I have worked for several media conglomerates. (C) I look forward to hearing more about the duties I will be performing. (D) There are several positions available on our Web site.
	✔ 자신의 이력을 언급한 (B)는 글을 쓰기 전 면접이나 이력서에 들어가야 할 내용이기 때문에 이는 정답이 될 수 없다.
	✔ (C)는 자신의 맡을 업무에 대해서 이야기를 해달라는 내용이므로, 앞서 제안을 거절했다는 내용과 맞지 않기에 오답이다.
	✔ (D)는 웹사이트에서 채용을 진행한다는 내용이므로, 글쓴이가 메일을 받는 사람의 회사에 지원한 상황과는 맞지 않다.

[어휘] **discuss** 토론하다 **available** 가능한 **besides** 게다가 **conglomerate** 복합 기업 **duty** 임무

4. 명사 어휘 문제

정답	(B) commitment	✔ 명사 어휘 문제의 경우 빈칸의 앞뒤를 확인해야 하는데, 빈칸 뒤에 전치사 to가 있기 때문에 이를 활용하여 정답을 찾도록 한다.
		✔ 보기의 단어들 중에서 전치사 to와 어울려 사용되는 단어는 response와 commitment인데, excellence라는 단어의 의미에 주의하면 '탁월함을 위한 헌신'이라는 의미를 완성시킬 수 있는 (B)의 commitment가 정답이다.

|오답| (A) response
(C) likelihood
(D) proposal

✔ (A)의 response는 일반적으로 '편지의 답장 혹은 질문에 대한 답변'이라는 의미를 나타낼 때 주로 사용되는데, 해당 문장의 to 다음에 그러한 의미를 나타내는 단어가 뒤따르고 있지 않기 때문에 (A)는 정답이 될 수 없다.

|어휘| **response** 응답, 회신 **commitment** 헌신, 전념; 약속 **likelihood** 가능성 **proposal** 제안

|해석|

받는이: jslee@samg.com
보내는이: epattinson@greem.com
제목: SamG International 사의 고용

친애하는 Lee 씨께,

SamG International 사에서 수석 엔지니어직을 제안 받은 것에 대해 큰 영광을 표하고 싶습니다. 그러나, 신중하게 고려했지만, 저의 업무 경험과 미래의 목표에 더 밀접하게 부합하는 다른 일자리를 받아들일 계획이기 때문에, 유감스럽게도 제안을 거절하겠습니다. **저와 만나서 가능한 일자리에 대해 이야기를 나눌 수 있어 감사합니다.** 저는 그 분야의 탁월함에 대한 SamG International의 헌신과 아끼지 않는 급여 및 복리후생 패키지에 깊은 인상을 받았습니다.

저는 귀하와 SamG International 사의 모든 직원의 성공을 기원하겠습니다.

존중을 담아,

Eve Pattinson

---

1. (A) express
   (B) handle
   (C) regard
   (D) receive

2. (A) consideration
   (B) considerable
   (C) considerate
   (D) consider

3. (A) 저와 만나서 가능한 일자리에 대해 이야기를 나눌 수 있어 감사합니다.
   (B) 게다가, 저는 여러 미디어 복합 기업에서 일한 적이 있습니다.
   (C) 제가 해야 하는 의무에 대해 더 들을 수 있기를 기대하겠습니다.
   (D) 지원 가능한 일자리들은 웹사이트에서 확인하실 수 있습니다.

4. (A) response
   (B) commitment
   (C) likelihood
   (D) proposal

정답 **1.** (A) **2.** (A) **3.** (A) **4.** (B)

|어휘| **express** 표현하다; 나타내다 **honor** 명예, 영광 **consideration** 고려; 숙고 **regretfully** 유감스럽게도 **decline** 거절하다; 감소하다 **accept** 받아들이다, 인정하다 **be aligned with** 맞추다, 조정되다 **commitment** 헌신; 약속 **salary** 급여 **benefits package** 복지 혜택 **handle** 처리하다, 다루다 **regard** 관련되다, 여기다 **receive** 받다, 얻다 **considerable** 상당한 **considerate** 이해심이 있는 **response** 반응, 응답 **likelihood** 가능성 **proposal** 제안

Questions 5-8 refer to the following memo.

To: All Employees
From: Emily Thorne
Re: Vending machine installation
Date: October 28

Dear Staff,

-------. They will provide healthy snacks such as fresh fruit and yogurt throughout our headquarters.
  5.

The first five machines will be installed in the main lobby today, and the remainder will be installed
------- the end of the week. We ------- everyone to take advantage of these new vending machines.
  6.   **7.**

They will remain in operation at all times to provide healthy energy boosts at reasonable prices.

You may notice BevStar employees onsite installing machines and ensuring their proper operation
during the next few days. We apologize in advance for any inconvenience ------- by their work.
                                                                          8.

5. (A) From now on, every staff member should report any defects in our vending machines.
   (B) Management has contracted BevStar to install 40 vending machines.
   (C) We are considering reducing the number of BevStar vending machines in our workplace.
   (D) More than 40 vending machines were installed throughout the building last week.

6. (A) on
   (B) about
   (C) in
   (D) by

7. (A) urge
   (B) deal
   (C) communicate
   (D) inform

8. (A) is caused
   (B) caused
   (C) causes
   (D) has been caused

5. 적절한 문장 넣기 문제

▶ 뒤 문장의 키워드: **they** 그들 **will provide** 제공할 것이다 **headquarters** 본사

정답	**(B) Management has contracted BevStar to install 40 vending machines.** ✔ 지문 첫 부분에 들어갈 문장을 묻고 있으므로 빈칸 뒤 문장의 핵심 단어들을 확인해야 한다. ✔ 뒤 문장의 주어인 'They'라는 대명사를 사용하려면, 빈칸에 들어갈 문장에는 they가 지칭하는 복수명사가 있어야 한다. ✔ 모든 보기에 vending machines가 포함되어 있으므로 they는 vending machines를 가리킨다는 것을 알 수 있다. ✔ will provide라는 동사의 뜻과 시제를 보고, 빈칸에 들어갈 문장은 자동판매기가 설치되었거나 설치될 예정이라는 내용이어야 한다는 것을 알 수 있다. ✔ 한편 두 번째 문단 첫 문장의 'The first five machines will be installed'라는 문구에 유의하면 자동판매기가 아직 설치되기 이전일 것이므로 정답은 (B)가 된다.
오답	(A) From now on, every staff member should report any defects in our vending machines. (C) We are considering reducing the number of BevStar vending machines in our workplace. (D) More than 40 vending machines were installed throughout the building last week. ✔ (A)와 (D)는 아직 설치되지 않은 자판기에 대해 언급하고 있으므로 오답이다. ✔ (C)의 키워드는 reduce, machines, workplace인데, 자동판매기가 아직 설치되지 않은 상태에서 그 수를 줄인다는 언급 역시 부적절하다.

어휘 **defect** 결점 **vending machine** 자동판매기 **contract** 계약하다

6. 전치사 문제

정답	(D) by	✔ 전치사 문제는 빈칸 앞의 동사와 빈칸 뒤의 명사에서 단서를 찾아야 한다. ✔ 빈칸 뒤에 나오는 명사가 시간을 나타내기 때문에 시간과 함께 사용될 수 있는 전치사가 필요하다. ✔ 따라서 '~까지'라는 의미를 갖고 있는 (D)의 by가 정답이다. 'by the end of + 시간'이 '~ 말 무렵에'라는 의미를 나타낸다는 사실을 알고 있으면 보다 쉽게 정답을 찾을 수 있는 문제이다.
오답	(A) on (B) about (C) in	✔ (A)의 on은 '하루 중'의 시간을 말할 때 주로 사용되는 전치사이고, (C)의 in은 '달', 혹은 '연도'와 함께 어울려 사용되는 전치사이다.

7. 동사 어휘 문제

정답	(A) urge	✔ 동사 어휘를 묻고 있으므로 빈칸의 뒷부분을 확인하도록 한다. ✔ 빈칸에 들어갈 동사의 목적어가 everyone이고 빈칸 뒤의 to부정사가 목적보어이므로, 빈칸에 들어갈 동사는 5형식 동사여야 한다. ✔ 따라서 보기 중 5형식으로 사용되는 동사인 (A)의 urge(권하다)가 정답이다.
오답	(B) deal (C) communicate (D) inform	✔ (B)의 deal이나 (C)의 communicate는 자동사로서 뒤에 곧바로 목적어를 취할 수 없기 때문에 오답이다. ✔ 타동사인 (D)의 inform은 사람을 의미하는 목적어를 취할 수는 있지만 그 뒤에 to부정사가 뒤따르는 형태로는 사용되지 않는다.

[어휘] **urge** 재촉하다, 촉구하다 **deal** 다루다, 대처하다 **communicate** 의사 소통하다 **inform** 알리다

8. 동사 형태 문제

정답	(B) caused	✔ 가장 먼저 빈칸이 포함된 문장에 본동사가 있는지 확인해야 한다. ✔ 빈칸 앞에 apologize라는 동사가 있기 때문에 빈칸에는 동사가 아닌 준동사가 들어가야 한다. ✔ 보기에서 준동사는 과거분사인 (B)의 caused이다.
오답	(A) is caused (C) causes (D) has been caused	✔ (B)를 제외한 나머지 보기들은 모두 완벽한 동사(구)의 형태를 갖추고 있기 때문에 정답이 될 수 없다.

받는이: 모든 직원

보내는이: Emily Thorne

제목: 자동판매기 설치

날짜: 10월 28일

직원분들께,

경영진은 40대의 자동판매기를 설치하기 위해서 BevStar 사와 계약을 맺었습니다. 그것들은 본사 전체에 신선한 과일과 요거트와 같은 건강에 좋은 간식을 제공할 것입니다.

먼저 오늘 메인 로비에 5대가 설치될 예정이며, 나머지는 주말까지 설치될 예정입니다. 저희는 모든 직원들이 새로운 자동판매기를 활용했으면 합니다. 그것들은 합리적인 가격에 건강한 에너지 향상을 위해 항상 작동될 것입니다.

여러분들은 앞으로 며칠 동안 기기를 설치하고 적절하게 작동하는지 확인 작업을 하고 있는 BevStar 사의 현장 직원들을 보게 될 수도 있습니다. 이 업무로 불편을 드리게 되어 미리 사과드립니다.

5. (A) 이제부터, 모든 직원은 자동판매기의 결함을 보고해야 합니다.
   (B) 경영진은 40대의 자동판매기를 설치하기 위해서 BevStar 사와 계약을 맺었습니다.
   (C) 작업장에서 BevStar 사의 자동판매기 수를 줄이는 방안을 고려하고 있습니다.
   (D) 지난주 건물 전체에 40대 이상의 자동판매기를 설치하였습니다.

6. (A) on
   (B) about
   (C) in
   (D) by

7. (A) urge
   (B) deal
   (C) communicate
   (D) inform

8. (A) is caused
   (B) caused
   (C) causes
   (D) has been caused

정답 **5.** (B)　**6.** (D)　**7.** (A)　**8.** (B)

어휘　**management** 관리자, 경영자　**contract** 계약을 맺다　**install** 설치하다　**provide** 제공하다, 공급하다　**throughout** ~ 내내, 통하여　**remainder** 나머지, 잔여　**take advantage of** 이용하다, 활용하다　**operation** 운영, 활동　**at all times** 항상, 언제나　**reasonable** 합리적인, 이성적인　**apologize** 사과하다　**in advance** 미리, 사전에　**inconvenience** 불편　**urge** 요구하다, 주장하다　**deal** 다루다, 대처하다　**communicate** 의사소통하다, 전달하다　**inform** 알리다, 통보하다　**cause** 초래하다, 일으키다

 **기출 변형 9-12** 지문을 읽고 빈칸에 들어갈 가장 알맞은 보기를 고르시오.

Questions 9-12 refer to the following article.

The tourism industry is eagerly anticipating the Hospitality Professionals Convention ------- next week.
9.

The theme of the convention, which will take place in Macau, is "Moving Forward: Transitioning from
Third World to Five Stars." -------. Keynote speaker Noravit Supanaporn will expand on the
10.

convention's theme in his speech by discussing trends in the Southeast Asian travel market.

Most convention attendees will probably be interested in registering for industry-related seminars
------- to the ones which were held last year. Those seminars were very well attended, so we highly
11.

recommend early ------- so that you can ensure a spot at this year's seminars. The convention begins
12.

on Thursday afternoon and will continue until the closing ceremonies on Sunday evening.

---

9. (A) will hold
　 (B) being held
　 (C) holding
　 (D) has held

10. (A) The event will be kicked off by a very
　　 special guest with a great amount of
　　 experience in his field.
　 (B) Speakers will cover many of the
　　 following topics throughout the
　　 convention.
　 (C) Attendees may purchase a copy at a
　　 discounted price during the event.
　 (D) Event organizers are considering several
　　 cities as potential venues.

11. (A) similar
　　 (B) likely
　　 (C) familiar
　　 (D) sustainable

12. (A) capacity
　　 (B) installment
　　 (C) registration
　　 (D) allowance

9. 분사 문제

정답	(B) being held	✔ 문장의 동사 역할을 하는 'is anticipating'이 있으므로 빈칸에는 준동사가 들어가야 한다. ✔ 보기 중 준동사는 (B)와 (C)인데, 빈칸 뒤에 준동사의 목적어가 없기 때문에 빈칸에는 과거분사의 형태가 들어가야 한다. ✔ 따라서 수동태의 형태인 (B)의 being held가 정답이다.
오답	(A) will hold (C) holding (D) has held	✔ hold는 목적어를 필요로 하는 타동사이므로 (C)의 holding 다음에는 holding의 목적어가 뒤따라야 한다.

10. 적절한 문장 넣기 문제

▶ 앞 문장의 키워드: **theme** 주제 **convention** 회의 **take place** 개최되다
▶ 뒤 문장의 키워드: **keynote speaker** 기조연설자 **expand** 말하다 **theme** 주제 **speech** 연설

정답	(A) The event will be kicked off by a very special guest with a great amount of experience in his field. ✔ 빈칸 앞 문장에서는 회의의 주제와 관련된 언급이 있으며, 뒤 문장에는 기조연설자의 강연에 대한 언급이 이어지고 있다. ✔ 따라서 (A)의 event(행사), kicked off(시작하다), special guest(특별한 손님), with experience(경험을 가지고) 등의 표현들이 뒤따르는 문장의 키워드와 잘 어울리기 때문에 정답은 (A)이다.
오답	(B) Speakers will cover many of the following topics throughout the convention. (C) Attendees may purchase a copy at a discounted price during the event. (D) Event organizers are considering several cities as potential venues. ✔ (B)가 정답이 되기 위해서는 빈칸 뒤 문장에서 '연설자들' 혹은 '강의 주제' 등에 관한 이야기가 이어져야 한다. ✔ (C)가 정답이 되기 위해서는 빈칸 뒤에서 참석자들이 받을 수 있는 혜택 등이 언급되어야 한다. ✔ (D)가 정답이 되기 위해서는 빈칸 뒤에 강연 장소와 관련된 내용이 드러나 있어야 한다.

어휘 **kick off** 시작하다 **throughout** 전체 **attendee** 참석자 **potential** 잠재적인 **venue** 장소

11. 형용사 어휘 문제

정답	(A) similar	✔ 형용사 어휘 문제이기 때문에 빈칸 뒤의 명사나 전치사, 혹은 문장의 주어를 확인하도록 한다. ✔ 빈칸 앞에 명사 seminars가 있고 뒤에는 전치사인 to가 등장하고 있다. ✔ 전치사 to와 어울릴 수 있는 형용사인 (A)의 similar가 정답이다. 'similar to (~와 비슷한, 유사한)'라는 표현을 알고 있다면 정답을 쉽게 찾을 수 있다.
오답	(B) likely (C) familiar (D) sustainable	✔ (B)의 likely는 보통 'be likely to' 형식으로 자주 사용된다. ✔ (C)의 familiar는 전치사 with와 함께 사용된다. ✔ (D)의 sustainable은 명사를 수식할 경우 전치사 없이 사용된다.

어휘 **similar** 비슷한, 유사한 **likely** ~할 것 같은 **familiar** 친숙한 **sustainable** 유지할 수 있는

12. 명사 어휘 문제

정답	(C) registration	✔ 빈칸 앞의 well attended와 recommend의 의미에 유의하면 빈칸에는 '등록'과 관련이 있는 명사가 들어가야 함을 알 수 있다. ✔ 따라서 '등록'의 의미를 지니고 있는 (C)의 registration이 정답이다.
오답	(A) capacity (B) installment (D) allowance	✔ (A)의 capacity(용량)는 의미상 recommend라는 동사와 어울리지 않기 때문에 오답이다. ✔ (B)의 installment(할부)는 앞과 뒤에 언급된 '세미나'와 관련이 없으므로 정답이 아니다. ✔ (D)의 allowance(허용량; 금액)는 'ensure a spot'이라는 어구와 어울리지 않기 때문에 이 역시 정답이 될 수 없다.

이 정도는 알아야지!

❶ be filled to capacity는 '꽉 채워지다'라는 의미를 나타낸다.

The auditorium **was filled to capacity** with more than 100 people.
100명이 넘는 인원으로 강당이 꽉 찼다.

❷ make an allowance for는 '~을 감안하다'라는 의미로 사용된다.

We need to **make an allowance for** Mr. Parker's experience.
우리는 Parker 씨의 경험을 감안해야 한다.

관광 업계는 다음 주에 개최되는 Hospitality Professionals Convention을 간절히 기대하고 있습니다.

마카오에서 열리는 회의의 주제는 "앞으로 나아가기: 제3의 세계에서 파이브 스타로 전환"입니다. **이 행사는 자신의 분야에서 경험을 많이 쌓은 매우 특별한 손님에 의해 시작될 것입니다.** 기조 연설자인 Noravit Supanaporn 씨는 동남아시아 여행 시장의 동향을 논의함으로써 회의 주제에 대해 상세히 설명할 것입니다.

대부분의 회의 참석자는 작년에 개최된 것과 비슷한 산업 관련 세미나를 등록하는 데 관심이 있을 것입니다. 이러한 세미나에는 많은 사람들이 참석하기 때문에, 올해의 세미나에 참석하시려면 조기 등록하시기 바랍니다. 이 회의는 목요일 오후에 시작하여 일요일 저녁에 폐막식까지 이어집니다.

---

9. (A) will hold
   (B) being held
   (C) holding
   (D) has held

10. (A) 이 행사는 자신의 분야에서 경험을 많이 쌓은 매우 특별한 손님에 의해 시작될 것입니다.
    (B) 연설자는 회의 내내 다음의 주제들을 대부분 다룰 것입니다.
    (C) 참석자는 행사 기간 동안 할인된 가격으로 사본을 구매할 수 있습니다.
    (D) 행사 주최자는 여러 도시를 잠재적인 장소로 고려하고 있습니다.

11. (A) similar
    (B) likely
    (C) familiar
    (D) sustainable

12. (A) capacity
    (B) installment
    (C) registration
    (D) allowance

정답 9. (B)   10. (A)   11. (A)   12. (C)

어휘   **industry** 산업, 업계   **eagerly** 간절히, 열성적으로   **anticipate** 기대하다, 예상하다   **theme** 주제, 테마   **take place** 열리다, 일어나다   **event** 행사, 대회   **kick off** 시작하다   **field** 분야, 현장   **keynote speaker** 기조 연설자   **expand** 확대하다, 확장하다   **discuss** 논의하다, 이야기하다   **attendee** 참석자, 출석자   **be interested in** ~에 관심이 있다, 흥미가 있다   **register for** 등록하다, 신청하다   **recommend** 추천하다, 권고하다   **spot** 장소, 자리   **hold** 열다, 개최하다   **similar** 비슷한, 유사한   **likely** 가능성 있는, 할 것 같은   **familiar** 익숙한, 친숙한   **sustainable** 지속 가능한, 유지 가능한   **capacity** 능력, 용량   **installment** 할부, 분납   **registration** 등록, 접수   **allowance** 용돈, 수당

Questions 13-16 refer to the follow information.

Recycling Your Toner Cartridges

Blackest Ink is committed to doing our part to help the environment. -------, we ask our customers to
13.

please recycle their used toner cartridges whenever possible.

-------. You simply return the toner cartridge to a nearby office supply store and drop it in the bin
14.

with the recycling logo located near the Blackest Ink display.

The store ------- that we receive the cartridges for our recycling plan. Every time you purchase toner
15.

in a recycled cartridge, you will receive a voucher for 40% off your next cartridge purchase.

For more ------- about the program, visit our Web site at www.Blackestinks.com.
16.

---

13. (A) However

(B) Therefore

(C) Instead

(D) Previously

14. (A) Spending too much on toner is strictly
forbidden.

(B) Toner cartridge recycling is quick and
easy.

(C) Please browse our extensive range of
toner cartridges.

(D) You may encounter some problems
when installing a toner cartridge.

15. (A) will ensure

(B) has ensured

(C) ensured

(D) was ensuring

16. (A) views

(B) limits

(C) details

(D) issues

13. 부사 어휘 문제

정답	(B) Therefore	✔ 문장의 맨 앞에 나오는 부사의 어휘를 묻는 문제가 등장하면 앞뒷문장의 키워드를 분석하도록 한다. ✔ 이 문제의 경우, 앞문장에서 **do our part**(우리의 역할을 하다), **help**(돕다), **environment**(환경) 등의 단어들이 등장하고, 뒷문장에서 **ask**(요청하다), **employees**(직원들), **recycle**(재활용하다) 등의 단어들이 등장한다. ✔ 즉 앞문장에서 환경에 대해 언급하고 뒷문장에서 직원들에게 재활용해야 하는 이유를 제시하고 있기 때문에 빈칸에는 '그러므로'라는 의미를 나타내는 (B)가 들어가는 것이 자연스럽다.
오답	(A) However (C) Instead (D) Previously	✔ (A)의 **However**는 앞문장과 뒷문장의 의미가 서로 상반될 때 사용할 수 있는 접속부사이다. ✔ (C)의 **Instead**는 앞에 나온 내용이 아닌 뒤에 나온 문장을 선택할 때 사용된다. ✔ (D)의 **Previously**는 과거에 일어난 일을 나타낼 때 사용되는데, 문장의 맨 앞에 사용될 수도 있고 동사의 앞이나 뒤에서도 사용될 수 있다.

14. 적절한 문장 넣기 문제

▶ 뒤 문장의 키워드: **return** 가져다 놓다 **toner cartridge** 토너 **store** 가게

정답	(B) Toner cartridge recycling is quick and easy.	
	✔ 다 쓴 토너를 가져다 놓으라는 의미를 가진 단어들이 이어지고 있기 때문에 빈칸에는 '토너의 처리 방법'에 관한 내용이 언급되어 있어야 한다. ✔ 따라서 **toner cartridge recycling, easy, quick** 등의 단어들을 포함하고 있는 (B)가 빈칸에 들어가는 것이 적절하다.	
오답	(A) Spending too much on toner is strictly forbidden. (C) Please browse our extensive range of toner cartridges. (D) You may encounter some problems when installing a toner cartridge.	
	✔ (A)의 키워드는 **spending**(소비), **too much**(너무 많이), **toner**(토너), **forbidden**(금지되다) 등으로 뒤에 나오는 문장의 키워드와는 어울리지 않기 때문에 오답이다. ✔ (C)는 일반적으로 새로운 토너를 구매할 때 사용될 수 있는 문장이기에 이 또한 정답이 아니다. ✔ (D)는 토너를 설치할 때 문제점이 나타날 수 있다는 내용이므로, 문맥과 전혀 어울리지 않는 사항을 언급하고 있다.	

어휘 **strictly** 엄격하게 **forbid** 금지하다 **browse** 찾아보다 **extensive** 광범위한 **encounter** 우연히 만나다

15. 동사 문제

정답	(A) will ensure	✓ 빈칸 앞에 주어가 있고, 뒤에는 that절이 이어지고 있으므로 빈칸은 전치사나 동사의 자리이다. ✓ 모든 보기들이 동사의 형태를 취하고 있기 때문에 태/수일치/시제를 순차적으로 고려하여 정답을 찾도록 한다. ✓ that절의 시제가 현재이며 그 앞에 나온 문장의 시제도 현재이기 때문에, 시제의 일치를 고려하면 빈칸에는 현재 혹은 미래시제가 들어가야 한다. 따라서 (A)가 정답이다.
오답	(B) has ensured (C) ensured (D) was ensuring	✓ (B)의 has ensured는 현재완료이므로 과거의 어느 시점부터 현재까지 진행되는 내용을 의미한다. ✓ 과거형인 (C)의 ensured와 과거진행형인 (D)의 was ensured는 모두 과거의 일을 의미하므로 정답이 될 수 없다.

이 정도는 알아야지!

파트 6의 시제 문제에 관한 팁

과거와 과거진행은 별다른 제한 없이 사용될 수 있으므로 과거형이나 과거진행형이 정답인 시제 문제는 거의 출제되지 않는다. 하지만, 현재완료 시제는 주로 「for/in/over + 기간」의 형태나 「since + 과거시점」 혹은 「since + 주어 + 동사(과거)」의 형태와 함께 사용되므로 이러한 형태가 들어 있는 문장에서는 현재완료 시제가 정답이 될 가능성이 상당히 높다.

16. 명사 어휘 문제

정답	(C) details	✓ 빈칸 앞의 전치사 for와 빈칸 뒤의 전치사 about에 유의하여 정답을 찾도록 한다. ✓ 정답은 'for more details about'의 형태로 '~에 대한 추가적인 사항을 위해'라는 표현으로 사용되는 (C)의 details이다.
오답	(A) views (B) limits (D) issues	✓ (A)의 view는 '풍경', '견해'라는 의미의 명사인데, 의견을 묻는 내용이 아니므로 정답이 될 수 없다. ✓ (B)의 limit는 '제한', '한계'라는 뜻으로 장소나 인원의 제한을 의미한다. ✓ (D)의 issue는 '화제', '문제'라는 뜻으로서 토론이나 회의와 관련된 단어이다.

어휘 **view** 견해, 관점 **limit** 제한 **detail** 세부사항 **issue** 화제, 이슈

토너 카트리지 재활용

Blackest Ink 사는 환경을 돕기 위해서 저희의 역할 수행에 최선을 다하고 있습니다. 그러므로, 저희는 고객님께서 가능하다면 사용한 토너 카트리지를 재활용할 것을 부탁드립니다.

토너 카트리지 재활용은 빠르고 쉽습니다. 토너 카트리지를 인근 사무실 보급점으로 반납하고 Blackest Ink 디스플레이 근처에 재활용 로고가 부착된 쓰레기통에 넣기만 하면 됩니다.

매장은 우리가 재활용 계획에 따른 잉크 카트리지를 받는 것을 보장해 줄 것입니다. 재활용 카트리지 용기의 토너를 구입할 때마다 다음 카트리지 구매 시 40% 할인권을 받게 됩니다.

이 프로그램에 대한 자세한 내용은 www.Blackestinks.com 웹 사이트를 방문하세요.

---

13. (A) However
    (B) Therefore
    (C) Instead
    (D) Previously

14. (A) 토너에 너무 많이 지출하는 것은 엄격히 금지되어 있습니다.
    (B) 토너 카트리지 재활용은 빠르고 쉽습니다.
    (C) 다양한 토너 카트리지를 살펴보시기 바랍니다.
    (D) 고객님께서 토너 카트리지를 설치할 때 몇 가지 문제점들을 발견할 수도 있습니다.

15. (A) will ensure
    (B) has ensured
    (C) ensured
    (D) was ensuring

16. (A) views
    (B) limits
    (C) details
    (D) issues

정답 13. (B) 14. (B) 15. (A) 16. (C)

어휘 **recycling** 재활용 **be committed to** ~에 헌신, 전념하다 **environment** 환경, 상황 **used** 사용된, 중고의 **whenever** ~할 때마다, ~하면 **return** 돌아오다, 복귀하다 **nearby** 근처의, 가까운 **supply store** 사무용품 판매점 **every time** ~할 때마다 **voucher** 상품권, 교환권 **however** 그러나, 하지만 **therefore** 따라서, 그러므로 **instead** 대신에 **previously** 이전에, 과거에 **ensure** 보장하다, 확보하다 **view** 견해, 생각 **limit** 제한, 한계 **detail** 자세한 정보, 구체적인 내용 **issue** 논점; 발행

Questions 17-20 refer to the following letter.

Ms. Nicole Weatherby
Human Resources Department
Brookhaven Institute
March 13

Dear Ms. Weatherby,

You are well acquainted with the excellent services and industry information available from Training Quest Partners, and we are surprised that you have not yet ------- to the Training Quest members
17.

program. TQP is an ------- tool for enhancing the careers of today's HR Professionals.
18.

Membership ------- HR professionals proprietary information, access to seminars, and other important
19.

information that allows them to increase their efficiency and to gain advanced certification in the field.

In order to familiarize yourself with our service, we would like to allow you to join this exceptional program on a 3-month trial basis. -------.
20.

Sincerely,

William Morrison
Membership Coordinator

17. (A) detached
(B) contracted
(C) reported
(D) subscribed

18. (A) apparent
(B) indispensable
(C) excessive
(D) unexpected

19. (A) has been afforded
(B) was affording
(C) will be afforded
(D) affords

20. (A) More than 100 companies are registered to attend the seminar.
(B) Thank you for subscribing to our exciting new service.
(C) We will contact you if another suitable position opens up.
(D) Please return the enclosed application by March 31.

⚡ 정답 뽀개기

17. 동사 어휘 문제

정답	(D) subscribed	✔ 빈칸 뒤에 전치사 to가 있으므로 빈칸에는 자동사가 들어가야 한다. ✔ 따라서 정답은 자동사인 (D)의 subscribed로, subscribe to는 '~을 구독하다'라는 뜻이다.
오답	(A) detached (B) contracted (C) reported	✔ (A)의 detached는 보통 'detach A from B(A를 B에서 분리하다)'라는 형태로 사용되는 타동사이다. ✔ (B)의 contracted는 '계약하다'라는 의미로 보통 'contract with(~와 계약하다)', 또는 'contract + to부정사(~할 일을 계약하다)'의 형태로 사용된다. ✔ (C)의 report는 'report A(A를 보고하다)', 또는 'report to 사람/대상(~에게 보고하다)'와 같은 형태로 사용된다.

> **어휘** **detach** 떼다, 분리하다 **contract** 접촉하다, 연락하다 **report** 보고하다, 보도하다 **subscribe** (회원으로) 가입하다, 구독하다

18. 형용사 어휘 문제

정답	(B) indispensable	✔ 빈칸 뒤의 tool(도구; 수단)이라는 명사를 가장 자연스럽게 수식할 수 있는 형용사를 찾도록 한다. ✔ 정답은 (B)인데, indispensable은 '꼭 필요한'이라는 의미로 뒤에 나온 tool과 어울려서 '꼭 필요한 수단'이라는 의미를 나타낸다.
오답	(A) apparent (C) excessive (D) unexpected	✔ (A)의 apparent(명백한)는 일반적으로 진주어–가주어의 패턴에서 'It is apparent ~'의 형태로 자주 사용된다. ✔ (C)의 excessive(초과하는)는 보통 수량이나 정도를 나타내는 명사를 수식할 때 사용된다. ✔ (D)의 unexpected(예상치 못한)는 주로 결함이나 오류 등을 수식할 때 사용된다.

> **어휘** **apparent** 명백한, 분명한 **indispensable** 꼭 필요한 **excessive** 과도한, 지나친 **unexpected** 예상하지 못한

19. 동사 형태 문제

정답	(D) affords	✔ 4형식으로 사용 가능한 afford라는 동사의 활용으로, 뒤에 목적어가 2개 따라오는 경우이다. ✔ membership이 주는 혜택에 대한 내용이므로, 일반적인 사실에 근거한 시제는 현재시제를 사용하는 것이 원칙이다. ✔ 그리고 빈칸 뒤 that절의 동사인 allows가 현재시제이며 빈칸 앞문장의 시제도 현재이다. ✔ 따라서 현재시제인 (D)가 정답이다.

오답	(A) has been afforded (B) was affording (C) will be afforded	✔ (A)의 'has been afforded'와 (C)의 'will be afforded'는 4형식 동사로 사용 가능하지만, 수동태의 형태에서는 목적어가 하나여야 하는데, 빈칸 뒤에 목적어가 2개(professionals / information)이므로 모두 정답이 될 수 없다. ✔ (B)는 과거진행 시제로서 명백히 과거의 일만 나타낼 수 있는데, 현재 멤버십이 주는 혜택을 나열하고 있으므로 과거의 내용이 아니기 때문에 오답이다.

20. 적절한 문장 넣기 문제

▶ 앞 문장의 키워드: **familiarize** 익숙하게 하다　**services** 서비스　**join** 가입하다　**program** 프로그램

정답	**(D) Please return the enclosed application by March 31.** ✔ 앞 문장에서 '프로그램에 가입하라'는 내용이 언급되고 있기 때문에, 가입 방법 혹은 가입과 관련된 절차를 안내하는 문장이 이어져야 한다. ✔ 따라서 return(돌려보내다), enclosed application(동봉된 신청서) 등의 키워드를 포함하고 있는 (D)가 빈칸에 들어가는 것이 자연스럽다.
오답	(A) More than 100 companies are registered to attend the seminar. (B) Thank you for subscribing to our exciting new service. (C) We will contact you if another suitable position opens up. ✔ (A)는 개인과 관련이 없는 '회사들'을 언급하고 있기 때문에 정답이 될 수 없다. ✔ 아직 등록이 안된 상태에서 등록에 대한 고마움을 표현한 (B) 또한 적절하지 않은 문장이다. ✔ '일자리가 생기면 연락하겠다'는 내용의 (C)는 문맥과 전혀 어울리지 않는 문장이다.

[어휘]　**register** 등록하다　**subscribe** 구독하다　**suitable** 적절한　**enclosed** 동봉된

이 정도는 알아야지!

동사 afford의 활용

❶ 주어 + can + afford + to부정사: ~할 여유가 있다

We **can afford to** buy a house.　우리는 집을 살 여유가 있다.

❷ 주어 + afford + 간접목적어(사람/대상) + 직접목적어(사물): ~에게 …을 주다/가져오다

Food can **afford** many people great pleasure.　음식은 많은 사람들에게 큰 기쁨을 준다.

Nicole Weatherby 씨께
인사부
Brookhaven Institute
3월 13일

친애하는 Weatherby 씨,

고객님은 Training Quest Partners로부터 이용할 수 있는 우수한 서비스와 산업 정보에 대해 잘 알고 계실 것이며 저희는 고객님께서 Training Quest 멤버십 프로그램을 아직 구독하시지 않았다는 사실에 놀랐습니다. TQP는 오늘날 HR 전문가의 경력을 향상시킬 수 있는 명백한 수단입니다.

멤버십은 HR 전문가들에게 독점 정보, 세미나에 참석할 수 있는 기회 및 그들의 효율성을 높일 수 있게 해주며 그 분야에서 상급 자격을 얻을 수 있도록 해주는 다른 중요한 정보를 제공합니다.

고객님께서 저희 서비스에 더 익숙해지도록 하기 위해, 저희는 예외적으로 3개월의 무료 체험 기회를 드리고자 합니다. **동봉된 신청서를 3월 31일까지 회신하여 주시기 바랍니다.**

진심을 담아,

William Morrison
멤버십 코디네이터

---

17. (A) detached
    (B) contracted
    (C) reported
    (D) subscribed

18. (A) apparent
    (B) indispensable
    (C) excessive
    (D) unexpected

19. (A) has been afforded
    (B) was affording
    (C) will be afforded
    (D) affords

20. (A) 100개 이상의 기업이 세미나에 참석하기 위해 등록되어 있습니다.
    (B) 저희의 흥미로운 신규 서비스에 가입해 주셔서 감사합니다.
    (C) 다른 적합한 위치가 문을 열면 연락 드리겠습니다.
    (D) 동봉된 신청서를 3월 31일까지 회신하여 주시기 바랍니다.

정답 **17.** (D) **18.** (B) **19.** (D) **20.** (D)

어휘 **be acquainted with** ~을 알고 있다, 잘 알다 **subscribe** ~을 구독하다, 가입하다 **enhance** 향상하다, 강화하다 **career** 경력, 진로, 직업 **proprietary** 소유주의, 소유자의 **access** 접근, 이용 **allow** 허용하다, 할 수 있게 하다 **increase** 증가하다, 늘리다 **efficiency** 효율, 능률 **advanced** 진보한, 고등의 **certification** 증명, 보증 **in order to 동사원형** ~하기 위해서 **exceptional** 뛰어난, 특별한 **on a trial basis** 시험 삼아 **detachable** 분리할 수 있는, 파견할 수 있는 **available** 이용할 수 있는, 이용 가능한 **responsible** 책임이 있는, 담당의 **considerable** 상당한 **apparent** 분명한, 명백한 **indispensable** 필수적인, 꼭 필요한 **excessive** 과도한, 엄청난 **unexpected** 예기치 않은 **afford** 여유가 있다, 할 수 있다

Questions 21-24 refer to the following announcement.

A New Exhibition

Detroit: From now until January 2, the National Native Arts Museum ------- pieces from the Sioux Tribe
                                                                                        21.

Costume Archives.

Admission to this special exhibition is ------- to those who purchase both the general museum ticket
                                              22.

and the special exhibit ticket. (Adults: $10, Children under 5: $5) An additional show of ceremonial

pottery and decorations from the pre-Columbian era will also be on display. The museum will be open

from 10:00 A.M. to 6:00 P.M. from Monday through Friday and ------- closed on Saturday and Sunday.
                                                                      23.

To protect the exhibits, visitors are asked to observe the museum's rules. Flash photography is not

permitted inside the exhibition halls, and no food or drink should be consumed anywhere inside the

museum. -------.
            24.

---

21. (A) has exhibited

(B) exhibit

(C) will be exhibited

(D) will exhibit

22. (A) limited

(B) included

(C) contributed

(D) abbreviated

23. (A) is

(B) was

(C) will be

(D) has been

24. (A) However, picnic areas are available on the grounds surrounding the building.

(B) In fact, many of the pieces were donated by local collectors.

(C) As a result, several exhibits have been accidentally damaged.

(D) These photographs will be displayed on the first floor of the museum.

21. 동사 형태 문제

정답	(D) will exhibit	✔ 보기가 모두 동사이므로 태/수일치/시제의 순서대로 정답을 골라야 한다. ✔ 빈칸 뒤에 목적어에 해당하는 pieces가 있기 때문에 이 문장은 능동태여야 한다는 점을 알 수 있다. ✔ 'from now until January 2'라는 부사구를 통해서는 미래 시제가 사용되어야 한다는 점을 알 수 있다. ✔ 태와 시제를 고려하면 (D)가 정답이다.
오답	(A) has exhibited (B) exhibit (C) will be exhibited	✔ (A)는 현재완료 시제인데, 문장에 미래를 의미하는 부사구가 있으므로 정답이 될 수 없다. ✔ 주어가 'the National Native Arts Museum'으로 3인칭 단수이기 때문에 (B)는 정답이 될 수 없다. ✔ (C)는 미래시제이기는 하지만 수동태이므로 정답이 될 수 없다.

22. 동사 어휘 문제

정답	(A) limited	✔ 빈칸 뒤를 보면 to라는 전치사가 나왔기 때문에 방향성을 갖는 동사가 앞에 필요하다. ✔ 동사 limit는 대표적인 타동사이지만 주로 수동태의 형태로 출제된다. 'be limited to + 명사/동명사'의 형태로서 '~에 제한/국한되다'라는 의미를 나타내는 (A)가 정답이다.
오답	(B) included (C) contributed (D) abbreviated	✔ (B)의 include(포함하다)는 수동태로 표현될 경우 'be included + in/with'의 형태로 정답이 될 수 없다. ✔ (C)의 contribute(기여하다, 기부하다)는 자동사로서 수동태의 형태로 사용하지 않으며, 'contribute + to'의 형태로만 사용한다. ✔ (D)의 abbreviate(단축하다)는 타동사로서, 수동태는 가능하지만 뒤에 전치사 to를 사용하지 않는다.

어휘 **limit** 제한하다 **include** 포함하다 **contribute** 기여하다, 기부하다 **abbreviate** 축약하다

23. 동사 형태 문제

정답	(C) will be	✔ 보기가 모두 be동사이며 빈칸 바로 뒤에 closed가 있는 것으로 보아 수동태 문장이다. 또한, 보기의 동사들이 모두 단수 주어 뒤에 올 수 있으므로 시제만을 고려하여 정답을 고르면 된다. ✔ 빈칸 앞에 등위접속사 and가 있으므로, and 앞에 있는 절의 동사를 살펴본다. ✔ and 앞에 있는 절의 동사가 미래시제인 will be이므로 빈칸에도 미래시제의 동사가 와야 한다. 따라서 정답은 (C)이다.

오답	(A) is (B) was (D) has been	✔ 현재시제인 (A)와 과거시제인 (B), 그리고 현재완료시제인 (D)는 모두 정답이 될 수 없다.

24. 적절한 문장 넣기 문제

▶ 앞 문장의 키워드: **photography** 사진 촬영 **not permitted** 허용 불가 **inside** 안쪽 **no food or drink** 음식 및 음료 불가 **inside** 안쪽

정답	**(A) However, picnic areas are available on the grounds surrounding the building.**
	✔ 주어진 키워드들의 의미를 고려할 때 빈칸에 들어갈 문장은 박물관에서 추가적으로 허용되지 않는 행동들을 언급하거나, 정반대로 허용되는 행동들을 설명해야 자연스러운 문맥이 완성된다. ✔ 따라서 However(그러나), picnic areas(음식 먹을 장소), available(가능한), surround the building(건물 주변) 등의 키워드를 통해 허용되는 행위에 대해 언급한 (A)가 빈칸에 들어가는 것이 가장 자연스럽다.

오답	(B) In fact, many of the pieces were donated by local collectors. (C) As a result, several exhibits have been accidentally damaged. (D) These photographs will be displayed on the first floor of the museum.
	✔ (B)는 문맥과 전혀 어울리지 않는 박물관 전시품들의 출처를 언급하고 있다. ✔ '전시품이 손상되었다'는 내용의 (C)는 앞의 내용과 맞지 않으므로 오답이다. ✔ 전시회가 진행되는 장소에 대해 말하고 있는 (D) 또한 맥락에 맞지 않는 내용이다.

어휘 **surrounding** 주변에 **donate** 기증하다 **collector** 수집가 **accidentally** 실수로

이 정도는 알아야지!

전치사 into의 활용

Our company's expansion **into** overseas markets has not been decided yet.
해외 시장으로 사업을 확장할 것인지는 아직 결정되지 않았다. (expansion into ~으로의 확장)

He divided people **into** three groups.
그는 사람들을 세 그룹으로 나누었다. (divide A into B ~을 …로 나누다)

The police made an investigation **into** the accident.
경찰관이 사고를 조사했다. (investigation into ~에 대한 조사)

새로운 전시회

디트로이트: 지금부터 1월 2일까지, 국립 향토 예술 박물관은 Sioux Tribe Costume Archives의 작품들을 전시할 예정입니다.

이번 특별 전시회에는 일반 박물관 티켓과 특별 전시 티켓(성인: 10달러, 5세 미만의 어린이: 5달러)을 모두 구입하는 사람들만 입장 가능합니다. 콜롬비아 이전 시대의 제사용 토기와 장식의 추가 전시 또한 전시될 예정입니다. 박물관은 월요일부터 금요일 까지 오전 10시부터 오후 6시까지 운영되며 토요일과 일요일에는 문을 닫습니다. 전시품을 보호하기 위해 방문객들은 박물관의 규칙을 준수해야 합니다. 전시장 내부에서 플래쉬를 사용하여 사진을 촬영하는 것은 허용되지 않으며, 박물관 내부에서는 음식이 나 음료를 섭취해서는 안 됩니다. **그러나 피크닉 공간이 건물 주변에 마련되어 있습니다.**

---

21. (A) has exhibited
    (B) exhibit
    (C) will be exhibited
    (D) will exhibit

22. (A) limited
    (B) included
    (C) contributed
    (D) abbreviated

23. (A) is
    (B) was
    (C) will be
    (D) has been

24. (A) 그러나, 피크닉 공간이 건물 주변에 마련되어 있습니다.
    (B) 사실, 많은 조각들이 현지 수집가들에 의해 기증되었습니다.
    (C) 그 결과, 여러 전시품들이 실수로 인해 손상되었습니다.
    (D) 이 사진들은 박물관 1층에 전시될 예정입니다.

정답 **21.** (D)   **22.** (A)   **23.** (C)   **24.** (A)

어휘   **piece** 조각, 작품   **admission** 입장, 입학   **exhibition** 전시, 박람회   **purchase** 구매하다, 구입하다   **additional** 추가의, 부가적인 **ceremonial pottery** 제사용 토기   **be on display** 전시하다   **protect** 보호하다, 지키다   **observe** 준수하다, 관찰하다   **permit** 허가하다, 허용하다   **consume** 소비하다, 시간이 걸리다   **exhibit** 보여주다, 설명하다   **limited** 한정된, 제한을 받은   **included** 포함된 **committed** 헌신적인   **abbreviated** 단축된, 간결하게 한

Questions 25-28 refer to the following letter.

Dear New South Bank customers,

-------. We never ask for your password, PIN, or ------- details via e-mail. This information is treated
  25.   **26.**

with a high degree of confidentiality to ensure that it does not fall into the wrong hands.

We suggest that our customers do their part to protect their data as well by following these additional
steps to ensure confidentiality. First, ------- an uncommon password and change it regularly. Second,
                                            27.

never provide personal information or account numbers in response to unsolicited e-mails. Third, if you
receive an e-mail with our corporate logo, please contact our 24-hour service line at 1-800-555-2265.

Thank you for your -------, and we hope that you can rest easier knowing how dedicated we are to
                          28.

protecting your identity and finances.

Sincerely,

Christine Florek,
Chief Security Officer
New South Bank

25. (A) New South Bank has implemented a
     new online banking service.

  (B) Please notify us if you have forgotten
     your password.

  (C) We always update our system between
     11:00 P.M. and 4:00 A.M.

  (D) New South Bank takes every measure
     to protect your personal information.

26. (A) other
  (B) another
  (C) one another
  (D) others

27. (A) select
  (B) to select
  (C) selecting
  (D) selected

28. (A) application
  (B) purchase
  (C) cooperation
  (D) recommendation

25. 적절한 문장 넣기 문제

▶ 뒤 문장의 키워드: **never ask** 절대 요청하지 않는다 **password** 비밀 번호 **via e-mail** 이메일을 통해서

정답	**(D) New South Bank takes every measure to protect your personal information.** ✔ 뒤 문장에서 개인 정보와 관련된 내용이 언급되기 때문에 빈칸에도 개인 정보 보호와 관련된 내용이 있어야 한다. ✔ (D)의 take every measure(모든 조치를 취하다), protect(보호하다), personal information(개인 정보) 등의 표현들로부터 이러한 내용을 확인할 수 있으므로 (D)가 정답이다.
오답	(A) New South Bank has implemented a new online banking service. (B) Please notify us if you have forgotten your password. (C) We always update our system between 11:00 P.M. and 4:00 A.M. ✔ (A)가 정답이 되려면 뒤 문장에서 새로운 서비스에 대한 설명이 있어야 하는데 그렇지 않으므로 오답이다. ✔ (B)가 정답이 되기 위해서는 비밀 번호 분실 시 취해야 할 조치 등이 그 뒤에 언급되어 있어야 한다. ✔ (C)가 정답이 되기 위해서는 이후에 업데이트로 인한 불편함 등이 언급되어야 한다.

어휘 **implement** 실행하다 **notify** 알리다 **measure** 조치 **protect** 보호하다

26. 형용사 문제

정답	(A) other	✔ 보기가 모두 부정형용사와 부정대명사이므로 빈칸 뒤의 품사에 주의한다. ✔ 빈칸 뒤에 details라는 명사가 있으므로 이를 수식할 수 있는 형용사가 필요하다. ✔ 보기에서 (A)의 other와 (B)의 another가 형용사로 사용될 수 있는데, details가 복수명사이므로 정답은 (A)이다.
오답	(B) another (C) one another (D) others	✔ (B)의 another는 단수명사와 함께 사용되므로 오답이다. ✔ (C)의 one another(서로서로)는 형용사가 아닌 대명사로 사용되므로, 뒤에 명사가 올 수 없다. ✔ (D)의 others(다른 것들, 다른 사람들)는 대명사로 취급한다.

이 정도는 알아야지!

두 개의 그룹을 비교할 때에는 some과 others를 이용할 수 있다.

Although **some** people want to travel overseas, **others** prefer to travel domestically.
몇몇 사람들은 해외 여행을 원하는 반면, 다른 사람들은 국내 여행을 더 선호한다.

27. 동사 문제

정답	(A) select	✔ 빈칸이 포함된 문장에 동사가 없기 때문에 빈칸에는 동사가 들어가야 한다. ✔ 빈칸 앞에 부사 'First'가 있고, 빈칸 뒤에 목적어인 'an uncommon password'가 바로 나오기 때문에 이 문장은 명령문임을 알 수 있다. ✔ 명령문은 동사원형으로 시작하므로 정답은 (A)이다.
오답	(B) to select (C) selecting (D) selected	✔ to부정사가 명령문을 이끌 수는 없으므로 (B)의 to select는 오답이다. ✔ 현재분사인 (C)의 selecting과 과거분사인 (D)의 selected는 명사를 수식하는 경우나 분사구문에 사용되기 때문에 모두 정답이 될 수 없다.

28. 명사 어휘 문제

정답	(C) cooperation	✔ 빈칸 앞에 'Thank you'라는 표현이 있는데, 앞 문장에서 무엇에 대해 감사해 하는 지를 파악해야 한다. ✔ 앞 문장의 'if you receive(만약 ~을 받으면)', 'please contact(연락 주세요)'와 같은 표현들을 통해 요청과 관련된 내용이 언급되고 있음을 알 수 있다.
오답	(A) application (B) purchase (D) recommendation	✔ 따라서 이러한 요청과 관련하여 감사의 대상이 될 수 있는 (C)의 cooperation (협력)이 정답이다.

어휘) **application** 지원, 신청 **purchase** 구매 **cooperation** 협력 **recommendation** 추천

해석

New South 은행 고객님께,

New South 은행은 귀하의 개인 정보를 보호하기 위해 모든 조치를 취합니다. 저희는 이메일을 통해 암호, PIN, 또는 기타 세부 사항을 요구하지 않습니다. 이 정보는 다른 사람이 악용하지 못하도록 높은 수준의 기밀로 처리됩니다.

기밀을 보장하기 위한 이 추가 단계들을 수행함으로써, 고객 여러분들의 정보를 보호하기 위한 자신의 역할도 해주시기 바랍니다. 첫째, 흔치 않은 암호를 선택하고 정기적으로 변경합니다. 둘째, 원하지 않는 이메일에 대한 회신으로 개인 정보 또는 계좌 번호를 제공하지 마십시오. 셋째, 회사 로고가 있는 이메일을 받는 경우 24시간 서비스 라인 1-800-555-2265로 연락해 주세요.

귀하의 협조에 감사드리며, 귀하의 신원과 자산을 보호하는 것에 우리가 얼마나 헌신적인지 알아 주시면서 마음을 놓으셨으면 합니다.

진심을 담아,

Christine Florek,
최고 보안 책임자
New South 은행

25. (A) New South 은행은 새로운 온라인 뱅킹 서비스를 시행했습니다.

(B) 비밀번호를 잊어버린 경우, 저희에게 알려주세요.

(C) 저희는 항상 오후 11시부터 오전 4시 사이에 시스템을 업데이트합니다.

(D) New South 은행은 귀하의 개인 정보를 보호하기 위해 모든 조치를 취합니다.

26. (A) other

(B) another

(C) one another

(D) others

27. (A) select

(B) to select

(C) selecting

(D) selected

28. (A) application

(B) purchase

(C) cooperation

(D) recommendation

정답 **25.** (D)   **26.** (A)   **27.** (A)   **28.** (C)

[어휘] **customer** 고객, 소비자 **take measures to 동사원형** ~의 조치를 취하다 **personal** 개인의, 사적인 **via** 통하여, 이용한 **treat** 처리하다, 대우하다 **confidentiality** 기밀성, 비밀성 **ensure** 보장하다, 확보하다 **fall into** 빠져들다 **suggest** 제안하다, 제시하다 **protect** 보호하다, 지키다 **as well** 또한, 역시 **uncommon** 흔치 않은, 드문 **regularly** 정기적으로, 규칙적으로 **account** 계좌, 계정 **in response to 명사** ~에 응하여, ~에 대한 반응으로 **unsolicited** 부탁 받지도 않은, 간청되지 않은 **dedicated** 헌신적인, 전념하는 **identity** 신원, 정체성 **finance** 재정, 금융 **select** 선택하다, 고르다 **application** 지원; 적용 **cooperation** 협력, 협조 **recommendation** 추천, 권고

Questions 29-32 refer to the following e-mail.

To: Andrew Lee, Executive Editor <alee@homestarmag.com>
From: Dean Paulson <dpaulson@ishg.com>
Date: August 21
Subject: Recent story

Dear Mr. Lee,

I am writing to you today in reference to my story, "The Future of the Past," which ------- in the May
                                                                                      29.

issue of your magazine, *Home Star*. I have been contacted by an editor from Jonestown Press
------- saw the story and is now expressing interest in reprinting it in an anthology of science-fiction
30.

short stories.

As far as I understand, I retained publishing rights to "The Future of the Past" ------- it appeared in
                                                                                   31.

your magazine. I assume that I can freely reprint it without requiring your permission. -------.
                                                                                        32.

Thank you for your time, and I look forward to your response.

Respectfully,

Dean Paulson

---

29. (A) published

  (B) was published

  (C) will be published

  (D) has published

30. (A) who

  (B) which

  (C) whose

  (D) what

31. (A) even though

  (B) despite

  (C) however

  (D) because

32. (A) Please confirm my right to submit it to another publication.

  (B) I would love to hear your opinion on my latest story.

  (C) A complimentary copy of the latest magazine issue would be appreciated.

  (D) Thank you for your recent submissions to the magazine.

29. 동사 형태 문제

정답	**(B) was published**	✔ 빈칸 뒤의 May(5월)라는 시간을 나타내는 단어를 단서로 하여 올바른 시제의 정답을 고른다. ✔ 이메일을 보낸 날짜가 August 21(8월 21일)로 적혀 있기 때문에 과거시제가 사용되어야 한다. ✔ 빈칸 뒤에 목적어에 해당하는 명사가 보이지 않으므로 수동태 형식의 문장이 완성되어야 한다. 따라서 정답은 (B)이다.
오답	(A) published (C) will be published (D) has published	✔ (A)의 published는 과거형이기는 하지만 능동태이므로 오답이다. ✔ (C)의 will be published는 수동태이기는 하지만 미래시제이므로 정답이 될 수 없다. ✔ (D)의 has published는 현재완료이므로, 명확한 과거 시점을 나타낼 때에는 사용될 수 없다.

30. 관계사 문제

정답	**(A) who**	✔ 보기가 모두 관계사이므로 빈칸의 앞뒤를 파악하여 적절한 관계사를 골라야 한다. ✔ 빈칸 앞 Jonestown Press라는 명칭만 보고 이를 사물로 취급하기 쉽지만, 빈칸 뒤에 saw라는 동사가 등장한다는 점에 유의해야 한다. ✔ 즉 빈칸에 들어갈 관계대명사는 Jonestown Press를 대신하는 것이 아니라 그 앞에 있는 an editor를 대신해야 한다. ✔ 따라서 사람을 나타내는 주격관계대명사인 (A)가 정답이다.
오답	(B) which (C) whose (D) what	✔ (B)의 which는 주격과 목적격이 모두 가능한 관계대명사이지만 사람 명사를 대신할 수 없으므로 오답이다. ✔ (C)의 whose는 소유격 관계대명사로서 항상 명사가 뒤따른다. ✔ (D)의 what은 선행사를 포함하는 관계대명사이므로 앞에 명사가 올 수 없다.

31. 접속사 문제

정답	**(A) even though**	✔ 보기에 접속사, 전치사, 부사가 모두 있으므로 어느 것을 선택해야 할지 판단해야 한다. ✔ 빈칸 앞에 I retained라는 「주어 + 동사」 형태가 있고, 빈칸 뒤에도 it appeared라는 「주어 + 동사」의 형태를 찾아볼 수 있다. 따라서 빈칸에는 접속사가 들어가야 한다. ✔ 빈칸 앞의 문장은 '출판권이 자신에게 있다(retain publishing rights)'는 내용이며, 빈칸 뒤의 문장은 '당신의 잡지에 그것이 실렸다(appear in your magazine)'는 의미이다. 즉, 일반적으로 어떤 원고가 잡지나 신문에 출간되면 저작권이 저자로부터 회사로 넘어가지만, 그렇지 않은 상황이라는 내용의 문장이다. ✔ 이러한 의미를 생각하면 원인의 의미를 나타내는 (D)의 because보다 양보의 의미를 나타내는 (A)의 even though가 빈칸에 들어가는 것이 적절하다.

오답	(B) despite (C) however (D) because	✔ (B)의 despite는 전치사이며 (C)의 however는 부사로, 이들은 모두 절을 연결할 수 없다. ✔ (D)의 because는 접속사이기는 하지만 문맥상 적절하지 않다.

32. 적절한 문장 넣기 문제

▶ 앞 문장의 키워드: **assume** 추측하다 **reprint** 증쇄하다, 재판을 찍다 **without permission** 허락 없이

정답	**(A) Please confirm my right to submit it to another publication.** ✔ 앞 문장의 키워드를 조합하면 '허가 없이 재출간해도 된다고 생각한다'는 내용이므로 그 뒤에는 이와 관련된 내용이 뒤따라올 가능성이 높다. ✔ (A)에서 키워드인 confirm(확인하다), right(권리), submit(제출하다), another publication(다른 출판사) 등을 통해 앞에서 언급한 출판 권리와 관련된 내용을 재확인하려는 것을 알 수 있으므로 빈칸에는 (A)가 들어가는 것이 가장 자연스럽다.
오답	**(B) I would love to hear your opinion on my latest story.** **(C) A complimentary copy of the latest magazine issue would be appreciated.** **(D) Thank you for your recent submissions to the magazine.** ✔ 글에 대한 상대방의 의견을 구하는 (B)와 무료 복사본을 요청하는 내용의 (C), 그리고 제출한 것에 대해 감사하는 내용의 (D)는 모두 권리와 관련된 내용의 앞 문장 뒤에 이어지기에는 의미상 어색하다.

[어휘] **right** 권리 **submit** 제출하다 **publication** 출판사 **complimentary** 무료의 **issue** (발행)호

이 정도는 알아야지!

❶ 관계대명사 that의 사용

ⓐ 사람명사와 사물명사를 모두 대신할 수 있다.

ⓑ 주격과 목적격의 형태가 같다.

ⓒ 관계대명사이므로 당연히 불완전한 문장이 이어진다.

We need a person **that** has an impressive career. 우리는 인상적인 경력을 가진 사람을 필요로 한다.

We need a parking permit **that** she asked for. 우리는 그녀가 요청했던 주차 허가증을 필요로 한다.

❷ 관계대명사 that을 사용할 수 없는 경우

ⓐ 콤마 뒤에 사용할 수 없다.

The facility, **which** has recently been renovated, is now in good condition.

최근에 새롭게 단장한 그 시설이 지금은 좋은 상태이다.

ⓑ 전치사와 함께 사용할 수 없다.

The conference room **in which** the projector is placed will not be available between 4 and 5 p.m.

프로젝터가 설치된 회의실이 4시와 5시 사이에는 사용할 수 없을 것이다.

받는이: Andrew Lee, 수석 편집자 〈alee@homestarmag.com〉
보내는이: Dean Paulson 〈dpaulson@ishg.com〉
날짜: 8월 21일
제목: 최근 이야기

친애하는 Lee씨,

저는 오늘 *Home Star* 잡지의 5월호에 실린 제 이야기 "The Future of the Past"에 관하여 편지를 씁니다. 제 이야기를 보고 현재 그것을 공상 과학 단편 소설의 선집으로 재출간하는 것에 관심이 있는 Jonestown Press의 편집자로부터 연락을 받았습니다.

제가 아는 한, 귀하의 잡지에 "The Future of the Past"가 실렸지만, 그것에 대한 출판권은 저에게 있었습니다. 저는 귀사의 허락 없이 자유롭게 그것을 다시 인쇄할 수 있다고 생각합니다. **다른 출판사에 그것을 제출할 수 있는 저의 권리를 확인해 주시기 바랍니다.**

시간을 내 주셔서 감사하며 귀하의 응답을 고대합니다.

존경을 담아,

Dean Paulson

---

29. (A) published
(B) was published
(C) will be published
(D) has published

30. (A) who
(B) which
(C) whose
(D) what

31. (A) even though
(B) despite
(C) however
(D) because

32. (A) 다른 출판사에 그것을 제출할 수 있는 저의 권리를 확인해 주시기 바랍니다.
(B) 저의 최근 이야기에 대한 귀하의 의견을 듣고 싶습니다.
(C) 최신 잡지 발행물을 무료로 주셔서 감사합니다.
(D) 최근에 저희 잡지에 보내주신 것들에 대해서 감사를 드립니다.

정답 **29.** (B)　**30.** (A)　**31.** (A)　**32.** (A)

어휘　**in reference to 명사** ~에 관하여　**contact** 연락을 취하다, 접촉하다　**editor** 편집자　**interest** 관심; 이자　**anthology** 선집, 문집
as far as ~하는 한　**retain** 유지하다, 보유하다　**right** 권리; 옳은　**appear** 나타나다; ~처럼 보이다　**assume** 가정하다, 생각하다
permission 허가, 허용　**look forward to 명사** 기대하다, 고대하다　**publish** 출판하다; 발표하다　**even though** 비록 ~이지만　**despite**
~에도 불구하고　**however** 그러나　**because** ~ 때문에　**without** ~ 없이　**until** ~할 때까지　**concerning** ~에 관하여　**confirm** 확인
하다, 확신하다　**submit** 제출하다　**publication** 출판, 간행물

Questions 33-36 refer to the following article.

Black Rocks, NV – Star Telecom has put its first communications satellite into orbit in order to
------- an innovative new telecommunications system to the highly profitable North American market.
33.

The satellite settled into its orbit and deployed its solar panels ------- one day after it was launched
34.

on Monday. The communications satellite ------- in partnership with Tiempo de Vuelo, Inc., a leading
35.

Spanish satellite manufacturer.

-------. The company hopes to launch four additional satellites over the next five years, including one
36.

to monitor worldwide weather patterns and one to improve GPS location technology.

33. (A) develop

(B) introduce

(C) alleviate

(D) implement

34. (A) just

(B) yet

(C) so

(D) ever

35. (A) is made

(B) has made

(C) will be made

(D) was made

36. (A) This marks the start of several similar projects for Star Telecom.

(B) The satellite manufacturer identified a design flaw in the solar panels.

(C) Star Telecom will now turn its attention to developing high-quality TV programming.

(D) The merger has resulted in the creation of the world's largest telecommunications provider.

33. 동사 어휘 문제

정답	(B) introduce	✔ 빈칸 뒤에 있는 'innovative new system(혁신적인 새로운 시스템)'이 목적어이다.
오답	(A) develop (C) alleviate (D) implement	✔ 목적어 다음에 나오는 전치사 to는 '방향성'을 나타내는 동사와 함께 사용되는 경우가 많다. ✔ 정답은 (B)인데, 'introduce A to B'는 'A를 B에게 소개하다'라는 의미이다.

> [어휘] **develop** 개발하다 **introduce** 소개하다 **alleviate** 경감시키다 **implement** 이행하다, 실행하다

34. 부사 어휘 문제

정답	(A) just	✔ 빈칸 뒤에 시간을 나타내는 부사구인 one day가 있으므로 이를 수식할 수 있는 부사가 필요하다. ✔ 따라서 '바로', '곧'이라는 의미를 나타내는 부사인 (A)의 just가 정답이다.
오답	(B) yet (C) so (D) ever	✔ (B)의 yet은 주로 부정어 not과 함께 사용되므로 정답이 될 수 없다. ✔ (C)의 so가 부사로 사용될 때에는 '상당히'라는 의미를 나타낸다. ✔ (D)의 ever는 완료시제를 나타내는 동사 앞에서 '지금까지'라는 의미로 사용된다.

> [어휘] **just** 막, 바로 **yet** 아직 **so** 너무, 상당히 **ever** 지금까지

이 정도는 알아야지!

❶ yet의 쓰임

ⓐ have와 to부정사 사이에 위치하여 '아직 ~하지 않다'라는 의미로 사용

I **have yet to** finish my project. 나는 아직 프로젝트를 끝내지 않았다.

ⓑ 등위접속사로서 but과 같은 의미로 사용

We have greater **yet** simpler washing machines. 우리는 더 크지만 단순한 세탁기를 가지고 있다.

ⓒ '최상급 + yet'의 형태로 '지금까지'라는 의미로 사용

She is **the best** student **yet**. 그녀는 지금까지의 최고의 학생이다.

ⓓ 'not + yet'의 형태로 부정어와 함께 사용

They have **not** arrived **yet**. 그들은 아직 도착하지 않았다.

② 부사 ever의 다양한 쓰임

ⓐ 최상급 수식

Janet is **the best** employee **ever**. Janet은 지금까지의 최고의 직원이다.

ⓑ hardly(거의 ~하지 않다)와 함께 사용

Mike **hardly ever** reads any magazines. Mike는 거의 잡지를 읽지 않는다.

ⓒ since(~ 이후로)와 함께 사용

Mr. Han has not attended the seminar **ever since** 2010. Han 씨는 2010년 이후로 지금까지 세미나에 참석하지 않았다.

35. 동사 문제

정답	(D) was made	✔ 빈칸이 포함된 문장에 본동사가 없기 때문에 빈칸은 본동사가 필요한 자리임을 알 수 있다.
		✔ 빈칸 뒤에 목적어에 해당하는 명사가 없기 때문에 수동태를 정답으로 골라야 한다.
		✔ 해당 문장에 시제를 나타내는 부사가 없으므로 빈칸 앞 문장의 시제를 파악해야 하는데, 앞 문장의 주어가 the satellite이고 동사인 settled는 과거시제이다. 그런데 빈칸이 포함된 문장의 주어 역시 'the communications satellite'이므로, 빈칸에 들어갈 동사 역시 과거시제여야 한다.
		✔ 수동태이면서 과거시제인 보기는 (D)이다.
오답	(A) is made (B) has made (C) will be made	✔ (A)는 현재시제인데, 현재시제는 현재의 상황, 일반적인 사실, 반복적인 상황을 표현할 때 사용된다.
		✔ (B)는 현재완료시제로서 정답의 가능성이 있지만, 능동태이기 때문에 오답이다.
		✔ (C)는 미래시제이므로 정답이 될 수 없다.

36. 적절한 문장 넣기 문제

▶ 앞 문장의 키워드: **satellite** 위성 **made** 만들어지다 **partnership with** ~와 제휴를 맺어서

▶ 뒤 문장의 키워드: **the company** 그 회사 **hope** 희망하다 **launch** 발사하다 **additional satellite** 추가적인 위성

정답	(A) This marks the start of several similar projects for Star Telecom.
	✔ 키워드를 통해 해석해 보면, 앞 문장은 '위성이 다른 회사와의 제휴로 만들어졌다'는 내용이며, 뒤 문장은 '회사가 추가적인 위성의 발사를 희망한다'는 뜻으로, 추가적인 프로젝트에 대해 언급하고 있다.
	✔ (A)의 'several similar projects(몇 개의 비슷한 프로젝트)'가 뒤 문장의 'four additional satellite'와 어울리기 때문에 정답은 (A)이다.

(B) The satellite manufacturer identified a design flaw in the solar panels.

(C) Star Telecom will now turn its attention to developing high-quality TV programming.

(D) The merger has resulted in the creation of the world's largest telecommunications provider.

오답

✔ (B)가 정답이 되기 위해서는 그 이후에 결함에 대한 처리 방법 등에 관한 논의가 이어져야 한다.

✔ (C)는 고품질의 TV 프로그램에 대한 내용인데, 빈칸 뒤 문장에 있는 단어인 monitor 때문에 혼동할 수 있지만, TV와는 관련이 없는 내용이 이어지고 있으므로 (C)는 오답이다.

✔ (D)의 '합병'에 관한 언급은 빈칸 주위에서 찾아볼 수 없으므로 이 역시 정답이 될 수 없다.

어휘 **mark** 나타내다 **satellite** 위성 **identify** 확인하다 **flaw** 결점 **attention** 주의 **result in** 결과를 초래하다

해석

블랙록, 네바다 – Star Telecom은 수익성이 높은 북미 시장에 혁신적인 새로운 통신 시스템을 도입하기 위해 최초의 통신 위성을 궤도에 올려 놓았다. 위성은 월요일에 발사된지 하루 만에 궤도에 정착하고 태양 전지판을 배치했다. 통신 위성은 스페인의 위성 제조 업계의 선두주자인 Tiempo de Vuelo 사와 협력하여 제작되었다.

이는 Star Telecom을 위한 몇 가지 유사한 프로젝트의 시작을 나타낸다. 이 회사는 향후 5년 동안 전 세계 기상 패턴을 모니터링할 위성과 GPS 위치 기술을 개선할 위성을 포함하여 총 4개의 위성을 추가로 발사할 계획이다.

33. (A) develop
(B) introduce
(C) alleviate
(D) implement

34. (A) just
(B) yet
(C) so
(D) ever

35. (A) is made
(B) has made
(C) will be made
(D) was made

36. (A) 이는 Star Telecom을 위한 몇 가지 유사한 프로젝트의 시작을 나타낸다.
(B) 위성 제조업체는 태양 전지판의 설계 결함을 확인했다.
(C) Star Telecom은 이제 고품질 TV 프로그램 개발에 관심을 돌릴 것이다.
(D) 이 합병으로 세계 최대의 통신 사업자가 탄생했다.

정답 **33.** (B) **34.** (A) **35.** (D) **36.** (A)

어휘 **communication** 통신, 소통 **satellite** 위성, 인공위성 **orbit** 궤도 **innovative** 혁신적인, 독창적인 **profitable** 수익성이 좋은, 이익이 되는 **settle into** 자리잡다 **deploy** 배치하다, 전개하다 **launch** 출시하다; 발사하다 **in partnership with** ~와 제휴하여 **manufacturer** 제조업체 **mark** 나타내다, 표시하다 **including** ~을 포함하여 **monitor** 감시하다, 조사하다 **weather** 날씨, 기상 **improve** 향상시키다, 개선하다 **technology** 기술, 과학 **develop** 개발하다, 발전하다 **introduce** 도입하다, 소개하다 **alleviate** 완화하다, 경감시키다 **implement** 실행하다, 실시하다

Questions 37-40 refer to the following notice.

In thanks to our generous donors:

New Orleans Regional Hospital's mission is threefold: providing exemplary medical care, training new healthcare professionals, and providing preventative treatments and vaccinations to local patients. Throughout the years, many individuals have generously donated to NORH and allowed it to work ------- fulfilling its mission.
37.

In ------- of this ongoing community support, the hospital recently installed a walk of fame in the
38.

Loyola Avenue courtyard. -------. James and Mathilda McElhanney and Olivia Di Cuccio were honored
39.

for their outstanding contributions to the 50th anniversary fundraising campaign.

Embedded in the walkway are bricks displaying the names of major donors from the past fifty years. The bricks ------- each year to include the names of donors who make significant contributions to
40.

the hospital.

37. (A) onto
    (B) near
    (C) toward
    (D) about

38. (A) accordance
    (B) recognition
    (C) response
    (D) compliance

39. (A) The community center will unveil its new amenities in the coming months.
    (B) A fundraising campaign has been launched to help pay for the proposed feature.
    (C) Certain areas of the hospital will be closed while the installation is underway.
    (D) Its main purpose is to express gratitude to various community members.

40. (A) will be updated
    (B) is updating
    (C) were updated
    (D) have been updated

37. 전치사 문제

정답	(C) toward	✔ 빈칸 앞에 동사 work이 있고, 뒤에는 동명사인 fulfilling이 있다. ✔ (C)의 toward는 'work toward'의 형태로 '~을 위해 노력하다'라는 의미로 사용된다. 정답은 (C)이다.
오답	(A) onto (B) near (D) about	✔ (A)의 onto는 '평면에 맞닿아서 위로'의 의미로 'step onto the stage'와 같이 사용된다. ✔ (B)의 near는 장소와 함께 사용되어 '~ 근처에'라는 의미이다. ✔ (D)의 about은 '~에 관하여'라는 뜻으로 문제점, 화제, 주제, 질문과 관련하여 사용된다.

38. 명사 어휘 문제

정답	(B) recognition	✔ 빈칸 앞뒤의 전치사 in과 of에 유의하여 정답을 찾도록 한다. ✔ 정답은 'in recognition of(~을 인정하여)'라는 표현을 완성시키는 (B)의 recognition이다.
오답	(A) accordance (C) response (D) compliance	✔ (A)의 accordance는 주로 'in accordance with(~에 따라서)'의 형태로 사용된다. ✔ (C)의 response는 'in response to(~에 응답하여)'의 형태로 사용된다. ✔ (D)의 compliance는 'in compliance with(~에 따라)'의 형태로 사용된다.

어휘 **accordance** 일치 **recognition** 인식; 인정 **response** 응답, 회신 **compliance** 준수

39. 적절한 문장 넣기 문제

▶ 앞 문장의 키워드: **recognition** 인정 **support** 지원 **installed** 설치했다 **a walk of fame** 명예의 거리

▶ 뒤 문장의 키워드: **James and Mathilda McElhanney and Olivia Di Cuccio** James와 Mathilda McElhanney 부부와 Olivia Di Cuccio **honoured** 인정받다

	(D) Its main purpose is to express gratitude to various community members.
정답	✔ 앞 문장에서 '감사의 마음의 표시로 명예의 전당을 만들었다'는 내용이, 뒤 문장에서 '몇몇 사람들이 그 공로를 인정받았다'는 내용이 이어지고 있다. ✔ 정답은 (D)인데, (D)의 its main purpose에서 its는 '명예의 전당'을 가리키며, members는 빈칸 뒤 문장에 언급된 인물들을 가리킨다.

(A) The community center will unveil its new amenities in the coming months.

(B) A fundraising campaign has been launched to help pay for the proposed feature.

(C) Certain areas of the hospital will be closed while the installation is underway.

오답

- ✔ (A) 뒤에는 새로운 시설들을 소개하거나 시설의 장점에 대한 언급이 있어야 하므로 오답이다.
- ✔ (B)가 정답이 되려면 앞이나 뒤에 모금이나 돈과 관련된 내용이 있어야 한다.
- ✔ (C)는 '설치(installation)'와 관련된 내용인데, 설치하는 데 필요한 도움이나 요청 등에 대한 내용이 이어지고 있지 않으므로 정답이 될 수 없다.

어휘 **amenity** 편의 시설 **fundraising** 모금 **proposed** 제안된 **express** 표현하다 **gratitude** 감사

40. 동사 문제

정답	(A) will be updated	✔ 빈칸 뒤에 목적어가 보이지 않으므로 수동태 문장이 되어야 한다. ✔ 시간을 나타내는 부사구인 'each year(매년)'가 있으므로 현재시제나 미래시제가 사용되어야 한다. ✔ 수동태의 형태이면서 미래시제인 (A)가 정답이 된다.
오답	(B) is updating (C) were updated (D) have been updated	✔ (B)는 능동태이므로 정답이 될 수 없고, (C)와 (D)는 수동태이지만 시제가 맞지 않아 오답이다.

이 정도는 알아야지!

① about의 활용

'information/discussion/seminar/workshop/convention/conference + about'의 형태로 자주 사용된다.

cf. 'inquiry/complaint/debate/discount' 등의 명사는 about보다 on과 함께 사용되는 경우가 많다.

There is very much information **about** the project. 그 프로젝트에 대한 매우 많은 정보가 있다.

② compliance의 활용

'in compliance with + regulations/standards/precautions/policies'의 형태로 자주 사용된다.

cf. 'in accordance with'의 형태도 비슷한 의미로 사용할 수 있다.

We never give out any personal information **in compliance with** our company policy.
우리 회사 정책에 따라서 우리는 어떠한 개인 정보도 제공하지 않는다.

관대한 기부자분들께 감사의 인사를 전합니다:

뉴올리언스 지역 병원의 사명은 모범적인 의료 서비스 제공, 새로운 의료 전문가 양성, 그리고 지역 환자에게 예방 치료 및 예방 접종을 제공하는 것 등 세 가지입니다. 수년 동안, 많은 개인들이 NORH에 아낌없이 기부했으며 사명을 완수하기 위해 노력할 수 있었습니다.

이러한 지속적인 지역 사회 지원을 인정받아, 병원은 최근 Loyola Avenue 안뜰에 명예의 거리를 만들었습니다. **주요 목적은 다양한 지역 사회 구성원에게 감사를 표하는 것입니다.** James와 Mathilda McElhanney 부부와 Olivia Di Cuccio는 50주년 기념 모금 캠페인에서 뛰어난 공헌을 인정받았습니다.

산책로에는 지난 50년 동안의 주요 기부자들의 이름을 보여주는 벽돌들이 있습니다. 벽돌들은 병원에 상당한 기여를 하는 기증자의 이름을 포함하도록 매년 업데이트 될 것입니다.

37. (A) onto
    (B) near
    (C) toward
    (D) about

38. (A) accordance
    (B) recognition
    (C) response
    (D) compliance

39. (A) 주민센터는 앞으로 몇 달 후에 새로운 편의 시설을 공개할 예정입니다.
    (B) 제안된 특징에 대한 비용을 지불하기 위해 모금 캠페인이 시작되었습니다.
    (C) 설치가 진행되는 동안 병원의 특정 지역이 폐쇄될 것입니다.
    (D) 주요 목적은 다양한 지역 사회 구성원에게 감사를 표하는 것입니다.

40. (A) will be updated
    (B) is updating
    (C) were updated
    (D) have been updated

정답 37. (C)   38. (B)   39. (D)   40. (A)

어휘 **thanks to** 덕분에, 때문에 **generous** 관대한, 후한 **mission** 계획, 임무 **threefold** 삼중의 **exemplary** 전형적인, 모범적인 **preventative** 예방의, 예방용의 **treatment** 치료, 관리 **patient** 환자; 인내심 있는 **individual** 개인의, 개별의 **donate** 기부하다, 기증하다 **fulfill** 이행하다; 충족시키다 **ongoing** 진행 중인 **fame** 명성, 명예 **courtyard** 마당, 안뜰 **purpose** 목적, 목표 **gratitude** 감사 **various** 다양한, 여러 가지의 **outstanding** 현저한, 뛰어난 **contribution** 기여, 공헌 **fundraising** 모금 **embed in** ~에 박아 넣다 **brick** 벽돌 **major** 주요한, 큰 **significant** 중요한, 상당한 **accordance** 일치, 수여 **recognition** 인정, 평가 **response** 반응, 응답 **compliance** 준수, 따르기 **update** 최신의 것으로 하다, 새롭게 하다

Questions 41-44 refer to the following letter.

December 4

Dear Mr. Barrino,

With regard to your recent letter, please ------- this my official acceptance of the employment offer for
41.

the position of laboratory supervisor at Kelvin Chemicals.

My interest in working for Kelvin Chemicals has only increased since I interviewed with you,

Dr. Colbert, and Ms. Wang last month. -------. It gave me the impression that there must be a very
42.

positive and productive work atmosphere at Kelvin Chemicals. As ------- in your letter, I will go to the
43.
new laboratory on my first day of work.

I thank you for the offer and look forward to a long, happy period of ------- with Kelvin Chemicals.
44.

Sincerely,

Akima Monroe

---

41. (A) arrange

(B) relate

(C) consider

(D) give

42. (A) It's with great regret that I must turn
down your generous offer.

(B) I was particularly influenced by
everyone's enthusiastic attitude.

(C) My previous role at Glixo Chemicals
involved some management work.

(D) As such, I would appreciate the
opportunity to interview for the role.

43. (A) instructed

(B) instructing

(C) having instructed

(D) to instruct

44. (A) registration

(B) reimbursement

(C) employment

(D) submission

41. 동사 어휘 문제

정답	(C) consider	✓ 주어진 문장은 빈칸 뒤의 this가 목적어이고 'my official acceptance'가 목적 보어인 5형식 문장이다. ✓ 따라서 5형식 동사로 쓰일 수 있는 (C)의 consider가 정답이다.
오답	(A) arrange (B) relate (D) give	✓ (A)의 'arrange(~을 준비하다/정리하다)'는 주로 일정을 정하는 경우에 사용된다. ✓ (B)의 relate(~을 연관시키다)는 주로 'be related to + 명사'와 같이 수동태로 사용되기 때문에 오답이다. ✓ (D)의 give(주다)는 주로 4형식 동사로 사용되므로 'give + 간접목적어 + 직접목적어' 형태여야 한다. 간접목적어는 사람이나 대상이어야 하므로 (D)는 정답이 될 수 없다.

어휘 **arrange** 배열하다; 준비하다, 마련하다 **relate** 연관시키다 **consider** 고려하다, 간주하다 **give** 주다

42. 적절한 문장 넣기 문제

▶ 앞 문장의 키워드: **interest** 관심 **working** 일하는 것 **increased** 증가했다 **since** ~ 이후로 **interviewed** 인터뷰했다

▶ 뒤 문장의 키워드: **gave** 주었다 **impression** 인상 **positive and productive** 긍정적이고 생산적인 **work atmosphere** 근무 분위기

정답	(B) I was particularly influenced by everyone's enthusiastic attitude.	✓ 앞 문장에서 '몇몇 사람과의 인터뷰 이후 관심이 증가했다'는 내용이, 뒤 문장에서 '앞에서 언급한 부분이 좋은 영향을 주었다'라는 내용이 이어지고 있다. ✓ 따라서 'influenced(영향을 받다)', 'enthusiastic attitude(열정적인 태도)'와 같은 표현이 앞뒤 문장의 단어들과 매칭이 되고 있는 (B)가 정답이다.
오답	(A) It's with great regret that I must turn down your generous offer. (C) My previous role at Glixo Chemicals involved some management work. (D) As such, I would appreciate the opportunity to interview for the role.	✓ 편지에 따르면 면접을 보고 상대방의 제안을 받아들인 상태이다. ✓ '제안을 거절하게 되어 유감이다'라는 의미의 (A)는 오답이다. ✓ (C)는 '이전에 했던 일이 경영관리와 관련이 있다'는 내용인데, 이는 면접을 보기 전에 자신의 이력을 설명하는 내용이다. ✓ (D)는 '인터뷰 기회에 감사하다'는 내용인데, 이는 입사가 확정되기 전에 면접이 끝나고 나오는 내용이므로 정답이 될 수 없다.

어휘 **regret** 유감 **turn down** 거절하다 **generous** 관대한 **influence** 영향을 주다 **enthusiastic** 열정적인 **attitude** 태도 **involve** 연관시키다

43. 동사 문제

정답	(A) instructed	✔ 빈칸 앞의 접속사 as에 유의하여 정답을 찾도록 한다. 접속사 as는 절을 이끌 수도 있지만, 「as + 과거분사」 형태로도 쓰일 수 있다. ✔ 「as + 과거분사」 형태는 원래 수동태의 절에서 만들어진 것이기 때문에, 「as + 과거분사」 뒤에 목적어에 해당하는 명사가 올 수 없다. ✔ 빈칸 뒤에 목적어에 해당되는 명사가 없기 때문에 (A)의 instructed가 정답이다.
오답	(B) instructing (C) having instructed (D) to instruct	✔ as를 전치사로 볼 경우에는 동명사인 (B)의 instructing과 (C)의 having instructed가 그 뒤에 나올 수도 있지만, 이러한 경우 목적어에 해당하는 명사가 필요하다. ✔ (D)는 to부정사인데, to부정사는 전치사나 접속사의 바로 뒤에 사용되지 않는다.

44. 명사 어휘 문제

정답	(C) employment	✔ 빈칸 앞의 형용사 'long, happy(오래, 행복하게)'의 수식을 받을 수 있는 명사를 찾도록 한다. ✔ 빈칸 뒤에 'with + 회사 이름(Kevin Chemicals)'이 있는데, 편지의 내용이 일자리를 받아들이겠다는 것이므로 Kelvin Chemicals에서 일하는 것에 대한 기대감을 표현하고 있다. 따라서 정답은 (C)이다.
오답	(A) registration (B) reimbursement (D) submission	✔ (A)의 registration(등록)은 세미나, 토론, 프로그램 등에 등록한다는 표현에 사용된다. ✔ (B)의 reimbursement(배상)는 회사에서 출장을 다녀온 후 비용을 청구하는 경우에 주로 사용된다. ✔ (D)의 submission(제출)은 제안서나 보고서 등을 제출한다는 표현을 할 때 사용된다.

어휘 **registration** 등록 **reimbursement** 변제, 상환 **employment** 채용 **submission** 제출; 항복, 굴복

이 정도는 알아야지!

❶ **arrange의 활용:** arrange는 '배열하다', '일정을 정하다'의 두 가지 의미로 사용된다.

All the chairs are **arranged** in a row. 모든 의자들은 일렬로 배열되어 있다.

My assistant will **arrange** a meeting with you. 나의 비서가 당신과의 회의 일정을 정할 것이다.

❷ **reimburse의 활용:** 'reimburse + 목적어 + for + 명사'의 형태로 사용되어 '~에게 …을 배상하다' 라는 의미를 나타낸다.

Our company **reimburses** employees for costs incurred when going on business trips.
우리 회사는 직원들이 출장을 갈 때 발생하는 비용들에 대해서 배상해 주고 있다.

12월 4일

친애하는 Barrino 씨,

최근의 편지와 관련하여, 이 편지를 Kelvin 화학의 실험실 감독관 직책을 위한 고용 제안에 대한 저의 공식적인 수락으로 생각해 주시기를 바랍니다.

지난달에 귀하와 Colbert 박사님, 그리고 Wang 씨와 면접을 본 이후로 Kelvin 화학에서 근무하는 것에 대한 저의 관심은 증가하기만 했습니다. **저는 특히 모든 분들의 열정적인 태도에 감명 받았습니다.** Kelvin 화학의 매우 긍정적이고 생산적인 업무 분위기는 저에게 깊은 인상을 주었습니다. 편지에서 요청해 주신대로, 저는 업무의 첫 날에 새로운 실험실로 출근하겠습니다.

제안해 주셔서 감사하며 Kelvin 화학과 오랫동안 행복하게 일할 수 있기를 기대합니다.

진심을 담아,

Akima Monroe

---

41. (A) arrange
(B) relate
(C) consider
(D) give

42. (A) 제가 귀하의 관대한 제안을 거절해야 한다는 것은 매우 유감입니다.
(B) 저는 특히 모든 분들의 열정적인 태도에 감명 받았습니다.
(C) Glixo 화학에서 저의 이전 역할은 일부 관리 업무와 관련되어 있었습니다.
(D) 이와 같이, 저는 그 역할에 대해 면접을 볼 수 있는 기회에 감사할 것입니다.

43. (A) instructed
(B) instructing
(C) having instructed
(D) to instruct

44. (A) registration
(B) reimbursement
(C) employment
(D) submission

정답 **41.** (C) **42.** (B) **43.** (A) **44.** (C)

어휘 **official** 공식의, 공무상의 **employment** 고용, 일자리 **position** 입장, 지위 **supervisor** 관리자, 감독자 **interview with** ~와 면접을 하다 **particularly** 특히, 특별하게 **be impressed with** ~에 감동 받다 **enthusiastic** 열렬한, 열정적인 **attitude** 태도, 자세 **positive** 긍정적인, 적극적인 **productive** 생산적인, 건설적인 **atmosphere** 분위기, 대기 **instruct** 지시하다, 교육하다 **report** 알리다, 발표하다 **admire** 존경하다, 감탄하다 **suppose** 생각하다, 가정하다 **consider** 고려하다, 여기다 **estimate** 평가하다, 추정하다 **impression** 인상, 생각 **submission** 제출 **enhancement** 증진, 강화 **proposal** 제안, 계획

Questions 45-48 refer to the following information.

Fly Airways passengers will ------- have the opportunity to learn a language from the comfort of their
45.
seats.

On Monday, Fly Airways ------- the introduction of language training courses on its seatback
46.

entertainment systems. These intensive language lessons were designed by Perfect Linguistics,

------- has been the leader in audio/visual language programs for 45 years.
47.

Four languages—English, German, Spanish, and Korean—will initially be available at three different

levels: preliminary, intermediate, and advanced. -------. They can be custom tailored for use on the
48.
in-flight entertainment system.

We always try to better serve our customers and hope that you can enjoy our new service.

45. (A) soon

(B) still

(C) lately

(D) such

46. (A) to announce

(B) has announced

(C) was announced

(D) announced

47. (A) where

(B) what

(C) whoever

(D) which

48. (A) These new flight destinations will be
available starting next month.

(B) All courses must be attended regularly
for one month.

(C) Ticket prices differ according to the
class of seat requested.

(D) Each lesson will require only 20-30
minutes to complete.

45. 부사 어휘 문제

정답	(A) soon	✔ 빈칸 앞에 미래시제를 나타내는 조동사 will이 있고, 빈칸 뒤에 have라는 동사 원형이 있으므로 적절한 의미의 부사를 정답으로 골라야 한다. ✔ 보기 중에서 미래와 어울리면서 '곧'이라는 의미를 나타내는 (A)의 soon이 들어 가는 것이 자연스럽다.
오답	(B) still (C) lately (D) such	✔ (B)의 still은 '아직도'라는 의미로 보통 현재시제와 함께 사용되며, (C)의 lately는 과거시제와 어울려 사용된다. ✔ (D)의 such는 동사를 수식하지 않기 때문에 동사의 앞뒤에서 사용될 수 없다.

> [어휘] **soon** 곧 **still** 아직도, 여전히 **lately** 최근에 **such** 그러한

46. 동사 문제

정답	(D) announced	✔ 해당 문장에 동사가 보이지 않으므로 빈칸에는 본동사가 와야 한다. ✔ 문장의 맨 앞에 'on Monday'라는 부사구가 있는데, 그 다음 문장의 시제가 과거 이므로 빈칸에도 과거시제의 동사가 들어가야 한다. 따라서 (D)가 정답이다.
오답	(A) to announce (B) has announced (C) was announced	✔ to부정사인 (A)는 동사가 아니기 때문에 정답이 될 수 없고, (C)는 수동태이므로 오답이다. ✔ (B)의 현재완료 시제가 정답이 되기 위해서는 for나 since 등을 이용한 명백한 시점이 있어야 한다.

47. 관계사 문제

정답	(D) which	✔ 빈칸 앞의 사물명사인 'Perfect Linguistics'를 선행사로 취할 수 있고 has의 주어 역할을 할 수 있는 주격관계대명사가 필요하다. ✔ 사물명사를 선행사로 취하는 주격관계대명사는 (D)의 which이다.
오답	(A) where (B) what (C) whoever	✔ (A)의 where는 관계부사이므로 뒤에 완전한 절이 이어져야 한다. ✔ (B)의 what은 사물을 대신할 수는 있지만 선행사를 포함하는 관계대명사이므로 명사 뒤에 사용될 수 없다. ✔ 복합관계대명사인 (C)의 whoever는 선행사가 사람일 때 쓰일 수 있다.

48. 적절한 문장 넣기 문제

▶ 앞 문장의 키워드: **languages** 언어 **available** 가능한 **three levels** 세 가지 레벨

▶ 뒤 문장의 키워드: **custom tailored** 특별 요청된 **use** 사용 **in-flight system** 기내 시스템

(D) Each lesson will require only 20-30 minutes to complete.

정답

✔ 앞 문장에서는 '세 가지 레벨의 다양한 언어로 제공된다'는 내용이, 뒤 문장에서는 '기내에서 사용하기 위해 특별 요청 가능하다'는 내용이 언급되고 있다.

✔ 따라서 Each lesson(각각의 수업), require(필요하다), 20-30minutes(20분에서 30분)라는 키워드로 앞뒤 내용을 연결시킬 수 있는 (D)가 정답이다.

(A) These new flight destinations will be available starting next month.
(B) All courses must be attended regularly for one month.
(C) Ticket prices differ according to the class of seat requested.

오답

✔ (A)는 '새로운 운항로가 가능하다'는 내용인데, 이는 언어 학습 프로그램과는 무관하다.

✔ (B)는 수업과 관련된 내용이기는 하지만, '한 달에 한 번 정기적으로 출석해야 한다'는 내용은 기내 수업에서는 가능하지 않으므로 오답이다.

✔ (C)는 좌석 등급에 따라 항공권의 가격이 다르다는 내용으로 프로그램과 관련이 없다. 보기의 class는 '수업'이 아닌 '등급'을 의미한다는 사실에 주의하자.

어휘 destination 목적지 differ 다르다 class 등급

이 정도는 알아야지!

① **such의 활용: 'such + (a/an) + (형용사) + 명사'의 형태로 쓰인다.**

This document includes **such** important information on our annual meeting.
이 서류는 우리의 연례 회의에 대한 중요한 정보를 담고 있다.

② **관계부사 where의 활용: '장소 명사 + where + 주어 + 동사'의 형태로 쓰인다.**

This is the place **where** we are going to hold this year's seminar.
이곳이 우리가 올해의 세미나를 주최할 장소이다.

해석

Fly 항공사의 승객들은 편안한 좌석에서 언어를 학습할 수 있는 기회를 갖게 될 것입니다.

월요일에, Fly 항공사는 앉아서 즐기는 엔터테인먼트 시스템을 통한 언어 교육 과정의 도입을 발표했습니다. 이러한 집중적인 언어 수업은 Perfect Linguistics에 의해 고안되었는데, 그들은 45년 동안 시청각 언어 프로그램 업계의 선두 주자였습니다.

영어, 독일어, 스페인어, 한국어 등 4개 언어는 처음에 예비, 중급, 고급의 세 가지 수준에서 이용할 수 있습니다. **각 수업은 완료하는 데 20분에서 30분밖에 걸리지 않습니다.** 기내 엔터테인먼트 시스템에서 사용하기 위해 맞춤 제작할 수 있습니다.

저희는 항상 고객님께 더 나은 서비스를 제공하기 위해 노력하고 있으며 여러분들께서 새롭게 제공되는 서비스를 즐길 수 있기를 바랍니다.

45. (A) soon

(B) still

(C) lately

(D) such

46. (A) to announce

(B) has announced

(C) was announced

(D) announced

47. (A) where

(B) what

(C) whoever

(D) which

48. (A) 이 새로운 항공편 목적지들은 다음 달부터 이용할 수 있습니다.

(B) 모든 강좌들은 한 달 동안 정기적으로 참석해야만 합니다.

(C) 티켓 가격은 요청된 좌석 등급에 따라 다릅니다.

(D) 각 수업은 완료하는 데 20분에서 30분밖에 걸리지 않습니다.

정답 **45.** (A)　**46.** (D)　**47.** (D)　**48.** (D)

어휘 **passenger** 승객, 탑승객　**opportunity** 기회　**learn** 배우다, 알다　**language** 언어　**comfort** 위로, 편안함　**seat** 좌석, 자리　**introduction** 도입, 소개　**intensive** 집중적인, 강도 높은　**be designed by** ~에 의해 고안되다　**initially** 처음에, 시초에　**lesson** 수업, 과정　**require** 필요하다, 요구하다　**complete** 완료하다, 완성하다　**tailored** 주문에 따라 맞춘, 맞춤의　**serve** 제공하다　**soon** 곧, 빨리　**still** 여전히, 아직도　**lately** 최근에, 요즘　**then** 그 이후에　**announce** 발표하다, 알리다

abbreviate 축약하다

abbreviated 단축된, 간결하게 한

accept 받아들이다, 인정하다

access 접근, 이용

accidentally 실수로

accordance 일치, 수여

account 계좌, 계정

additional 추가의, 부가적인

admire 존경하다, 감탄하다

admission 입장, 입학

advanced 진보한, 고등의

afford 여유가 있다, 할 수 있다

alleviate 완화하다, 경감시키다

allow 허용하다, 할 수 있게 하다

allowance 용돈, 수당

amenity 편의 시설

announce 발표하다, 알리다

anthology 선집, 문집

anticipate 기대하다, 예상하다

apologize 사과하다

apparent 명백한, 분명한

appear 나타나다; ~처럼 보이다

application 지원; 적용

arrange 배열하다; 준비하다, 마련하다

as far as ~하는 한

as well 또한, 역시

assume 가정하다, 생각하다

at all times 항상, 언제나

atmosphere 분위기, 대기

attendee 참석자

attention 주의

attitude 태도, 자세

available 이용할 수 있는

be acquainted with ~을 알고 있다, 잘 알다

be aligned with 맞추다, 조정되다

be committed to ~에 헌신, 전념하다

be designed by ~에 의해 고안되다

be impressed with ~에 감동 받다

be interested in ~에 관심이 있다, 흥미가 있다

be on display 전시하다

benefits package 복지 혜택

besides 게다가

brick 벽돌

browse 찾아보다

capacity 능력, 용량

career 경력, 진로, 직업

cause 초래하다, 일으키다

certification 증명, 보증

class 등급

collector 수집가

comfort 위로, 편안함

committed 헌신적인

communicate 의사소통하다, 전달하다

complete 완료하다, 완성하다

compliance 준수, 따르기

complimentary 무료의

concerning ~에 관하여

confidentiality 기밀성, 비밀성

confirm 확인하다, 확신하다

conglomerate 복합 기업

consider 고려하다, 간주하다

considerable 상당한

considerate 이해심이 있는

consideration 고려, 숙고

consume 소비하다, 시간이 걸리다

contact 연락을 취하다, 접촉시키다

contract 계약을 맺다

contribute 기여하다, 공헌하다

contribution 기여, 공헌

cooperation 협력, 협조

courtyard 마당, 안뜰

customer 고객, 소비자

deal 다루다, 대처하다

decline 거절하다; 감소하다

dedicated 헌신적인, 전념하는

defect 결점

deploy 배치하다, 전개하다

despite ~에도 불구하고

destination 목적지

detach 떼다, 분리하다

detachable 분리할 수 있는, 파견할 수 있는

detail 세부사항

develop 개발하다, 발전하다

differ 다르다

discuss 논의하다, 이야기하다

donate 기부하다, 기증하다

duty 임무

eagerly 간절히, 열성적으로

editor 편집자

efficiency 효율, 능률

embed in ~에 박아 넣다

employment 고용, 일자리

encounter 우연히 만나다

enhance 향상하다, 강화하다

enhancement 증진, 강화

ensure 보장하다, 확보하다

enthusiastic 열렬한, 열정적인

environment 환경, 상황

estimate 평가하다, 추정하다

even though 비록 ~이지만

exceptional 뛰어난, 특별한

excessive 과도한, 엄청난

exemplary 전형적인, 모범적인

exhibit 보여주다, 설명하다

exhibition 전시, 박람회

expand 확대하다, 확장하다

express 표현하다

extensive 광범위한

fall into 빠져들다

fame 명성, 명예

familiar 익숙한, 친숙한

field 분야, 현장

finance 재정, 금융

flaw 결점

forbid 금지하다

fulfill 이행하다, 충족시키다

fundraising 모금

generous 관대한

gratitude 감사

handle 다루다, 취급하다

honor 명예, 영광

however 그러나, 하지만

identify 확인하다

identity 신원, 정체성

implement 이행하다, 실행하다

impression 인상, 생각

improve 향상시키다, 개선하다

in advance 미리, 사전에

in partnership with ~와 제휴하여

in reference to ~에 관하여

in response to ~에 응하여, ~에 대한 반응으로

include 포함하다

included 포함된

including ~을 포함하여

inconvenience 불편

increase 증가하다

indispensable 꼭 필요한

individual 개인의, 개별의

industry 산업, 업계

influence 영향을 주다

inform 알리다, 통보하다

initially 처음에, 시초에

innovative 혁신적인, 독창적인

install 설치하다

installment 할부, 분납

instruct 지시하다, 교육하다

intensive 집중적인, 강도 높은

interest 관심; 이자

introduce 도입하다, 소개하다

introduction 도입, 소개

involve 연관시키다

issue 논점; 발행

keynote speaker 기조 연설자

kick off 시작하다

lately 최근에, 요즘

launch 출시하다; 발사하다

likelihood 가능성

likely ~할 것 같은

limit 제한, 한계

limited 한정된, 제한을 받은

look forward to ~을 기대하다, ~을 고대하다

major 주요한, 큰

management 관리자, 경영자

manufacturer 제조업체

mark 나타내다, 표시하다

measure 조치

mission 계획, 임무

nearby 근처의, 가까운

observe 준수하다, 관찰하다

official 공식의, 공무상의

on a trial basis 시험 삼아

ongoing 진행중인

operation 운영, 활동

opportunity 기회

orbit 궤도

outstanding 현저한, 뛰어난

particularly 특히, 특별하게

passenger 승객, 탑승객

patient 환자; 인내심 있는

permission 허가, 허용

permit 허가하다, 허용하다

personal 개인의, 사적인

piece 조각, 작품

position 입장, 지위

positive 긍정적인, 적극적인

potential 잠재적인

preventative 예방의, 예방용의

previously 이전에, 과거에

productive 생산적인, 건설적인

profitable 수익성이 좋은, 이익이 되는

proposal 제안, 계획

proposed 제안된

proprietary 소유주의, 소유자의

protect 보호하다, 지키다

provide 제공하다, 공급하다

publication 출판, 간행물

publish 출판하다, 발표하다

purchase 구매하다, 구입하다

purpose 목적, 목표

reasonable 합리적인, 이성적인

recognition 인정, 평가

recommend 추천하다, 권고하다

recommendation 추천, 권고

recycling 재활용

regard 여기다, 간주하다

register 등록하다

registration 등록, 접수

regret 유감

regretfully 유감스럽게도

regularly 정기적으로, 규칙적으로

reimbursement 변제, 상환

relate 연관시키다

remainder 나머지, 잔여

report 보고하다, 보도하다

require 필요하다, 요구하다

response 응답, 회신

responsible 책임이 있는, 담당의

result in 결과를 초래하다

retain 유지하다, 보유하다

right 권리; 옳은

salary 급여

satellite 위성

select 선택하다, 고르다

serve 제공하다

settle into 자리잡다

significant 중요한, 상당한

similar 비슷한, 유사한

spot 장소, 자리

strictly 엄격하게

submission 제출; 항복, 굴복

subscribe (회원으로) 가입하다,
구독하다

suggest 제안하다, 제시하다

suitable 적절한

supervisor 관리자, 감독자

supply store 사무용품 판매점

suppose 생각하다, 가정하다

surrounding 주변에

sustainable 지속 가능한, 유지 가능한

tailored 주문에 따라 맞춘, 맞춤의

take advantage of 이용하다,
활용하다

take measures to ~의 조치를
취하다

take place 열리다, 일어나다

technology 기술, 과학

thanks to 덕분에, 때문에

theme 주제, 테마

therefore 따라서, 그러므로

threefold 삼중의

throughout ~ 내내, 통하여; 전체

treat 처리하다, 대우하다

treatment 치료, 관리

turn down 거절하다

uncommon 흔치 않은, 드문

unexpected 예상하지 못한

unsolicited 부탁 받지도 않은,

update 최신의 것으로 하다,
새롭게 하다

urge 재촉하다, 촉구하다

used 사용된, 중고의

various 다양한, 여러 가지의

vending machine 자동판매기

venue 장소

via 통하여, 이용한

view 견해, 생각

voucher 상품권, 교환권

PART 7
독해

단일 지문(Single Passage)

✔ 토익 파트 7의 독해에서 단일 지문은 10개 출제되며, 하나의 지문당 기본적으로 2문제에서 4문제로 구성되어 있다.

✔ 지문의 내용은 기사, 안내, 광고, 이메일, 편지, 문자메시지와 채팅 등 다양한 종류의 글들이 포함되어 있다.

✔ 파트 7에서 147번부터 150번 중후반까지의 단일 지문은 상당히 쉽게 풀 수 있는 지문과 문제들이 주어진다. 반면에, 160번대부터 170번대 중반까지는 상당한 시간을 소요하게 만드는 문제들이 출제되기 때문에, 시간 조절에 특히 신경을 더 써야 한다.

1 편지(Letter), 이메일(E-mail), 메모(Memorandum)

• 편지와 이메일, 그리고 메모 형식의 지문이 등장하면 가장 먼저 글을 쓴 사람과 글을 받는 사람을 확인한다.

• 글의 주된 목적을 묻는 문제가 자주 출제된다.

• 세부적인 내용에 관한 문제 역시 자주 출제된다.

지문을 읽고 문제에 답하시오.

Questions 1-3 refer to the following letter.

Exotic Party Supplies, Inc.

Rachel Erickson
9 Penny Lane
Manchester HJ 13 GH 27
United Kingdom

Dear Ms. Erickson,

I was recently informed that a shipment of party supplies was damaged upon receipt in your London store. I understand that the ribbons on the party dresses fell off many of them. Here at Exotic Party Supplies, Inc., we take pride in our customer service, and we would be pleased to send you replacements for any faulty units.

I have attached a return form to detail any damaged items. Please fill it out with the correct number of units and mail it back to us. We have already paid for the postage, so you only need to pack the damaged party dresses. Then, call a courier service to pick up the dresses. Upon receipt of the returned items, we will send new ones free of charge.

We are sorry for any inconveniences caused. Thank you very much for your business.

Sincerely,

Jason Feldman
Customer Service Manager, Exotic Party Supplies, Inc.

---

1. What problem was reported to Mr. Feldman?

(A) Ribbons were not included.

(B) Some products were delivered in bad condition.

(C) Many dresses were unavailable.

(D) A shipment was delayed by a month.

3. What is Ms. Erickson instructed to do?

(A) Pick up her dresses at a store

(B) Pay for postage

(C) Enclose the original receipt

(D) Contact a courier service

2. What is included with the letter?

(A) A new ribbon

(B) A reimbursement check

(C) A return form

(D) An invoice

⚡ 정답 뽀개기

1. What problem was reported to Mr. Feldman?

(B) Some products were delivered in bad condition.

정답

- ✔ 지문의 상세한 정보를 묻는 문제이다.
- ✔ 문제의 키워드는 problem과 reported, 그리고 Mr. Feldman이다. 지문의 informed라는 단어가 문제의 reported와 비슷한 의미를 나타내는데, informed 뒤에 오는 단어들을 살펴보면 shipment, part supplies, 그리고 damaged가 있음을 알 수 있다. (B)에서 supplies라는 단어는 products로, damaged라는 단어는 in bad condition으로 바뀌어 표현되었기 때문에 (B)가 정답이다.

(A) Ribbons were not included.

(C) Many dresses were unavailable.

(D) A shipment was delayed by a month.

오답

- ✔ 지문 중 'the ribbons on the party dresses fell off many of them'이라는 부분에 (A)의 ribbons와 (C)의 dresses가 언급되어 있기는 하지만, 리본이 포함되지 않았거나 드레스의 구매가 불가능했던 것은 아니기에 이들은 오답이다. 물건이 이미 도착한 상황이므로 (D) 역시 오답이다.

2. What is included with the letter?

정답	(C) A return form	✓ 지문의 상세한 정보를 묻는 문제이다. ✓ 문제의 include라는 단어는 '포함하고 있다'는 의미인데, 지문 두 번째 문단의 'I have attached a return form ~'이라는 표현이 있으므로 정답은 (C)이다.
오답	(A) A new ribbon (B) A reimbursement check (D) An invoice	✓ (A)의 ribbon이나 (B)의 check, 그리고 (D)의 invoice가 편지에 동봉되어 있다는 언급은 찾을 수 없다.

3. What is Ms. Erickson instructed to do?

정답	(D) Contact a courier service	✓ 글을 받는 사람에게 요청하는 부분을 찾는 문제이다. ✓ 지문의 두 번째 문단에 'Then, call a courier service to pick up the dresses'라는 표현이 나오므로, call이라는 동사를 contact으로 바꾸어 쓴 (D)가 정답이 된다.
오답	(A) Pick up her dresses at a store (B) Pay for postage (C) Enclose the original receipt	✓ (A)의 경우, pick up이라는 단어가 지문에 언급은 되어 있지만 뒤에 store라는 단어는 없기에 이는 오답이다. (B)의 경우, postage라는 단어는 나오지만 지문에는 already paid라고 쓰여 있으므로 Erickson 씨가 다시 돈을 지불하지 않아도 되기에 이 또한 오답이다. (C)의 receipt도 지문에 언급되어 있지만, 지문의 receipt은 '수령'이라는 의미를 나타내는 반면, (C)의 receipt는 '영수증'이라는 의미를 나타낸다.

'What is + 주어 + asked/instructed/encouraged/advised ～' 형식의 문제가 제시되면
아래의 단어 혹은 표현들을 지문에서 찾도록 한다.

❶ (Please) + 동사원형 ～ (명령문)
❷ 주어 + [should / must / need / have to] + 동사원형 ～
❸ 주어 + [wish / want / would like / hope] + to 동사원형 ～
❹ [Can / Could] + you + 동사원형 ～?

해석

Exotic 파티용품

Rachel Erickson
Penny 로 9번지
맨체스터 HJ 13 GH 27
영국

Erickson 씨께,

귀하의 런던 상점에서 파티용 물품을 받자마자 파손되었다는 것을 최근에 알게 되었습니다. 대다수의 드레스에서 파티 드레스의 리본 장식들이 떨어졌다고 하더군요. 이곳 Exotic 파티용품에서는 고객 서비스에 자부심을 갖고 있으며, 고객님께 결함이 있는 용품에 대한 대체품을 보내 드리게 되어 기쁩니다.

파손된 물품에 대해 상세히 기술하기 위해 반품 신청서를 첨부했습니다. 물품의 정확한 수량을 작성해서 다시 메일로 보내 주세요. 우편 요금은 이미 지불했으니, 파손된 파티 드레스를 담아 주시기만 하면 됩니다. 그런 다음, 드레스 픽업을 위해 택배사에 연락해주세요. 반품된 물건을 받는 즉시, 저희는 새 물품을 무료로 보내 드리겠습니다.

불편을 드려 죄송합니다. 거래해 주셔서 감사합니다.

진심을 담아,

Jason Feldman
고객 서비스 담당자, Exotic 파티용품

---

1. Feldman 씨에게 보고된 문제는 무엇인가?

(A) 리본들이 포함되어 있지 않았다.

(B) 몇몇의 제품들이 좋지 않은 상태로 배송되었다.

(C) 많은 드레스들이 구매가 가능하지 않았다.

(D) 배송이 한 달 더 지연되었다.

2. 편지에 포함되어 있는 것은 무엇인가?

(A) 새로운 리본

(B) 상환 수표

(C) 반품서

(D) 송장

3. Erickson 씨는 무엇을 하라는 요청을 받는가?

(A) 가게에서 그녀의 드레스를 가져온다

(B) 우편 요금을 낸다.

(C) 영수증을 동봉한다.

(D) 배송 회사에 연락한다.

정답 **1.** (B) **2.** (C) **3.** (D)

어휘 **inform** 알리다 **shipment** 배송 **receipt** 수령; 영수증 **take pride in** ～을 자랑하다 **faulty** 결점이 있는 **correct** 정확한
postage 우편 요금 **courier service** 운송 서비스

Questions 4-7 refer to the following letter.

Brent Calvin
4545 Elm Street
San Bernardino, CA 988005

Dear Mr. Calvin,

We at Exotic Overland Tours would like to congratulate you for being our 1,000th adventure travel customer. As a result, we are giving you a privileged members travel card, which provides exclusive benefits only to members with more than 100,000 mileages. Enjoy the convenience of the card at over 60 of our Asian and South American locations.

You can use the privileged members travel card at any hostel, hotel, car rental agency, or cruise line and receive up to 35% off the listed price for accommodations.

- Free travel-planning services
- Discounts on the online booking of accommodations
- Theft protection (If your card is lost or stolen, we will replace it within 48 hours.)
- Customer service 24 hours a day (available internationally whenever you need assistance)

Call 1-888-567-8484 or visit www.exoticoverland.com. to activate your account once you receive the PMT card. There are no enrollment fees if you sign up before April 13.

Sincerely,

Beatrice Portineri
Vice President of Customer Relations
Exotic Overland Tours

---

4. What is the purpose of the letter?

(A) To congratulate a person on passing a test

(B) To promote the best accommodation facilities

(C) To explain the benefits of a card to a prize winner

(D) To announce the employee of the year award

5. What is indicated about Mr. Calvin?

(A) He works at a major Asian hotel.

(B) He has traveled to over 60 countries.

(C) He has more than 100,000 mileages.

(D) He is the company's 1,000th customer.

6. What is NOT mentioned as a benefit available to members?

(A) Travel insurance

(B) Discounts on bookings on a Web site

(C) Customer service at any time

(D) Complimentary itinerary arrangement

7. What will happen on April 13?

(A) Registration fees will be waived.

(B) The staff will go on holiday.

(C) The enrollment deadline will be over.

(D) A card will be activated.

4. What is the purpose of the letter?

정답

(C) To explain the benefits of a card to a prize winner

✓ 글의 목적을 묻는 문제이다.

✓ 글의 목적을 묻는 문제의 정답은 주로 지문의 첫 번째 문단에 나오기 때문에, 보기에 있는 단어들을 지문에 나오는 단어들과 매칭시켜 본다. 지문 중 'We at Exotic Overland Tours would like to congratulate you for being our 1,000th adventure travel customer.'라는 문장에서 당첨 소식을 전하고 있으며, 그 뒤에 오는 문장에서는 'we are giving you a privileged members travel card, which provides exclusive benefits'라며 당첨의 혜택들을 설명하고 있기 때문에 정답은 (C)이다.

오답

(A) To congratulate a person on passing a test
(B) To promote the best accommodation facilities
(D) To announce the employee of the year award

✓ (A)의 congratulate라는 단어가 지문에 언급되었지만, 그 뒤의 passing과 test라는 말은 찾아볼 수 없기에 (A)는 오답이다. (B)의 경우 지문에 hotel은 언급되어 있지만 편지가 호텔을 홍보하기 위한 것은 아니므로 이 또한 오답이다. (D)의 employee는 지문과 전혀 상관없는 단어이다.

이 정도는 알아야지!

글의 목적을 묻는 문제의 경우, 정답의 단서가 들어 있는 부분은 아래와 같다.

ⓐ 첫 번째 문단에 정답의 단서가 나오는 경우

ⓑ 두 번째 문단에 정답의 단서가 나오는 경우: 보통 첫 번째 문단에 안부 인사 혹은 사건의 경위를 설명하는 내용들이 나온다.

ⓒ 세 번째 문단에 정답이 나오는 경우: 직접적인 글의 목적을 나타내는 표현, 즉 'I am writing to ~'나 'I would like ~' 따위로 시작하는 문장에서 단서를 찾을 수 있다.

5. What is indicated about Mr. Calvin?

정답

(D) He is the company's 1,000th customer.

✓ 지문에 언급되어 있거나 지문 내용을 통해 유추할 수 있는 내용을 묻는 문제 유형이다.

✓ (D)를 보면 1,000이라는 숫자가 있는데, 지문에서 '1,000'이 들어간 부분을 찾아보면 'being our 1,000th adventure travel customer'라는 내용을 찾을 수 있다. 이를 통해 Calvin 씨가 Exotic Overland 여행사의 1,000번째 고객이 되었다는 점을 알 수 있기에 정답은 (D)가 된다.

(A) He works at a major Asian hotel.

(B) He has traveled to over 60 countries.

(C) He has more than 100,000 mileages.

오답

✔ (A)의 Asian이라는 단어는 지문에서 찾을 수 있지만 work과 관련한 단어는 없기에 이는 오답이다.

✔ (B)의 60도 지문에 언급된 숫자이지만 이는 카드를 사용할 수 있는 지역의 수를 나타내므로 (B) 역시 오답이다.

✔ (C)의 100,000이라는 숫자도 지문에서 찾을 수 있지만, 'available only to members with more than 100,000 credits'라고 말한 부분에서 알 수 있듯이, Calvin 씨가 10만 포인트를 가지고 있는 것이 아니라 그에 상응하는 혜택을 받을 수 있다는 언급만 있을 뿐이므로 (C) 또한 오답이다.

이 정도는 알아야지!

지문에 언급된 내용 찾는 문제, 즉 'indicated, stated, inferred, suggested, mentioned, true, implied'와 같은 단어가 들어 있는 문제의 풀이 요령

ⓐ 보기의 숫자, 시간, 장소 등이 언급된 부분부터 먼저 확인하고, 그 앞이나 뒤에 나온 단어들을 지문에서 확인한다.

ⓑ 숫자, 시간, 장소 등만 언급하고 나머지 단어에 대한 언급이 없는 보기들은 무조건 오답이다.

ⓒ 만약 보기에 숫자, 시간, 장소 등의 단어가 없으면, 보기 (D) 부터 키워드인 명사와 동사를 지문에서 찾아 비교한다.

6. What is NOT mentioned as a benefit available to members?

(A) Travel insurance

정답

✔ 주어진 단어에 대해 언급되지 않은 정보를 찾는 문제이다.

✔ 지문의 세 번째 문단에서 혜택들과 관련한 내용을 확인할 수 있다. 문단의 시작 부분에 travel이라는 단어는 나오지만, insurance라는 단어는 찾아볼 수 없기 때문에 (A)가 언급되지 않은 내용이다.

(B) Discounts on bookings on a Web site

(C) Customer service at any time

(D) Complimentary itinerary arrangement

오답

✔ (B)는 지문의 'Discounts on the online booking of accommodations'에 언급되어 있다.

✔ (C)에 대한 내용은 'Customer service 24 hours a day'에서, (D)에 대한 내용은 'Free travel-planning services'에서 찾을 수 있다.

7. What will happen on April 13?

정답

(A) Registration fees will be waived.

✔ 주어진 시간과 관련된 정보를 찾는 문제이다.

✔ 문제에 'April 13'이라는 시간이 주어졌기 때문에 지문에서 이에 해당하는 시간부터 찾도록 한다. 마지막 문단의 마지막 부분에서 'April 13'을 찾을 수 있는데, 이는 그 앞의 'no enrollment fees'라는 표현과 어울려 '등록비가 들지 않는다'는 의미를 나타낸다. 한편 (A)에서 'registration fees'라는 단어와 waive라는 단어가 어울려 '등록비가 없다'는 동일한 의미를 나타내므로 (A)가 정답이다.

오답

(B) The staff will go on holiday.
(C) The enrollment deadline will be over.
(D) A card will be activated.

✔ (C)의 enrollment라는 단어는 지문에 나와 있지만 deadline과 관련된 단어는 찾아 볼 수 없기 때문에 (C)는 오답이다.

✔ (D)의 activate라는 단어와 card라는 단어는 'activate your account once you receive the PMT card'라는 부분에서 찾을 수 있지만, 카드 활성화와 'April 13'이라는 날짜 사이에는 아무런 연관성이 없으므로 이 또한 오답이다.

이 정도는 알아야지!

시간 정보와 관련한 정보를 묻는 문제의 풀이 요령

ⓐ 지문에서 문제에 주어진 시간이 언급되어 부분을 먼저 찾는다.

ⓑ 지문에서 시간 정보를 찾으면 그 단어가 들어가 있는 문장의 시작점과 끝나는 점 사이에 있는 키워드를 표시한다.

ⓒ 표시한 키워드들과 보기의 단어들을 비교해 가면서 정답을 찾는다.

Brent Calvin
Elm 가 4545번지
샌 버나디노, 캘리포니아 988005

Calvin 씨께,

저희 Exotic Overland 여행사의 어드벤처 여행의 1,000번째 고객이 되어 주신 것을 축하 드립니다. 그 결과, 저희는 고객님께 특별 회원 여행(PMT) 카드와 함께 포인트가 100,000 마일리지 이상인 회원에게만 독점적으로 제공되는 혜택을 제공해 드릴 것입니다. 아시아 및 남미 지역의 60여 곳에서 편리하게 카드를 사용하실 수 있습니다.

호텔, 렌터카, 크루즈 라인 등 어느 곳에서나 특별 회원 여행 카드를 사용하실 수 있으며 명시된 숙박비의 최대 35%까지 할인을 받으실 수 있습니다.

• 무료 여행 계획 서비스
• 숙소 온라인 예약 시 할인
• 도난 방지 (카드를 분실 또는 도난 당한 경우, 48시간 이내에 교체해 드립니다.)
• 24시간 고객 서비스 (도움이 필요하면 국제적으로 이용하실 수 있습니다.)

PMT 카드를 받으신 후, 1-888-567-8484로 전화하시거나 www.exoticoverland.com을 방문하셔서 계정을 활성화하실 수 있습니다. 4월 13일 이전에 가입하시면 등록비는 없습니다.

진심을 담아,

Beatrice Portineri
고객 관리 담당 부사장
Exotic Overland 여행사

---

4. 편지의 목적은 무엇인가?
   (A) 시험에 합격한 것을 축하하기 위해서
   (B) 최고의 숙박 시설을 홍보하기 위해서
   (C) 경품 당첨자에게 카드의 혜택을 설명하기 위해서
   (D) 올해의 직원을 발표하기 위해서

5. Calvin 씨에 대해서 언급된 것은 무엇인가?
   (A) 그는 아시아의 주요 호텔에서 일하고 있다.
   (B) 그는 60개 이상의 나라를 여행했다.
   (C) 그의 포인트는 10만점이 넘는다.
   (D) 그는 1,000번째 고객이다.

6. 회원들에게 제공되는 혜택으로 언급되지 않은 것은 무엇인가?
   (A) 여행 보험
   (B) 홈페이지 예약 할인
   (C) 상시 고객 서비스
   (D) 무료 여행 일정 준비

7. 4월 13일에 무슨 일이 일어나는가?
   (A) 등록 수수료가 면제된다.
   (B) 직원들이 휴가를 갈 것이다.
   (C) 등록 마감일이다.
   (D) 카드가 활성화된다.

정답 4. (C) 5. (D) 6. (A) 7. (A)

어휘 **as a result** 결과적으로 **exclusive benefits** 특별한 혜택 **location** 지점; 위치 **accommodation** 숙박 **protection** 보호, 방지 **activate** 활성화시키다 **enrollment fee** 등록비

Questions 8-9 refer to the following e-mail.

To:	Jason Arnett <jarnett@webmail.net>
From:	Belle Ortiz <belleortiz@atlasgym.com>
Subject:	Atlas Gym Update
Date:	June 19

Dear Mr. Arnett,

According to our database, it has been several weeks since you last visited Atlas Gym, so I thought I would take this opportunity to inform you of some recent developments. We recently completed minor renovation work to provide additional workout space, and we have installed new exercise equipment that is already proving to be a big hit with our members. You might also be interested to learn that we are recruiting five new personal trainers next month and dropping the current price of PT sessions by 25 percent until the end of the year. Therefore, there is no better time for you to return to Atlas Gym!

If you are not satisfied with any aspect of our facilities or your membership, please do not hesitate to let me know, and I will do my best to meet your needs. We hope to see you soon and continue helping you to achieve your fitness goals!

Regards,

Belle Ortiz
Member Services Manager
Atlas Gym

8. Why was the e-mail sent to Mr. Arnett?

(A) To announce upcoming renovations

(B) To inform him about new exercise classes

(C) To encourage him to visit the gym

(D) To remind him to renew his membership

9. What is suggested about Atlas Gym?

(A) It will offer half-price PT sessions.

(B) It has been closed for several weeks.

(C) It e-mails members on a monthly basis.

(D) It will expand its workforce in July.

8. Why was the e-mail sent to Mr. Arnett?

(C) To encourage him to visit the gym

정답
- ✓ 이메일의 목적을 묻는 문제이다.
- ✓ 첫 번째 문장의 'it has been several weeks since you last visited Atlas Gym'이는 부분에서 받는 사람이 고객이라는 것을 알 수 있으며, 방문한 지 시간이 많이 지났다고 말하였다. 이어서 다음 문장의 'I thought I would take this opportunity to inform you of some recent developments.'라는 부분에서 최근에 시설을 개선했다는 것을 알려 주고 있다. 따라서 다시 방문해달라는 것이 목적이기 때문에 정답은 (C)이다.

(A) To announce upcoming renovations
(B) To inform him about new exercise classes
(D) To remind him to renew his membership

오답
- ✓ (A)는 renovation이라는 단어가 있기는 하지만, 'We recently completed minor renovation work'이라는 부분에서 이미 renovation이 행해졌다는 것을 알 수 있기에 오답이다. (B)에서 'new exercise class'라고 언급했는데, 지문의 'we have installed new exercise equipment'라는 부분에서 새로운 운동 수업이 아닌 새로운 운동 기구를 설치했다는 것을 언급했기 때문에 (B)는 오답이다. membership 연장과 관련해서는 언급이 되지 않았기 때문에 (D) 역시 오답이다.

9. What is suggested about Atlas Gym?

(D) It will expand its workforce in July.

정답
- ✓ 지문에 언급되어 있거나 지문을 통해 유추할 수 있는 내용을 묻는 문제 유형이다.
- ✓ 지문의 'we are recruiting five new personal trainers next month'라는 부분에서 트레이너들을 더 모집한다는 것을 알 수 있다. 이메일을 작성한 날짜가 'June 19'인데, 첫 번째 문단 중반에 있는 'next month'라는 정보를 통해서 트레이너들을 고용하는 시기가 July라는 것을 알 수 있으므로 정답은 (D)이다.

(A) It will offer half-price PT sessions.
(B) It has been closed for several weeks.
(C) It e-mails members on a monthly basis.

오답
- ✓ (A)의 'PT session'이라는 단어는 언급되었지만, 지문의 'dropping the current price of PT sessions by 25 percent'라는 부분에서 할인 폭이 절반(half)은 아니라는 것을 알 수 있으므로 (A)는 오답이다. (B)의 'several weeks'라는 기간은 지문에 언급되었으나, 이 기간 동안 체육관이 닫혀 있었는지는 알 수 없기 때문에 (B) 역시 오답이다. (C)의 경우 monthly와 관련해서는 지문에 언급된 것이 없기 때문에 정답이 될 수 없다.

받는 사람: Jason Arnett 〈jarnett@webmail.net〉
보낸 사람: Belle Ortiz 〈belleortiz@atlasgym.com〉
제목: 아틀라스 체육관 업데이트
날짜: 6월 19일

Arnett 씨께,

저희 데이터 베이스에 따르면, 고객님께서 아틀라스 체육관을 방문한 이후 몇 주가 지났습니다. 그래서 저는 이번 기회에 최근 개선된 것들에 대해 알려 드리려고 합니다. 저희는 추가적인 운동 공간을 제공하기 위해 소소한 보수 작업을 완료했으며, 이미 회원들에게 큰 인기를 끌고 있는 새로운 운동 장비를 설치했습니다. 관심 가질 만한 소식이 있는데, 저희는 다음 달에 5명의 새로운 개인 트레이너를 채용할 것이며, 연말까지 PT 세션의 현재 가격을 25%까지 인하할 것입니다. 그러므로, 고객님께서 아틀라스 체육관으로 돌아 오시기에 가장 좋은 시기입니다.

고객님께서 저희 시설이나 회원 자격에 만족하지 않으실 경우, 주저하지 말고 저에게 알려 주시면, 고객님의 요구에 최선을 다하겠습니다. 곧 만나 뵙기를 바라며, 저희가 귀하의 건강 목표 달성을 계속해서 도울 수 있기를 바랍니다!

안부를 전하며,

Belle Ortiz
회원 서비스 관리자
아틀라스 체육관

---

8. 왜 Arnett 씨에게 이메일을 보냈는가?

(A) 다가오는 보수 작업을 알리기 위해서

(B) 그에게 새로운 운동 수업에 대해 알리기 위해서

(C) 그가 체육관을 방문하도록 권유하기 위해서

(D) 그의 회원 자격을 갱신하도록 상기시키기 위해서

9. 아틀라스 체육관 대해 암시되는 것은 무엇인가?

(A) PT 세션을 반값에 제공할 것이다.

(B) 몇 주 동안 문을 닫았다.

(C) 회원들에게 월 단위로 이메일을 보낸다.

(D) 7월에 인력을 확충할 것이다.

정답 **8.** (C) **9.** (D)

어휘 **take an opportunity to 동사원형** ~할 기회를 갖다 **inform** 알리다 **complete** 마치다, 완료하다 **renovation** 수리, 보수 **workout** 운동 **install** 설치하다 **equipment** 장비, 기기 **prove** 증명하다, 드러나다 **recruit** 채용하다, 모집하다 **current** 현재의, 지금의 **be satisfied with** ~에 만족하다 **aspect** 측면, 관점 **hesitate to 동사원형** ~하는 것을 망설이다, 주저하다 **do one's best** 최선을 다하다 **achieve** 달성하다, 성취하다

Questions 10-11 refer to the following e-mail.

To:	Rococo Furniture <customersupport@rococo.com>
From:	Jessica Griffin <jgriffin@bellcom.net>
Subject:	Samson Oak Dining Table
Date:	December 27

Dear Sir/Madam,

I ordered the Samson Oak Dining Table through your Web site for the very reasonable discounted price of $699, and it was delivered yesterday, only three days after purchase. I'd like to thank you for the prompt service and the high-quality product. However, I encountered a manufacturer's fault with the product and I trust you will be willing to rectify the problem.

I planned to use the dining table while hosting a dinner party for my friends last night. I assembled it in no time by following the simple steps outlined in the manual. However, when I tried to extend the table to seat 8 people rather than 6, I found that one side detached from the upper part of the table because a screw is not where it is supposed to be. This was very disappointing, as I am otherwise delighted with the product and it already takes pride of place in my dining room. I have no interest in requesting a refund for a seemingly trivial issue, but I would like to receive the screw for the table. My address is 12 Eve Road, Ludlow, MA 01056.

Sincerely,

Jessica Griffin

---

10. What is the main purpose of the e-mail?

(A) To report a pricing error on a Web site

(B) To complain about a delivery delay

(C) To request a missing part

(D) To demand a refund for a purchase

11. What does Ms. Griffin indicate about the dining table?

(A) It did not come with a manual.

(B) It was difficult to assemble.

(C) Its size can be adjusted.

(D) It does not fit in her dining room.

10. What is the main purpose of the e-mail?

정답

(C) To request a missing part

✔ 이메일의 목적을 묻는 문제이다.

✔ 지문의 'However, I encountered a manufacturer's fault with the product'라는 부분에서 제품과 관련한 잘못된 부분을 발견했다는 내용이 있다. 두 번째 문단 마지막 부분에서 'I would like to receive the screw for the table'이라고 하며 나사를 보내 달라고 요청한 것으로 보아 정답은 (C)이다.

오답

(A) To report a pricing error on a Web site

(B) To complain about a delivery delay

(D) To demand a refund for a purchase

✔ 첫 번째 문단에 Web site라는 단어가 있기는 하지만, 'pricing error'와 관련된 언급은 없기 때문에 (A)는 오답이다.

✔ (B)에 'delivery delay'라는 내용이 있지만, 지문에서는 'delivered yesterday'라고 했으므로 이미 물건을 받았다는 것을 알 수 있기에 (B) 또한 오답이다.

✔ (D)에 refund가 언급되었는데, 지문에서는 'I have no interest in requesting a refund'라고 한 것으로 보아 환불을 원하는 것은 아니기에 이 역시 오답이다.

11. What does Ms. Griffin indicate about the dining table?

정답

(C) Its size can be adjusted.

✔ 지문에 언급되어 있거나 지문 내용을 통해 유추할 수 있는 내용을 묻는 문제 유형이다.

✔ 지문의 'I tried to extend the table to seat 8 people rather than 6'라는 부분에서 인원 수를 늘려서 설치할 수 있다는 것을 알 수 있으므로 정답은 (C)이다.

오답

(A) It did not come with a manual.

(B) It was difficult to assemble.

(D) It does not fit in her dining room.

✔ (A)와 (B)는 'I assembled it in no time by following the simple steps outlined in the manual'이라는 부분에서 매뉴얼이 제공되었다는 것과 쉽게 조립했다는 것을 알 수 있으므로 둘 다 오답이다.

✔ (D)는 'it already takes pride of place in my dining room'이라는 내용을 통해서 식탁이 주방에 잘 어울린다는 것을 알 수 있기 때문에 정답이 될 수 없다.

받는 사람: 로코코 가구 〈customersupport@rococo.com〉
보낸 사람: Jessica Griffin 〈jgriffin@bellcom.net〉
제목: 삼손 오크 식탁
날짜: 12월 27일

담당자님께

제가 귀사의 웹사이트를 통해 삼손 오크 식탁을 699달러의 매우 저렴한 가격으로 주문했는데, 구매 후 3일 만인 어제 배달되었습니다. 신속한 서비스와 고품질 제품에 감사드립니다. 하지만 제품에 대한 제조업체의 결함이 발견되었으며, 귀사가 문제를 해결할 수 있으리라 믿습니다.

저는 어젯밤에 친구들을 위해 저녁 파티를 열면서 식탁을 사용할 계획이었습니다. 설명서에 설명된 간단한 단계를 따라 즉시 조립했습니다. 그러나 테이블을 6명이 아닌 8명으로 확장하려고 했을 때, 테이블 상단에서 한쪽 면이 분리되어 있는 것을 발견했습니다. 이는 나사가 있어야 할 곳에 없었기 때문입니다. 저는 다른 부분에서는 그 제품이 마음에 들고, 그것이 이미 제 주방에서 중요한 자리를 차지하고 있기 때문에 이는 매우 실망스러운 일이었습니다. 겉으로 보기에 사소한 문제 때문에 환불을 요청할 생각은 없지만, 식탁용 나사를 받고 싶습니다. 제 주소는 메사추세츠 01056, 루드로우, 이브로드 12번지입니다.

진심을 담아,

Jessica Griffin

---

10. 이메일의 주요 목적은 무엇인가?

(A) 웹 사이트에서 가격 오류를 보고하기 위해서
(B) 납품 지연에 대해 불평하기 위해서
(C) 누락된 부품을 요청하기 위해서
(D) 구매에 대한 환불을 요구하기 위해서

11. Griffin 씨는 식탁에 대해 무엇을 언급하고 있는가?

(A) 설명서가 포함되어 있지 않았다.
(B) 조립하기 어려웠다.
(C) 사이즈 조절이 가능하다.
(D) 그녀의 주방에는 어울리지 않는다.

정답 **10.** (C) **11.** (C)

어휘 **reasonable** 합리적인, 합당한 **prompt** 신속한, 즉각적인 **encounter** 만나다, 직면하다 **fault** 잘못, 결점 **rectify** 수정하다, 고치다
assemble 조립하다, 모으다 **in no time** 즉시, 당장 **extend** 확장하다, 연장하다 **detach** 분리하다, 떼어내다 **upper** 위의, 상부의
refund 환불, 반환 **seemingly** 겉보기에는, 외견상 **trivial** 사소한, 하찮은

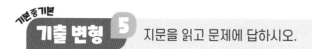

Questions 12-14 refer to the following memo.

MEMO

Dear Marketing Colleagues,

Please join us an event being held in the Branford Conference Room on the second floor of the Bank Building for a celebration in honor of Jessica Lopez on April 9 from 3:00 to 5:00 P.M.

Some of you may have already heard that Jessica is leaving Creative Arts Agency to accept an exciting opportunity to become a full-time yoga instructor in New York City.

Jessica has signed a contract with one of the largest yoga fitness and gym centers in Manhattan and will teach yoga to New York's elite. This has been her passion for many years, so it will not be difficult for her to adapt to a new environment.

Over the past few weeks, I have put together a scrapbook as a gift for Jessica. If there are any messages you would like to include, please send them to me or leave a copy in my office mailbox.

Thank you very much. I hope to see many of you at this event!

Derek Cheney
Assistant Manager
Creative Arts Agency

---

12. What is one purpose of the memo?

(A) To give directions to a conference

(B) To encourage employees to participate in a yoga class

(C) To celebrate a corporate anniversary

(D) To announce a farewell party

13. What is implied about Ms. Lopez?

(A) She has traveled to New York before.

(B) She worked as a marketing associate.

(C) She will continue working in the same field.

(D) She is going to teach children.

14. What are the recipients asked to do?

(A) Draft a proposal for a project

(B) Send a short note to Derek Cheney

(C) Make several copies of a scrapbook

(D) Arrange to take some yoga classes

12. What is one purpose of the memo?

정답	**(D) To announce a farewell party**

- 글의 목적을 묻는 문제이다.
- 첫 번째 문장에 'a celebration in honor of Jessica Lopez'라는 표현이 있는데, 그 다음 문장의 'Jessica is leaving Creative Arts Agency'라는 언급을 통해서 Jessica라는 퇴사 예정자를 위한 이벤트에 대해 알리고 있으므로 정답은 (D)가 된다.

오답	(A) To give directions to a conference (B) To encourage employees to participate in a yoga class (C) To celebrate a corporate anniversary

- (A)의 경우 conference와 관련된 단어는 나오지만 direction(길)과 관련한 단어는 없기에 (A)는 오답이다.
- (B)의 yoga라는 단어는 언급되어 있지만 요가에 참여하라는 의미는 드러나 있지 않기 때문에 이 역시 오답이다.
- (C)의 회사기념일과 관련된 내용은 지문에서 전혀 찾아볼 수 없다.

13. What is implied about Ms. Lopez?

정답	**(B) She worked as a marketing associate.**

- Jessica Lopez에 대해서 알 수 있는 것을 묻는 문제이다.
- 이 글을 받는 대상이 'Marketing Colleagues'라고 되어 있기 때문에 Jessica도 같은 부서에서 일하고 있다는 점을 짐작할 수 있다. 따라서 정답은 (B)이다.

오답	(A) She has traveled to New York before. (C) She will continue working in the same field. (D) She is going to teach children.

- (A)의 'New York'이라는 단어가 지문에 언급되어 있기는 하지만 Lopez 씨가 그곳에 여행을 가 본 적이 있는지는 알 수 없기에 (A)는 오답이다.
- Jessica Lopez가 회사의 마케터로 일해 왔으나 앞으로는 'yoga instructor'로 일할 것이라고 했으므로 'continue working in the same field'라는 내용의 (C) 역시 오답이다.
- (D)의 경우, teach라는 단어는 지문에 언급되어 있지만, 'New York's elite'를 가르친다고 했지 'young children'을 가르치는지에 대해서는 정확히 알 수 없기에 이 또한 오답이다.

14. What are the recipients asked to do?

정답	**(B) Send a short note to Derek Cheney**

✔ 글을 받는 사람들이 무엇을 하라는 요청을 받는지 묻는 문제이다.

✔ 마지막 단락의 'If there are any messages you would like to include, please send them to me'라는 부분에서 글쓴이는 다른 사람들에게 포함되기를 원하는 메시지가 있으면 자신에게 보내 달라는 요청을 하고 있다. 따라서 정답은 (B)이다.

오답	(A) Draft a proposal for a project (C) Make several copies of a scrapbook (D) Arrange to take some yoga classes

✔ (A)는 지문과 전혀 관련 없는 내용이며, (C)의 **scrapbook**은 언급되어 있지만, 복사와 관련된 내용은 찾아볼 수 없기에 이 또한 오답이다.

✔ (D)의 경우, **yoga**는 언급되었지만 수업 스케줄과 관련된 내용은 찾아볼 수 없기 때문에 (D)도 오답이다.

해석

마케팅 동료분들께,

4월 9일 오후 3시부터 5시까지 Jessica Lopez 씨를 축하하기 위해 Bank 빌딩 2층 Branford 컨퍼런스 룸에서 열리는 행사에 참석해 주시기 바랍니다.

여러분 중 몇몇은 Jessica가 뉴욕시에서 전임 요가 강사가 될 수 있는 흥미로운 기회를 수락하기 위해 Creative Arts 에이전시를 떠난다는 소식을 이미 들었을지도 모릅니다.

Jessica는 맨해튼에서 가장 큰 요가 피트니스 & 헬스 센터 중 한 곳과 계약을 했고, 뉴욕의 엘리트들에게 요가를 가르칠 것입니다. 이는 수년 동안 그녀가 열정적으로 바라왔던 것이기 때문에, 그녀가 새로운 환경에 적응하는 일은 어렵지 않을 것입니다.

지난 몇 주 동안, 저는 Jessica를 위한 선물로 스크랩북을 준비했습니다. 만약 여러분들이 담고 싶은 메시지가 있다면, 저에게 보내 주시거나 제 사무실 우편함에 사본을 남겨 주세요.

큰 감사를 드리며, 이번 이벤트에서 많은 분들을 만나 뵙기를 바랍니다!

Derek Cheney
부팀장
Creative Arts 에이전시

12. 메모를 작성한 목적 중 하나는 무엇인가?

(A) 회의에 가는 길을 알려 주기 위하여

(B) 직원들에게 요가 수업에 참여하라고 독려하기 위하여

(C) 회사의 기념일을 축하하기 위하여

(D) 송별회를 알리기 위하여

13. Jessica Lopez에 대해 유추할 수 있는 것은 무엇인가?

(A) 그녀는 뉴욕을 여행해 본 적이 있다.

(B) 그녀는 마케팅 직원으로 일했다.

(C) 그녀는 경력을 이어 나갈 것이다.

(D) 그녀는 아이들을 가르칠 것이다.

14. 이 글을 읽는 사람들은 무엇을 하도록 요청 받는가?

(A) 프로젝트에 대한 제안서 초안을 작성하라

(B) Derek Cheney에게 짧은 글을 보내라

(C) 스크랩북을 몇 부 복사하라

(D) 요가 수업을 듣도록 스케줄을 만들어라

정답 **12.** (D) **13.** (B) **14.** (B)

어휘 **in honor of** ~을 기념하여, ~에게 경의를 표하여 **accept** 받아들이다, 수락하다 **opportunity** 기회 **passion** 열정, 흥미

adapt 적응하다 **environment** 환경, 상황

 **기출 변형 6** 지문을 읽고 문제에 답하시오.

Questions 15-16 refer to the following memo.

MEMO

To: WEST Shopping Mall Staff
From: Kent Marson, Director of Operations
Date: November 24
Re: Employee Parking

There will be an increasing number of customers who are planning to park at our mall during the holiday season. As you all know, we have very limited parking areas. So, all staff members are required to park their cars on the adjacent street next month.

However, parking spaces for large company vehicles such as loading trucks will still be available, and those employees who are disabled or pregnant can also park at the parking lot as always. But they need to display a parking sticker on their car's windshield. In order to get a sticker, please contact Mr. Anderson in the HR department.

I would like to thank everyone for your understanding regarding this matter.

---

15. Why was the memo written?

    (A) To remind the staff to use public transportation

    (B) To give directions to a parking lot

    (C) To provide information on parking changes

    (D) To announce a plan to increase the number of parking spaces

16. What is NOT mentioned about the Westfield Shopping Mall?

    (A) Its employees will temporarily park outside the building.

    (B) Only loading trucks are allowed to park in the lot.

    (C) Disabled employees can use the parking lot.

    (D) Employees can get a parking sticker from the HR department.

⚡ 정답 뽀개기

15. Why was the memo written?

정답

(C) To provide information on parking changes

✔ 글의 목적을 묻는 문제이다.

✔ 첫 번째 단락 세 번째 줄의 'all staff members are required to park their cars on the adjacent street next month'라는 부분에서 글의 목적을 확인할 수 있다. 글쓴이가 직원들에게 다음 달 주차는 다른 곳에 하라는 요청을 하고 있기 때문에 정답은 (C)이다.

오답

(A) To remind the staff to use public transportation

(B) To give directions to a parking lot

(D) To announce a plan to increase the number of parking spaces

✔ 대중교통과 관련해서는 언급이 없기 때문에 (A)는 오답이며, 'parking lot'에 관한 부분은 나와 있지만, 회람에 길을 가르쳐 주는 내용은 들어 있지 않으므로 (B) 또한 오답이다. (D)의 경우, 'parking spaces'에 관해서는 언급되어 있지만, 주차장 확장 계획은 찾아볼 수 없으므로 (D)도 오답이다.

16. What is NOT mentioned about the Westfield Shopping Mall?

정답

(B) Only loading trucks are allowed to park in the lot.

✔ Westfield Shopping Mall에 대해서 언급되지 않은 점을 묻는 문제이다.

✔ (B)의 'loading trucks'이 지문에 언급되어 있기는 하지만, 'parking spaces for large company vehicles such as loading trucks will still be available'라는 부분에서 'loading trucks'만 허용되는 것이 아닌 회사의 큰 차량들은 여전히 주차할 수 있다는 것을 알 수 있다. 따라서 (B)가 정답이다.

(A) Its employees will temporarily park outside the building.

(C) Disabled employees can use the parking lot.

(D) Employees can get a parking sticker from the HR department.

✓ (A)의 내용은 'all staff members are required to park their cars on the adjacent street for next month only'라는 부분에, (C)의 내용은 'those employees who are disabled or pregnant can also park at the parking lot'이라는 부분에 언급되어 있다.

✓ (D)는 'In order to get a sticker, please contact Mr. Anderson in the HR department.'라는 부분에서 주차 스티커는 인사과에 있는 직원에게서 받을 수 있다고 언급되었다.

해석

받는 사람: 웨스트 쇼핑몰 직원
보낸 사람: Kent Marson, 운영 책임자
날짜: 11월 24일
제목: 직원 주차

휴가철을 맞아 우리 쇼핑몰에 주차할 예정인 고객이 늘고 있습니다. 여러분 모두 아시다시피, 주차 공간은 매우 한정적입니다. 그래서 모든 직원들은 다음 달에 인접한 거리에 차를 주차해야 합니다.

하지만 짐을 싣는 트럭들과 같은 큰 차들을 위한 공간은 여전히 사용 가능하며, 장애가 있거나 임신을 한 직원들도 이전과 같이 직원 주차장을 사용할 수 있습니다. 다만, 자동차 전면 유리에 주차 스티커를 붙여야 합니다. 주차 스티커를 받기 위해서는 인사과의 Anderson 씨에게 연락하시기 바랍니다.

이번 문제에 관해 양해해 주셔서 감사합니다.

15. 회람은 왜 작성되었는가?

(A) 직원들에게 대중교통을 사용하도록 상기시키기 위하여

(B) 주차장으로 가는 길을 알려 주기 위하여

(C) 주차 변경에 대한 정보를 주기 위하여

(D) 주차 공간을 확장하는 계획을 발표하기 위하여

16. Westfield 쇼핑몰에 대해 언급되지 않은 것은 무엇인가?

(A) 이 회사의 직원들은 당분간 건물의 외부에 주차할 것이다.

(B) 오직 짐을 싣는 트럭들만 주차장 이용이 가능하다.

(C) 장애가 있는 직원들은 주차장을 이용할 수 있다.

(D) 직원들은 인사과에서 주차 스티커를 받을 수 있다.

정답 15. (C)   16. (B)

어휘 **increasing** 증가하는 **park** 주차하다 **limited** 한정된, 제한된 **adjacent** 인접한, 부근의 **purpose** 목적, 목표 **be allowed to** **동사원형** ~하는 것이 허용되다 **disabled** 장애가 있는 **pregnant** 임신한

2 광고(Advertisement)

광고는 크게 세 가지 종류로, 구인광고, 제품광고, 회사광고 형식으로 제시된다.

❶ **구인광고** 회사에서 원하는 부서 및 직종에 필요로 하는 사람을 구하는 광고이다. 일반적으로 직책이나 업무를 묻거나, 필요 서류 및 자격 조건에 관한 문제들이 출제된다.

❷ **제품광고** 회사에서 신제품을 출시해서 해당 제품에 관한 광고를 하거나, 여행사에서 여행 패키지 상품을 홍보하는 경우가 이에 해당된다. 일반적으로, 제품의 상세 특징에 관한 문제가 출제가 된다.

❸ **회사광고** 규모가 큰 회사의 광고, 혹은 소규모 가게들의 창업과 관련한 광고가 이에 해당된다. 일반적으로 어떤 회사의 광고인지를 묻거나, 광고 내용에서의 세부적인 특징, 그리고 추가 정보를 위한 연락 방법을 묻는 문제들이 출제된다.

기출 변형 ❶ 지문을 읽고 문제에 답하시오.

Questions 1-2 refer to the following job advertisement.

WRITING OPPORTUNITY

The Discovery Institute's Center for Science and Culture is looking for a hardworking and motivated biology textbook writer with a science background to fill a vacancy in our Atlanta office.

This position requires outstanding scientific research skills and candidates should have at least two years of experience in the field of biology. Also, they need to have a desire to learn all aspects of biology. We offer a competitive salary as well as generous bonuses for big sales to school districts. Successful candidates will be working under the supervision of our senior writers for at least three months and they are asked to attend our comprehensive educational training program before starting their first day.

If you want a challenging career in the educational writing field, then we look forward to hearing from you. All applicants should send their résumés to the Human Resources Manager, Discovery Institute, 2466 Granville St., Suite 12B, Atlanta, US.

Please note that we only accept applications via mail.

1. What position is being advertised?

    (A) Human resources manager

    (B) Christian missionary

    (C) Science textbook writer

    (D) Training coordinator

2. What is NOT listed as a benefit of working at the company?

    (A) Bonuses

    (B) A competitive salary

    (C) Flexible hours

    (D) Educational training

 정답 뽀개기

1. What position is being advertised?

정답	**(C) Science textbook writer**	✔ 어떤 직책을 모집하는지 묻는 문제이다.
오답	(A) Human resources manager (B) Christian missionary (D) Training coordinator	✔ 구인광고에 해당하는 가장 일반적인 문제로서, 첫 번째 문단에 정답의 단서가 있다. 첫 번째 문장의 'looking for a hardworking and motivated biology textbook writer'라는 부분에서 생물 교과서 작가를 모집 중이라는 사실을 알 수 있으므로 정답은 (C)이다.

이 정도는 알아야지!

광고의 종류를 묻는 문제의 풀이 요령

ⓐ 보기에 주어진 단어들을 먼저 읽는다.

ⓑ 지문 맨 위의 타이틀이나 첫 번째 문단에서 정답의 단서가 나올 확률이 높기 때문에 반드시 이 부분들을 확인한다.

2. What is NOT listed as a benefit of working at the company?

정답	(C) Flexible hours	✔ 회사에 입사했을 때 얻는 혜택을 찾는 문제로, 지문에 언급되지 않은 보기를 고르는 문제이다. ✔ 두 번째 문단의 'We offer a competitive salary as well as generous bonuses'와 'they are asked to attend our comprehensive educational training program'에 입사 시 혜택이 설명되어 있는데, 이 중 언급되지 않은 (C)가 정답이다.
오답	(A) Bonuses (B) A competitive salary (D) Educational training	✔ 'offer a competitive salary as well as generous bonuses'라는 부분에서 (A)와 (B)의 내용을 확인할 수 있고, 'they are asked to attend our comprehensive educational training program'에서 (D)의 내용을 확인할 수 있다.

작가 모집

Discovery 협회의 과학문화센터는 애틀란타 사무실의 공석을 메우기 위해 과학적 지식을 갖춘 근면하고 의욕적인 생물학 교과서 작가를 모집하고 있습니다.

이 직책은 뛰어난 과학적인 연구 능력을 요구하며, 지원자들은 생물학 분야에서 적어도 2년의 경험을 가지고 있어야 합니다. 또한 모든 생물학 분야를 배우려는 의지를 갖고 있어야 합니다. 저희는 여러 학군에 대량 판매로 인한 넉넉한 보너스뿐만 아니라 높은 급여를 제공하고 있습니다. 합격된 분들은 적어도 3개월 동안 저희 수석 작가들의 감독하에 일을 하게 되며, 일을 시작하기 전에 저희의 종합적인 교육 훈련에 참여해야 합니다.

만약 교육적인 글쓰기 분야에서 도전적인 경력을 쌓고 싶으시다면 연락을 기다리겠습니다. 모든 지원자들은 미국 애틀란타 스위트 12B, 그랜빌 세인트 2466번지의 Discovery 협회의 인사과 관리자에게 이력서를 보내주십시오.

지원서 접수는 우편으로만 이루어진다는 점에 유의해 주십시오.

---

1. 어떤 직책을 광고하고 있는가?

(A) 인사과 관리자

(B) 기독교 선교사

(C) 과학 교과서 작가

(D) 훈련 코디네이터

2. 입사의 이점으로 언급되지 않은 것은 무엇인가?

(A) 상여금

(B) 높은 급여

(C) 유연한 근무 시간

(D) 교육 훈련

정답 **1.** (C) **2.** (C)

어휘 **recruit** 채용하다, 모집하다 **hardworking** 근면한 **motivated** 동기 부여된 **vacancy** 빈자리 **outstanding** 뛰어난; 미결제금의 **biology** 생물학 **theory** 이론 **desire** 욕망, 욕구 **perspective** 관점, 시각 **advance** 전진시키다, 나아가다 **influence** 영향을 미치다 **comprehensive** 종합적인, 포괄적인 **competitive** 경쟁력을 지닌 **district** 지역, 구역 **via** 통하여, 경유로

Questions 3-4 refer to the following advertisement.

> Best Buy is one of the leading marketing companies in London and is seeking experienced individuals to fill positions. We have several overseas branches in New York, Paris, and Seoul. Successful candidates will be working under the supervision of Ms. Lauren, the director of operations in Paris.
>
> Applicants should have at least 2 years of experience in marketing and advertising. Strong computer skills and bilingualism are also necessary. Organizational skills are preferred. Duties will include communicating with other staff members and customers. To apply for these positions, please send your résumé, a cover letter, and the names of two references to Olivia Lauren at olauren@bestbuy.com.
>
> Please visit our Web site at www.bestbuy.com to find out more information on our job openings.

3. Where will successful candidates be working?

(A) In London

(B) In Paris

(C) In Seoul

(D) In New York

4. What is NOT a stated requirement for this position?

(A) Marketing experience

(B) Computer skills

(C) Organizational capabilities

(D) Knowledge of two languages

정답 뽀개기

3. Where will successful candidates be working?

정답	(B) In Paris	✓ 상세한 정보를 묻는 문제이다. ✓ 첫 번째 문단의 세 번째 줄 'Successful candidates will be working under the supervision of Ms. Lauren, the director of operations in Paris'에서 정답이 (B)라는 것을 쉽게 알 수 있다.
오답	(A) In London (C) In Seoul (D) In New York	✓ (A)의 London은 본사가 위치해 있는 곳이며, (C)와 (D)는 해외 지사가 있는 곳으로 소개되어 있다.

4. What is NOT a stated requirement for this position?

정답	(C) Organizational capabilities	✓ 세부 사항에 관한 문제로서, 지원자의 자격 요건을 묻는 문제이다. ✓ 두 번째 문단의 'Applicants should have at least 2 years of experience in marketing and advertising. Strong computer skills and bilingualism are also necessary. Organizational skills are preferred.'라고 언급된 부분에서 정답을 찾는다. ✓ 'Organizational skills are preferred'라는 부분에서 preferred 는 반드시 필요한 조건이 아닌 우대 조건을 의미하므로 (C)가 정답이다.
오답	(A) Marketing experience (B) Computer skills (D) Knowledge of two languages	✓ (A)는 'at least 2 years of experience in marketing and advertising'이라는 부분에서, (B)와 (C)는 'Strong computer skills and bilingualism are also necessary'라는 부분에 언급 되어 있다.

해석

Best Buy는 런던의 주요 마케팅 회사 중 하나로, 현재 공석을 메울 경력자를 찾고 있습니다. 저희는 뉴욕, 파리, 서울 등에 여러 해외 지사를 두고 있습니다. 합격자들은 파리 지부장인 Lauren 씨의 감독 하에서 근무하게 될 것입니다.

지원자는 마케팅과 광고 분야에서 2년 이상의 경력이 있어야 합니다. 또한, 출중한 컴퓨터 활용 능력과 2개 국어 구사가 필요합니다. 조직력은 우대됩니다. 업무에는 다른 직원 및 고객과의 의사소통이 포함됩니다. 이 직책에 지원하려면 이력서와 자기소개서, 그리고 추천서 2부를 olauren@bestbuy.com으로 Olivia Lauren 씨에게 보내 주십시오.

채용 공고에 대한 보다 자세한 정보가 필요하시면 저희 웹사이트인 www.bestbuy.com을 방문해 주십시오.

3. 합격자들은 어디에서 일할 예정인가?

(A) 런던

(B) 파리

(C) 서울

(D) 뉴욕

4. 직책에 대한 필수 자격 요건으로 언급되지 않은 것은 무엇인가?

(A) 마케팅 경력

(B) 컴퓨터 활용 능력

(C) 조직력

(D) 2개 국어

정답 **3.** (B)　**4.** (C)

어휘　**leading** 주요한, 선도적인　**experienced** 숙련된, 경험이 많은　**overseas** 해외의　**under the supervision of** ~의 감독 하에　**duty** 의무, 임무　**communicate with** ~와 의사 소통하다　**apply for** 지원하다　**résumé** 이력서　**cover letter** 자기 소개서　**reference** 추천서

지문을 읽고 문제에 답하시오.

Questions 5-6 refer to the following advertisement.

 Stylish Furniture

Let Oasis Office Furniture help you with your next interior redesign.

As the leader in quality office furniture in Europe, Oasis Office Furniture provides you with the best merchandise and the latest styles from Milan, Paris, and Budapest. We invite you to try our products after browsing through our fall/winter catalogue.

For a limited time, we are offering special introductory prices for new clients. On our supreme business desk, save up to 25% on total orders over $700. Please call our local sales representative for more details, including details about free delivery. Telephone numbers are available on our Web site at www.oasisfurniture.com.

---

5. What is the purpose of the advertisement?

(A) To publicize an event for design companies

(B) To announce the launch of a company's latest product

(C) To promote a special offer

(D) To give details about ordering online

6. What is the reader asked to do?

(A) Order more than $700

(B) Download a coupon from a Web site

(C) Consult a representative in person

(D) Contact a sales associate

5. What is the purpose of the advertisement?

정답

(C) To promote a special offer

- ✔ 글의 목적을 묻는 문제이다.
- ✔ 첫 번째 문단에서 회사를 소개한 후, 두 번째 문단에서 'For a limited time, we are offering special introductory prices for new clients'라며 한정된 기간 동안 특별 세일 가격이 적용된다는 점을 알리고 있다. 따라서 정답은 (C)이다.

오답

(A) To publicize an event for design companies
(B) To announce the launch of a company's latest product
(D) To give details about ordering online

- ✔ 해당 업체는 디자인 회사가 아니라 가구 회사이기 때문에 (A)는 오답이다.
- ✔ (B)의 경우, 'provides you with the best merchandise and the latest styles from Milan, Paris, and Budapest'라고 말한 부분을 통해 이 업체가 신제품이 아닌 수입품을 판매한다는 점을 알 수 있으므로 (B) 또한 오답이다.
- ✔ (D)의 online은 'Telephone numbers are available on our Web site at www.oasisfurniture. com.'에 언급되어 있을 뿐, 온라인 주문과 관련된 내용은 광고에서 찾아볼 수 없으므로 (D) 역시 오답이다.

---

6. What is the reader asked to do?

정답

(D) Contact a sales associate

- ✔ 글을 쓴 사람이 상대방에게 요청하는 사항을 묻는 문제이다.
- ✔ 마지막 문단의 두 번째 줄 'Please call our local sales representative'에서 글쓴이는 각 지역에 있는 판매 직원에게 연락할 것을 요청하고 있으므로 (D)가 정답이다.

오답

(A) Order more than $700
(B) Download a coupon from a Web site
(C) Consult a representative in person

- ✔ 700달러 이상을 주문하라는 내용이 아니라, 'save up to 25% on total orders over $700'라는 부분에서 700달러 이상을 주문할 경우 25%의 할인을 받을 수 있다는 정보가 언급되었을 뿐이므로 (A)는 오답이다.
- ✔ 지문의 마지막 부분에 웹사이트가 작성되어 있지만, 쿠폰이 아는 전화번호와 관련된 내용이므로 (B) 또한 오답이다.
- ✔ (C)의 경우, representative라는 단어는 나오지만, 'in person(직접 만나서)'이라는 내용은 나오지 않기 때문에 오답이 된다.

스타일리쉬한 가구

오아시스 오피스 퍼니처가 당신의 다음 인테리어 디자인 작업을 도와드릴 수 있게 해 주십시오.

유럽의 고품질 사무실 가구 분야의 리더로서 오아시스 오피스 퍼니처는 최고의 상품과, 밀라노, 파리, 부다페스트에서 수입된 최신 스타일을 제공해 드리고 있습니다. 가을 및 겨울 카탈로그를 살펴보신 후 저희 제품들을 사용해 보실 것을 권해 드립니다.

한정된 기간에만 신규 고객 분들께 특별 가격을 제공해 드립니다. 전체 구매 가격이 $700이상인 경우, 저희 최고급 업무용 책상을 25% 할인된 가격으로 드립니다. 무료 배송을 포함하여 더 자세한 정보를 원하시면 각 지역의 판매 담당 직원에게 전화를 주십시오. 전화 번호는 저희 웹사이트 www.oasisfurniture.com에서 확인하실 수 있습니다.

5. 광고의 목적은 무엇인가?

(A) 디자인 회사들을 위한 이벤트를 홍보하기 위해서

(B) 회사의 최신 제품의 출시를 알리기 위해서

(C) 특별한 세일을 홍보하기 위해서

(D) 온라인 주문에 관한 자세한 부분들을 제공하기 위해서

6. 독자에게 무엇을 요청하는가?

(A) 700달러 이상을 주문하라

(B) 웹사이트에서 쿠폰을 다운로드하라

(C) 직접 판매 직원과 만나서 상담하라

(D) 판매자에게 연락하라

정답 **5.** (C) **6.** (D)

어휘 **quality** 고급의 **merchandise** 상품, 물품 **invite** 초대하다 **browse** 훑어보다, 둘러보다 **up to** ~까지 **sales representative** 판매원 **including** ~을 포함하여 **available** 이용 가능한

Questions 7-8 refer to the following advertisement.

Hannigan's - The Best Choice for Your Business in Swindon

Hannigan's has been serving businesses for over 20 years, and we are delighted to announce that we have recently moved from our original location on Fleet Street to a much larger premise at 45 Ashford Avenue. We stock the most extensive selection of stationery, ink and toner for printers and copiers, and computer flash drives. We have also recently added a limited range of desks, chairs, and cabinets. Customers who place large orders, over $300, may receive up to 10 percent off their bill, and those who become members of Hannigan's can take advantage of additional savings. Our state-wide delivery rates are the most competitive around, and we will waive the delivery fee altogether for customers based in Swindon. So, come down to Hannigan's today and let us fulfill all of your office needs!

7. What type of business is being advertised?

(A) An interior design firm

(B) A computer repair service

(C) An office supply store

(D) A graphic design company

8. What is NOT indicated about the business?

(A) It provides discounts on bulk orders.

(B) It offers free delivery to local customers.

(C) It operates in several business premises.

(D) It allows customers to join a membership program.

정답 뽑개기

7. What type of business is being advertised?

정답	(C) An office supply store	✓ 광고의 대상을 묻는 문제이다.
오답	(A) An interior design firm (B) A computer repair service (D) A graphic design company	✓ 지문의 'We stock the most extensive selection of stationery, ink and toner for printers and copiers, and computer flash drives.'라는 내용을 통해 이 업체는 사무실에서 사용하는 집기들을 다루는 회사라는 것을 알 수 있기 때문에 (C)가 정답이다.

8. What is NOT indicated about the business?

정답	
	(C) It operates in several business premises.
	✔ 특정 단어에 대해 지문에 언급되지 않은 부분을 고르는 문제이다.
	✔ 지문의 'we have recently moved from our original location on Fleet Street to a much larger premise'라는 부분에서 더 큰 장소로 옮겼다는 것을 알 수는 있지만, 여러 장소에서 운영하고 있는지는 알 수 없기 때문에 (C)가 정답이다.

오답	
	(A) It provides discounts on bulk orders.
	(B) It offers free delivery to local customers.
	(D) It allows customers to join a membership program.
	✔ (A)는 'Customers who place large orders, over $300, may receive up to 10 percent off their bill'이라는 부분에 언급되어 있다. (B)의 경우 지문의 첫 부분에서 회사가 스윈던에서 20년 넘게 사업을 해오고 있다는 것을 알 수 있는데, 'we will waive the delivery fee altogether for customers based in Swindon'이라는 부분을 통해 회사는 스윈던에 거주하는 고객들에게서 배송료를 받지 않는다는 것을 알 수 있다. (D)는 'those who become members of Hannigan's can take advantage of additional savings'라는 부분에서 멤버쉽에 관한 내용이 언급되었다.

해석

Hannigan's – 스윈던에서의 당신의 사업에 가장 적합한 선택

Hannigan's는 스윈던에서 20년 넘게 사업을 해오고 있으며, 저희는 원래의 위치인 Fleet 로에서 Ashford 가 45번지에 있는 훨씬 큰 건물로 최근에 이전하게 되어 기쁩니다. 저희는 프린터와 복사기를 위한 가장 광범위한 종류의 문구류, 잉크 및 토너, 그리고 컴퓨터 플래시 드라이브를 구비하고 있습니다. 저희는 또한 최근에 한정된 종류의 책상, 의자, 캐비닛을 추가했습니다. 300달러 이상 대량 주문을 하시는 고객은 청구서에서 최대 10%까지 할인 받을 수 있으며, Hannigan의 회원이 된 고객은 추가 비용을 절감할 수 있습니다. 저희는 주 전역에 걸친 배달 요금 측면에서 가장 경쟁력이 있으며, 스윈던 소재 고객들께는 배송비를 전액 면제해 드립니다. 그러므로, 오늘 Hannigan's로 오셔서 귀하의 사무실에 필요한 모든 것을 충족시킬 수 있게 해 주세요!

7. 어떤 유형의 사업체를 광고하고 있는가?
(A) 인테리어 디자인 회사
(B) 컴퓨터 수리 서비스
(C) 사무용품점
(D) 그래픽 디자인 회사

8. 회사에 대해 언급되지 않는 것은 무엇인가?
(A) 대량 주문 시 할인된다
(B) 그 지역 고객에게 무료로 배송한다.
(C) 여러 개의 사업장에서 운영된다.
(D) 고객님은 멤버십 프로그램에 참여할 수 있다.

정답 **7.** (C)   **8.** (C)

어휘 **be delighted to 동사원형** ~하게 되어 기쁘다 **recently** 최근에 **original** 원래의, 원본의 **premise** 건물, 토지 **stock** 갖추다, 취급하다 **stationery** 문방구 **take advantage of** 이용하다, 활용하다 **statewide** 주 전체에 걸친 **competitive** 경쟁력을 지닌 **waive** 포기하다, 면제하다 **fulfill** 이행하다, 충족시키다

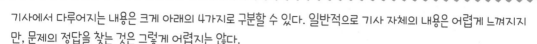

3 기사(Article), 뉴스레터(Newsletter)

기사에서 다루어지는 내용은 크게 아래의 4가지로 구분할 수 있다. 일반적으로 기사 자체의 내용은 어렵게 느껴지지만, 문제의 정답을 찾는 것은 그렇게 어렵지는 않다.

❶ **기업의 좋은 상황과 나쁜 상황에 대한 언급** 일반적으로 기업의 성과에 관한 글의 내용이 나오거나 다른 기업과의 합병에 대한 내용이 주로 출제된다.

❷ **한 사람의 일대기** 한 전문 분야에서 성공한 사람이나, 해당 분야에서 상당한 업적을 남긴 사람의 성공 스토리에 관한 내용이 출제된다. 예를 들면, 유명한 연예인과 관련한 내용이 주로 출제된다.

❸ **지역 사회의 이벤트 및 건설 계획** 한 지역 사회에서의 건설 프로젝트, 새로운 사업소개, 그리고 지역 행사와 관련한 내용이 주로 출제된다.

❹ **지식 정보의 전달** 일반적으로 잘 알려져 있거나 그렇지 않은 사회적 이슈 및 문화적 이슈에 대한 내용이 주로 출제된다.

기출 변형 1 지문을 읽고 문제에 답하시오.

Questions 1-3 refer to the following article from a company newsletter.

Blake Reid Returns

The management team of the Shepperton Hotel is delighted to welcome back Public Relations Manager Blake Reid. —[1]— . Mr. Reid has spent the past three weeks attending various hospitality industry events, most notably the American Hotel & Hospitality Convention that was held in New York City last weekend. —[2]—.

Mr. Reid spoke to the audience about the innovative ways in which he utilized social media and online streaming services to boost our hotel's brand on a global scale during the past year. —[3]—.

He is the first individual to be invited back to speak for the third consecutive year here at our upcoming annual convention. —[4]—. This year, he will give a speech on how the hospitality industry is responding to the economic recession.

1. What is the purpose of the article?

   (A) To discuss recent changes in the hospitality industry

   (B) To inform the staff about an upcoming convention

   (C) To acknowledge an employee's contributions

   (D) To introduce a new member of the management team

2. How did Mr. Reid improve the Shepperton Hotel's global image?

   (A) He networked with foreign media outlets.

   (B) He assisted with the design of a Web site.

   (C) He hosted an industry event at the hotel.

   (D) He took advantage of various online tools.

3. In which of the positions marked [1], [2], [3], and [4] does the following sentence best belong?

   "The event lasts for three days and includes representatives from over 200 hotels."

   (A) [1]

   (B) [2]

   (C) [3]

   (D) [4]

⚡ 정답 뽀개기

1. What is the purpose of the article?

	(C) To acknowledge an employee's contributions
정답	✔ 글의 목적을 묻는 문제이다.
	✔ 기사의 제목이 'Blake Reid Returns'라는 점과 첫 문장 'The management team of the Shepperton Hotel is delighted to welcome back Public Relations Manager Blake Reid' 이후에 Reid 씨의 업적이 소개되고 있다는 점에서 정답이 (C)라는 사실을 알 수 있다.
	(A) To discuss recent changes in the hospitality industry
	(B) To inform the staff about an upcoming convention
	(D) To introduce a new member of the management team
오답	✔ (A)의 'hospitality industry'는 'attending various hospitality industry events'라는 부분에서 찾아볼 수 있는데, 서비스업의 변화와 관련된 표현은 찾아볼 수 없기에 (A)는 오답이다.
	✔ (B)의 'upcoming convention' 역시 'the American Hotel & Hospitality Convention'이라는 부분에서 찾아볼 수 있지만, 협의회는 이미 열렸던 행사이므로 이 또한 오답이다.
	✔ (D)의 'management team'은 'The management team'이라는 부분에 언급되어 있지만, 새로운 직원을 소개하는 것이 지문의 목적은 아니다.

2. How did Mr. Reid improve the Shepperton Hotel's global image?

<table>
<tr><td>정답</td><td colspan="2">

(D) He took advantage of various online tools.

✔ 특정 사실에 대하여 묻는 문제이다.

✔ 기사에서 'Mr. Reid' 혹은 he라고 말한 부분을 찾고, 문제에서 언급한 'global image'와 관련된 단어나 표현을 찾도록 한다. 두 번째 문단에서 'boost our hotel's brand'라는 부분을 찾은 후, 그 앞에 나온 문장을 보면, 'he utilized social media and online streaming services'라는 언급을 찾을 수 있다. 이를 통해 그가 다양한 온라인 자료를 활용했다는 것을 알 수 있기 때문에 정답은 (D)이다.

</td></tr>
<tr><td>오답</td><td colspan="2">

(A) He networked with foreign media outlets.
(B) He assisted with the design of a Web site.
(C) He hosted an industry event at the hotel.

✔ (A)의 경우, media에 관한 부분은 지문에 나와있지만 'utilized social media'로 언급되어 있으며, 'boost our hotel's brand on a global scale'이라고 말하고 있으므로 직접적인 foreign 네트워크를 이뤘다는 부분이 없기 때문에 (A)는 오답이다.

✔ (B)의 Web site에 관련된 부분은 지문에서 찾아볼 수 없으므로 오답이며, (C)의 event라는 단어는 지문에 언급되어 있지만, 'be invited back to speak'라는 부분을 보면 Reid 씨가 연설을 위해 초대를 받은 것이지 행사를 직접 개최한 것은 아니기에 이 역시 오답이다.

</td></tr>
</table>

3. In which of the positions marked [1], [2], [3], and [4] does the following sentence best belong?
"The event lasts for three days and includes representatives from over 200 hotels."

<table>
<tr><td>정답</td><td>(D) [4]</td><td>

✔ 주어진 문장을 적절한 곳에 넣는 문제이다.

✔ 주어진 문장이 'The event'로 시작하기 때문에 주어진 문장이 들어갈 위치 바로 앞 문장에는 event와 관련된 명사가 나와야 한다. 아울러 주어진 문장의 동사가 lasts라는 현재시제의 동사이기 때문에 그 뒤 문장에는 현재 혹은 미래와 어울릴 수 있는 단어가 들어 있어야 한다. [4] 앞에 convention이라는 단어가 나왔고 그 뒤에 'this year'라는 현재 및 미래를 나타낼 수 있는 시제 관련 단어가 있기 때문에 정답은 (D)가 된다.

</td></tr>
<tr><td>오답</td><td>(A) [1]
(B) [2]
(C) [3]</td><td>

✔ (A)의 [1] 앞에는 이벤트와 관련된 단어가 전혀 없기 때문에 오답이며, (B)의 [2] 앞에는 이벤트라는 단어는 있지만, 이는 이미 지나간 과거의 이벤트를 가리키기에 이 또한 오답이다.

✔ (C)의 [3] 앞에는 이벤트와는 상관없는 Reid 씨의 업적을 설명하고 있다.

</td></tr>
</table>

주어진 문장을 적절한 곳에 삽입하는 문제의 풀이 요령

ⓐ 주어진 문장의 정관사 the에 주목한다. 정관사 the는 앞에 언급된 명사를 사용하는 경우에 쓰인다는 점을 이용한다.

ⓑ 주어진 문장에서 단수 혹은 복수를 나타내는 대명사에 유의한다. 이미 앞에 단수 사물명사가 나왔다면 it이나 one으로 대체할 수 있으며, 앞에 단수 사람명사가 나온다면 he나 she로 대체할 수 있다. 앞에 복수명사가 나오는 경우에는 they나 ones로 대체할 수 있다.

ⓒ 아울러 주어와 동사 위주로 키워드를 잡고 각 부분의 앞의 문장에 언급되어있는 단어들과 키워드들을 비교해 본다.

해석

Blake Reid의 복귀

Shepperton 호텔의 경영진은 홍보 매니저인 Blake Reid 씨가 다시 돌아온 것을 환영합니다. Reid 씨는 지난 3주 동안 다양한 서비스업 행사에 참석했는데, 특히 지난 주말 뉴욕에서 열린 American Hotel & Hospitality 컨벤션에도 참석했습니다.

Reid 씨는 지난 몇 년 동안 저희 호텔의 브랜드를 전 세계에 알리기 위해 소셜 미디어와 온라인 스트리밍 서비스를 활용했던 혁신적인 방법에 대해 청중들에게 연설했습니다.

그는 저희 연례 회의에 3년 연속 연설자로 초대된 최초의 인물입니다. 이 행사는 3일 동안 계속되며 200개 이상의 호텔 대표자들이 참석합니다. 이번 연도에는, 그가 호텔 업계에서 경기 침체에 어떻게 대응해야 하는지에 관한 연설을 할 것입니다.

1. 기사의 목적은 무엇인가?

(A) 서비스업의 최근 변화에 대해 논의하기 위해서

(B) 직원에게 곧 있을 협의회에 대해 알리기 위해서

(C) 직원의 공로를 인정하기 위해서

(D) 관리팀의 새로운 구성원을 소개하기 위해서

2. Reid 씨는 Shepperton 호텔의 글로벌 이미지를 어떻게 개선시켰는가?

(A) 그는 외국 언론과 네트워크를 형성했다.

(B) 그는 웹사이트의 디자인을 도왔다.

(C) 그는 호텔에서 기업 행사를 주최했다.

(D) 그는 다양한 온라인 도구를 이용했다.

3. [1], [2], [3], [4]로 표시된 위치 중 다음 문장이 들어갈 가장 합한 위치는 어디인가?
"이 행사는 3일 동안 계속되며 200개 이상의 호텔 대표자들이 참석합니다."

(A) [1]

(B) [2]

(C) [3]

(D) [4]

정답 1. (C) 2. (D) 3. (D)

어휘 **hospitality industry** 서비스업 **notably** 눈에 띄게 **audience** 관객, 청중 **innovative** 혁신적인 **utilize** 활용하다, 이용하다

online streaming 온라인에서 재생하는 **boost** 늘리다 **scale** 규모, 범위 **consecutive** 연속적인 **economic recession** 불경기

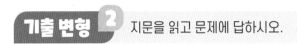
Questions 4-6 refer to the following article from a community magazine.

Edith Wallace
Farewell

The Bishop Ford city council and Mayor Harry Bourne are sad to announce that Edith Wallace plans to step down from her position at the end of this month. — [1] —. Edith, who turned 73 last week, has served as a council member for more than three decades, and she has worked tirelessly to improve life for all residents of Bishop Ford. — [2] —.

In the past year, Edith has played a key role in the development of the waterfront area. — [3] —. A member of the transportation committee, she was also instrumental in implementing our ecofriendly bicycle-sharing system, which has proven to be very popular and effective at reducing the numbers of cars and buses on our streets. — [4] —.

4. What is the purpose of the article?

   (A) To inform community members about new amenities

   (B) To highlight a retiring councilwoman's achievements

   (C) To celebrate Ms. Wallace's election to the city council

   (D) To introduce Mr. Bourne as the mayor of Bishop Ford

5. How did Ms. Wallace improve transportation in Bishop Ford?

   (A) She reduced the number of road accidents.

   (B) She provided more parking spaces for cars.

   (C) She extended bus routes throughout the city.

   (D) She supported a bike-sharing program.

6. In which of the positions marked [1], [2], [3], and [4] does the following sentence best belong?

   "The work involved the construction of a scenic walking path and pier."

   (A) [1]

   (B) [2]

   (C) [3]

   (D) [4]

4. What is the purpose of the article?

정답	(B) To highlight a retiring councilwoman's achievements

✔ 글의 목적을 묻는 문제이다.

✔ 기사의 첫 번째 문장 'announce that Edith Wallace plans to step down'에서 Edith Wallace가 퇴직할 것이라는 사실을 알 수 있으며, 그 뒤 문장 'Edith, who turned 73 last week, has served as a council member for more than three decades, and she has worked tirelessly to improve life for all residents of Bishop Ford'에서 그녀의 업적이 소개되고 있다. 따라서 정답은 (B)이다.

오답	(A) To inform community members about new amenities
	(C) To celebrate Ms. Wallace's election to the city council
	(D) To introduce Mr. Bourne as the mayor of Bishop Ford

✔ (A)의 amenities에 대한 단어는 지문에서 언급되지 않았기에 이는 오답이며, (C)의 city council은 지문에 있기는 하지만, 이 지문은 한 인물의 사임에 대한 내용을 다루고 있으므로 오답이다.

✔ (D)의 경우, 지문에 'Mayor Harry Bourne'이라는 인물은 나왔지만 이 사람을 소개하기 위한 글은 아니므로 이 역시 오답이다.

5. How did Ms. Wallace improve transportation in Bishop Ford?

정답	(D) She supported a bike-sharing program.

✔ 비숍 포드에서의 업적을 묻는 문제로, 기사의 세부 사항을 묻는 문제이다.

✔ 기사의 두 번째 문단의 세 번째 줄 'she was also instrumental in implementing our ecofriendly bicycle-sharing system'에서 그녀가 자전거 공유 시스템을 실시하는 데 도움을 주었다고 설명되어 있으므로 정답은 (D)이다.

오답	(A) She reduced the number of road accidents.
	(B) She provided more parking spaces for cars.
	(C) She extended bus routes throughout the city.

✔ (A)의 경우, road와 비슷한 streets가 언급되어 있으나 'the numbers of cars and buses on our streets'라는 표현이 도로 사고가 줄었다는 의미를 나타내지는 않으므로 (A)는 오답이다.

✔ (B)의 'parking spaces'는 언급된 바 없는 사항이고, (C)의 'bus routes'는 확대된 것이 아니라 감소된 것으로 볼 수 있기 때문에 이 역시 오답이다.

6. In which of the positions marked [1], [2], [3], and [4] does the following sentence best belong?
"The work involved the construction of a scenic walking path and pier."

정답	(C) [3]	✓ 주어진 문장을 적절한 곳에 넣는 문제이다. ✓ 주어진 문장의 'The work'를 고려하면 그 앞 문장에서는 work과 관련된 단어가 나와야 하는데, [3] 앞의 'the development of the waterfront area'라는 부분에서 개발하는 '작업'이 설명되고 있다. 한편 주어진 문장의 pier(부두)라는 단어는 [3] 앞에 나오는 'waterfront area'라는 단어와 잘 어울리기 때문에 정답은 (C)가 된다.
오답	(A) [1] (B) [2] (D) [4]	✓ [1] 앞에는 공사와 관련된 단어가 전혀 없으므로 (A)는 오답이며, [2] 앞에 work이라는 단어는 있지만, 이는 동사로 사용되었으므로 의미가 맞지 않기 때문에 (B) 역시 오답이다. ✓ [4] 앞에는 공사와는 전혀 상관이 없는 업적에 관한 내용이 있으므로 (D) 또한 오답이다.

해석

Edith Wallace 고별 소식

비숍 포드 시 위원회와 시장 Harry Bourne은 이달 말에 Edith Wallace가 자신의 자리에서 물러날 계획이라고 발표하게 되어 안타깝습니다. 지난주, 73세가 된 Edith 씨는 30년 동안 시의원으로 활동했고, 비숍 포드의 모든 주민들의 삶을 개선하기 위해 지칠 줄 모르고 일해 왔습니다

지난해, Edith 씨는 해안 지역 개발에 핵심적인 역할을 해 왔습니다. **이 작업은 경치 좋은 산책로와 부두를 만드는 것을 포함하고 있습니다.** 교통 위원회 위원인 그녀는 또한 친환경 자전거 공유 시스템을 구현하는 데 중요한 역할을 했는데, 이는 많은 인기를 얻었으며 거리에서 자동차와 버스의 수를 줄이는데 효과적이라는 점을 입증했습니다.

4. 이 기사의 목적은 무엇인가?

(A) 지역 사회 구성원에게 새로운 편의시설에 대해 알리기 위해서

(B) 퇴직하는 여성 의원의 업적을 강조하기 위해서

(C) Wallace 씨의 시의회 선출을 축하하기 위해서

(D) Harry Bourne 씨를 비숍 포드의 시장으로서 소개하기 위해서

5. Edith Wallace 씨는 비숍 포드의 교통 수단을 어떻게 개선시켰는가?

(A) 그녀는 도로 사고의 수를 줄였다.

(B) 그녀는 자동차를 위한 더 많은 주차 공간을 제공했다.

(C) 그녀는 도시 전역에 버스 노선을 확장했다.

(D) 그녀는 자전거 공유 프로그램을 지원했다.

6. [1], [2], [3], [4]로 표시된 위치 중 다음 문장이 들어갈 가장 적합한 위치는 어디인가?
"이 작업은 경치 좋은 산책로와 부두를 만드는 것을 포함하고 있습니다."

(A) [1]

(B) [2]

(C) [3]

(D) [4]

정답 **4.** (B)   **5.** (D)   **6.** (C)

어휘 **announce** 알리다, 발표하다 **step down** 물러나다, 사임하다 **serve as** ~의 역할을 하다 **tirelessly** 쉬지 않고, 끈기 있게 **play a key role** 핵심 역할을 하다 **instrumental** 주된 역할을 하는 **implement** 실행하다 **ecofriendly** 환경 친화적인 **prove** 입증하다, 증명하다

- 문자 메시지에서는 기본적으로 두 명의 사람이 등장하며, 온라인 대화에서는 3명 이상의 사람이 등장한다.
- 주로 대화의 목적을 묻거나, 대화에서 다뤄진 문장의 의도를 묻는 문제가 자주 출제가 된다.

기출 변형 1   지문을 읽고 문제에 답하시오.

Questions 1-2 refer to the following text message chain.

Will Palmer   [10:36 A.M.]
Alice, are you on your way? The prospective clients are waiting to see the factory.

Alice Kruger   [10:37 A.M.]
I'm afraid I'll still be at least another 15 minutes. I had engine trouble while returning from the supplier, and I'm in a taxi now. Please go ahead without me.

Will Palmer   [10:39 A.M.]
No problem. I'll start at the main assembly line.

Alice Kruger   [10:40 A.M.]
Great. That's the area they're most interested in seeing.

Will Palmer   [10:41 A.M.]
Yes. It's still hard to believe so many companies want to stock the products we are manufacturing now.

Alice Kruger   [10:43 A.M.]
Tell me about it. Anyway, I'll be there soon.

1. What does Ms. Kruger want Mr. Palmer to do?

   (A) Arrange transportation
   (B) Postpone a meeting
   (C) Conduct a factory tour
   (D) Contact a supplier

2. At 10:43 A.M., what does Ms. Kruger mean when she writes, "Tell me about it"?

   (A) She would like an update on a manufacturing schedule.
   (B) She is confident that a sales target will be reached.
   (C) She would like Mr. Palmer to calculate stock levels.
   (D) She is also surprised by the demand for some products.

⚡ 정답 뽀개기

1. What does Ms. Kruger want Mr. Palmer to do?

정답	(C) Conduct a factory tour	✔ 두 사람 간의 대화에서 요청 사항을 묻는 문제이다. ✔ 우선 요청을 하는 사람인 'Ms. Kruger'를 지문에서 찾으면, 그녀는 10시37분에 'Please go ahead without me.'라고 했는데, 정확히 무엇을 진행해 달라는 요청인지는 그 앞 문장을 통해 확인할 수 있다. 10시 36분에 Palmer 씨는 'The prospective clients are waiting to see the factory.'라고 했는데, 이러한 내용들을 종합하면 Kruger 씨가 Palmer 씨에게 원하는 것은 고객들에게 공장을 견학시켜 주는 것임을 알 수 있다. 정답은 (C)가 된다.
오답	(A) Arrange transportation (B) Postpone a meeting (D) Contact a supplier	✔ (A)의 경우, transportation과 의미가 통하는 taxi는 언급되었으나 Kruger 씨가 현재 택시를 타고 있는 상황이므로 이는 오답이며, (B)의 meeting과 관련된 부분은 찾아볼 수 없으므로 이 역시 오답이다. (D)의 supplier는 지문 중 'while returning from the supplier'에 언급되어 있으나 연락에 대한 부탁이 필요한 상황은 아니므로 이 또한 오답이다.

2. At 10:43 A.M., what does Ms. Kruger mean when she writes, "Tell me about it"?

정답	(D) She is also surprised by the demand for some products. ✔ 주어진 문장의 감춰진 의미를 묻는 문제이다. ✔ 우선 주어진 문장을 확인하면 'tell me about it'은 상대의 말에 동의하는 의미를 나타내는데, 바로 앞에서 Palmer 씨가 'It's still hard to believe so many companies want to stock the products we are manufacturing now.'라고 했으므로 주어진 문장은 결국 Kruger 씨 역시 놀랐다는 점을 나타낸다. 따라서 정답은 (D)이다.

오답

(A) She would like an update on a manufacturing schedule.

(B) She is confident that a sales target will be reached.

(C) She would like Mr. Palmer to calculate stock levels.

이 정도는 알아야지!

주어진 문장의 감춰진 의미를 묻는 문제의 풀이 요령

ⓐ 주어진 문장에 대한 기본적인 해석을 한다.

ⓑ 주어진 문장의 위치를 확인하고 바로 앞의 문장을 확인한다.

ⓒ 해당 문장을 해석해서 보기의 내용들과 비교해 가면서 정답을 찾는다.

해석

Will Palmer   [10:36 A.M.]
Alice, 오는 중인가요? 예비 고객님들께서 공장 견학을 기다리고 계세요.

Alice Kruger   [10:37 A.M.]
어쩌죠? 적어도 15분은 더 걸릴 것 같아요. 공급업체에서 돌아오는 길에 엔진에 문제가 생겨서 지금 택시 타고 가는 중이거든요. 저 없이 진행해주세요.

Will Palmer   [10:39 A.M.]
알겠어요. 주 조립 라인부터 시작할게요.

Alice Kruger   [10:40 A.M.]
좋아요. 그곳이 고객님들께서 가장 보고 싶어 하는 장소죠.

Will Palmer   [10:41 A.M.]
알겠어요. 그처럼 많은 기업들이 저희가 만드는 제품을 비축하고자 한다는 점이 아직도 믿기지가 않는군요.

Alice Kruger   [10:43 A.M.]
저도 그래요. 어쨌든 곧 갈게요.

---

1. Kruger 씨가 Palmer 씨에게 원하는 것은 무엇인가?

(A) 교통편을 준비한다

(B) 회의를 연기한다

(C) 공장 견학을 진행한다

(D) 공급업체에 문의한다

2. 오전 10시 43분, Kruger 씨가 작성한 "Tell me about it"은 어떤 의미인가?

(A) 그녀는 제조 일정에 대한 업데이트를 원한다.

(B) 그녀는 판매 목표에 도달할 것이라고 확신한다.

(C) 그녀는 Palmer 씨가 재고량을 확인하기를 원한다.

(D) 그녀 또한 일부 제품에 대한 수요에 놀랐다.

정답 **1.** (C)   **2.** (D)

어휘 **on one's way** 도중에, 가려는 중 **prospective** 예비의, 잠재적인 **go ahead** 계속하다, 진행하다 **assembly line** 조립 라인 **stock** 갖추다, 비축하다 **manufacture** 제조하다, 만들다

Questions 3-4 refer to the following text message chain.

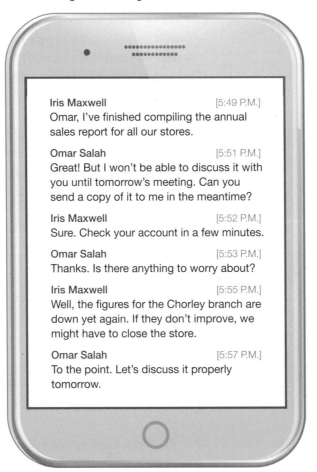

Iris Maxwell [5:49 P.M.]
Omar, I've finished compiling the annual sales report for all our stores.

Omar Salah [5:51 P.M.]
Great! But I won't be able to discuss it with you until tomorrow's meeting. Can you send a copy of it to me in the meantime?

Iris Maxwell [5:52 P.M.]
Sure. Check your account in a few minutes.

Omar Salah [5:53 P.M.]
Thanks. Is there anything to worry about?

Iris Maxwell [5:55 P.M.]
Well, the figures for the Chorley branch are down yet again. If they don't improve, we might have to close the store.

Omar Salah [5:57 P.M.]
To the point. Let's discuss it properly tomorrow.

---

3. What does Mr. Salah want Ms. Maxwell to do?

(A) Visit a store

(B) Revise a document

(C) Delay a meeting

(D) Send a report

4. At 5:57 P.M., what does Mr. Salah mean when he writes, "To the point"?

(A) He wants Ms. Maxwell to calculate the sales figures accurately.

(B) He shares Ms. Maxwell's concerns about the Chorley branch.

(C) He thinks that shutting a business was the wrong decision.

(D) He is certain that the company's annual sales will get better.

3. What does Mr. Salah want Ms. Maxwell to do?

정답	**(D) Send a report**	✔ 두 사람 간의 대화에서 요청 사항을 묻는 문제이다. ✔ 문제에서 Salah 씨가 요청한 것은 'Can you send a copy of it to me in the meantime?'에서 찾을 수 있는데, 여기에서의 it은 Maxwell 씨의 첫 번째 대화에 언급된 'the annual sales report'를 가리키므로 정답은 (D)가 된다.
오답	(A) Visit a store (B) Revise a document (C) Delay a meeting	✔ (A)의 store는 'the annual sales report for all our stores'에 나와 있으나, 매장 방문을 원한다는 내용은 없으므로 (A)는 오답이다. ✔ (B)의 document의 경우, report라는 언급은 찾아볼 수 있으나 Salah 씨가 원하는 것은 문서 수정이 아닌 'compiling the annual sales report'이므로 (B) 또한 오답이다. ✔ (C)의 meeting을 연기하고 싶다는 내용은 찾아볼 수 없으므로 이 역시 오답이다.

4. At 5:57 P.M., what does Mr. Salah mean when he writes, "To the point"?

	(B) He shares Ms. Maxwell's concerns about the Chorley branch.
정답	✔ 주어진 문장의 감춰진 의미를 묻는 문제이다. ✔ 'To the point'는 '정확하게 요점을 언급했다'라는 의미로서, 보통 상대방의 말에 동의하는 경우에 자주 사용되는 표현이다. ✔ 이 경우에도 바로 앞 문장에서 Maxwell 씨가 'If they don't improve, we might have to close the store.'라며 특정 매장이 문을 닫을 수도 있다는 우려감을 나타내는 말에 '맞아요'라는 동의의 의미를 전하고 있다. 따라서 (B)가 정답이다.
오답	(A) He wants Ms. Maxwell to calculate the sales figures accurately. (C) He thinks that shutting a business was the wrong decision. (D) He is certain that the company's annual sales will get better.

Iris Maxwell [5:49 P.M.]
Omar, 전체 매장의 연간 판매 보고서에 대한 정리를 마쳤어요.

Omar Salah [5:51 P.M.]
잘했어요! 그런데 내일 회의 전까지는 그에 대해 얘기할 수가 없겠네요. 그 동안 복사본을 저에게 보내주실 수 있나요?

Iris Maxwell [5:52 P.M.]
알겠어요. 잠시 후에 메일을 확인해주세요.

Omar Salah [5:53 P.M.]
고마워요. 걱정이 되는 부분이 있나요?

Iris Maxwell [5:55 P.M.]
음, 촐리 지점의 판매 수치가 다시 떨어졌어요. 수치가 나아지지 않는다면, 그 매장을 닫아야 할지도 모르겠어요.

Omar Salah [5:57 P.M.]
맞아요. 내일 제대로 논의해 봐요.

---

3. Salah 씨가 Maxwell 씨에게 원하는 것은 무엇인가?
   (A) 매장을 방문한다
   (B) 문서를 수정한다
   (C) 회의를 연기한다
   (D) 보고서를 보낸다

4. 오후 5시 57분, Salah 씨가 작성한 "To the point"는 어떤 의미인가?
   (A) 그는 Maxwell 씨가 판매 수치를 정확하게 계산하기를 원한다.
   (B) 그는 촐리 지점에 대한 Maxwell 씨의 걱정에 동의한다.
   (C) 그는 사업을 종료하는 것이 잘못된 결정이라고 생각한다.
   (D) 그는 회사의 연간 매출이 더 나아질 것이라고 확신한다.

정답 3. (D) 4. (B)

어휘 **compile** 모으다, 편집하다 **in the meantime** 그 사이에, 그 동안에 **account** 계정, 계좌 **figure** 수치 **improve** 개선하다, 향상하다 **properly** 적절히, 제대로

Questions 5-8 refer to the following online chat discussion.

Gerald Carr	[11:22 A.M.]	Hi, Beth and Harriet. Do you know whether the consultant from Zap IT Solutions has arrived yet? He's supposed to come for a meeting with me about enhancing our online security, but maybe he got lost.
Beth Forbes	[11:24 A.M.]	There's nobody waiting for you up here at the 5th floor reception. Maybe you could reach him on his mobile.
Harriet Sayles	[11:25 A.M.]	A gentleman just arrived for you down here in the main lobby, but his business card doesn't say Zap IT. I asked him to take a seat for now.
Gerald Carr	[11:28 A.M.]	I'm pretty sure that's him. Can you double-check?
Harriet Sayles	[11:29 A.M.]	My mistake. It does say Zap IT on it. It's just in a font that's hard to make out.
Gerald Carr	[11:31 A.M.]	I knew it! Please tell him how to come up to my office. I'm ready for him now.
Harriet Sayles	[11:33 A.M.]	Of course. I'll let him know right away.
Gerald Carr	[11:34 A.M.]	Great. Thanks for your help.

Send

5. Why did Mr. Carr start the online chat discussion?

(A) He needs to have his computer repaired.

(B) He is waiting for a business associate.

(C) He wants to reschedule an appointment.

(D) He is having difficulty using some software.

6. What does Ms. Forbes suggest doing?

(A) Visiting Zap IT Solutions

(B) Making a phone call

(C) Going to the 5th floor

(D) Checking a schedule

7. At 11:29 A.M., what does Ms. Sayles mean when she writes, "My mistake"?

(A) She forgot the name of an IT consultant.

(B) She misplaced an important document.

(C) She sent a visitor to the wrong location.

(D) She read a business card incorrectly.

8. What will Ms. Sayles probably do next?

(A) Provide some directions

(B) Copy a document

(C) Call Zap IT Solutions

(D) Meet with Mr. Carr

5. Why did Mr. Carr start the online chat discussion?

정답	(B) He is waiting for a business associate.
	✔ 대화의 주제를 묻는 문제이다.
	✔ 대화를 시작한 이유를 묻는 문제의 경우, 정답의 단서는 대부분 지문의 시작 부분에서 찾을 수 있다. 이 지문의 경우에도 'Do you know whether the consultant from Zap IT Solutions has arrived yet? He's supposed to come for a meeting with me'라는 부분에서 Carr 씨가 대화를 시작한 이유를 알 수 있는데, 그는 자신과 만날 예정인 consultant가 어디에 있는지를 묻고 있으므로 정답은 (B)로 볼 수 있다.

오답	(A) He needs to have his computer repaired.
	(C) He wants to reschedule an appointment.
	(D) He is having difficulty using some software.
	✔ (A)의 computer와 관련된 내용은 찾아볼 수 없으므로 이는 오답이다.
	✔ (C)의 경우 appointment와 관련이 있는 'meeting with me'라는 내용이 있기는 하지만 일정 조정을 위해 온라인 채팅이 시작된 것은 아니므로 (C) 역시 오답이다.
	✔ (D)의 software라는 단어와 관련된 내용은 지문에서 찾아볼 수 없다.

6. What does Ms. Forbes suggest doing?

정답	(B) Making a phone call	✔ 특정 인물이 제안한 내용을 묻는 문제이다.
		✔ 'Ms. Fobes'가 말한 부분을 살펴보면, 11시 24분에 'Maybe you could reach him on his mobile'이라는 내용이 있다. 이는 전화를 해보라는 제안의 의미를 담고 있기 때문에 정답은 (B)가 된다.

오답	(A) Visiting Zap IT Solutions	✔ (A)의 경우 'Zap IT Solutions'라는 단어가 언급되었으나 이곳을 방문하라는 내용은 없으므로 (A)는 오답이다.
	(C) Going to the 5th floor	✔ (C)의 '5th floor'는 지문에서 언급되었지만 Forbes 씨가 5층으로 가라는 제안은 한 적이 없으므로 이 역시 오답이다.
	(D) Checking a schedule	✔ (D)의 'Check'와 관련된 내용은 있으나 일정과 관련하여 제안된 사항은 없으므로 (D)도 오답이다.

7. At 11:29 A.M., what does Ms. Sayles mean when she writes, "My mistake"?

정답	**(D) She read a business card incorrectly.** ✓ 주어진 문장의 감춰진 의미를 묻는 문제이다. ✓ 'My mistake'는 실수의 당사자가 본인이라는 점을 나타내므로 앞 문장에서 그녀가 어떤 실수를 했는지 찾아본다. 바로 앞의 문장의 'Can you double-check?', 즉 다시 한 번 확인을 요청했다는 부분만 가지고는 정답을 찾기 힘들기 때문에 그 뒤의 문장에서 정답의 단서를 찾도록 한다. 'It does say Zap IT on it'이라는 부분에서 그녀가 명함을 잘못 읽었다는 사실을 알 수 있기 때문에 정답은 (D)이다.
오답	(A) She forgot the name of an IT consultant. (B) She misplaced an important document. (C) She sent a visitor to the wrong location.

8. What will Ms. Sayles probably do next?

정답	**(A) Provide some directions**	✓ 마지막 화자가 그 다음에 무엇을 할지 물어보는 문제이다. ✓ 'Ms. Sayles'가 말한 부분을 찾는다. 'I'll let him know right away'는 무엇을 알려준다는 의미인데, 정확히 무엇을 알려 주는지는 앞 문장의 'Please tell him how to come up to my office'에서 찾을 수 있다. 즉 그는 사무실 위치를 알려 주겠다는 의미를 전달하고 있으므로 정답은 (A)가 된다.
오답	(B) Copy a document (C) Call Zap IT Solutions (D) Meet with Mr. Carr	✓ (B)의 'Copy'라는 단어는 지문에 언급되지 않았으므로 이는 오답이다. ✓ (C)의 경우, 'Call'과 관련된 단어가 'Maybe you could reach him on his mobile'에 나와 있으나 이는 Sayles 씨가 아닌 Carr 씨에게 한 이야기이므로 이 역시 오답이다. ✓ (D)의 경우, 'Meet with Mr. Carr'와 관련된 내용은 Carr 씨의 'Please tell him how to come up to my office'라는 언급에서 찾을 수 있지만, Carr 씨가 기다린 사람은 Sayles 씨가 아닌 the consultant from Zap IT Solutions의 직원이므로 (D) 역시 오답이다.

Gerald Carr [11:22 A.M.]

안녕하세요, Beth, Harriet. Zap IT 솔루션의 컨설턴트가 도착했나요? 온라인 보안의 강화에 대해 저와 회의할 예정이었는데, 아마도 그가 길을 잃은 것 같아요.

Beth Forbes [11:24 A.M.]

5층 리셉션에서 기다리고 있는 사람은 아무도 없어요. 그의 휴대 전화로 전화해 보세요.

Harriet Sayles [11:25 A.M.]

한 남성분께서 방금 메인 로비에 도착했으나 명함에 Zap IT라고 적혀 있지는 않았어요. 일단 잠시 앉아 계시라고 했고요.

Gerald Carr [11:28 A.M.]

분명 그 사람일 거예요. 다시 확인해 줄 수 있나요?

Harriet Sayles [11:29 A.M.]

제가 실수했네요, 명함에 Zap IT라고 적혀 있어요. 알아보기 어려운 글씨체로 적혀 있었어요.

Gerald Carr [11:31 A.M.]

그럴 것 같았어요! 그 분께 제 사무실로 오는 방법을 알려 주세요. 이제 만날 준비가 다 되었어요.

Harriet Sayles [11:33 A.M.]

알겠어요. 바로 그 분께 알려 드릴게요.

Gerald Carr [11:34 A.M.]

좋아요. 도와줘서 고마워요.

---

5. Carr 씨는 왜 온라인 채팅 논의를 시작했는가?
   (A) 그는 컴퓨터를 수리해야 한다.
   (B) 그는 거래처 직원을 기다리고 있다.
   (C) 그는 약속을 다시 잡기를 원한다.
   (D) 그는 몇몇 소프트웨어를 사용하는 데 어려움을 겪고 있다.

6. Forbes 씨가 제안하는 것은 무엇인가?
   (A) Zap IT 솔루션 방문하기
   (B) 전화하기
   (C) 5층으로 가기
   (D) 일정 확인하기

7. 오전 11시 29분, Sayles 씨가 작성한 "My mistake"는 어떤 의미인가?
   (A) 그녀는 IT 컨설턴트의 이름을 잊어버렸다.
   (B) 그녀는 중요한 문서를 잘못 두었다.
   (C) 그녀는 방문객을 엉뚱한 곳으로 보냈다.
   (D) 그녀는 명함을 잘못 읽었다.

8. Sayles 씨가 다음에 할 일은 무엇인가?
   (A) 길을 알려 준다
   (B) 서류를 복사한다
   (C) Zap IT 솔루션에 전화한다
   (D) Carr 씨와 만난다

정답 **5.** (B) **6.** (B) **7.** (D) **8.** (A)

어휘 **whether** ~인지 아닌지 **be supposed to 동사원형** ~하기로 되어 있다 **enhance** 향상하다, 강화하다 **business card** 명함 **take a seat** 앉다 **pretty** 꽤 **double** 이중으로 하다 **make out** 이해하다

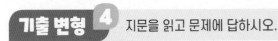

Questions 9-12 refer to the following online chat discussion.

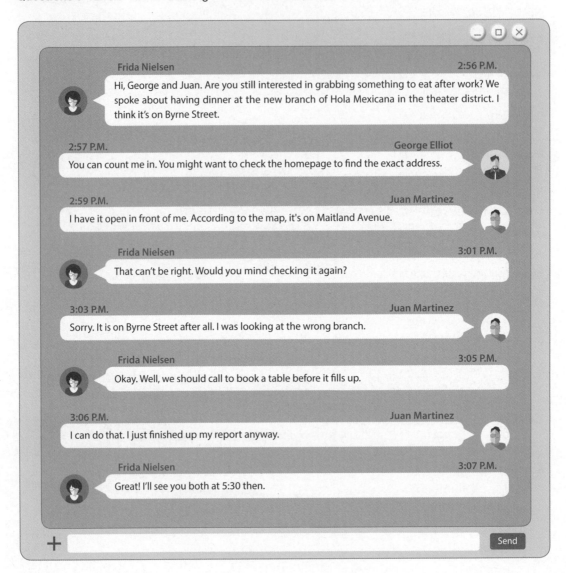

Frida Nielsen   2:56 P.M.

Hi, George and Juan. Are you still interested in grabbing something to eat after work? We spoke about having dinner at the new branch of Hola Mexicana in the theater district. I think it's on Byrne Street.

2:57 P.M.   **George Elliot**

You can count me in. You might want to check the homepage to find the exact address.

2:59 P.M.   **Juan Martinez**

I have it open in front of me. According to the map, it's on Maitland Avenue.

Frida Nielsen   3:01 P.M.

That can't be right. Would you mind checking it again?

3:03 P.M.   **Juan Martinez**

Sorry. It is on Byrne Street after all. I was looking at the wrong branch.

Frida Nielsen   3:05 P.M.

Okay. Well, we should call to book a table before it fills up.

3:06 P.M.   **Juan Martinez**

I can do that. I just finished up my report anyway.

Frida Nielsen   3:07 P.M.

Great! I'll see you both at 5:30 then.

Send

9. Why did Ms. Nielsen start the online chat discussion?

(A) She is accepting an invitation.

(B) She is confirming some dinner plans.

(C) She enjoyed a meal with her coworkers.

(D) She is interested in going to a theater.

10. What does Mr. Elliot suggest doing?

(A) Sending an e-mail

(B) Postponing a meal

(C) Calculating a cost

(D) Visiting a Web site

11. At 3:03 P.M., what does Mr. Martinez mean when he writes, "Sorry"?

(A) He is unable to find the correct Web site.

(B) He thinks he might have a scheduling conflict.

(C) He would prefer to try a different restaurant.

(D) He checked the wrong information on a map.

12. What will Mr. Martinez probably do next?

(A) Make a reservation

(B) Go to a restaurant

(C) Work on a report

(D) Check a menu

⚡ 정답 뽀개기

9. Why did Ms. Nielsen start the online chat discussion?

(B) She is confirming some dinner plans.

정답

✔ 글의 주제를 묻는 문제이다.

✔ 채팅의 두 번째 문장 'Are you still interested in grabbing something to eat after work? We spoke about having dinner at the new branch of Hola Mexicana'에서 이 채팅이 저녁 식사를 제안하기 위해 시작되었다는 점을 알 수 있다. 정답은 (B)이다.

(A) She is accepting an invitation.

(C) She enjoyed a meal with her coworkers.

(D) She is interested in going to a theater.

오답

✔ (A)의 invitation이라는 단어는 언급되지 않았기 때문에 이는 오답이다.

✔ (C)의 경우 'enjoyed a meal'과 관련된 표현인 'spoke about having dinner'를 보면, 화자들이 현재 식당을 알아보는 중임을 알 수 있으므로 이 역시 오답이다.

✔ (D)의 theater는 'in the theater district'라는 표현에서 찾을 수 있는데, 그들이 가고자 하는 곳은 극장이 아니라 식당이므로 (D) 또한 오답이다.

10. What does Mr. Elliot suggest doing?

정답	(D) Visiting a Web site	✔ 특정 인물이 제안한 바를 묻는 문제이다. ✔ 지문에서 'Mr. Elliot'이 말한 부분을 찾는다. 그는 2시 57분에 'You might want to check the homepage to find the exact address'라고 적으면서 웹사이트 방문을 제안하고 있다. 따라서 정답은 (D)이다.
오답	(A) Sending an e-mail (B) Postponing a meal (C) Calculating a cost	✔ (A)의 e-mail이라는 단어는 언급된 바 없으므로 이는 오답이며, (B)의 'a meal'을 미루자는 제안도 없으므로 이 역시 오답이다. (C)의 cost와 관련된 표현은 지문에 등장하지 않는다.

11. At 3:03 P.M., what does Mr. Martinez mean when he writes, "Sorry"?

정답	(D) He checked the wrong information on a map.	
	✔ 주어진 단어의 감춰진 의미를 묻는 문제이다. ✔ 'Sorry'라고 말한 부분의 앞 문장을 살펴본다. 앞 문장 'Would you mind checking it again?'은 Martinez 씨가 알려 준 정보가 정확한 것인지 다시 한 번 묻는 문장이므로 그의 정보가 잘못되었을 수도 있다는 점이 암시되어 있다. 한편 정확히 어떤 부분을 재차 확인해야 하는지는 'Sorry' 이후의 문장에서 확인이 가능하다. 즉 'it is on Byrne Street after all'이라고 말한 부분에서 식당의 위치와 관련된 내용이 잘못된 것이라는 사실을 알 수 있다. 이러한 점들을 종합하면 정답은 (D)이다.	
오답	(A) He is unable to find the correct Web site. (B) He thinks he might have a scheduling conflict. (C) He would prefer to try a different restaurant.	

12. What will Mr. Martinez probably do next?

정답	(A) Make a reservation	✔ 특정 인물이 그 다음에 무엇을 할지 물어보는 문제이다. ✔ 문제에서 언급된 당사자의 이름을 확인한다. 채팅창에서 'Mr. Martinez'라는 사람을 찾으면 그는 3시 6분에 'I can do that'이라고 작성했는데, 이때 that이라는 대명사는 그 앞의 문장에서 언급된 부분을 가리킨다. 따라서 바로 앞 3시 5분에 언급된 내용을 찾아보면 'we should call to book a table before it fills up'이라고 적혀 있기 때문에 그가 다음에 할 일은 식당 예약임을 알 수 있다. 따라서 정답은 (A)이다.
오답	(B) Go to a restaurant (C) Work on a report (D) Check a menu	✔ (B)의 restaurant와 관련된 표현은 지문의 'I was looking at the wrong branch'에서 찾을 수 있지만 이것이 식당에 간다는 의미는 아니므로 (B)는 오답이다. (C)의 경우, 'I just finished my report anyway'라는 부분에서 report를 찾을 수는 있지만, Martinez 씨가 이미 리포트 작업을 끝낸 상황이므로 이 역시 오답이다. (D)의 menu와 관련된 내용은 지문에서 전혀 찾아볼 수 없다.

Frida Nielsen   [2:56 P.M.]
안녕하세요, George, Juan. 퇴근 후에 간단히 식사라도 할까요? 극장가에 있는 Hola Mexicana의 신규 지점에서 저녁 먹는 것에 대해 얘기했었잖아요. Byrne 가에 있는 것으로 알고 있는데, 맞나요?

George Elliot   [2:57 P.M.]
저는 참석할게요. 홈페이지에서 정확한 주소를 찾아봐야 할 것 같아요.

Juan Martinez   [2:59 P.M.]
제가 열었어요. 지도에 따르면 Maitland 가에 있네요.

Frida Nielsen   [3:01 P.M.]
그럴 리가 없어요. 다시 한 번 확인해 줄래요?

Juan Martinez   [3:03 P.M.]
미안해요, Byrne 가에 있네요. 제가 다른 지점을 찾았어요.

Frida Nielsen   [3:05 P.M.]
그랬군요. 음, 테이블이 다 차기 전에 예약을 해야 해요.

Juan Martinez   [3:06 P.M.]
제가 할게요. 조금 전에 보고서를 끝냈거든요.

Frida Nielsen   [3:07 P.M.]
잘 되었군요! 그럼 5시 30분에 다 같이 보죠.

---

9. Nielsen 씨는 왜 온라인 채팅을 시작했는가?
   (A) 그녀는 초대를 수락하고 있다.
   (B) 그녀는 저녁 식사를 계획하고 있다.
   (C) 그녀는 동료들과 함께 식사를 즐겼다.
   (D) 그녀는 극장에 가는 것에 관심이 있다.

10. Elliot 씨가 제안하는 것은 무엇인가?
    (A) 전자우편 발송
    (B) 식사 연기
    (C) 비용 계산
    (D) 웹사이트 방문

11. 오후 3시 3분, Martinez 씨가 작성한 "Sorry"는 어떤 의미인가?
    (A) 그는 정확한 웹사이트를 찾을 수 없다.
    (B) 그는 자신이 일정에 문제가 있을 수 있다고 생각한다.
    (C) 그는 다른 식당에 가고 싶어한다.
    (D) 그는 지도에서 잘못된 정보를 확인했다.

12. Martinez 씨가 다음에 할 일은 무엇인가?
    (A) 예약을 한다
    (B) 식당에 간다
    (C) 보고서를 작성한다
    (D) 메뉴를 확인한다

정답 9. (B)   10. (D)   11. (D)   12. (A)

어휘 be interested in ~에 흥미를 가지다 grab something to eat ~을 간단히 먹다 exact 정확한 according to ~에 따르면
fill up 채우다

5 알림, 정보 및 기타(Notice, Information, etc.)

- 알림(Notice)에서는 주로 3가지 종류의 글, 즉 회사 내에서 직원들에게 알리는 글, 회사에서 고객들에게 알리는 글, 지역사회에서 주민들에게 알리는 글이 제시된다.
- 정보(Information)에 관한 지문이 등장하면 제품의 사용법이나 등록과 관련된 문제들이 출제된다.
- 기타 지문으로는 영수증, 이력서, 그리고 설문조사와 같은 형식의 지문들이 제시될 수 있다.

기출 변형 1 지문을 읽고 문제에 답하시오.

Questions 1-4 refer to the following notice.

The Rhode Island Institute of Urban Architecture

Below are some of our new course offerings for the upcoming fall/winter session. Classes begin the week of September 4 and take place in the morning. Each class runs for two hours and meets once a week for eight weeks. Classes are limited to 12 students, so early registration is recommended.

Fundamental of Architecture	**Tuesday, 9:00 A.M.**
Erik Vincenza	
Introduction to Structural Engineering	**Wednesday, 9:00 A.M.**
Joseph Esposito	
Frank Lloyd Wright: A Great Architecture	**Wednesday, 10:30 A.M.**
David Weldman	
History: From Koolhaus to Calatrava	**Thursday, 10:30 A.M.**
Roberto Calatrava	
The Basics of Model Design	**Friday, 9:00 A.M.**
Janis Simpson	

Registration will take place on Friday, August 25, on Saturday, August 26, from 9:00 A.M. to 1:00 P.M. in room C554. For more information, call the admissions office at 266-567-1122, extension 13.

1. How often is each class held?

   (A) One day a week

   (B) Two days a week

   (C) Three days a week

   (D) Four days a week

2. What is NOT indicated about Mr. Calatrava's class?

   (A) It will meet in the morning.

   (B) It begins on September 7.

   (C) It meets on Thursday.

   (D) It is about architectural history.

3. What information is given in the notice?

   (A) The room numbers for each class

   (B) The location for registration

   (C) The home numbers of professors

   (D) The required textbooks for each class

4. What does the notice suggest that students with questions do?

   (A) Visit the Rhode Island Institute Web site

   (B) Call all the professors

   (C) E-mail the Architecture Department

   (D) Contact the admissions office

⚡ 정답 뽀개기

1. How often is each class held?

정답	(A) One day a week	
오답	(B) Two days a week (C) Three days a week (D) Four days a week	✓ 지문의 세부 정보를 묻는 문제이다. ✓ 수업의 빈도를 묻는 문제로, 첫 번째 문단 세 번째 줄의 'meets once a week'라는 부분에서 정답이 (A)임을 알 수 있다.

2. What is NOT indicated about Mr. Calatrava's class?

	(B) It begins on September 7.
정답	✓ 지문에서 언급되지 않은 사항을 묻는 문제이다. ✓ Roberto Calatrava에 관한 내용을 찾은 다음, 지문과 보기에서 관련된 시간, 장소, 강좌명 등의 정보를 찾아 비교하며 정답을 찾도록 한다. 지문 첫 부분의 'Classes begin the week of September 4'라는 내용을 보면 첫 수업의 시작일이 9월 4일임을 알 수 있다. 프로그램의 정보에 따르면 첫 수업이 시작하는 화요일이기 때문에, 목요일에 진행하는 것으로 되어 있는 Roberto Calatrava의 수업일은 9월 6일이라고 볼 수 있다. 따라서 정답은 (B)이다.

(A) It will meet in the morning.

(C) It meets on Thursday.

(D) It is about architectural history.

✔ 해당 수업은 목요일 오전 10시 30분에 시작되므로 (A)와 (C)는 언급된 내용이다. (D)의 경우, 강좌명이 'History: From Koolhause to Calatrava'인데, 모든 수업이 건축(architecture)과 관련된 것이므로 (D) 역시 언급된 내용이다.

3. What information is given in the notice?

(B) The location for registration

✔ 지문의 상세 정보를 묻는 문제이다.

✔ 보기에 주어진 단어들을 지문에서 찾아본다. (B)의 등록 장소에 관한 부분은 마지막 문단의 첫 번째 문장 'Registration will take place on Friday, August 25, and on Saturday, August 26, from 9:00 A.M. to 1:00 P.M. in room C554'에 나와 있기 때문에 정답은 (B)가 된다.

(A) The room numbers for each class

(C) The home numbers of professors

(D) The required textbooks for each class

✔ (A)와 (D)는 언급되지 않은 사항들이다. (C)의 경우 number와 관련된 내용은 'call the admissions office at 266-567-1122'에서 찾을 수 있지만, 이는 집이 아닌 사무실 연락처이기 때문에 (C)도 오답이다.

4. What does the notice suggest that students with questions do?

(D) Contact the admissions office

✔ 문장의 마지막 내용과 관련된 문제이다.

✔ 마지막 부분의 'For more information'이라는 부분이 문제의 'if students have questions'와 매칭되는 것으로 볼 수 있기 때문에 바로 뒤의 'call the admissions office'가 정답의 단서이다. 정답은 (D)이다.

(A) Visit the Rhode Island Institute Web site

(B) Call all the professors

(C) E-mail the Architecture Department

✔ 웹사이트나 이메일과 관련된 언급은 없으므로 (A)와 (C)는 오답이다. (B)의 경우, 'call the admissions office'라는 부분을 통해 학생들이 전화해야 할 곳은 교수가 아니라 입학처라는 점을 알 수 있으므로 이 역시 오답이다.

로드아일랜드 도시건축연구소

다음은 다가오는 가을/겨울 학기의 신규 강좌들입니다. 수업은 9월 4일 아침에 개강합니다. 각각의 수업 시간은 2시간이며, 일주일에 한 번씩, 8주 동안 진행됩니다. 수업 인원은 12명으로 제한되어 있으므로 조기 등록을 권장합니다.

건축의 기본	**화요일, 오전 9시**
Erik Vincenza	
구조 공학 개론	**수요일, 오전 9시**
Joseph Esposito	
Frank Lloyd Wright: 위대한 건축가	**수요일, 오전 10시 30분**
David Weldman	
역사: Koolhaus에서 Calatrava까지	**목요일, 오전 10시 30분**
Roberto Calatrava	
모델 설계의 기초	**금요일, 오전 9시**
Janis Simpson	

등록은 금요일인 8월 25일부터 26일 오전 9시부터 오후 1시까지 C554호실에서 진행됩니다. 더 많은 정보를 원하는 경우, 266-567-1122번에 내선 13번으로 입학처로 연락해 주십시오.

---

1. 각 수업은 얼마나 자주 진행되는가?

(A) 일주일에 하루
(B) 일주일에 이틀
(C) 일주일에 사흘
(D) 일주일에 나흘

2. Roberto Calatrava의 수업에 대해 언급되지 않은 것은 무엇인가?

(A) 아침에 진행된다.
(B) 9월 7일에 시작한다.
(C) 목요일에 진행된다.
(D) 건축 역사에 관한 수업이다.

3. 안내문에는 어떤 정보가 들어 있는가?

(A) 각 수업의 강의실
(B) 등록 장소
(C) 교수들의 자택 번호
(D) 각 수업에 필요한 교재

4. 질문이 있는 학생은 어떻게 하라는 안내를 받는가?

(A) 로드아일랜드 연구소 웹사이트를 방문한다
(B) 모든 교수에게 전화한다
(C) 건축학과에 이메일을 보낸다
(D) 입학처에 문의한다

정답 **1.** (A) **2.** (B) **3.** (B) **4.** (D)

어휘 **below** ~의 아래에; ~이하의 **take place** 일어나다, 발생하다 **run** 운영하다, 열리다 **registration** 등록, 접수 **recommend** 추천하다, 권고하다 **fundamental** 기초, 근본 **introduction** 개론; 도입

Questions 5-7 refer to the following information.

PhotoTool Conference Registration

We extend a warm welcome to all photographers and graphic designers attending the annual PhotoTool Conference to be held at the Jackson Kravitz Conference Center on July 14 and 15. Register online between June 20 and July 10 and save $20 off the $170 registration fee.

Onsite registration is available on the first day of the conference.

Online Registration	Onsite Registration
•Single: $170 •Group: $120 (credit card or bank transfer only)	•Single: $180 •Group: $160 (all payment forms accepted)

*Group rates are per person and require 10 or more registrations from the same group to be received on the same date.

5. When does onsite registration begin?

(A) On June 25

(B) On July 10

(C) On July 14

(D) On July 15

6. How much money will an individual pay to register online on July 10?

(A) $170

(B) $150

(C) $180

(D) $160

7. What is indicated about group rates?

(A) They apply only when group members register on the same day.

(B) They will be offered only during the early registration period.

(C) They cannot be used for groups of fewer than 15 people.

(D) They do not apply to groups paying with a debit card.

5. When does onsite registration begin?

정답	(C) On July 14	✓ 시간과 관련된 문제이다. ✓ 문제에 주어진 단어가 onsite이기 때문에 이 단어를 지문에서 먼저 찾는다. 표 바로 위 문장인 'Onsite registration is available on the first day of the conference' 라는 부분에 정확한 날짜 대신 컨퍼런스의 첫날 현장 등록이 가능하다고 안내되어 있다. 컨퍼런스 기간은 세 번째 줄에 'July 14 and 15'라고 언급되어 있으므로 이들을 종합하면 정답은 (C)라는 점을 알 수 있다.
오답	(A) On June 25 (B) On July 10 (D) On July 15	✓ (A)는 언급되지 않았고, (B)의 날짜는 'Register online between June 20 and July 10'에 온라인 마지막 등록일로 나와 있기 때문에 오답이다. ✓ (D)는 'Conference to be held at the Jackson Kravitz Conference Center from July 14-15'에서 행사의 마지막 날로 적혀 있기 때문에 이 역시 오답이다.

6. How much money will an individual pay to register online on July 10?

정답	(B) $150	✓ 비용도 숫자에 해당하기 때문에, 숫자 정보에 관한 문제이다. ✓ 문제에 주어진 날짜를 먼저 지문에서 찾는다. 첫 번째 문단 네 번째 줄의 'Register online between June 20 and July 10 and save $20 off the $170 registration fee'에서 7월 10일에 온라인으로 등록을 하면 170달러에서 20달러를 할인 받을 수 있음을 알 수 있다. 따라서 (B)가 정답이다.
오답	(A) $170 (C) $180 (D) $160	✓ (A)는 'Online registration'에서의 개인 요금이며, (C)는 'Onsite registration'에서의 개인 요금이다. ✓ (D)는 'Onsite registration'의 단체 요금이므로 이 역시 오답이다.

7. What is indicated about group rates?

정답	(A) They apply only when group members register on the same day. ✓ 문제의 특정 단어에 대한 내용을 지문에서 찾아 풀어야 하는 문제이다. ✓ 문제의 'group rates'라는 어구를 지문에서 찾도록 한다. 'Group rates are per person and require 10 or more registrations from the same group to be received on the same date'라는 문장에서 단체 요금은 단체 구성원들이 같은 날짜에 등록해야 적용된다는 점을 알 수 있기 때문에 정답은 (A)가 된다.

(B) They will be offered only during the early registration period.

(C) They cannot be used for groups of fewer than 15 people.

(D) They do not apply to groups paying with a debit card.

오답

✔ (B)는 지문과 전혀 관련 없는 내용이며, (C)의 경우 '15'라는 숫자가 'Conference to be held at the Jackson Kravitz Conference Center on July 14 and 15'에 언급되어 있지만, 이는 인원수와 관련된 내용이 아니므로 (C) 역시 오답이다. (D)의 paying과 관련이 있는 표현은 'credit card or bank transfer only', 'all payment forms accepted'에서 찾을 수 있지만, 이는 단체 요금과 무관하므로 (D) 또한 오답이다.

해석

PhotoTool 컨퍼런스 등록 정보

7월 14일부터 15일까지 Jackson Kravitz 컨퍼런스 센터에서 열리는 연례 PhotoTool 컨퍼런스에 참석하는 모든 사진 작가와 그래픽 디자이너 분들께 따뜻한 환영 인사를 보냅니다. 6월 20일부터 7월 10일까지 온라인으로 등록하시면 170달러의 등록비에서 20달러를 할인해드립니다.

회의 첫날에는 현장 등록이 가능합니다.

온라인 등록	현장 등록
• 개인: $170　　　• 단체: $120 (신용카드 결제 또는 계좌 이체만 가능)	• 개인: $180　　　• 단체: $160 (모든 결제 방식 가능)

*단체 요금은 1인당 가격이며, 동일한 단체에서 10인 이상 같은 날짜에 등록하셔야 적용됩니다.

---

5. 현장 등록은 언제 가능한가?

(A) 6월 25일부터

(B) 7월 10일부터

(C) 7월 14일부터

(D) 7월 15일부터

6. 7월 10일에 개인이 온라인 등록을 하면 얼마를 지불해야 하는가?

(A) 170달러

(B) 150달러

(C) 180달러

(D) 160달러

7. 단체 요금에 대해 언급된 것은 무엇인가?

(A) 단체 구성원이 같은 날에 등록하는 경우에만 적용된다.

(B) 조기 등록 기간에만 제공될 것이다.

(C) 15명 미만의 단체에는 적용될 수 없다.

(D) 신용카드로 결제 시 단체 할인은 적용되지 않는다.

정답 **5.** (C)　**6.** (B)　**7.** (A)

어휘　**extend** 베풀다; 연장하다　**register** 등록하다　**onsite** 현장의　**payment** 지불, 지급　**credit card** 신용 카드　**bank transfer payment** 은행 이체 결제

Questions 8-10 refer to the following notice.

The Sydney Opera Hall is long overdue for renovations to its main concert hall. The main concert hall will be closed for renovations from August 10 to September 30. As such, we do not want to inconvenience the opera hall's members. Since the renewal period for annual memberships is approaching on August 1, we will extend all memberships free of charge to October 1. This will help compensate for any losses during the 6 weeks of renovations.

The center's complete calendar from now to the end of the year is available online at www.sydneyopera.co.au. Your membership may be renewed at any time by visiting one of our downtown Sydney offices or by logging on to our Web site.

Should you have any inquiries, please contact us at 622-466-1433, extension 34.

8. For whom is the Sydney Opera Hall notice intended?

(A) All members

(B) Executives

(C) The administrative staff

(D) Opera musicians

9. When will the renovation work probably begin?

(A) On July 20

(B) On August 1

(C) On August 10

(D) On October 20

10. How can a membership be renewed?

(A) By using the Internet

(B) By sending mail

(C) By making a phone call

(D) By visiting a downtown branch

8. For whom is the Sydney Opera Hall notice intended?

정답	(A) All members	✓ 알림을 받는 대상을 묻는 문제이다. ✓ 첫 번째 문장 'The Sydney Opera Hall is long overdue for renovations to its main concert hall'에서 이 공지가 시드니 오페라 홀에 관한 것이라는 점을 알 수 있다. 그리고 'will be closed for renovations'라는 부분에 건물 수리를 하기 위해 공연장이 문을 닫는다는 내용이 뒤따르고 있다. 이후 'inconvenience the opera hall's members'이라는 언급을 통해 이 알림을 받는 대상은 오페라 홀의 회원이라는 것을 알 수 있기 때문에 정답은 (A)가 된다.
오답	(B) Executives (C) The administrative staff (D) Opera musicians	

9. When will the renovation work probably begin?

정답	(C) On August 10	✓ 정확한 시간을 묻는 문제이다. ✓ 문제의 renovation, begin과 관련된 단어를 지문에서 찾도록 한다. 공연장의 수리를 위해 오페라 홀이 문을 닫는다는 설명이 있은 후, 'will be closed for renovations from August 10 to September 30'라는 내용이 이어지는데, 이를 통해 공연장 수리는 8월 10일부터 시작된다는 점을 알 수 있다. 따라서 정답은 (C)이다.
오답	(A) On July 20 (B) On August 1 (D) On October 20	✓ (A)와 (D)는 언급되지 않은 날짜이다. (B)의 날짜는 'the renewal period for annual memberships is approaching on August 1'에서 연간 회원권의 갱신일임을 알 수 있으므로 이 또한 정답이 될 수 없다.

10. How can a membership be renewed?

정답	(A) By using the Internet	✓ 상세 정보를 묻는 문제이다. ✓ 문제의 키워드는 membership과 renew로, 지문에서 이와 관련된 단어나 표현들을 찾는다. 두 번째 문단 중 'Your membership may be renewed at any time by visiting one of our downtown Sydney offices or by logging on to our Web site'라는 부분에서 직접 방문하거나 웹사이트를 통해 회원권 갱신이 가능하다고 했기 때문에 정답은 (A)가 된다.
오답	(B) By sending mail (C) By making a phone call (D) By visiting a downtown branch	✓ (B)와 관련된 표현은 찾아볼 수 없으므로 이는 오답이다. (C)의 경우 'phone call'과 관련이 있는 표현은 'contact us at 622-466-1433, extension 34'인데, 이는 회원권 갱신이 아닌 문의 사항이 있을 때 이용 가능한 전화번호이다. (D)의 visit과 'a downtown branch'는 지문에 언급되어 있으나 갱신을 위해 방문해야 할 곳은 'Sydney office'로 지정되어 있으므로 (D) 역시 오답이다.

시드니 오페라 홀의 주 공연장 보수 공사 시기가 많이 늦어졌습니다. 주 공연장은 8월 10일부터 9월 30일까지 보수 공사를 위해 문을 닫을 예정입니다. 그에 따라, 오페라 홀의 회원권 이용에 불편을 드리고 싶지는 않습니다. 연간 회원권의 갱신일이 8월 1일 이기 때문에, 모든 회원권을 10월 1일까지 무료로 연장해 드리고자 합니다. 이는 보수 공사 기간 동안의 손해를 보상하는 데 도움이 될 것입니다.

본 센터의 올해 전체 일정은 www.sydneyopera.co.au에서 확인하실 수 있습니다. 시드니 시내의 사무실들 중 한 곳을 방문하시거나 저희 웹 사이트에 로그인하시면 언제든지 회원권을 갱신하실 수 있습니다.

질문이 있으신 경우, 622-466-1433 내선번호 34로 연락을 주십시오.

---

8. 시드니 오페라 홀의 누구를 위한 안내인가?

(A) 모든 회원

(B) 임원진

(C) 행정 직원

(D) 오페라 뮤지션

9. 보수 공사는 언제부터 시작될 것인가?

(A) 7월 20일

(B) 8월 1일

(C) 8월 10일

(D) 10월 20일

10. 회원권은 어떻게 갱신하는가?

(A) 인터넷을 이용함

(B) 우편물을 보냄

(C) 전화를 함

(D) 시내에 있는 아무 지점이나 방문함

정답 **8.** (A) **9.** (C) **10.** (A)

어휘 **overdue** 연체된, 지급 기한이 지난 **renovation** 수리, 혁신 **inconvenience** 불편 **renewal** 갱신, 재개 **approach** 접근하다, 다가오다 **free of charge** 무료의 **compensate** 보상하다, 보완하다 **renew** 갱신하다

✔ 토익 파트 7에서 이중 지문은 하나의 세트당 5개의 문제로 구성되어 있다. 두 개의 지문을 모두 읽어야 정답을 알 수 있는 연계 지문 문제는 1개 출제되는 것이 일반적이며, 가끔씩 2개 출제되는 경우도 있다.

1 이메일과 이메일(E-mails)

• 일반적으로 두 개의 이메일이 이중 지문으로 출제되면, 직장 동료들 사이의 정보 전달 및 도움 요청과 관련된 내용을 담고 있거나 고객과 회사 직원 간의 배송 문제 및 제품 하자 등과 관련된 내용이 다루어지는 경우가 있다.

기출 변형 1 지문을 읽고 문제에 답하시오.

Questions 1-5 refer to the following e-mails.

To:	Customer Service Team <csteam@zfit.com>
From:	Greta Karlson <gkarlson@sunmail.com>
Date:	August 16
Subject:	Z-Fit 500 Treadmill

Dear Sir/Madam,

I recently purchased a Z-Fit 500 treadmill during the summer sale on your Web site. As a long-time user of Z-Fit equipment, I was excited to take advantage of the 25% discount and add yet another one of your high-quality machines to the gym in my house. I was very impressed that the item was delivered early this morning within 48 hours of my order being placed. However, I was so disappointed with the screen.

After struggling with the assembly for a few hours, I finally got the treadmill set up. It was only then that I noticed that the screen is defective. Where it should display the menu and all of the available fitness programs, it just displays some distorted pixels. This is really disappointing as the machine itself looks incredible. It's not exactly easy to move around, but it sure seems like it is sturdy and built to last.

The user manual's troubleshooting guide lists four steps: 1. Turn the machine off and on again. 2. Check the connections and cables connecting the screen to the machine. 3. Remove the safety key before powering on. 4. Hold down "Start" for 30 seconds to initiate a reboot. Unfortunately, none of these tips has helped me in the slightest, and I now regret making the purchase. Please let me know how to rectify this problem.

Thanks,

Greta Karlson

To: Greta Karlson <gkarlson@sunmail.com>
From: Customer Service Team <csteam@zfit.com>
Date: August 17
Subject: RE: Z-Fit 500 Treadmill

Dear Ms. Karlson,

I am very sorry to hear about the issue with your recent purchase, and I have recorded your problem in our database. I would suggest repeating the fourth step, but if the problem persists, you should contact the appropriate technical support specialist directly.

Shane Benson	(Display & User Interface)	<sbenson@zfit.com>
Daphne Glenn	(WiFi & Audio Connections)	<dglenn@zfit.com>
Viktor Modric	(Assembly & Disassembly)	<vmodric@zfit.com>
Jens Moller	(Motor Cleaning & Maintenance)	<jmoller@zfit.com>

Sincerely,

Vern Lincoln

1. What is the purpose of Ms. Karlson's e-mail?

   (A) To inquire about a late delivery
   (B) To make changes to a recent order
   (C) To request a user's manual for a product
   (D) To complain about a faulty item

2. What can be inferred about Ms. Karlson?

   (A) She currently has a gym membership.
   (B) She did not receive an advertised discount.
   (C) She has several Z-Fit products at home.
   (D) She visited a Z-Fit retail outlet in person.

3. What aspect of the product was Ms. Karlson pleased with?

   (A) The wide range of programs
   (B) The high degree of portability
   (C) The durable materials
   (D) The ease of assembly

4. What does Mr. Lincoln advise Ms. Karlson to do?

   (A) Turn the machine off and on
   (B) Check the connections
   (C) Remove the safety key
   (D) Hold down the start button

5. Who will Ms. Karlson most likely contact next?

   (A) Shane Benson
   (B) Daphne Glenn
   (C) Viktor Modric
   (D) Jens Moller

1. What is the purpose of Ms. Karlson's e-mail?

정답	(D) To complain about a faulty item

- 글의 목적을 묻는 문제이다.
- 첫 번째 이메일의 첫 번째 문단 마지막 부분 'However, I was so disappointed with the screen'에서 Karlson 씨가 구입한 제품의 화면에 문제가 있다는 것을 알 수 있으므로 정답은 (D)이다. 그 다음 문단에서 'It was only then that I noticed that the screen is defective'라며 화면에 결함이 있다고 다시 한 번 밝히고 있다.

오답	(A) To inquire about a late delivery (B) To make changes to a recent order (C) To request a user's manual for a product

- 'I recently purchased'라는 표현을 통해 Karlson 씨가 이미 물건을 받은 상황임을 알 수 있으므로 (A)는 오답이며, 제품 사용법과 관련된 표현은 찾아볼 수 없기 때문에 (C) 또한 오답이다.

이 정도는 알아야지!

❶ 이중 지문에서 첫 번째 문제는 첫 번째 지문에서 정답의 단서를 찾을 수 있다.
❷ 두 지문을 연계해서 정답을 찾아야 하는 문제는 일반적으로 한 문제가 출제되지만, 간혹 두 문제가 출제되는 경우도 있다.

2. What can be inferred about Ms. Karlson?

정답	(C) She has several Z-Fit products at home.

- 주어진 인물에 관한 정보를 찾는 문제이다.
- 문제의 'Ms. Karlson'에 대해 찾아본다. 첫 번째 지문의 첫 번째 문단 두 번째 줄 'add yet another one of your high-quality machines to the gym in my house'에서 Karlson 씨가 또 다른 기구를 추가했다는 언급을 하고 있기 때문에 그녀의 집에는 아마 적어도 2개 이상의 기구들이 있다는 것을 알 수 있다. 따라서 (C)가 정답이다.

오답	(A) She currently has a gym membership. (B) She did not receive an advertised discount. (D) She visited a Z-Fit retail outlet in person.

- (A)의 'gym membership'은 지문에서 언급되지 않은 사항이며, (B)의 경우 discount와 관련된 표현은 'I was excited to take advantage of the 25% discount'에서 찾을 수 있지만 Karlson 씨가 이미 할인을 받은 상황이므로 (B)는 오답이다. (D)의 경우, 지문의 'I recently purchased a Z-Fit 500 treadmill during the summer sale on your Web site'에서 Karlson 씨가 제품을 매장이 아니라 온라인에서 구입했다는 점을 알 수 있기 때문에 (D) 역시 오답이다.

이중 지문의 두 번째 문제는 첫 번째 지문과 관련된 문제인 경우가 90% 이상이지만, 가끔 두 지문과 연계된 문제가 출제되기도 한다.

3. What aspect of the product was Ms. Karlson pleased with?

정답	(C) The durable materials	✔ 상세한 정보를 찾는 문제이다. ✔ Karlson 씨가 좋아했던 부분이 무엇인지 물어보고 있는데, 두 번째 문단 중 'but it sure seems like it is sturdy and built to last'라고 말한 부분을 통해 정답을 찾도록 한다. 그녀는 제품이 견고하고 내구성이 뛰어나다는 점을 알리고 있으므로 정답은 (C)이다.
오답	(A) The wide range of programs (B) The high degree of portability (D) The ease of assembly	✔ (A)의 '다양한 프로그램(wide range of programs)'과 관련된 내용은 지문의 'should display the menu and all of the available fitness programs, it just displays some distorted pixels'라는 부분에서 찾을 수 있는데, 이는 프로그램이 화면에 표시되지 않았다는 내용이므로 Karlson 씨가 만족한 것이라고 볼 수는 없다. treadmill은 휴대할 수 없기 때문에 (B)의 portability는 정답이 될 수 없으며, 지문의 'After struggling with the assembly for a few hours'라는 내용을 통해 (D) 또한 오답임을 알 수 있다.

4. What does Mr. Lincoln advise Ms. Karlson to do?

정답	(D) Hold down the start button	✔ 지문에서 한 사람이 다른 사람에게 요청하는 내용을 묻는 문제로서 연계 문제이다.
오답	(A) Turn the machine off and on (B) Check the connections (C) Remove the safety key	✔ 문제에서 새롭게 'Mr. Lincoln'이라는 인물이 등장하므로, 두 번째 지문을 통해 그가 누구인지 확인한다. 두 번째 지문에서 이메일을 쓴 사람이 Lincoln 씨인 것을 알 수 있는데, 두 번째 이메일의 첫 번째 문단 중 'I would suggest repeating the fourth step'이라는 부분에서 그는 4단계를 다시 해보라는 제안을 하고 있다. 첫 번째 지문의 마지막 단락 세 번째 줄에서 4단계는 시작 버튼을 누르는 것임을 알 수 있으므로 정답은 (D)이다.

이중 지문의 연계 문제 풀이 요령

ⓐ 주어진 문제의 키워드를 찾은 다음, 해당 키워드가 언급된 지문을 찾는다.

ⓑ 해당 지문(지문 1)에서 키워드가 포함된 문장을 찾아 표시한다.

ⓒ 해당 지문(지문 1)에 표시한 문장의 단어들이 포함되어 있는 문장을 다른 지문(지문 2)에서 찾아 표시한다.

ⓓ 다른 지문(지문 2)에 표시한 문장의 단어와, 그 앞뒤 문장의 단어들을 주어진 문제에 해당하는 보기의 내용과 비교하여 정답을 찾는다.

5. Who will Ms. Karlson most likely contact next?

(A) Shane Benson

✔ 지문에 나온 두 개의 정보를 비교하는 문제이다.

✔ Karlson 씨가 다음으로 연락할 사람의 리스트는 두 번째 지문에 나와 있으며, 각자의 담당 파트가 서로 다르다는 점을 알 수 있다. Karlson 씨는 첫 번째 지문에서 스크린과 관련한 고장을 언급하고 있으므로, 그가 연락해야 할 사람은 디스플레이 전문가일 것이다. 따라서 정답은 (A)이다.

(B) Daphne Glenn
오답 **(C) Viktor Modric**
(D) Jens Moller

해석

받는 사람: 고객 서비스 팀 〈csteam@zfit.com〉
보낸 사람: Greta Karlson 〈gkarlson@sunmail.com〉
날짜: 8월 16일
제목: Z-Fit 500 러닝머신

친애하는 담당자님께,

저는 최근 여름 세일 기간에 귀사의 웹사이트에서 Z-Fit 500 러닝머신을 구매했습니다. Z-Fit 기기의 오랜 사용자로서, 저는 25%의 할인을 받고 고품질의 기계를 한 대 더 저희 집의 운동하는 곳에 두게 되어 기뻤습니다. 주문한 지 48시간 만인 오늘 아침 일찍 물건이 배달되어 저는 매우 큰 감명을 받았습니다. 하지만, 화면 때문에 크게 실망을 했습니다.

몇 시간 동안 힘들게 조립한 후, 저는 드디어 러닝머신을 설치했습니다. 그때서야 화면에 결함이 있다는 것을 알게 되었습니다. 메뉴와 사용 가능한 모든 피트니스 프로그램을 표시할 위치에 왜곡된 픽셀만 표시됩니다. 기계 자체는 훌륭해 보였기 때문에, 정말로 실망스러운 부분입니다. 위치 이동이 쉽지는 않지만, 확실히 튼튼하고 오래갈 수 있도록 만들어진 것 같습니다.

사용자 매뉴얼의 문제 해결 가이드에는 4단계가 적혀 있습니다. 1. 기계를 끄고 다시 켠다. 2. 화면과 기계를 연결하는 케이블을 확인하고 연결 여부를 확인한다. 3. 전원을 켜기 전에 안전 키를 제거한다. 4. 30초 동안 "시작" 버튼을 눌러 재부팅을 한다. 안타깝게도, 이러한 팁 중 어느 것도 저에게 도움이 되지 않았기 때문에 저는 현재 구매를 후회하고 있습니다. 이 문제를 바로잡을 방법을 알려 주세요.

감사합니다,

Greta Karlson

받는 사람: Greta Karlson 〈gkarlson@sunmail.com〉
보낸 사람: 고객 서비스 팀 〈csteam@zfit.com〉
날짜 : 8월 17일
제목 : Re: Z-핏 500 러닝머신

친애하는 Karlson 씨께,

귀하의 최근 구매와 관련된 문제를 듣게 되어 매우 유감스럽게 생각하며, 귀하의 문제는 저희 데이터베이스에 기록해 두었습니다. 네 번째 단계를 반복하는 것이 좋겠지만, 문제가 지속된다면, 적절한 기술 지원 전문가에게 직접 문의하셔야 합니다.

Shane Benson	(디스플레이 & 사용자 인터페이스)	〈sbenson@zfit.com〉
Daphne Glenn	(와이파이 & 오디오 연결)	〈dglenn@zfit.com〉
Victor Modric	(설치 & 분해)	〈vmodric@zfit.com〉
Jens Moller	(모터 청소& 유지보수)	〈jmoller@zfit.com〉

진심을 담아,

Vern Lincoln

1. Karlson 씨의 이메일의 목적은 무엇인가?

   (A) 배송 지연에 관해 문의하기 위해서

   (B) 최근의 주문을 변경하기 위해서

   (C) 상품에 대한 사용자 매뉴얼을 요청하기 위해서

   (D) 결함이 있는 상품에 대해 불만을 제기하기 위해서

2. Karlson 씨에 대해 추론할 수 있는 것은 무엇인가?

   (A) 현재 체육관 회원권을 가지고 있다.

   (B) 홍보된 할인을 받지 못했다.

   (C) 집에 Z-Fit 제품이 몇 개 있다.

   (D) 직접 Z-Fit 매장을 방문했다.

3. Karlson 씨는 상품의 어떤 면에 만족했는가?

   (A) 다양한 프로그램

   (B) 고도의 이동성

   (C) 내구성 있는 부품

   (D) 조립의 용이성

4. Lincoln 씨는 Karlson 씨에게 어떤 조언을 하는가?

   (A) 기계를 껐다 켠다

   (B) 연결을 확인한다

   (C) 안전키를 제거한다

   (D) 시작 버튼을 누른다

5. Karlson 씨는 다음에 누구에게 연락할 것 같은가?

   (A) Shane Benson

   (B) Daphne Glenn

   (C) Viktor Modric

   (D) Jens Moller

정답 **1.** (D)　**2.** (C)　**3.** (C)　**4.** (D)　**5.** (A)

어휘　**take advantage of** ~을 이용하다, ~을 활용하다　**impressed** 감명 받은, 인상 받은　**disappointed** 실망한　**struggle with** 분투하다, 열심히 노력하다　**defective** 결함이 있는　**distorted** 왜곡된　**incredible** 엄청난, 놀라운　**troubleshooting** 문제 해결, 분쟁 조정　**remove** 제거하다, 없애다　**initiate** 시작하다　**rectify** 수정하다, 고치다　**repeat** 반복하다　**persist** 지속하다, 계속 ~하다

Questions 6-10 refer to the following e-mails.

To: Kenneth Cole <kencole@logico.com>
From: Janet Hammond <jhammond@sugarpot.com>
Subject: Logico Celebration
Date: July 2

Dear Mr. Cole,

Thank you for choosing Sugarpot Catering to provide the food at your celebration at Logico Corporation's headquarters.

I hope that you, your workers, and your business clients were satisfied with the service and food we provided. It is slightly unusual for us to cater an event that is not held indoors, but it gave us an opportunity to test out some of our new devices for food warming and storage. According to our catering manager, the attendees seemed to particularly enjoy the main dishes: chicken curry and Pasta Alfredo. However, I would like to apologize that we had to change the dessert choice from strawberry cheesecake to apple pie at the last minute due to an ingredient shortage.

Please·help us to continually improve our food and service by visiting our Web site and leaving a detailed review. We would appreciate it if you could comment on the dishes we provided, the staff who assisted with serving the food, and the manager who oversaw the catering of your event, Irene Pratt. Should you wish to use our services again in the future, please do not hesitate to get in touch with me directly.

Sincerely,

Janet Hammond
Customer Service Manager
Sugarpot Catering Inc.

To:	Janet Hammond <jhammond@sugarpot.com>
From:	Kenneth Cole <kencole@logico.com>
Subject:	Re: Logico Celebration
Date:	July 3

Dear Ms. Hammond,

I just wanted to send you a brief message to thank you for your help in organizing the catering for our event. Your catering firm exceeded our expectations and, like you said, the attendees were delighted with the wide range of delicious dishes you provided. There's no need to apologize regarding the menu change, as we all found the alternative to be absolutely delicious! While the food was perfect, the most outstanding aspect of your service was the professional manner of the catering manager, who supervised every part of the operation impeccably. And she had to even adjust some dishes at a moment's notice in order to accommodate some of our guests who have specific dietary needs. Thanks again, and you can expect a highly positive review shortly.

Best regards,

Kenneth Cole

6. What is the main purpose of the first e-mail?

(A) To confirm arrangements for a future event

(B) To apologize to a customer for an error

(C) To encourage a customer to provide feedback

(D) To express gratitude for the provision of a service

7. What is NOT indicated about the Logico celebration?

(A) It involved the use of special equipment.

(B) It was catered by a local restaurant.

(C) It was attended by staff and clients.

(D) It took place in an outdoor area.

8. In the second e-mail, the word "accommodate" in paragraph 1, line 7, is closest in meaning to

(A) shelter

(B) meet

(C) adapt

(D) please

9. What impressed Mr. Cole most about Sugarpot Catering?

(A) The speed of the servers

(B) The high standard of ingredients

(C) The professionalism of Ms. Pratt

(D) The prompt customer service

10. What can be inferred about Mr. Cole?

(A) He has special dietary requirements.

(B) He met with Ms. Hammond on July 2.

(C) He chose the Pasta Alfredo as his main dish.

(D) He enjoyed the apple pie during the event.

 정답 뽀개기

6. What is the main purpose of the first e-mail?

	(C) To encourage a customer to provide feedback
정답	✔ 글의 목적을 묻는 문제이다.
	✔ 첫 번째 지문 세 번째 단락의 'Please help us to continually improve our food and service by visiting our Web site and leaving a detailed review.'라는 부분에서 '상세한 후기를 남겨달라'고 했으므로 피드백을 요청한다는 내용의 (C)가 정답이다.
오답	(A) To confirm arrangements for a future event
	(B) To apologize to a customer for an error
	(D) To express gratitude for the provision of a service

글의 목적을 묻는 문제에서 글을 목적과 관련한 표현은 아래와 같다.

① I am writing ~
② I would like ~ / I want ~ / I wish ~ / I need ~
③ Please + 동사원형 ~ (명령문)

7. What is NOT indicated about the Logico celebration?

정답	(B) It was catered by a local restaurant.
	✔ 문제에 주어진 특정 단어에 대해 언급되지 않은 정보를 찾는 문제 유형이다.
	✔ 첫 번째 지문에 catering과 관련된 단어는 언급되었지만, 이 회사는 'local restaurant'가 아닌 'Sugarpot Catering'으로 레스토랑이 아니기 때문에 정답은 (B)이다.

오답	(A) It involved the use of special equipment. (C) It was attended by staff and clients. (D) It took place in an outdoor area.
	✔ (A)는 첫 번째 지문의 'it gave us an opportunity to test out some of our new devices for food warming and storage'라는 부분에서 새로운 장치를 사용했다는 것을 알 수 있다.
	✔ (C)는 'you, your workers, and your business clients were satisfied with the service and food we provided'라는 부분에 언급되어 있다.
	✔ (D)는 'It is slightly unusual for us to cater an event that is not held indoors'라는 내용을 통해 서비스가 야외에서 제공되었다는 것을 알 수 있다.

8. In the second e-mail, the word "accommodate" in paragraph 1, line 7, is closest in meaning to

정답	(D) please	✔ 지문에서 사용된 단어와 비슷한 의미의 단어를 고르는 문제이다. ✔ 주어진 단어가 accommodate인데, 이는 일반적으로는 '어느 정도의 수 혹은 양을 채우다'라는 의미로 사용되지만, 지문에서는 뒤에 나오는 명사인 **guests**를 '만족시키다'라는 의미로 사용되었다. 따라서 정답은 (D)이다.
오답	(A) shelter (B) meet (C) adapt	✔ (B)의 meet이라는 동사가 '~을 충족시키다'라는 의미를 가지고 있지만, 이러한 의미로 사용되기 위해서는 뒤에 목적어로서 'expectations / needs / requirements'와 같은 명사가 와야 하기 때문에 (B)는 정답이 될 수 없다.

9. What impressed Mr. Cole most about Sugarpot Catering?

(C) The professionalism of Ms. Pratt

정답
- ✓ 상세 정보를 묻는 문제이며, 연계 지문 문제 유형이다.
- ✓ 'Mr. Cole'이 작성한 것은 두 번째 이메일인데, 여기에서 impressed라는 단어와 관련된 내용을 찾아야 한다.
- ✓ 두 번째 이메일의 'the most outstanding aspect of your service was the professional manner of the catering manager'라는 부분에서 'catering manager'에 대해서 인상을 받았다고 언급했다. 첫 번째 지문의 'the manager who oversaw the catering of your event, Irene Pratt'이라는 내용을 통해 연회를 총괄했던 매니저가 Pratt 씨라는 것을 알 수 있다. 따라서 정답은 (C)이다.

오답
(A) The speed of the servers
(B) The high standard of ingredients
(D) The prompt customer service

10. What can be inferred about Mr. Cole?

(D) He enjoyed the apple pie during the event.

정답
- ✓ 문제에 주어진 단어에 대해 언급된 정보를 찾는 문제이며, 연계 지문 문제 유형이다.
- ✓ 문제에 주어진 단어는 'Mr. Cole'인데, Cole 씨가 작성한 이메일인 두 번째 지문에서 그는 'we all found the alternative to be absolutely delicious!'라고 하며 '대체 음식'에 대해 칭찬했다. 첫 번째 지문에서 '대체 음식'에 대한 정보는 'we had to change the dessert choice from strawberry cheesecake to apple pie'라는 부분에 있는데, 디저트가 애플파이로 바뀌었다는 것을 알 수 있다. 따라서 정답은 (D)이다.

오답
(A) He has special dietary requirements.
(B) He met with Ms. Hammond on July 2.
(C) He chose the Pasta Alfredo as his main dish.

오답
- ✓ (A)는 두 번째 지문의 'in order to accommodate some of our guests who have specific dietary needs'라는 부분에서 특별한 음식 요청은 'Mr. Cole'이 아닌 '손님들'이 했던 것임을 알 수 있기 때문에 오답이다.
- ✓ (B)의 'July 2'는 Hammond 씨가 첫 번째 이메일을 쓴 날짜인데, Hammond 씨와 Cole 씨가 그날 만났는지는 알 수 없다.
- ✓ (C)의 'main dish'에 대해서는 첫 번째 이메일의 'the attendees seemed to particularly enjoy the main dishes: chicken curry and Pasta Alfredo'라는 부분에 언급되어 있다. 여기에서 Pasta Alfredo는 언급되었지만, 실제로 Cole 씨가 어떤 음식을 선택했는지는 알 수 없기 때문에 (C) 역시 오답이다.

받는 사람 : Kenneth Cole 〈kencole@logico.com〉
보낸 사람 : Janet Hammond 〈jhammond@sugarpot.com〉
주제: Logico 축하 행사
날짜: 7월 2일

Cole 씨께,

Logico 사의 본사에서 열린 축하 행사에서 음식을 제공하기 위해 Sugarpot 케이터링을 선택해 주셔서 감사합니다.

귀하와 귀하의 근로자, 그리고 귀하의 비즈니스 고객들이 당사가 제공한 서비스와 음식에 만족하셨기를 바랍니다. 저희가 실내에서 행사를 열지 않는 것은 조금 드문 일이지만, 그것은 음식 보온과 저장을 위한 새로운 장치들을 시험해 볼 수 있는 기회가 되었습니다. 저희 케이터링 담당 매니저에 따르면, 참석자들은 치킨 카레와 알프레도 파스타 같은 메인 요리를 매우 좋아하는 것 같았습니다. 하지만, 재료 부족으로 인해 마지막 순간에 디저트 선택을 딸기 치즈케이크에서 애플 파이로 바꿔야 했던 것에 대해 사과드립니다.

저희 웹사이트를 방문하여 상세한 리뷰를 남김으로써 지속적으로 음식과 서비스를 개선할 수 있도록 도와 주시기 바랍니다. 저희가 제공한 음식, 음식 서빙을 도와준 직원, 그리고 귀하의 행사의 케이터링을 감독한 매니저 Irene Pratt에 대해 의견을 주시면 감사하겠습니다. 앞으로 저희 서비스를 다시 이용하기를 원하시면, 주저하지 마시고 저에게 직접 연락 주세요.

진심을 담아,

Janet Hammond
고객 서비스 관리자
Sugarpot Catering 사

받는 사람 : Janet Hammond 〈jhammond@sugarpot.com〉
보낸 사람 : Kenneth Cole 〈kencole@logico.com〉
주제: Re: Logico 축하 행사
날짜: 7월 3일

Hammond 씨께,

저희 행사의 케이터링 준비에 도움 주신 것에 대해 감사드리기 위해 간단한 메시지를 보내 드리려고 합니다. 귀사의 케이터링은 우리의 기대 이상이었고, 귀하께서 말씀하신 것처럼, 참석자들은 귀사에서 제공한 다양하고 맛있는 요리에 매우 기뻐했습니다. 메뉴 변경에 대해 사과할 필요는 없습니다. 왜냐하면 우리 모두 대체 메뉴가 정말 맛있다고 생각했기 때문입니다! 음식도 완벽했지만, 음식 서비스에서 가장 두드러진 측면은 케이터링 매니저의 전문적 태도였는데, 그녀는 행사의 모든 부분을 흠잡을 데 없이 감독했습니다. 그리고, 그녀는 특정한 음식을 필요로 하는 몇몇 손님들을 만족시키기 위해 심지어 곧바로 일부 음식을 조절해야 하기도 했습니다. 다시 한 번 감사드리며, 곧 매우 긍정적인 평가를 받을 수 있을 것입니다.

행운을 빌며,

Kenneth Cole

6. 첫 번째 이메일의 주요 목적은 무엇인가?

(A) 곧 있을 행사의 준비 사항을 확인하기 위해서

(B) 오류에 대해 고객에게 사과하기 위해서

(C) 고객에게 피드백을 요청하기 위해서

(D) 서비스 제공에 대한 감사를 표하기 위해서

7. Logico 축하 행사에 대해 언급되지 않은 것은 무엇인가?

(A) 특수 장비의 사용이 포함되었다.

(B) 현지 식당에서 음식을 제공 받았다.

(C) 직원 및 고객이 참석했다.

(D) 야외에서 열렸다.

8. 두 번째 이메일에서, 첫번째 단락, 7번째 줄의 "accommodate"와 가장 의미가 가까운 것은?

(A) 보호하다

(B) 만나다

(C) 적응하다

(D) 만족시키다

9. Cole씨가 Sugarpot 케이터링에 대해 가장 인상 깊었던 점은 무엇인가?

(A) 서빙하는 직원의 속도

(B) 재료의 높은 기준

(C) Pratt 씨의 전문성

(D) 신속한 고객 서비스

10. Cole 씨에 대해 유추할 수 있는 것은 무엇인가?

(가) 그는 특별한 식이 요법을 필요로 한다.

(B) 그는 7월 2일에 Hammond 씨를 만났다.

(다) 그는 알프레도 파스타를 메인 요리로 선택했다.

(D) 그는 행사 기간 동안 애플 파이를 먹었다.

정답 **6.** (C) **7.** (B) **8.** (D) **9.** (C) **10.** (D)

어휘   **celebration** 축하 행사, 축하 **headquarters** 본사, 본부 **unusual** 특이한, 드문 **cater** 제공하다 **indoors** 실내에서 **catering** 음식 조달 **apologize** 사과하다 **ingredient** 재료, 성분 **improve** 개선하다, 향상하다 **detailed** 상세한 **appreciate** 감사하다, 인정하다 **comment** 의견을 말하다 **oversee** 감독하다 **get in touch with** ~와 연락을 취하다 **brief** 간단한, 짧은 **exceed** 넘어서다, 초과하다 **regarding** ~에 관하여 **alternative** 대안, 대체 **supervise** 감독하다, 관리하다 **impeccably** 나무랄 데 없을 정도로, 완벽하게 **adjust** 조절하다, 조정되다 **accommodate** 수용하다, 맞추다 **dietary** 식이 요법의, 음식의

- 이중 지문에서의 '광고와 이메일'에서는 일반적으로 광고의 종류에 따라 이메일의 성격도 달라지게 된다. 단일 지문에서 출제되는 광고의 종류는 크게 3가지로, ①구인광고, ②회사광고, 그리고 ③제품광고인데, 이중 지문에 출제되는 광고의 종류도 동일하다.

- 구인광고가 나오면 나머지 지문인 이메일은 일자리를 지원하는 내용으로 구성된다. 또한, 회사광고가 나오면 그 회사의 멤버십이나 할인과 관련하여 질문하는 내용의 이메일이 연계되어 출제된다. 마지막으로, 제품광고 지문이 나오면 해당 제품을 구매한 후 배송 및 제품의 문제점과 관련된 내용의 이메일이 연계되어 출제된다.

기출 변형 1 지문을 읽고 문제에 답하시오.

Questions 1-5 refer to the following advertisement and e-mail.

Greenwald Groceries, Inc.

We are seeking qualified and enthusiastic individuals to fill various positions at our new locations in Farleyville and Milltown, both of which are scheduled to open on March 20. Details of the available positions are outlined below:

Job #138 (Cashier) - Both locations - Working from Monday through Sunday on a monthly shift rotation, you will be responsible for processing customer purchases and assisting customers with queries. No experience or qualifications necessary.

Job #224 (Stock Clerk) - Both locations - You will move stock from the warehouse to the stock shelves as required, unload delivery trucks, and mop up any spillages that may occur in the warehouse or aisles. You must be physically fit and able to carry heavy loads.

Job #380 (Personnel Assistant) - Farleyville - You will primarily assist the personnel manager by creating work schedules, by ordering and distributing uniforms, and by dealing with staff concerns. Those with at least 1 year of relevant experience will be given preference.

Job #427 (Department Manager) - Milltown - You will oversee operations for the Produce Department to ensure the quality of all produce and working to improve the shopping experience for customers. At least 3 years of retail management experience is required.

The closing date for applications for all positions is January 29. Interviews will be held at our main store in Banbury from February 5 to 11. Successful applicants will attend an orientation session at our training center in Glendale on March 12. If interested, please submit your résumé to Sue Perlman at hrmanager@greenwald.com.

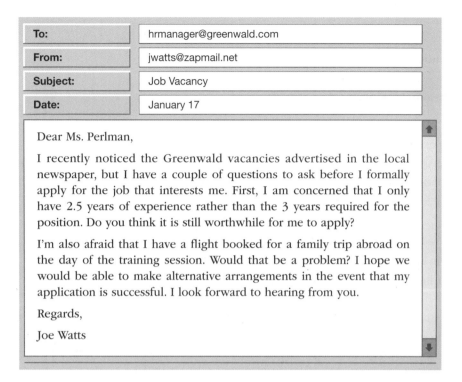

To:	hrmanager@greenwald.com
From:	jwatts@zapmail.net
Subject:	Job Vacancy
Date:	January 17

Dear Ms. Perlman,

I recently noticed the Greenwald vacancies advertised in the local newspaper, but I have a couple of questions to ask before I formally apply for the job that interests me. First, I am concerned that I only have 2.5 years of experience rather than the 3 years required for the position. Do you think it is still worthwhile for me to apply?

I'm also afraid that I have a flight booked for a family trip abroad on the day of the training session. Would that be a problem? I hope we would be able to make alternative arrangements in the event that my application is successful. I look forward to hearing from you.

Regards,

Joe Watts

1. What is indicated about Greenwald Groceries?

(A) It recently opened two new locations.

(B) Its stores are open 7 days a week.

(C) It is advertising two management vacancies.

(D) Its largest store is located in Glendale.

2. What is NOT mentioned as a duty of the store clerk position?

(A) Cleaning floors

(B) Transporting goods

(C) Receiving deliveries

(D) Assisting customers

3. Why did Mr. Watts send the e-mail?

(A) To seek advice regarding an application

(B) To inquire about the duties of a position

(C) To reject an offer of employment

(D) To point out an error in a job listing

4. Which job is Mr. Watts most likely interested in?

(A) Job #138

(B) Job #224

(C) Job #380

(D) Job #427

5. When does Mr. Watts intend to travel overseas?

(A) On January 29

(B) On February 11

(C) On March 12

(D) On March 20

1. What is indicated about Greenwald Groceries?

정답	**(B) Its stores are open 7 days a week.**

✔ 주어진 단어에 관해 언급된 내용을 묻는 문제이다.

✔ 첫 번째 지문이 'Greenwald Groceries'에 대한 내용인데, 두 번째 문단의 Cashier 항목 중 'Working from Monday through Sunday on a monthly shift rotation'이라는 부분에서 해당 매장은 일주일 내내 영업한다는 것을 알 수 있다. 그렇다면 이 업체도 주 7일 동안 영업한다고 말할 수 있기 때문에 정답은 (B)가 된다.

오답	(A) It recently opened two new locations. (C) It is advertising two management vacancies. (D) Its largest store is located in Glendale.

✔ (A)에서 두 개의 신규 지점을 열었다고 했는데, 지문 중 'our new locations in Farleyville and Milltown, both of which are scheduled to open on March 20'에서 지점들은 아직 오픈하기 전이라는 것을 알 수 있으므로 (A)는 오답이다. (C)의 경우, 관리자 직책은 두 곳이 아니라 한 곳 밖에 없으므로 이 또한 오답이다. (D)에서 글렌데일이라는 지역이 가장 크다고 했지만, 지문에서는 이곳이 'training center'가 있는 장소로만 언급되어 있을 뿐이다.

2. What is NOT mentioned as a duty of the store clerk position?

정답	**(D) Assisting customers**

✔ 주어진 단어에 대해 언급되지 않은 것을 고르는 문제이다.

✔ 지문에서 'a duty of the store clerk position'이 언급된 부분을 찾도록 한다. 언급된 내용들 중에서 '고객 지원(Assisting customers)'에 대한 것은 없으므로 정답은 (D)이다.

오답	(A) Cleaning floors (B) Transporting goods (C) Receiving deliveries

✔ 첫 번째 지문의 세 번째 문단 중 'mop up any spillages'라는 부분에서 (A)의 바닥 청소가 언급되었고, 'move stock from the warehouse to the stock shelves'라는 부분에서 (B)의 물품 운반이 언급되었다. 그리고 'unload delivery trucks'는 물건이 도착하면 내리는 작업을 의미하므로 (C) 역시 언급된 내용이다.

3. Why did Mr. Watts send the e-mail?

정답	**(A) To seek advice regarding an application**

✔ 글을 쓴 목적을 묻는 문제이다.

✔ 문제에서 Watts 씨에 대해 언급된 부분을 찾는다. 두 번째 지문의 글을 쓴 사람은 Watts 씨인데, 그가 'I have a couple of questions to ask before I formally apply for the job'이라고 쓴 부분에서 이메일을 작성한 목적을 알 수 있다. 즉 Watts 씨는 입사 지원 전에 질문을 하고 싶다고 했으므로 정답은 (A)가 된다.

(B) To inquire about the duties of a position

(C) To reject an offer of employment

(D) To point out an error in a job listing

| 오답 | ✔ (B)의 경우 지문의 'I am concerned that I only have 2.5 years of experience'이라고 말한 부분을 통해 이메일을 보낸 이유는 업무 관련이 아닌 자격 요건에 대해 묻기 위함임을 알 수 있다.
✔ (C)의 경우 지문에서 'I formally apply for the job that interests me'라고 했기 때문에 Watts 씨가 고용 제의를 거절하기 위해 이메일을 보냈다고 한 (C)도 오답이다.
✔ (D)의 '오류(error)'와 관련해서는 지문에 언급된 바가 없다. |

4. Which job is Mr. Watts most likely interested in?

정답	**(D) Job #427**	✔ 지문의 상세 정보를 묻는 문제로서 연계 문제이다. ✔ 우선 두 번째 지문에서 Watts 씨가 지원 분야와 관련하여 말한 부분은 'that I only have 2.5 years of experience rather than the 3 years required for the position'인데, 이를 통해 자신이 지원하고자 하는 직위에 최소 3년의 경력이 필요하다는 점을 알 수 있다. 첫 번째 지문에서 3년 경력이 필요한 직책을 찾아 보면, 다섯 번째 문단에 'At least 3 years of retail management experience is required'라는 정보가 있으므로 정답은 관리자 직위에 해당하는 (D)가 된다.
오답	(A) Job #138 (B) Job #224 (C) Job #380	

5. When does Mr. Watts intend to travel overseas?

정답	**(C) On March 12**	✔ 시간과 관련된 정보를 찾는 문제로서 연계 문제이다. ✔ Watts 씨가 언제 해외로 가는지에 대한 문제이므로 overseas와 연관된 단어를 먼저 찾는다. 두 번째 지문의 두 번째 문단 중 'I'm also afraid that I have a flight booked for a family trip abroad on the day of the training session'라는 부분에서 그가 해외로 간다는 내용이 있는데, training session이 있는 날짜에 여행을 간다고 했으므로 첫 번째 지문에서 training session이 언제 열리는지 확인해 보아야 한다. 첫 번째 지문의 마지막 문단에 'Successful applicants will attend an orientation session at our training center in Glendale on March 12'라는 내용이 있기 때문에 정답은 (C)가 된다.
오답	(A) On January 29 (B) On February 11 (D) On March 20	

Greenwald 식품

저희는 3월 20일에 오픈할 예정인 팔리빌과 밀타운 매장의 다양한 직책에 자질이 있고 열정적인 인재를 모집하고 있습니다. 지원이 가능한 직책의 세부적인 사항은 아래와 같습니다.

일자리 #138 (계산대 점원) − 두 지점 모두에 해당 − 월별 교대 근무 교대로 월요일부터 일요일까지 근무하며, 고객의 구매를 처리하고 질문이 있는 고객을 돕는 일을 담당합니다. 경력이나 자격은 필요하지 않습니다.

일자리 #224 (보관소 직원) − 두 지점 모두에 해당 − 필요에 따라 창고에서 진열대로 물품을 옮기고, 배달 트럭에서 물건을 내리고, 창고 또는 통로에 흘린 것이 생기면 청소를 합니다. 신체적으로 건강해야 하며 무거운 짐을 운반할 수 있어야 합니다.

일자리 #380 (인사 업무 보조원) − 팔리빌 지점 − 주로 인사 관리자를 보조하여 근무 일정을 만들고, 유니폼을 주문해서 배포하고, 직원 문제를 처리하게 됩니다. 관련 경력이 최소 1년 이상인 사람을 우대합니다.

일자리 #427 (부서 관리자) − 밀타운 지점 − 모든 제품의 품질을 보장하고 고객의 쇼핑 환경을 개선시키는 업무를 하면서 생산부의 운영을 관리합니다. 최소 3년 이상의 소매 관리 경력이 필요합니다.

모든 직책의 지원 마감일은 1월 29일입니다. 면접은 2월 5일부터 2월 11일까지 밴버리 본점에서 진행됩니다. 합격자들은 3월 12일, 그린데일 교육 센터에서 열리는 오리엔테이션에 참석하게 될 것입니다. 관심이 있으신 경우, hrmanager@greenwald.com으로 Sue Perlman 씨에게 이력서를 제출해 주십시오.

받는 사람: hrmanager@greenwald.com
보낸 사람: jwatts@zapmail.net
날짜: 1월 17일
제목: 공석

친애하는 Pelman 씨,

최근에 지역 신문에 광고된 Greenwald의 공석에 대해 알게 되었지만, 관심이 있는 일자리에 정식으로 지원하기 전에 몇 가지 물어볼 것이 있습니다. 첫째, 저는 그 직책에 필요한 3년의 경력 아니라 2.5년 밖에 없는 것이 걱정됩니다. 제가 지원해도 괜찮을 것이라고 생각하시나요?

또한, 저는 교육 당일에 가족 여행 항공편이 예약되어 있습니다. 그것이 문제가 될까요? 제가 합격할 경우, 대안이 있기를 바라겠습니다. 답장 기다리겠습니다.

존중과 애정을 담아,

Joe Watts

1. Greenwald 식품에 대해 언급된 것은 무엇인가?

   (A) 최근에 두 개의 새로운 지점을 열었다.

   (B) 일주일에 7일을 영업한다.

   (C) 두 개의 관리자 공석을 광고하고 있다.

   (D) 가장 큰 지점은 그린데일에 위치해 있다.

2. 점원직의 업무로 언급되지 않은 것은 무엇인가?

   (A) 바닥 청소

   (B) 물품 운반

   (C) 배송품 받기

   (D) 고객 지원

3. Watts 씨는 왜 이메일을 보냈는가?

   (A) 일자리 지원에 대해 조언을 구하기 위해서

   (B) 어떤 직위의 업무에 대해 문의하기 위해서

   (C) 고용 제의를 거절하기 위해서

   (D) 업무 목록의 오류를 지적하기 위해서

4. Watts 씨가 가장 관심을 가질 만한 일자리는 어느 것인가?

   (A) 일자리 #138

   (B) 일자리 #224

   (C) 일자리 #380

   (D) 일자리 #427

5. Watts 씨는 언제 해외 여행을 갈 예정인가?

   (A) 1월 29일

   (B) 2월 11일

   (C) 3월 12일

   (D) 3월 20일

정답 1. (B) 2. (D) 3. (A) 4. (D) 5. (C)

어휘 **seek** 찾다, 구하다 **qualified** 자격이 있는 **enthusiastic** 열정적인, 열렬한 **be scheduled to** **동사원형** ~할 예정이다 **outline** 윤곽을 그리다 **shift** 교대 **be responsible for** ~을 담당하다, 책임지다 **query** 질문 **qualification** 자격, 자질 **mop** 대걸레로 닦다 **spillage** 엎지름, 엎지른 양 **primarily** 주로, 우선 **distribute** 나눠주다, 배포하다 **relevant** 관련 있는 **oversee** 감독하다 **résumé** 이력서 **advertise** 광고하다 **formally** 공식적으로 **apply for** 지원하다 **worthwhile** 가치 있는 **alternative** 대체의; 대안

Questions 6-10 refer to the following advertisement and e-mail.

Rubicon Music Fest - Seeking Performers

This year's Rubicon Music Festival will move from its usual site at Hyland Farm to a larger space at Canford Campgrounds. The event will run from Friday, August 24th to Sunday, August 26th and include a wide range of successful performers from all over the country. Single-day tickets are priced at $35, while a weekend pass that provides access on all days is reasonably priced at $80. The festival will feature four performance stages, each of which will focus on particular genres of music.

Stage	Music Genres	Location
Blue	Pop, Rap, Hip Hop	The largest outdoor stage, situated at the north edge of the site, near the food tents
Red	Rock, Heavy Metal, Punk	Medium-sized stage situated to the west next to the merchandise vendors
Green	Jazz, R&B, Soul	Small stage within a tent at the east of the site, near the first aid tent
Yellow	Folk, Country, Acoustic	The first stage that attendees see upon entering the site at the main access point

If you are interested in performing on any of the stages during the festival, please send an introductory e-mail to eventteam@rubiconfest.com.

To: Rubicon Event Team <eventteam@rubiconfest.com>
From: Paul Manford <pmanford@blackdice.net>
Subject: Requesting Festival Slot
Date: June 12

To the event team,

I am writing to you to request a performance slot at this year's Rubicon Music Fest. My band, Black Dice, typically performs at the Sights & Sounds Festival every year, but I feel it is necessary to bring our music to a larger audience this year. As such, we would be delighted to have an opportunity to play our distinctive style of R&B at this year's Rubicon Music Fest at Hyland Farm, and I know that you have a stage that would be perfectly suited to our sound. I read that the festival will last for three days this year, and we would be available to perform on any of those days. However, we would prefer to play on the opening day of August 24th, if possible. Also, I am wondering whether you offer any discounts on tickets priced at $35 for a single day. Thanks, and I hope to hear from you soon.

Best wishes,

Paul Manford
Drummer, Black Dice

6. What can be inferred about the Rubicon Music Fest?

(A) It primarily features unsigned acts.

(B) It includes international performers.

(C) It takes place simultaneously at two sites.

(D) It is held on an annual basis.

7. What is indicated about the Yellow stage?

(A) It will be in close proximity to the food stalls.

(B) It will be assembled near the medical services.

(C) It will be surrounded by merchandise vendors.

(D) It will be situated near the festival entrance.

8. What does Mr. Manford suggest about the Sights & Sounds Festival?

(A) It is held less frequently than the Rubicon Music Fest.

(B) It boasts more performers than the Rubicon Music Fest.

(C) It attracts fewer attendees than the Rubicon Music Fest.

(D) It offers lower ticket prices than the Rubicon Music Fest.

9. On which of the stages would Mr. Manford most likely want to perform?

(A) Blue

(B) Red

(C) Green

(D) Yellow

10. What aspect of the Rubicon Music Fest is Mr. Manford incorrect about?

(A) Its location

(B) Its duration

(C) Its start date

(D) Its ticket fee

⚡ **정답 뽀개기**

6. What can be inferred about the Rubicon Music Fest?

(D) It is held on an annual basis.

정답

✓ 지문에 언급되어 있거나 지문의 내용을 통해 유추할 수 있는 내용을 묻는 문제 유형이다.

✓ 지문의 'This year's Rubicon Music Festival will move from its usual site at Hyland Farm to a larger space at Canford Campgrounds.'라는 부분에서 '올해의 음악 축제'라고 했기 때문에 축제가 매년 열린다는 것을 알 수 있다. 정답은 (D)이다.

(A) It primarily features unsigned acts.

(B) It includes international performers.

(C) It takes place simultaneously at two sites.

✓ 지문에 (A)의 'unsigned acts'와 관련된 내용은 없기 때문에 이는 오답이다.

✓ (B)에 'international performers'라는 내용이 있지만, 지문에서는 'performers from all over the country'라고 했으므로 (B) 또한 오답이다.

✓ 행사는 두 장소가 아닌, 'Canford Campgrounds'에서 열리는 것이므로 (C) 역시 정답이 될 수 없다.

7. What is indicated about the Yellow stage?

(D) It will be situated near the festival entrance.

✓ 지문에 언급되어 있거나 지문의 내용을 통해 유추할 수 있는 내용을 묻는 문제 유형이다.

✓ 첫 번째 지문에서 먼저 'Yellow stage'와 관련된 부분을 찾은 다음 그 옆에 'Location' 항목을 보면, 'The first stage that attendees see upon entering the site at the main access point'라는 내용이 있다. 즉, 이 장소가 입구에 있다는 것을 알 수 있기 때문에 정답은 (D)이다.

(A) It will be in close proximity to the food stalls.

(B) It will be assembled near the medical services.

(C) It will be surrounded by merchandise vendors.

8. What does Mr. Manford suggest about the Sights & Sounds Festival?

(C) It attracts fewer attendees than the Rubicon Music Fest.

✓ 문제에서 주어진 단어에 대한 상세 정보를 찾는 문제이다.

✓ 두 번째 지문인 이메일에서 'the Sights & Sounds Festival'과 연관된 내용을 먼저 찾아야 한다. 이메일의 'My band, Black Dice, typically performs at the Sights & Sounds Festival every year, but I feel it is necessary to bring our music to a larger audience this year.'라는 부분에서 이번 연도에는 더 큰 곳에서 공연하고 싶다고 했으므로, 평소에 참여하던 'the Sights & Sounds Festival'은 이번에 참여하고 싶은 'the Rubicon Music Fest'보다 규모가 작다는 것을 알 수 있다. 따라서 정답은 (C)이다.

(A) It is held less frequently than the Rubicon Music Fest.

(B) It boasts more performers than the Rubicon Music Fest.

(D) It offers lower ticket prices than the Rubicon Music Fest.

9. On which of the stages would Mr. Manford most likely want to perform?

정답	(C) Green	✔ 두 개의 지문을 이용한 연계 문제이다.
		✔ 두 번째 지문인 이메일에서 Manford 씨가 언급한 내용 중에서 perform이나 play 등의 단어를 찾아 본다. 이메일의 'we would be delighted to have an opportunity to play our distinctive style of R&B at this year's Rubicon Music Fest'라
오답	(A) Blue (B) Red (D) Yellow	는 부분에서 밴드의 음악 스타일이 리듬 앤 블루스임을 알 수 있는데, 첫 번째 지문의 표에서 'Music genres'를 보면 리듬 앤 블루스가 공연되는 장소는 'Green Stage'임을 알 수 있다. 따라서 정답은 (C)이다.

10. What aspect of the Rubicon Music Fest is Mr. Manford incorrect about?

정답	(A) Its location	✔ 두 개의 지문을 이용한 연계 문제이다.
		✔ 두 번째 지문인 이메일에서 Manford 씨가 언급한 것들 중 보기에 주어진 단어들과 관련된 정보를 먼저 찾아 본다. 이메일의 'we would be delighted to have an opportunity to play our distinctive style of R&B at this year's Rubicon Music Fest at Hyland Farm'이라는 부분에서 공연하게 될 장소를 'Hyland
오답	(B) Its duration (C) Its start date (D) Its ticket fee	Farm'이라고 했는데, 첫 번째 지문에 'This year's Rubicon Music Festival will move from its usual site at Hyland Farm to a larger space at Canford Campgrounds.'라는 내용이 있다. 즉, 이번 연도에는 장소가 바뀌었기 때문에 정답은 (A)이다.

해석

Rubicon 음악 축제 – 공연자를 찾습니다

올해의 Rubicon 음악 축제는 Hyland 농장에 있는 원래 장소에서 Canford 캠프장에 있는 더 큰 공간으로 이동할 것입니다. 이 행사는 8월 24일 금요일부터 8월 26일 일요일까지 진행되며 전국 각지에서 다양한 성공적인 공연자들을 포함합니다. 하루 이용권은 35달러이고, 모든 날짜에 이용할 수 있는 주말 이용권은 합리적인 가격인 80달러입니다. 축제는 4개의 공연 무대로 구성되어 있으며, 각각의 공연들은 특정한 장르의 음악에 초점을 맞출 것입니다.

무대	음악 장르	장소
Blue	팝, 랩, 힙합	음식 텐트 근처 북쪽 가장자리에 있는 가장 큰 야외 무대
Red	락, 헤비메탈, 펑크	상품 판매업체 옆 서쪽에 위치한 중간 규모의 무대
Green	재즈, 리듬 앤 블루스, 소울	응급 처치 텐트 근처 동쪽에 있는 텐트 내 작은 무대
Yellow	포크, 컨트리, 어쿠스틱	참가자들이 입장하자 마자 보게 되는 첫번째 무대

축제 기간 동안 공연하는 것에 관심이 있으시다면, eventteam@rubiconfest.com으로 소개 이메일을 보내주세요.

받는 사람: Rubicon 행사팀 〈eventteam@rubiconfest.com〉
보낸 사람: Paul Manford 〈pmanford@blackdice.net〉
제목: 축제 장소 요청
날짜: 6월 12일

행사 팀에게,

저는 올해 Rubicon 음악 축제의 공연 시간을 요청하기 위해 메일을 드립니다. 저의 밴드, Black Dice는 일반적으로 매년 Sights & Sounds 페스티벌에서 공연을 하지만, 올해는 더 많은 관객들에게 저희의 음악을 들려줄 필요가 있다고 생각합니다. 따라서, 저희는 올해 Hyland 농장에서 열리는 Rubicon 뮤직 페스티벌에서 저희 특유의 리듬 앤 블루스를 연주할 수 있는 기회를 갖게 되어 기쁘고, 여러분이 저희의 음악에 완벽하게 어울리는 무대를 가지고 있다는 것을 알고 있습니다. 올해에는 축제가 3일 동안 계속된다고 읽었는데, 저희는 어느 날이라도 공연을 할 수 있습니다. 그러나, 가능하다면, 8월 24일 개막일에 하고 싶습니다. 또한, 35달러 가격의 1일 티켓에 할인을 제공해 줄 수 있는지 문의 드립니다. 고맙습니다, 그리고 곧 당신의 소식을 듣고 싶습니다.

안부를 전하며,

Paul Manford
드러머, Black Dice

---

6. Rubicon 음악 축제에 대해 추론할 수 있는 것은 무엇인가?

(A) 주로 무명의 그룹이 출연한다.

(B) 국제적인 공연자가 포함된다.

(C) 두 곳에서 동시에 진행된다.

(D) 매년 개최된다.

7. Yellow 무대에 대해 알 수 있는 것은 무엇인가?

(A) 식품 판매대 근처일 것이다

(B) 의료 서비스 근처에 설치될 것이다.

(C) 상품 판매자들에게 둘러싸여 있을 것이다.

(D) 축제 입구 근처에 위치할 것이다.

8. Manford 씨가 Sights & Sounds 축제에 대해 암시한 것은 무엇인가?

(A) Rubicon 음악 축제보다 덜 자주 개최된다.

(B) Rubicon 음악 축제보다 더 많은 연주자를 자랑한다.

(C) Rubicon 음악 축제보다 적은 수의 참석자를 끌어 모은다

(D) Rubicon 음악 축제보다 티켓 가격이 낮다

9. Manford 씨는 어떤 무대에서 공연하고 싶어 하는가?

(A) Blue

(B) Red

(C) Green

(D) Yellow

10. Rubicon 음악 축제의 어떤 부분에 대해 Manford 씨가 잘못 알고 있는가?

(A) 위치

(B) 기간

(C) 시작일

(D) 티켓 가격

정답 6. (D)　7. (D)　8. (C)　9. (C)　10. (A)

어휘　**run** 운영하다　**include** 포함하다　**reasonably** 합리적으로, 상당히　**feature** 특징으로 삼다, 포함하다　**particular** 특정한　**situated** 위치해 있는　**vendor** 판매 회사, 판매인　**introductory** 소개의　**request** 요청하다　**slot** 자리　**audience** 관객, 청중　**distinctive** 독특한, 특유의　**prefer** 선호하다　**confirm** 확인하다

✔ 토익 파트 7에서 삼중 지문(지문 3개)은 3세트(15문항)가 출제된다. 일반적으로 학생들이 가장 힘들어 하는 유형이며, 그렇기 때문에 문제를 푸는 시간도 상당히 걸린다.

✔ 삼중 지문의 종류와 내용이 다양하지만, 지문 전체의 해석보다는 정보를 찾는 스킬에 집중해야 한다. 이중 지문에서는 연계 문제가 1개에서 2개 출제되지만, 삼중 지문에서는 항상 2개 출제된다. 그렇기 때문에 어떤 문제가 어떤 지문들과 연계되어 출제가 되는지 파악하는 것이 중요하다.

✔ 일반적으로, 삼중 지문은 이메일, 광고, 기사, 그리고 양식으로 구성되어 출제된다. 세 지문 중 상당히 길이가 짧은 유형인 양식, 스케줄, 또는 짧은 길이의 이메일 등이 꼭 하나 포함되어 있는데, 이러한 지문들은 문제의 직접적인 단서를 담고 있기 보다는 연계 문제의 정답의 단서를 제공하는 경우가 많다.

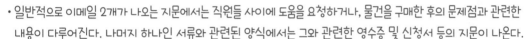

1 이메일 2개와 양식 1개 / 알림, 이메일, 양식 (E-mails and Form / Notice, E-mail, Form)

• 일반적으로 이메일 2개가 나오는 지문에서는 직원들 사이에 도움을 요청하거나, 물건을 구매한 후의 문제점과 관련한 내용이 다루어진다. 나머지 하나인 서류와 관련된 양식에서는 그와 관련한 영수증 및 신청서 등의 지문이 나온다.

• 알림이나 정보 지문이 나오고, 이에 대한 문의나 신청을 하는 이메일과 양식 또한 자주 등장하는 형태이다.

 기출 변형 **1** 지문을 읽고 문제에 답하시오.

Questions 1-5 refer to the following e-mails and order form.

To: Ellen Loach <eloach@midnightcafe.com>
From: Joel Haskin <jhaskin@midnightcafe.com>
Date: February 4
Subject: Staff uniforms

Hi, Ellen,

As you requested, I've been checking out potential places that could provide uniforms for the staff at our new coffee shop.

One of the biggest concerns is finding a company that will be able to supply the uniforms before the coffee shop opens on February 20. Thankfully, I've been able to compile a shortlist of five companies that would be able to meet our needs on schedule and under budget.

First, there's Work Smart on Pine Street. It has been in business for almost thirty years. Then, there's Uniform King on Jameson Road. It can guarantee order fulfillment within 3 working days. There's also RK Outfitter, whom I hadn't heard of before, but it seems to offer the lowest prices in the industry by far. We should also consider Career Clothing. It just opened a couple of months ago but has already received glowing reviews for its products and customer service on various Web sites. Last, there's A1 Workwear on Spencer Street. It recently won a corporate fashion award for its uniforms.

Please let me know your preference, and then I'll go ahead and order the items that we require.

Best wishes,

Joel

To:	Joel Haskin <jhaskin@midnightcafe.com>
From:	Ellen Loach <eloach@midnightcafe.com>
Date:	February 5
Subject:	Re: Staff uniforms

Hi, Joel,

I really appreciate all the effort you put in! It seems like you are more knowledgeable than I am on this topic, so I'm going to leave the final decision up to you. However, I'd rather not go with the cheapest company as I've heard many criticisms related to the poor quality of its garments. So I'll let you choose from the other four you mentioned.

Please keep some things in mind when placing the order. As you know, we have 15 employees, and we need to purchase green shirts according to their measurements, which I took during the interviews. We need four large, eight medium, and three small shirts. And when it comes to the aprons, I'd like you to purchase two black ones for each employee as they might get dirty quite frequently. Have all of the items delivered directly to the coffee shop.

Thanks again, Joel. Let me know if you have any questions.

Ellen

A1 WORKWEAR

1187 Spencer Street, Seattle, WA 98118

CUSTOMER ORDER FORM

CUSTOMER NAME: Joel Haskin
DELIVERY ADDRESS: Midnight Café, 431 Lasker Avenue, Seattle, WA 98154
CONTACT E-MAIL: jhaskin@midnightcafe.com

ORDER DETAILS:

Item	Color	Size	Quantity
Baseball Cap	Brown	One size	15
Work Shirt	Green	Small / Medium / Large	S:3 / M:8 / L:4
Apron	Black	One size	15

Once we process your order, we will provide you with an invoice by e-mail, and your items will be delivered in 2-3 days. Thank you for your business!

1. Why did Mr. Haskin send the e-mail to Ms. Loach?

   (A) To confirm receipt of some items

   (B) To point out an error with an order

   (C) To request additional information

   (D) To compare several suppliers

2. What is indicated about Career Clothing?

   (A) It is located on Spencer Street.

   (B) It has vast experience in the industry.

   (C) It has been praised online.

   (D) It can prepare orders in three days.

3. What can be inferred about Ms. Loach?

   (A) She recently hired Mr. Haskin.

   (B) She is Mr. Haskin's assistant.

   (C) She trusts Mr. Haskin's judgement.

   (D) She is disappointed with Mr. Haskin's work.

4. Which company would Ms. Loach prefer NOT to do business with?

   (A) Work Smart

   (B) Uniform King

   (C) RK Outfitter

   (D) Career Clothing

5. What information did Mr. Haskin enter incorrectly on the order form?

   (A) The number of large shirts

   (B) The color of the shirts

   (C) The quantity of aprons

   (D) The delivery address

 정답 뽀개기

1. Why did Mr. Haskin send the e-mail to Ms. Loach?

정답	**(D) To compare several suppliers**
	✔ 첫 번째 지문인 이메일의 작성 이유를 묻는 문제이다.
	✔ 첫 번째 지문의 첫 번째 문장을 확인해 보면 'I've been checking out potential places that could provide uniforms for the staff at our new coffee shop'인데, Haskin 씨가 유니폼 납품과 관련한 업체들을 검토하고 있다는 내용이므로 정답은 (D)가 된다.

오답	(A) To confirm receipt of some items
	(B) To point out an error with an order
	(C) To request additional information

삼중 지문의 첫 번째 문제는 첫 번째 지문에서 정답의 단서를 찾을 수 있다. 다만, 첫 번째 지문이 양식(form) 형식으로 되어 있거나 상당히 짧은 공지인 경우에는 두 번째 지문에서 정답의 단서를 찾을 수 있다.

2. What is indicated about Career Clothing?

(C) It has been praised online.

정답

✓ 문제에서 언급된 단어와 관련한 정보를 묻는 문제이다.

✓ 문제의 'Career Clothing'이라는 단어를 지문에서 먼저 찾는다. 첫 번째 지문의 세 번째 문단 세 번째 줄의 'Career Clothing. It just opened a couple of months ago but has already received glowing reviews for its products and customer service on various Web sites'에서 해당 업체는 온라인에서 좋은 평가를 받고 있다는 점을 알 수 있기 때문에 정답은 (C)가 된다.

오답

(A) It is located on Spencer Street.

(B) It has vast experience in the industry.

(D) It can prepare orders in three days.

3. What can be inferred about Ms. Loach?

(C) She trusts Mr. Haskin's judgement.

정답

✓ 지문에서 언급된 사람과 관련된 정보를 찾는 문제이다.

✓ 문제의 'Ms. Loach'라는 사람을 지문에서 찾는다. 두 번째 이메일의 'It seems like you are more knowledgeable than I am on this topic, so I'm going to leave the final decision up to you'라는 부분에서 Loach 씨는 상대방인 Haskin 씨가 관련 문제에 대해 더 잘 알고 있다고 여기기 때문에 그에게 결정을 내릴 수 있는 권한을 주려고 한다는 사실을 알 수 있다. 따라서 정답은 (C)이다.

오답

(A) She recently hired Mr. Haskin.

(B) She is Mr. Haskin's assistant.

(D) She is disappointed with Mr. Haskin's work.

✓ (A)는 지문과 전혀 관련이 없는 내용이고, (B)의 경우, 'I'm going to leave the final decision up to you'라고 말한 부분에서 결정권을 줄 수 있는 사람이 Loach 씨라는 것을 알 수 있기 때문에 이는 오답이다.

✓ (D)에서는 Loach 씨가 Haskin 씨에게 실망했다고 했지만, 앞서 언급했듯이 그녀는 그에게 결정권을 줄 정도로 신뢰하고 있으므로 (D) 또한 오답이다.

4. Which company would Ms. Loach prefer NOT to do business with?

정답	**(C) RK Outfitter**

✓ 상세 정보를 묻는 문제로서 연계 문제이다.

✓ Loach 씨가 거래를 하고 싶어 하지 않는 회사가 어디인지 묻고 있다. 두 번째 이메일 중 'However, I'd rather not go with the cheapest company as I've heard many criticisms related to the poor quality of its garments'라는 부분에서 그녀는 가장 낮은 가격을 제시한 회사와는 거래를 하고 싶지 않다고 했으므로, 첫 번째 이메일에서 가장 낮은 가격을 제시한 회사를 찾도록 한다. 첫 번째 이메일의 세 번째 문단 중 'There's also RK Outfitter, whom I hadn't heard of before, but it seems to offer the lowest prices in the industry by far'라는 부분을 통해 가장 낮은 가격을 제시한 회사는 (C)임을 알 수 있다.

오답	(A) Work Smart
	(B) Uniform King
	(D) Career Clothing

이 정도는 알아야지!

삼중 지문의 연계 문제는 일반적으로 아래의 3가지 형태로 출제된다.

ⓐ 첫 번째 지문과 두 번째 지문의 연계 문제

ⓑ 두 번째 지문과 세 번째 지문의 연계 문제

ⓒ 세 번째 지문과 첫 번째 지문의 연계 문제

→ 참고로 삼중 지문에서 연계 문제는 2문제가 출제된다.

5. What information did Mr. Haskin enter incorrectly on the order form?

정답	**(C) The quantity of aprons**

✓ 양식(form)의 정보에 관한 문제로서 연계 문제이다.

✓ Haskin 씨가 잘못 표기한 부분이 무엇인지 묻는 문제이다. 두 번째 이메일의 두 번째 문단 첫 번째 줄의 'As you know, we have 15 employees'에서 글쓴이들의 직원은 15명인 것을 알 수 있다. 그 다음에 앞치마에 대한 언급이 있는데, 'when it comes to the aprons, I'd like you to purchase two black ones for each employee'라는 부분을 통해 직원당 두 개, 즉 30개의 검정 앞치마가 필요하다는 점을 알 수 있다. 그런데 주문서 양식에서는 앞치마 주문량이 '15'이기 때문에 이 부분이 잘못되었다고 볼 수 있다. 따라서 정답은 (C)이다.

오답	(A) The number of large shirts
	(B) The color of the shirts
	(D) The delivery address

✓ 두 번째 지문의 'We need four large와 세 번째 지문의 'S:3 / M:8 / L:4'라는 정보를 통해서 (A)의 라지 사이즈 셔츠의 수량은 틀리지 않다는 것을 알 수 있다. 두 번째 지문 두 번째 문단에서 'we need to purchase green shirts'라고 했는데, 세 번째 지문에 따르면 녹색의 셔츠를 구매했기 때문에 (B)도 정답이 아니다. (D)의 경우, 두 번째 지문에서 'Have all of the items delivered directly to our coffee shop'이라는 부분에서 커피숍으로 배송을 요청한 것을 알 수 있는데, 세 번째 지문의 배송 주소를 보면 'DELIVERY ADDRESS: Midnight Café, 431 Lasker Avenue, Seattle, WA 98154'라고 작성되어 있으므로 배달 주소에도 잘못된 점은 없다.

받는 사람: Ellen Loach 〈eloach@midnightcafe.com〉
보낸 사람: Joel Haskin 〈jhaskin@midnightcafe.com〉
날짜: 2월 4일
주제: 직원 유니폼

안녕하세요, Ellen,

당신이 요청한 대로, 저는 신규 커피숍 직원에게 유니폼을 제공할 수 있는 업체들을 확인하고 있어요.

가장 큰 걱정 거리 중 하나는 2월 20일 커피숍 오픈 전에 유니폼을 공급할 수 있는 업체를 찾는 것이었죠. 고맙게도, 저는 예정에 맞춰 그리고 예산 범위 내에서 우리의 요구를 충족시킬 수 있는 5개의 최종 후보 업체들을 선정할 수 있었어요.

우선, Pine 가에 있는 Work Smart예요. 이 업체는 거의 30년 동안 영업을 해 왔어요. 그 다음은 Jameson 로에 위치한 Uniform King인데, 이 업체는 영업일 3일 이내에 주문을 처리해 주죠. 명단에는 RK Outfitter도 있는데, 이 업체는 전에 들어본 적이 없는 곳이지만, 지금까지 업계에서 가장 낮은 가격을 제공하고 있어요. 또한 Career Clothing도 고려하고 있고요. 두 달 전에 막 오픈한 곳이지만, 이미 다양한 웹사이트에서 상품 및 고객 서비스에 대해 극찬을 받고 있어요. 마지막으로, Spencer 가에 있는 A1 Workwear예요. 이곳은 최근 유니폼으로 기업 패션상을 수상했어요.

선호하는 곳을 알려 주시면 필요한 품목을 주문할게요.

행운을 빌어요,

Joel

받는이: Joel Haskin 〈jhaskin@midnightcafe.com〉
보내는이: Ellen Loach 〈eloach@midnightcafe.com〉
날짜: 2월 5일
제목: Re: 직원 유니폼

안녕하세요, Joel,

당신의 모든 노고에 진심으로 감사를 드려요! 이러한 문제에 대해서는 저보다 당신이 더 많이 아는 것 같아서 최종 결정을 당신께 맡길게요. 하지만 가격이 가장 저렴한 업체와는 거래하지 않기를 바라요. 그 업체는 의류의 품질이 좋지 않다는 비판을 많이 들어 왔기 때문이죠. 그래서 당신이 언급했던 다른 4개의 업체 중에서 선택을 하도록 하세요.

주문할 때 몇 가지 사항들을 명심해 주세요. 아시겠지만, 우리 직원은 15명이고, 면접 시 측정했던 치수에 따라 녹색 셔츠를 구입해야 해요. 라지 사이즈 4개, 미디엄 사이즈 8개, 스몰 사이즈 3개의 셔츠가 필요해요. 그리고 앞치마에 관해 말하자면, 앞치마는 꽤 자주 더러워지기 때문에, 검은색으로 직원 당 2개씩 구매하고 싶어요. 모든 상품은 저희 커피숍으로 배송시켜 주시고요.

다시 한 번 감사해요, Joel. 궁금한 점 있으면 알려 주세요.

Ellen

A1 Workwear
Spencer 가 1187번지, 시애틀, 워싱턴 98118
고객 주문서

고객 이름: Joel Haskin
배달 주소: Midnight 카페, Lasker 가 431번지, 시애틀, 워싱턴 98154
이메일 연락처: jhaskin@midnightcafe.com

주문 세부 정보:

항목	색상	크기	수량
야구모자	갈색	프리 사이즈	15
작업 셔츠	녹색	스몰 / 미디엄 / 라지	스몰:3 / 미디엄:8 / 라지:4
앞치마	검은색	프리 사이즈	15

주문이 처리되면 이메일로 청구서를 보내 드릴 것이며, 귀하의 상품은 2–3일 후에 배송이 됩니다. 저희와 거래해 주셔서 감사합니다.

1. Haskin 씨는 왜 Loach 씨에게 이메일을 보냈는가?
   (A) 일부 물품의 수령을 확인하기 위해서
   (B) 주문의 오류를 지적하기 위해서
   (C) 추가 정보를 요청하기 위해서
   (D) 여러 공급업체를 비교하기 위해서

2. Career Clothing에 대해 무엇을 알 수 있는가?
   (A) Spencer 가에 위치해 있다.
   (B) 업계에서 경험이 풍부한 편이다.
   (C) 온라인에서 높은 평가를 받았다.
   (D) 3일 이내에 제품을 준비할 수 있다.

3. Loach 씨에 대해 추론할 수 있는 것은 무엇인가?
   (A) 그녀는 최근에 Haskin 씨를 고용했다.
   (B) 그녀는 Haskin 씨의 조수이다.
   (C) 그녀는 Haskin 씨의 판단을 신뢰한다.
   (D) 그녀는 Haskin 씨의 일처리에 실망했다.

4. Loach 씨는 어떤 회사와 거래하지 않을 것인가?
   (A) Work Smart
   (B) Uniform King
   (C) RK Outfitter
   (D) Career Clothing

5. Haskin 씨는 주문서에 어떤 정보를 잘못 입력했는가?
   (A) 라지 사이즈 셔츠의 수량
   (B) 셔츠의 색상
   (C) 앞치마의 수량
   (D) 배달 주소

정답 1. (D)   2. (C)   3. (C)   4. (C)   5. (C)

어휘 **as requested** 요청하신 대로 **supply** 공급하다 **compile** 모으다, 편집하다 **guarantee** 보증하다 **fulfillment** 실현, 성취 **glowing** 열렬한 **various** 다양한, 여러 가지의 **preference** 선호 **appreciate** 감사하다, 인정하다 **knowledgeable** 박식한 **garment** 의류, 옷 **keep in mind** 명심하다 **measurement** 치수, 측정 **when it comes to** ~에 관한 한 **detail** 세부사항 **process** 처리하다 **provide** 제공하다

Questions 6-10 refer to the following notice, e-mail, and gift certificate.

The Gravesend City Council Needs You!

As part of our city's commitment to protecting the environment, we will be launching our first annual cleanup program this summer, and we need every pair of hands we can get. The program will run from June 1 to 30 with the aim of improving the city both for local residents and for visiting tourists.

The cleanup program will be divided into four key areas, and we hope to enlist the help of at least fifty individuals to help out with each part of the project. One group will be stationed on the city outskirts at Balmore Park, which has unfortunately been neglected in recent years and is set to be fully landscaped and relaunched later this year. We need our team to collect and dispose of garbage from the park's trails and recreation areas. Another group will work along the Danforth River and repaint the wooden fences and the observation decks. Our third group will be cleaning the walls that run alongside the downtown Langley Canal, and the last group will be tasked with repairing the wooden boardwalk and pier that stretch out into the ocean at Pebble Beach.

Interested individuals should contact Kevin Jamieson at kjamieson@gravesend.gov and inform him of their availability and preferred task and location. All participants will be given a $100 gift certificate on July 1 as a token of appreciation for their hard work. It may be redeemed at the Barlow Department Store and will remain valid until the end of the year.

To: Oliver Kennedy <okennedy@mailgo.net>
From: Kevin Jamieson <kjamieson@gravesend.gov>
Date: July 1
Subject: Cleanup Program
Attachment: Gift certificate

Dear Mr. Kennedy,

On behalf of the Gravesend City Council, I would like to thank you for your valuable assistance during our summer cleanup program. With the help of local residents like you, the program turned out to be a complete success.

I spoke with the leader of your group, and he informed me that your efforts during the program were particularly helpful, and we are all delighted with the way the riverside area looks now. I hope you will consider lending a hand next year as your contribution really counted.

I have attached a gift certificate to this e-mail. You can print it easily and redeem it in person. Please note that we had to make a slight change to the certificate after our original notice was posted, but I'm sure you'll still be happy with it.

Best regards,

Kevin Jamieson

GIFT CERTIFICATE
$100

The bearer of this gift certificate may redeem it for the above value when purchasing goods from the Barlow Department Store in Gravesend. Please note that the certificate expires on October 31 and that it cannot be exchanged for cash or be used in conjunction with other vouchers or coupons. Please visit the customer service desk if you have any queries.

6. What is the main purpose of the notice?

(A) To thank local residents

(B) To promote attractions

(C) To seek volunteers

(D) To attract tourists

7. What can be inferred about Balmore Park?

(A) It is located in downtown Gravesend.

(B) It contains several observation decks.

(C) It has undergone extensive landscaping.

(D) Its condition has worsened recently.

8. What did Mr. Kennedy most likely do in June?

(A) Pick up litter

(B) Paint fences

(C) Clean walls

(D) Repair a pier

9. In the e-mail, the word "counted" in paragraph 2, line 3, is closest in meaning to

(A) mattered

(B) calculated

(C) resulted

(D) depended

10. What aspect of the gift certificate was most likely changed by the city council?

(A) The location where it may be used

(B) The date on which it expires

(C) The value it may be redeemed for

(D) The date on which it was e-mailed

6. What is the main purpose of the notice?

정답	(C) To seek volunteers	✓ 글의 목적을 묻는 문제이다. ✓ 첫 번째 지문 두 번째 줄의 'we need every pair of hands we can get'이라는 내용을 통해서 청소 프로그램에 주민들의 도움을 받기 위해 공고를 작성했음을 알 수 있다. 따라서 (C)가 정답이다.
오답	(A) To thank local residents (B) To promote attractions (D) To attract tourists	✓ (A)의 감사하다는 내용은 첫 번째 지문 마지막 문단의 'All participants will be given a $100 gift certificate on July 1 as a token of appreciation'에서 찾을 수 있는데, 이는 청소 프로그램에 참가한 사람들이 받게 되는 감사의 표현이므로 공지의 목적으로 볼 수 없다. ✓ (B)와 (D)의 관광지 및 관광객과 관련된 내용은 첫 번째 지문의 'improving the city both for local residents and for visiting tourists'라는 부분에 언급되어 있는데, 이 또한 공지의 목적이 아닌 청소 프로그램의 목적이다.

7. What can be inferred about Balmore Park?

	(D) Its condition has worsened recently.
정답	✓ 지문에서 사용된 특정 단어를 제시하고 그에 대해 알 수 있는 점을 묻는 문제이다. ✓ 'Balmore Park'에 대한 내용을 첫 번째 지문에서 찾는다. 두 번째 문단의 세 번째 줄에서 'at Balmore Park, which has unfortunately been neglected in recent years and is set to be fully landscaped and relaunched later this year'라고 했으므로 해당 공원은 최근에 방치되고 있었다는 점을 알 수 있다. 정답은 (D)이다.
오답	(A) It is located in downtown Gravesend. (B) It contains several observation decks. (C) It has undergone extensive landscaping. ✓ 첫 번째 지문의 'on the city outskirts at Balmore Park'라는 부분에서 Balmore 공원은 시 외곽에 있다는 점을 알 수 있기 때문에 (A)는 오답이며, (B)의 전망대는 언급되지 않은 사항이다. ✓ (C)의 경우 'is set to be fully landscaped'라는 부분에서 조경 공사는 현재 진행되고 있는 것이 아니라 앞으로 진행될 예정임을 알 수 있기에 이 또한 오답이다.

8. What did Mr. Kennedy most likely do in June?

정답	(B) Paint fences	✓ 하나의 정보를 주고 그 정보와 관련된 또 다른 정보에 대해 묻는 문제로서 연계 문제이다.
오답	(A) Pick up litter (C) Clean walls (D) Repair a pier	✓ 지문에서 Kennedy 씨를 먼저 찾는다. 두 번째 지문인 이메일을 받는 사람이 Kennedy 씨인데, 두 번째 문단의 'we are all delighted with the way the riverside area looks now'라는 부분을 통해서 Kennedy 씨는 강가에서 일했던 것으로 추정된다. 한편 첫 번째 지문에서 강가와 관련된 단어를 찾아 보면, 두 번째 문단 여섯 번째 줄에 'Another group will work along the Danforth River and repaint the wooden fences and the observation decks'라는 내용이 있는데, 여기에서 repaint와 fence라는 단어에 유의하면 정답이 (B)라는 것을 알 수 있다.

9. In the e-mail, the word "counted" in paragraph 2, line 3, is closest in meaning to

정답	(A) mattered	✓ 주어진 단어와 가장 비슷한 의미를 나타내는 단어를 묻는 문제이다. ✓ 이메일에 나온 counted라는 단어는 '중요했다'라는 의미로 사용되었기 때문에 정답은 (A)가 된다.
오답	(B) calculated (C) resulted (D) depended	✓ (B)는 말 그대로 '계산했다'라는 의미를 나타내며, (C)는 '어떤 결과를 초래했다' 혹은 '어떤 결과를 낳았다'라는 의미로 사용된다. (D)는 '~에 의지[의존]했다'라는 의미이다.

이 정도는 알아야지!

지문에서 사용된 단어와 비슷한 의미를 지닌 단어를 묻는 문제의 풀이 요령

ⓐ 문제에 주어진 단어의 뜻을 확인한다.

ⓑ 뜻을 알고 있으면 보기에서 그와 비슷한 의미의 단어를 먼저 찾는다. 그리고 지문에서 문제의 단어가 사용된 문장을 통해 그 단어가 그러한 의미로 사용되었는지 확인한다.

ⓒ 뜻을 모르더라도 문제의 단어가 사용된 자리에 보기의 단어들을 하나씩 넣어 가장 자연스러운 문맥을 완성시키는 보기를 찾는다.

10. What aspect of the gift certificate was most likely changed by the city council?

(B) The date on which it expires

정답

✓ 주어진 정보의 변동에 대한 문제로서 연계 문제이다.

✓ 세 번째 지문인 상품권에서 시의회에 의해 변경된 부분이 무엇인지 묻는 문제인데, 우선 'gift certificate'와 'city council'이 나온 부분을 찾도록 한다. 첫 번째 지문 마지막 문단의 'It may be redeemed at the Barlow Department Store and will remain valid until the end of the year'라는 부분에서 상품권은 올해 말까지 사용 가능하다고 나와 있지만, 세 번째 지문인 상품권에서는 'Please note that the certificate expires on October 31'라고 적혀 있기 때문에 사용 만료일이 변경되었음을 확인할 수 있다. 따라서 정답은 (B)가 된다.

해석

그레이브젠드 시의회에서 당신을 필요로 합니다!

환경을 보호하겠다는 시 공약의 일환으로 올 여름 처음으로 청소 프로그램을 실시할 예정이며, 저희는 최대한 많은 사람들의 도움이 필요합니다. 이번 프로그램은 6월 1일부터 30일까지 진행되며, 지역 주민과 관광객 모두를 위해 도시를 개선시키는 것을 그 목표로 합니다.

청소 프로그램은 4개의 핵심 영역으로 나뉘게 될 것이며, 프로젝트의 각 부분에서 도움을 줄 수 있는, 최소 50명의 도움을 받을 수 있기를 바랍니다. 한 그룹은 Balmore 공원의 도시 외곽에 있게 될 것인데, 불행히도 이곳은 최근 몇 년 동안 방치되었으나 전체 조경 작업을 통해 올해 하반기에 다시 개장할 예정입니다. 저희 팀이 공원의 산책로와 휴식 장소에서 쓰레기를 수거하고 처리해야 합니다. 또 다른 그룹은 Danforth 강을 따라 작업을 할 것이며 나무 울타리와 전망대를 다시 칠할 것입니다. 세 번째 그룹은 시내의 Langley 운하를 따라 세워져 있는 벽을 청소할 것입니다. 그리고 마지막 그룹은 Pebble 해변에서 바다로 향해 있는, 나무가 드리워진 산책길과 부두를 정비하는 일을 담당하게 될 것입니다.

관심 있는 분께서는 kjamieson@gravesend.gov로 Kevin Jamieson 씨와 연락하셔서 가능 여부와 선호하는 작업 및 위치를 알려 주셔야 합니다. 노고에 대한 감사의 표시로 7월 1일에 모든 참가자들에게 100달러의 상품권을 드릴 예정입니다. Barlow 백화점에서 사용하실 수 있으며 올해 말까지 유효합니다.

받는이: Oliver Kennedy 〈okennedy@mailgo.net〉
보내는이: Kevin Jamieson 〈kjamieson@gravesend.gov〉
날짜: 7월 1일
주제: 청소 프로그램
첨부: 상품권

Kennedy 씨께,

그레이브젠드 시의회를 대표하여 여름 청소 프로그램 기간 동안 귀하께서 소중한 도움을 주신 것에 대해 감사를 드립니다. 귀하와 같은 지역 주민들의 도움으로 이번 프로그램은 완전한 성공을 거두었습니다.

저는 귀하의 그룹 대표와 이야기했는데, 그는 프로그램 기간 동안 특히 귀하의 노력이 큰 도움이 되었다고 알려 주었으며, 현재 강변 지역의 모습도 만족스럽습니다. 귀하의 참여가 정말로 도움이 되었기에 내년에도 도움을 주시기를 바라겠습니다.

저는 이 이메일에 상품권을 첨부했으며, 귀하께서는 이를 쉽게 인쇄할 수 있고 직접 바꾸실 수도 있습니다. 기존의 공고가 게시된 이후, 상품권에 약간의 변화를 주어야 했지만, 그래도 만족하실 것이라고 생각합니다.

감사합니다,

Kevin Jamieson

상품권
*** 100 달러 ***

이 상품권의 소지자는 그레이브젠드의 Barlow 백화점에서 상품을 구매할 때 위의 가격으로 교환하실 수 있습니다. 상품권의 사용 기간은 10월 31일에 만료되며, 현금으로 교환하거나 다른 상품권 또는 쿠폰과 함께 사용하실 수 없습니다. 문의 사항이 있으시면 고객 서비스 데스크를 방문하시기 바랍니다.

---

6. 공고의 주요 목적은 무엇인가?

(A) 지역 주민에게 감사함을 전하기 위해서

(B) 관광 명소를 홍보하기 위해서

(C) 자원 봉사자를 구하기 위해서

(D) 관광객을 모으기 위해서

7. Balmore 공원에 대해 추론할 수 있는 것은 무엇인가?

(A) 그레이브젠드 시내에 위치한다.

(B) 여러 개의 전망대가 있다.

(C) 다양한 조경이 있다.

(D) 최근 상태가 악화되었다.

8. Kennedy 씨는 무엇을 했을 것 같은가?

(A) 쓰레기를 수거했다

(B) 울타리를 칠했다

(C) 벽을 청소했다

(D) 부두를 수리했다

9. 이메일에서, 두 번째 단락 세 번째 줄의 "counted"와 가장 의미가 가까운 것은?

(A) 중요했다

(B) 계산했다

(C) 발생했다

(D) 의존했다

10. 상품권의 어떤 부분이 시의회에 의해 변경된 것 같은가?

(A) 사용될 수 있는 장소

(B) 만료일

(C) 바꿀 수 있는 가치

(D) 이메일로 받은 날짜

정답 **6.** (C) **7.** (D) **8.** (B) **9.** (A) **10.** (B)

어휘 **commitment** 헌신, 책임 **protect** 보호하다, 지키다 **environment** 환경, 상황 **launch** 시작하다, 출시하다 **aim** 목표, 목적 **resident** 거주민 **be divided into** ~으로 나눠지다 **station** 배치하다, 두다 **neglected** 방치된 **be set to 동사원형** ~하도록 예정되어 있다 **dispose of** ~을 처분하다, ~을 처리하다 **alongside** 옆에, 나란히 **boardwalk** 산책길 **pier** 부두 **stretch out** 뻗다 **availability** 유용성, 유효성 **gift certificate** 상품권, 선물권 **as a token of** ~의 표시로 **appreciation** 감사 **redeem** 바꾸다, 상환하다 **valid** 유효한, 타당한 **on behalf of** ~을 대표[대리]하여 **valuable** 가치 있는, 귀중한 **turn out** 밝혀지다, 나타나다 **lend a hand** 도와주다 **expire** 만료되다 **in conjunction with** ~와 공동으로

- 일반적으로 이메일과 상품광고가 포함되어 있으면, 광고를 보고 물건을 구입과 관련된 내용이 출제된다.
  광고의 종류가 구인광고인 경우에는 해당 직위에 지원하는 내용이 자주 출제된다.

기출 변형 1 지문을 읽고 문제에 답하시오.

Questions 1-5 refer to the following pamphlet, invoice, and e-mail.

Ruby's Lunchboxes

Based in the heart of Chicago's commercial district, Ruby's Lunchboxes is perfectly placed to serve the city's many hungry workers. Established almost five years ago, our company has grown rapidly thanks to continual investment and a rapidly expanding list of corporate customers.

We provide a wide selection of delicious restaurant-quality meals packaged in our specially designed lunchboxes for your convenience. Whether you would like us to provide regular lunch service for your staff or cater a special corporate event, we will be happy to accommodate you.

Customers who commit to a regular daily or weekly service will receive preferred customer status, which confers a 10-percent discount on orders up to $350 and a 15-percent discount on orders above $350. If you are a first-time customer, we will give you a one-time 20-percent discount on your first order.

E-mail us today at inquiries@rubys.com to find out how we can serve you!

RUBY'S LUNCHBOXES
4827 Milton Road, Chicago IL
555-0298 / inquiries@rubys.com

CUSTOMER INVOICE: Charlestone Engineering
ORDER NUMBER: 01982

Lunchbox Type	ID Code	Quantity	Price Per Lunchbox	Total Price
Traditional Fish & Chips	FC01	20	$7.50	$150.00
Spaghetti Bolognese	SB20	30	$6.99	$209.70
Vietnamese Fried Rice	VR15	25	$6.50	$162.50
Spicy Mexican Tacos	MT03	15	$5.99	$89.85

Service provided to: Charleston Engineering, Head Office	**Sub-total**	$612.05
Date of service: March 10	**Discount (20%)**	-$122.41
Bill to: Troy Dwyer, Personnel Director		
Advance payment ($250.00) received: March 5	**Total**	$489.64
Remaining balance ($239.64) due: March 10		

To:	Troy Dwyer <tdwyer@charlestone.com>
From:	Ruby Lee <rubylee@rubys.com>
Subject:	Lunchbox Service
Date:	March 11

Dear Mr. Dwyer,

I trust that you and your fellow workshop attendees enjoyed the lunchboxes we provided at your training workshop yesterday. Full payment was received as requested, and it was a pleasure serving you. If you wouldn't mind, I would like to hear your opinions of our products and services so that we can continue to improve our business and exceed the expectations of our customers. I am particularly curious about our new lunchboxes that were launched last month. You ordered fifteen of them for your event, and I'm eager to hear whether your employees enjoyed them or not. Thanks in advance for any information you can provide me with, and I look forward to hearing from you and to serving you again in the future.

Sincerely,

Ruby Lee
Owner, Ruby's Lunchboxes

1. Who is the pamphlet most likely intended for?

   (A) Potential investors

   (B) Job seekers

   (C) Restaurant staffers

   (D) Business owners

2. Why most likely did Mr. Dwyer receive a discount?

   (A) He spent more than $350 on his order.

   (B) He is a preferred customer of the business.

   (C) He placed his first order with the business.

   (D) He ordered a specific type of lunchbox.

3. According to the invoice, what is true about the lunchboxes that Mr. Dwyer ordered?

   (A) They were sent to a location on Milton Road.

   (B) They were subject to a delivery charge.

   (C) They were paid for in two installments.

   (D) They were delivered on March 5.

4. What is the main purpose of the e-mail?

   (A) To inform a customer about some new products

   (B) To make a change to a business arrangement

   (C) To request payment for a service

   (D) To solicit feedback from a customer

5. What type of lunchbox was launched in February?

   (A) Traditional fish & chips

   (B) Spaghetti Bolognese

   (C) Vietnamese fried rice

   (D) Spicy Mexican tacos

 정답 뽀개기

1. Who is the pamphlet most likely intended for?

정답	(D) Business owners	✔ 글을 읽는 대상이 누구인지 묻는 문제이다. ✔ 첫 번째 지문 두 번째 문단 세 번째 줄의 'Whether you would like us to provide regular lunch service for your staff or cater a special corporate event'라는 부분에서 '귀하의 직원들', '기업 행사'라는 표현이 사용되고 있기 때문에 이 글을 읽는 대상은 기업의 대표 혹은 사장일 것이다. 따라서 정답은 (D)이다.
오답	(A) Potential investors (B) Job seekers (C) Restaurant staffers	✔ 지문의 'our company has grown rapidly thanks to continual investment'라는 부분에 '투자(investment)'가 언급되어 있기는 하지만, 이는 '잠재적인 투자자(potential investor)'와는 관련 없는 내용이므로 (A)는 오답이다. 지문에 공석 중인 직위나 자격 조건 등과 같은 내용은 없기 때문에 (B)의 구직자 또한 오답이다.

2. Why most likely did Mr. Dwyer receive a discount?

(C) He placed his first order with the business.

✔ 지문에서의 상세 정보를 묻는 문제이며, 연계 문제이다.

✔ 'Mr. Dwyer'라는 사람을 지문에서 먼저 찾는다. 두 번째 지문의 'bill to'라는 부분에서 주문자가 'Mr. Dwyer'라는 것을 알 수 있으며, 그는 20% 할인을 받은 것으로 확인된다. 따라서 그 이유에 해당하는 부분을 첫 번째 지문의 광고에서 찾아보면, 첫 번째 지문 세 째 문단 중 'If you are a first-time customer, we will give you a one-time 20-percent discount on your first order'라는 부분에서 첫 주문 시 20% 할인이 적용된다는 점을 알 수 있으므로 정답은 (C)가 된다.

(A) He spent more than $350 on his order.
(B) He is a preferred customer of the business.
(D) He ordered a specific type of lunchbox.

✔ (A)의 350달러는 두 번째 지문의 'a 15-percent discount on orders above $350'에서 찾을 수 있는데, 두 번째 지문에서 가격 할인 폭은 20%라고 명시되어 있으므로 (A)는 오답이다.

✔ (B)의 단골 고객(preffered customer)은 'a 10-percent discount on orders up to $350 and a 15-percent discount on orders above $350'를 통해 10% 혹은 15%만 할인 혜택을 받는다는 점을 알 수 있으므로 이 역시 오답이다.

✔ (D)의 특정 유형 도시락이 할인된다는 내용은 찾아볼 수 없다.

3. According to the invoice, what is true about the lunchboxes that Mr. Dwyer ordered?

(C) They were paid for in two installments.

✔ 하나의 정보에 대한 사실 여부를 묻는 문제이다.

✔ invoice에 관한 문제이므로 두 번째 지문에서 Dwyer씨가 주문한 도시락에 관한 부분을 확인한다. 'Advance payment ($250.00) received: March 5. Remaining balance ($239.64) due: March 10'라고 적혀 있는 부분에서 결제가 한 번이 아닌 두 번으로 나눠서 이루어졌음을 알 수 있기 때문에 정답은 (C)이다.

(A) They were sent to a location on Milton Road.
(B) They were subject to a delivery charge.
(D) They were delivered on March 5.

✔ (A)의 'Milton Road'는 배달 주소가 아닌 Ruby's 도시락의 주소이며, 배달 요금과 관련해서는 언급되지 않았으므로 (B)도 오답이다.

✔ (D)의 경우, 두 번째 지문 중 'Date of service: March 10'이라는 부분에서 배송일은 3월 5일이 아니라 3월 10일이라는 점을 알 수 있다.

4. What is the main purpose of the e-mail?

정답	(D) To solicit feedback from a customer
	✓ 글의 목적을 묻는 문제이다.
	✓ 이메일의 'I would like to hear your opinions of our products and services'라는 부분에서 이메일 작성자인 Lee 씨는 자신의 제품 및 서비스에 대한 Dwyer 씨의 의견, 즉 피드백을 받고 싶다고 했으므로 정답은 (D)가 된다.

오답	(A) To inform a customer about some new products
	(B) To make a change to a business arrangement
	(C) To request payment for a service
	✓ (A)는 'I am particularly curious about our new lunchboxes'라는 부분에서, (B)는 'we can continue to improve our business'라는 부분에서 각각 오답임을 알 수 있다. (C)의 경우, 'Full payment was received as requested'라는 부분에서 지불이 이미 완료되었다는 사실을 알 수 있으므로 이 역시 오답이다.

5. What type of lunchbox was launched in February?

정답	(D) Spicy Mexican tacos	✓ 시간 정보를 주고 그에 부합하는 내용을 묻는 연계 문제이다.
오답	(A) Traditional fish & chips (B) Spaghetti Bolognese (C) Vietnamese fried rice	✓ 지문에서 'type of lunchbox'와 'February'라는 정보가 있는 부분을 찾는다. 세 번째 지문인 이메일에 'I am particularly curious about our new lunchboxes that were launched last month'라는 문장이 있는데, 이메일의 작성일이 3월 11일이므로 해당 문장에 언급된 '지난달에 새로 출시된 도시락'이 2월에 출시된 것임을 알 수 있다. 이어지는 문장에서 'You ordered fifteen of them'이라고 했으므로 해당 도시락의 주문량은 15개인데, 두 번째 지문인 invoice에서 15개가 주문된 도시락은 'Spicy Mexican Tacos'임을 알 수 있다. 따라서 정답은 (D)이다.

> **해석**

Ruby's 도시락

시카고 상업 지구의 중심부에 위치한 Ruby's 도시락은 시내의 많은 배고픈 직장인들에게 음식을 제공할 수 있는 완벽한 곳에 위치하고 있습니다. 약 5년 전에 설립된 저희 회사는 지속적인 투자와 기업 고객의 급속한 확대로 인해 빠르게 성장해 왔습니다.

고객님의 편의를 위해 음식점 수준의 맛있는 식사를 특별히 디자인된 도시락 박스에 포장하여 다양한 형태로 제공해 드리고 있습니다. 귀하의 직원들에게 정기적으로 점심 식사를 제공하고 싶으시거나 사내 특별 행사에 음식을 제공받고 싶으시다면, 저희가 기꺼이 협조해 드리겠습니다.

정기적인 일간 또는 주간 서비스를 신청하신 고객께서는 '단골 고객' 등급을 받게 되실 것인데, 그렇게 되면 구매 금액 350달러까지는 10%의 할인을, 그 이상을 주문할 시에는 15%의 할인을 제공해 드립니다. 처음 이용 시에는 첫 주문에 한해 20%를 할인해 드립니다.

저희의 서비스 방식을 알고 싶으시면 오늘 inquiries@rubys.com으로 이메일을 보내 주세요!

Ruby's 도시락

Milton 로 4827번지, 시카고 일리노이

555-0298 / inquiries@rubys.com

고객 청구서: Charlestone 엔지니어링

주문번호: 01982

도시락 종류	ID 코드	수량	1개당 가격	전체 금액
전통적인 피시 앤 칩스	FC01	20	$7.50	$150.00
스파게티 볼로네즈	SB20	30	$6.99	$209.70
베트남식 볶음밥	VR15	25	$6.50	$162.50
매운 멕시코 타코	MT03	15	$5.99	$89.85

서비스 제공 장소: Charleston 엔지니어링 본사

서비스 날짜: 3월 10일

청구처: Troy Dwyer, 인사 부장

선불($250.00) 결제: 3월 5일

잔액($239.64) 기한: 3월 10일

소계	$612.05
할인 (20%)	−$122.41
총계	$489.64

받는 사람: Troy Dwyer 〈tdwyer@charlestone.com〉

보낸 사람: Ruby Lee 〈rubylee@rubys.com〉

제목: 도시락 서비스

날짜: 3월 11일

Dwyer 씨께,

어제 교육 워크숍에서 귀하와 워크숍에 참석한 귀하의 직원분들께서 저희가 제공해 드린 도시락을 맛있게 드셨으리라 확신합니다. 요청대로 비용은 완납되었으며, 저는 귀하께 서비스를 제공할 수 있어서 기뻤습니다. 괜찮으시다면, 저희가 계속 사업을 개선시키고 고객의 기대를 넘을 수 있도록 저희 제품과 서비스에 대한 귀하의 의견을 듣고 싶습니다. 특히 지난달에 출시된 새로운 도시락에 관해 궁금한 점이 많습니다. 귀하께서는 행사를 위해 이 도시락을 15개 주문하셨는데, 직원분들께서 마음에 들어 하셨는지, 혹은 그렇지 않았는지에 대해 이야기를 듣고 싶습니다. 제게 알려 주실 정보가 있다면 미리 감사를 드리며, 추후에 다시 연락이 닿아서 서비스를 제공해 드릴 수 있기를 바랍니다.

진심을 담아,

Ruby Lee

Ruby's 도시락 대표

1. 팸플릿의 대상은 누구인 것 같은가?

   (A) 잠재적인 투자자

   (B) 구직자

   (C) 식당 직원

   (D) 회사 대표

2. Dwyer 씨는 왜 할인을 받았을 것 같은가?

   (A) 그는 주문에 350달러 이상을 썼다.

   (B) 그는 업체의 단골 고객이다.

   (C) 그는 그 업체에서 처음으로 주문했다.

   (D) 그는 특정 유형의 도시락을 주문했다.

3. 청구서에 의하면, Dwyer 씨가 주문한 도시락에 대하여 사실인 것은 무엇인가?

   (A) Milton 로의 한 곳으로 보내졌다.

   (B) 배송비가 부과되었다.

   (C) 두 번 나눠서 지불되었다.

   (D) 3월 5일에 배달되었다.

4. 이메일의 주된 목적은 무엇인가?

   (A) 고객에게 신제품에 대해 알리기 위해서

   (B) 사업 협정을 변경하기 위해서

   (C) 서비스에 대한 결제를 요청하기 위해서

   (D) 고객에게 피드백을 요청하기 위해서

5. 2월에 출시된 도시락은 어떤 종류인가?

   (A) 전통적인 피스 앤 칩스

   (B) 스파게티 볼로네즈

   (C) 베트남식 볶음밥

   (D) 매운 멕시코 타코

정답 1. (D) 2. (C) 3. (C) 4. (D) 5. (D)

어휘 **commercial district** 상업 지구 **serve** 근무하다, 제공하다 **thanks to** ~ 덕분에 **investment** 투자 **expand** 확대하다, 넓히다 **a wide selection of** 다양한 **cater** 제공하다 **accommodate** 맞추다, 수용하다 **status** 상태, 지위 **confer** 수여하다 **above** ~보다 위에 **advance payment** 선불 **remaining balance** 잔액 **fellow** 동료 **opinion** 의견, 생각 **exceed** 넘어서다, 초과하다 **expectation** 기대 **particularly** 특히 **in advance** 미리, 사전에

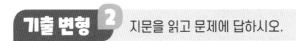
Questions 6-10 refer to the following advertisement, article, and e-mail.

Opening Soon!
Rainbow Beauty Spa

3007 Beach Boulevard
Los Angeles, CA 90028

The Rainbow Beauty Spa will be opening on May 1, and we will celebrate by offering a 25-percent discount on all beauty packages during our first month in business. If you want to relieve your stress and pamper yourself, please consider purchasing one of the packages below and let our highly trained beauty therapists take care of you.

Combo 1 Full body massage (60 minutes), foot massage *Promo Price: $75*	**Combo 2** Full body massage (60 minutes), foot massage, facial scrub *Promo Price: $90*
Combo 3 Full body massage (75 minutes), foot massage, facial scrub, pedicure *Promo Price: $120*	**Combo 4** Full body massage (75 minutes), foot massage, facial scrub, pedicure, head massage *Promo Price: $150*

To book any of our beauty packages or to make inquiries, please call us at 555-2897, send an e-mail to info@rainbowspa.com, or visit us www.rainbowbeautyspa.com.

Open: Monday through Saturday from 9 A.M. to 6 P.M.

L.A. Weekly Times

Review – Rainbow Beauty Spa
by Polly Hannigan

(May 3) – As most of our readers already know, Los Angeles has no shortage of beauty spas, so I was reluctant to review yet another one for our publication. However, a colleague informed me that the Rainbow Beauty Spa stood out from the crowd in terms of the quality of its services and the expertise of its experienced therapists. And I have to admit that she was right!

The spa is located in a fairly nondescript building on Beach Boulevard, and it provides lockers, comfortable leisurewear, and changing rooms for its clientele. The full body massage provided by experienced Swedish masseuse Pelle Olofsson was among the best I've ever had, and I wish it had lasted longer than one hour. After the massage, I was directed to a different room for my facial scrub.

A friendly therapist named June Choi used a variety of aromatic oils and creams, and after the treatment was complete, my skin looked healthier, and I felt rejuvenated. Next, I sat down in a comfortable chair and let Dan Richards get to work on my feet. His firm massage really helped release tension and relieve my stress. At this point, I regretted that I had not included a pedicure in my package as I spoke to several other customers who spoke highly of Amy Swan's skill as a pedicurist. I suppose it gives me a reason to return for another session!

All in all, I would absolutely recommend checking out the Rainbow Beauty Spa, particularly while the promotional offers are available. You can call the establishment directly at 555-289 or visit its Web site at www.rainbowbeautyspa.com.

To:	Polly Hannigan <phannigan@laweeklytimes.com>
From:	Ricardo Diaz <ricarddo@rainbowspa.com>
Subject:	Recent article
Date:	May 5

Dear Ms. Hannigan,

I am the owner of the Rainbow Beauty Spa, and I read your recent article in the *L.A. Weekly Times*. As the owner of a relatively small business, I'm very appreciative of your kind words, and your recommendation is sure to bring more business to my establishment.

As a token of my thanks, I'd be happy to offer you a complimentary pedicure the next time you visit the spa. If you are interested in booking another beauty package, please feel free to contact me directly so that I can arrange your free service and ensure that everything exceeds your expectations.

Kindest regards,

Ricardo Diaz

6. What is indicated about the Rainbow Beauty Spa?

    (A) It has several branches in Los Angeles.

    (B) Its prices will increase on June 1.

    (C) It is currently hiring beauty therapists.

    (D) It is open seven days a week.

7. What can be inferred about Ms. Hannigan?

    (A) She had difficulty locating the spa.

    (B) She was impressed with the spa's design.

    (C) She visited the spa with a colleague.

    (D) She has written about spas in the past.

8. Which beauty package did Ms. Hannigan most likely purchase?

    (A) Combo 1

    (B) Combo 2

    (C) Combo 3

    (D) Combo 4

9. Why did Mr. Diaz send the e-mail to Ms. Hannigan?

    (A) To inform her about some new spa services

    (B) To correct an error in her recent article

    (C) To express gratitude for her support

    (D) To apologize for the poor service she received

10. Who most likely will provide Ms. Hannigan with a free treatment?

    (A) Mr. Richards

    (B) Ms. Swan

    (C) Mr. Olofsson

    (D) Ms. Choi

 **정답 뽀개기**

6. What is indicated about the Rainbow Beauty Spa?

> **(B) Its prices will increase on June 1.**

정답

✔ 주어진 정보와 관련된 사항을 묻는 문제이다.

✔ 'Rainbow Beauty Spa'라는 단어를 첫 번째 지문에서 찾는다. 첫 번째 지문의 제목에 'Rainbow Beauty Spa'라는 업체명이 드러나 있으며, 그 다음 문장에서 'The Rainbow Beauty Spa will be opening on May 1, and we will celebrate by offering a 25-percent discount on all beauty packages during our first month in business'라고 적혀 있다. 따라서 이 업체의 경우 5월 한 달 동안 할인 가격이 제공될 것이라는 사실을 알 수 있는데, 이는 곧 그 다음 달에 정상 가격이 적용된다는 것을 의미한다. 따라서 정답은 (B)이다.

(A) It has several branches in Los Angeles.

(C) It is currently hiring beauty therapists.

(D) It is open seven days a week.

✔ (A)의 지점이나 (C)의 구인과 관련된 사항은 언급되지 않았으므로 이들은 모두 오답이다.

✔ (D)의 경우 'Open: Monday through Saturday'라는 부분에서 일요일은 영업하지 않는다는 것을 알 수 있으므로 이 또한 오답이다.

7. What can be inferred about Ms. Hannigan?

(D) She has written about spas in the past.

✔ 주어진 정보에 관하여 언급된 부분을 찾는 문제이다.

✔ Hannigan 씨에 대해서 묻는 문제인데 Hannigan 씨는 두 번째 지문을 쓴 사람이다. 따라서 두 번째 지문을 살펴보면 그녀는 세 번째 줄에서 'I was reluctant to review yet another one for our publication'라고 작성하면서 또 다른 스파를 언급하기를 꺼려 한다고 했다. 즉, 그녀는 이전에도 스파에 관한 기사를 썼을 것이므로 정답은 (D)이다.

(A) She had difficulty locating the spa.

(B) She was impressed with the spa's design.

(C) She visited the spa with a colleague.

✔ 'The spa is located in a fairly nondescript building on Beach Boulevard'라는 부분에서 스파의 위치와 관련된 설명은 있지만, 이곳을 찾는 데 그녀가 어려움을 겪었다는 말은 없으므로 (A)는 오답이다.

✔ 스파의 디자인과 관련된 언급은 찾아볼 수 없으므로 (B) 역시 오답이다.

✔ 기사에서 동료와 함께 온천을 방문했다는 내용은 찾을 수 없으므로 (C) 역시 정답이 될 수 없다.

8. Which beauty package did Ms. Hannigan most likely purchase?

	(B) Combo 2	✔ 주어진 정보를 활용하여 푸는 연계 문제이다.
	(A) Combo 1 (C) Combo 3 (D) Combo 4	✔ Hannigan 씨가 구매했던 패키지에 관한 질문이기 때문에, 두 번째 지문에서 그녀가 어떤 서비스를 받았는지 찾은 후 이를 첫 번째 지문에서의 패키지 상품과 비교하도록 한다. 우선, 기사의 두 번째 문단의 다섯 번째 줄 'The full body massage provided'라는 부분과 'I wish it had lasted longer than one hour'라는 부분에서 그녀는 1시간 이상 서비스를 받았으면 좋았겠지만 그렇지 못했다고 했으므로 그녀가 구입한 패키지는 첫 번째 지문의 콤보1과 2에 해당한다. 그리고 'After the massage, I was directed to a different room for my facial scrub'이라는 부분에서는 그녀가 구입한 패키지에 'facial scrub'이 포함되어 있다는 것을 알 수 있다. 이러한 정보들을 종합하면 정답은 (B)이다.

9. Why did Mr. Diaz send the e-mail to Ms. Hannigan?

<table>
<tr>
<td>정답</td>
<td>

(C) To express gratitude for her support

✔ 글의 목적을 묻는 문제이다.

✔ 세 번째 지문인 이메일의 첫 번째 문단에서 Diaz 씨는 'I'm very appreciative of your kind words, and your recommendation is sure to bring more business to my establishment'라며 감사함을 표현하고 있다. 따라서 정답은 (C)이다.
</td>
</tr>
<tr>
<td>오답</td>
<td>

(A) To inform her about some new spa services
(B) To correct an error in her recent article
(D) To apologize for the poor service she received

✔ 새로운 서비스에 관한 부분은 언급되지 않았으므로 (A)는 오답이다.

✔ (B)의 경우 'I read your recent article'이라고 한 부분에서 기사에 대한 언급은 찾아볼 수 있지만, 기사의 오류를 수정하고 싶다는 내용은 없으므로 (B) 역시 오답이다.

✔ 지문에서 'I'm very appreciative'라며 감사를 표한 부분을 통해 (D) 또한 오답임을 알 수 있다.
</td>
</tr>
</table>

10. Who most likely will provide Ms. Hannigan with a free treatment?

<table>
<tr>
<td>정답</td>
<td>**(B) Ms. Swan**</td>
<td rowspan="2">

✔ 지문의 상세 정보를 묻는 문제로서 연계 문제이다.

✔ 문제의 키워드는 'Who, Ms. Hannigan', 그리고 'free treatment'인데, 지문에서 키워드와 관련된 '무료 서비스'와 '무료 서비스를 제공할 사람'에 대한 정보를 찾아 본다. 이메일의 두 번째 문단의 첫 번째 문장 중 'I'd be happy to offer you a complimentary pedicure the next time you visit the spa'에서 무료 서비스는 페디큐어임을 알 수 있는데, 기사의 두 번째 문단 중 'At this point, I regretted that I had not included a pedicure in my package'에 pedicure라는 단어가 언급되었으며, Hannigan 씨는 이를 패키지에 넣지 않은 것을 후회한다고 했다. 이어서 'as I spoke to several other customers who spoke highly of Amy Swan's skill as a pedicurist. I suppose it gives me a reason to return for another session!'라는 내용이 있는데, 여기에서 페디큐어 전문가의 이름이 Amy Swan임을 알 수 있으므로 정답은 (B)이다.
</td>
</tr>
<tr>
<td>오답</td>
<td>

(A) Mr. Richards
(C) Mr. Olofsson
(D) Ms. Choi
</td>
</tr>
</table>

곧 오픈합니다!
레인보우 뷰티 스파

Beach 로 3007번지
로스 엔젤레스, 캘리포니아 90028

레인보우 뷰티 스파가 5월 1일에 오픈할 예정이며, 오픈 첫 달 기념으로 모든 뷰티 패키지 상품을 25% 할인해 드립니다. 스트레스를 풀고 자신을 소중히 가꾸고 싶으시다면, 아래 패키지 중 하나를 구매해 보세요. 그러면 저희 전문 미용 치료사들이 관리해 드릴 것입니다.

콤보 1 전신 마사지(60분), 발 마사지 행사 가격 75달러	**콤보 2** 전신 마사지(60분), 발 마사지, 얼굴 스크럽 행사 가격 90 달러
콤보 3 전신 마사지(75분), 발 마사지, 얼굴 스크럽, 페디큐어 행사 가격 120달러	**콤보 4** 전신 마사지(75분), 발 마사지, 얼굴 스크럽, 페디큐어, 두피 마사지 행사 가격 150 달러

뷰티 패키지를 예약하거나 문의를 하시려면 555-2897로 전화를 주시거나, info@rainbowspa.com로 이메일을 보내시거나, 웹사이트 www.rainbowbeautyspa.com을 방문하시면 됩니다.

영업시간: 월요일~토요일, 오전 9시~오후 6시

LA Weekly Times
리뷰 – 레인보우 뷰티 스파
Polly Hannigan 작성

(5월 3일) – 대부분의 독자들이 이미 알고 있듯이, 로스 엔젤레스에는 뷰티 스파가 부족하지 않아서 저희 매체에 또 다른 스파에 대해 논평하고 싶지는 않았습니다. 그러나 한 동료가 레인보우 뷰티 스파는 서비스의 질과 숙련된 치료사의 전문성 측면에서 대중들에게 유명하다는 점을 알려 주었습니다. 그리고 저는 그러한 점들이 사실이라는 점을 인정해야 했습니다!

이 스파는 Beach 로의 평범한 건물에 위치해 있으며, 모든 고객에게 사물함과 편안한 운동복, 그리고 탈의실을 제공합니다. 숙련된 스웨덴 안마사 Pelle Olofsson 씨가 해준 전신 마사지는 내가 받아본 것 중 최고였으며, 한 시간 이상 마사지를 받았더라면 더 좋았을 것 같습니다. 마사지 후 저는 얼굴 스크럽을 위해 다른 방으로 향했습니다. June Choi라는 친절한 치료사는 다양한 아로마 오일과 크림을 사용했으며, 시술이 끝난 후에는 피부가 건강해 보였고 젊어졌다는 느낌을 받았습니다. 그 다음, 저는 편안한 의자에 앉았고 Dan Richards 씨가 발 마사지를 시작했습니다. 그의 안정감 있는 마사지는 긴장을 없애고 스트레스를 완화시키는 데 정말로 도움이 되었습니다. 이 때, 페디큐어 전문가인 Amy Swan 씨의 실력을 높이 평가하는 몇몇 다른 고객들과 이야기를 나누면서, 저는 패키지에 페디큐어를 포함시키지 않은 것을 후회했습니다. 이러한 점은 또 다시 케어를 받기 위해 이곳을 다시 방문해야 할 이유라고 생각합니다.

전체적으로, 특히 프로모션이 진행되는 동안, 레인보우 뷰티 스파를 방문하실 것을 강력히 추천합니다. 555-289로 직접 전화하시거나 www.rainbowbeautyspa.com 사이트를 방문하실 수 있습니다.

받는 사람: Polly Hannigan 〈phannigan@laweeklytimes.com〉
보낸 사람: Ricardo Diaz 〈ricarddo@rainbowspa.com〉
제목: 최근 기사
날짜: 5월 5일

친애하는 Hannigan 씨께,

저는 레인보우 뷰티 스파의 대표로, *LA Weekly Times*의 최근 기사를 읽었습니다. 비교적 소규모 기업의 대표로서, 저는 귀하의 호의적인 글에 큰 감사를 드리며, 당신의 추천이 제 사업에 많은 도움을 줄 것이라고 확신합니다.

감사의 표시로, 귀하께서 저희 스파를 방문하실 때 무료 페디큐어 서비스를 제공하고자 합니다. 다른 뷰티 패키지 예약에 관심이 있으신 경우, 무료 서비스를 제공해 드리고 모든 것이 귀하의 기대를 뛰어 넘을 수 있도록 만들기 위해 언제든지 저에게 직접 연락을 주시기 바랍니다.

안부를 전하며,

Ricardo Diaz

---

6. 레인보우 뷰티 스파에 대해 무엇을 알 수 있는가?

(A) 로스 엔젤레스에 여러 지점이 있다.

(B) 6월 1일에 가격이 인상될 것이다.

(C) 현재 미용 치료사를 고용하고 있다.

(D) 매일 영업한다.

7. Hannigan 씨에 대해 추론할 수 있는 것은 무엇인가?

(A) 그녀는 스파를 찾는 데 어려움을 겪었다.

(B) 그녀는 스파의 디자인에 감명을 받았다.

(C) 그녀는 동료와 함께 온천을 방문했다.

(D) 그녀는 과거에 스파에 대해 글을 썼다.

8. Hannigan 씨는 어떤 뷰티 패키지를 구입했을 것 같은가?

(A) 콤보 1

(B) 콤보 2

(C) 콤보 3

(D) 콤보 4

9. Diaz 씨는 왜 Hannigan 씨에게 이메일을 보냈는가?

(A) 새로운 스파 서비스에 대해 그녀에게 알리기 위해서

(B) 최근 그녀의 기사 오류를 수정하기 위해서

(C) 그녀의 지지에 감사를 표하기 위해서

(D) 그녀가 받은 형편없는 서비스에 대해 사과하기 위해

10. Hannigan 씨에게 무료 서비스를 제공할 사람은 누구일 것 같은가?

(A) Richards 씨

(B) Swan 씨

(C) Olofsson 씨

(D) Choi 씨

정답 **6.** (B) **7.** (D) **8.** (B) **9.** (C) **10.** (B)

어휘 **celebrate** 기념하다, 축하하다 **relieve** 완화시키다, 안도하다 **below** 아래에, ~이하의 **take care of** 관리하다, 처리하다 **inquiry** 문의, 조사 **shortage** 부족, 결핍 **reluctant** 꺼리는, 주저하는 **review** 검토하다 **publication** 간행물, 출판물 **in terms of** ~의 관점에서 **admit** 인정하다 **comfortable** 편안한, 안정된 **clientele** 고객 **last** 지속되다 **direct** 향하다, 이끌다 **complete** 완료하다, 마치다 **rejuvenate** 젊어 지게 하다, 활력을 되찾게 하다 **regret** 후회하다, 유감이다 **absolutely** 절대적으로, 완전히

- 일반적으로 삼중 지문에서 기사나 웹페이지 지문은 회사 및 지역에서의 새로운 소식과 관련한 내용을 담고 있으며, 해당 기사나 웹페이지를 읽고 나서 이메일이나 편지를 작성하는 내용이 이어진다. 기사와 관련된 지문의 경우 내용 자체는 어렵지만, 정보를 찾아내는 것은 어렵지 않다.

기출 변형 1 지문을 읽고 문제에 답하시오.

Questions 1-5 refer to the following article and e-mails.

Magnet Appliances
Set to Launch New Oven

(Phoenix, August 28) Phoenix-based Magnet Appliances is applying the finishing touches to its new GX smart oven, which is predicted to revolutionize the restaurant industry and to become a fixture in many commercial kitchens.

We reached out to Magnet Appliances' CEO Alan Mendel to find out more about the cutting-edge device. He said, "Our product design team, led by Phil Sutton, has done an outstanding job. The GX smart oven will stand out from its competitors in that it can be used for a vast array of different cooking techniques: baking, roasting, steaming, smoking, and grilling. You name it. It does it all. And this means that you can save on space as you won't need to buy multiple appliances for different needs. In addition, the fact that it can be controlled remotely will boost convenience and productivity in a busy kitchen." Mendel added, "One of the most important benefits is that it employs new technology that monitors potential biological, chemical, and physical hazards to guarantee that all food is thoroughly cooked and safe to consume."

The GX smart oven will undergo some final refinements throughout September and will be officially launched with the help of celebrity chef Gaston Pirot at the Cooking & Technology Convention in Dallas on October 16. The appliance will be available for purchase worldwide in early November.

To:	Clinton Moon <clintmoon@theterrace.com>
From:	Ashley Lipton <alipton@theterrace.com>
Date:	August 29
Subject:	Restaurant ovens
Attachment:	magnetarticle.edoc

Hi, Clinton,

As you know, our restaurant kitchen is currently equipped with relatively old Spark 500 ovens manufactured by Cooktek, and I think it would be beneficial to us in numerous ways if we switched these for the soon-to-be-released GX smart oven made by Magnet Appliances. I have attached a recent article about the appliance for your reference.

Not only would this amazing new oven improve the overall quality of the food produced in our kitchens, but it would also help us address the number-one complaint from our diners these days. More and more often, they tell us that they had to wait too long for their food, and I believe this is starting to hurt our business. I cannot fault our kitchen staffers, who do all they can to get orders out as quickly as possible. The problem is the outdated appliances they have to use, most notably the ovens.

Please let me know what you think about my GX smart oven proposal. If you agree that it would be a smart move for our business, I will attend the Magnet Appliances product launch event at an upcoming convention and order four ovens for our restaurant.

Best wishes,

Ashley Lipton
Head Manager
The Terrace Restaurant

To: Ashley Lipton <alipton@theterrace.com>
From: Clinton Moon <clintmoon@theterrace.com>
Date: August 29
Subject: Re: Restaurant ovens

Hi, Ashley,

Thanks for bringing the matter to my attention. As I'm often overseas on business, I must rely on you to keep me informed about problems and necessary actions at the restaurant. I fully support your proposal, and I think it's an excellent business decision. As it happens, I collaborated with Alan Mendel on a business venture many years ago—long before he entered his current field. We still keep in touch, so I'll see if I can strike some kind of deal with him. I'll be going to the restaurant tomorrow, so I'll let you know what he says.

Thanks again,

Clinton
CEO
The Terrace Restaurant

1. What is NOT indicated about the GX smart oven?

    (A) It ensures that food is safe to eat.

    (B) It can be operated by remote control.

    (C) It performs a wide variety of functions.

    (D) It is more affordable than other brands.

2. What is the purpose of the first e-mail?

    (A) To compare the features of two appliances

    (B) To discuss the performance of staff members

    (C) To invite Mr. Moon to a technology convention

    (D) To propose replacing some equipment

3. What can be inferred about the Terrace Restaurant?

    (A) It has received complaints about the quality of its food.

    (B) Its diners are dissatisfied with the speed of service.

    (C) It will operate a booth at an upcoming convention.

    (D) It currently uses ovens made by Magnet Appliances.

4. When does Ms. Lipton plan to place an order with Magnet Appliances?

    (A) In August

    (B) In September

    (C) In October

    (D) In November

5. What is most likely true about Mr. Moon?

    (A) He is a former employee of Magnet Appliances.

    (B) He is acquainted with Magnet Appliances' CEO.

    (C) He collaborated on the design of the GX smart oven.

    (D) He worked with a celebrity chef in the past.

1. What is NOT indicated about the GX smart oven?

정답

(D) It is more affordable than other brands.

- ✔ 주어진 대상에 대해 언급되지 않은 점을 묻는 문제이다.
- ✔ 우선 첫 번째 지문에서 'GX Smart Oven'을 찾는다. 첫 번째 문장의 'Phoenix-based Magnet Appliances is applying the finishing touches to its new GX smart oven'라는 부분에서 이것이 신제품이라는 점을 알 수 있다. 이 제품의 특징은 두 번째 문단 중 'it can be used for a vast array of different cooking techniques: baking, roasting, steaming, smoking, and grilling'에서 찾을 수 있는데, 이를 통해 해당 제품이 다양한 기능을 수행할 수 있다는 것을 알 수 있으므로 (C)는 정답에서 제외된다. 'it can be controlled remotely'라는 부분에서는 리모트 컨트롤이 가능하다는 점을 알 수 있기 때문에 (B)도 정답이 아니다. 'all food is thoroughly cooked and safe to consume'이라는 부분을 통해서는 조리된 음식을 안전하게 먹을 수 있다는 점을 알 수 있기에 (A) 역시 오답이다. 따라서 남아 있는 (D)가 언급되지 않은 내용이다.

오답

(A) It ensures that food is safe to eat.
(B) It can be operated by remote control.
(C) It performs a wide variety of functions.

2. What is the purpose of the first e-mail?

정답

(D) To propose replacing some equipment

- ✔ 글의 목적을 묻는 문제이다.
- ✔ 두 번째 지문의 첫 번째 문단 중 'I think it would be beneficial to us in numerous ways if we switched these for the soon-to-be-released GX smart oven made by Magnet Appliances'라는 부분에서 이메일 작성자인 Ashley가 기존의 오븐을 새롭게 출시될 모델로 바꾸자고 의견을 내고 있기 때문에 정답은 (D)이다.

(A) To compare the features of two appliances
(B) To discuss the performance of staff members
(C) To invite Mr. Moon to a technology convention

오답

- ✔ 두 번째 지문의 'is currently equipped with relatively old Spark 500 ovens'라는 부분에서 오래된 모델의 오븐을 사용하고 있다고 말했을 뿐 제품 비교를 위한 내용은 찾아볼 수 없기에 (A)는 오답이다.
- ✔ (B)의 경우, 'I cannot fault our kitchen staff'라고 한 부분에서 직원에 대한 언급은 있지만 직원의 성과와 관련된 부분은 찾아볼 수 없기 때문에 이 역시 오답이다.
- ✔ (C)의 convention에는 Moon 씨가 아니라 작성자 본인이 참석할 예정이다.

3. What can be inferred about the Terrace Restaurant?

정답

(B) Its diners are dissatisfied with the speed of service.

✔ 주어진 단어에 대한 정보를 찾는 문제이다.

✔ 먼저 'The Terrace Restaurant'라는 단어를 지문에서 찾는다. 첫 번째 이메일을 쓴 사람이 'The terrace Restaurant'의 매니저인데, 이 지문의 두 번째 문단 두 번째 줄의 'the number-one complaint from our diners these days. More and more often, they tell us that they had to wait too long for their food'라는 부분에서 해당 식당의 손님들이 음식이 나오는데 걸리는 시간과 관련된 불평을 하고 있다는 점을 알 수 있다. 따라서 정답은 (B)이다.

오답

(A) It has received complaints about the quality of its food.
(C) It will operate a booth at an upcoming convention.
(D) It currently uses ovens made by Magnet Appliances.

✔ (A)의 음식과 관련된 부분은 'to wait too long for their food'인데, 품질이 아니라 조리 시간과 관련된 불만에 대해 언급되고 있으므로 이는 오답이다.

✔ (C)의 경우, 컨벤션은 부스를 설치할 곳이 아니라 오븐을 구입할 곳으로 언급되어 있다.

✔ 'currently equipped with relatively old Spark 500 ovens manufactured by Cooktek'이라는 부분에서 'The Terrace Restaurant'가 사용 중인 오븐은 (D)의 'Magnet Appliances'에서 만든 오븐이 아니라는 점을 알 수 있다.

4. When does Ms. Lipton plan to place an order with Magnet Appliances?

정답

(C) In October

✔ 특정 시간을 묻는 문제로서 연계 문제이다.

✔ Lipton 씨가 작성한 두 번째 지문의 마지막 문단에서 주문과 관련된 내용이 나오는데, 'I will attend the Magnet Appliances product launch event at an upcoming convention and order four ovens for our restaurant'라는 부분을 통해 그녀는 컨벤션이 열리는 날짜에 주문하겠다는 점을 알 수 있다. 한편 컨벤션이 열리는 날짜를 찾으면, 첫 번째 지문의 마지막 문단 중 'The GX smart oven will undergo some final refinements throughout September and will be officially launched with the help of celebrity chef Gaston Pirot at the Cooking & Technology Convention in Dallas on October 16'에서 컨벤션이 10월 16일에 열린다는 것을 알 수 있기에 정답은 (C)가 된다.

오답

(A) In August
(B) In September
(D) In November

5. What is most likely true about Mr. Moon?

(B) He is acquainted with Magnet Appliances' CEO.

✔ 주어진 사람에 대한 정보를 찾는 문제로서 연계 문제이다.

✔ Moon 씨와 관련된 정보를 세 번째 지문에서 먼저 찾는다. 세 번째 지문의 세 번째 줄 'I collaborated with Alan Mendel on a business venture many years ago'라는 부분에서 Moon 씨가 Alan Mendel이라는 사람과 같이 일했던 적이 있어서 서로 알고 있다는 것을 알 수 있다. 첫 번째 지문 두 번째 문단의 'We reached out to Magnet Appliances' CEO Alan Mendel'이라는 부분에서 'Magnet Appliances' CEO'가 Alan Mendel이라는 사실을 알 수 있기 때문에 정답은 (B)가 된다.

(A) He is a former employee of Magnet Appliances.

(C) He collaborated on the design of the GX smart oven.

(D) He worked with a celebrity chef in the past.

✔ Moon 씨는 'The Terrace Restaurant'의 대표인데, 그의 예전 직업과 관련해서는 언급되지 않았으므로 (A)는 오답이다.

✔ (C)의 경우 'collaborated with Alan Mendel on a business venture many years ago'라고 한 부분에서 그가 'Magnet Appliances'의 CEO와 협업을 했다는 점은 알 수 있으나, 이것이 오븐과 관련된 것인지는 언급되지 않았기 때문에 이 역시 오답이다.

✔ 지문에서 유명 요리사와 관련된 언급은 찾아볼 수 없기에 (D) 또한 오답이다.

해석

새로운 오븐 출시 예정인 Magnet Appliances

(피닉스, 8월 28일) 피닉스에 기반을 둔 Magnet Appliances 사의 신제품인 GX 스마트 오븐의 개발이 마무리 단계에 들어섰는데, 이 제품은 요식업계에 혁명을 일으켜 많은 식당의 주방에 설치될 것으로 예상된다.

Magnet Appliances 사의 CEO인 Alan Mendel 씨에게 연락을 취하여 최첨단 장비에 대한 자세한 내용을 알아보았다. 그는 "Phil Sutton 씨가 이끄는 저희 제품 디자인 팀이 훌륭한 일을 해냈습니다. GX 스마트 오븐은 다양한 요리 기술에 사용될 수 있다는 점에서 경쟁 상품들과 차별화될 것입니다. 베이킹, 로스팅, 스팀, 스모킹, 그릴링 - 말씀만 하세요. 어떤 것이든 다 해냅니다. 그리고 다양한 필요에 따라 여러 개의 서로 다른 가전 제품을 구입할 필요가 없으므로 공간을 절약할 수 있다는 것을 의미합니다. 또한 원격으로 제어가 가능하기 때문에 바쁜 주방에서 편리함과 생산성이 높아질 수 있습니다."라고 했다. Mendel 씨는 "가장 중요한 이점 중 하나는 첨단 기술을 적용함으로써 생물학적, 화학적, 그리고 물리적인 잠재 위험 요소들이 관리되어 모든 음식이 충분히 요리되고 섭취하기에 안전해진다는 점이에요."라고 덧붙였다.

GX 스마트 오븐은 9월 동안 몇 가지 최종 개선 과정을 거쳐 10월 16일 댈러스에서 열리는 Cooking & Technology 컨벤션에서 유명 요리사인 Gaston Pirot 씨의 도움을 받아 공식적으로 출시될 예정이다. 이 가전 제품은 11월 초부터 전 세계에서 구매할 수 있다.

받는 사람: Clinton Moon 〈clintmoon@theterrace.com〉
보낸 사람: Ashley Lipton 〈alipton@theterrace.com〉
날짜: 8월 29일
제목: 음식점 오븐
첨부: magnetarticle.edoc

안녕하세요, Clinton,

아시다시피, 저희 식당 주방에는 현재 Cooktek 사에서 제조한, 상대적으로 오래된 Spark 500 오븐이 있어서, 이를 곧 출시될 예정인 Magnet Appliances 사의 GX 스마트 오븐으로 교체한다면 다양한 방면에서 저희에게 도움이 될 것이라고 생각합니다. 참조하시라고 오븐에 대한 최근 기사를 첨부했습니다.

이 놀라운 새 오븐은 저희 주방에서 조리되는 음식의 전반적인 질을 향상시켜 줄 뿐만 아니라, 최근에 손님들로부터 가장 많이 제기되는 불만 사항을 해결하는 데에도 도움을 줄 것입니다. 손님들이 너무 오랫동안 음식을 기다려야 한다는 불만이 점점 더 많아지고 있는데, 저는 이러한 점이 우리의 사업에 피해를 입히기 시작할 것으로 생각합니다. 직원들은 가능한 한 빨리 주문이 나가기 위해 할 수 있는 모든 일을 하고 있기에 그들을 비난할 수는 없다고 생각합니다. 문제는 그들이 사용해야 하는 구식 가전 제품, 특히 오븐입니다.

저의 GX 스마트 오븐 제안에 대해 어떻게 생각하는지 알려주십시오. 귀하께서 이 오븐이 우리 사업에 대한 현명한 조치가 될 것이라는 점에 동의하시면, 저는 곧 있을 컨벤션에서의 Magnet Appliances 사의 제품 출시 이벤트에 참석해서 식당에 4개의 오븐을 주문할 것 입니다.

감사합니다,

Ashley Lipton
수석 매니저
Terrace 식당

받는 사람: Ashley Lipton 〈alipton@theterrace.com〉
보낸 사람: Clinton Moon 〈clintmoon@theterrace.com〉
날짜: 8월 29일
제목: Re: 음식점 오븐

안녕하세요, Ashley,

문제점을 알게 해 주셔서 감사합니다. 저는 종종 해외 출장을 가기 때문에 음식점에서 생기는 문제와 필요한 조치에 대해서는 당신이 알려 주는 것에 의존하고 있습니다. 저는 당신의 제안을 전적으로 지지하며, 그것이 훌륭한 사업 상의 결정이라고 생각합니다. 우연하게도 저는 Alan Mendel 씨가 이 분야에 진출하기 훨씬 오래 전인 몇 년 전에 한 벤처 기업에서 그분과 함께 일을 했습니다. 저는 여전히 그분과 연락을 유지하고 있으므로 제가 어떤 거래를 할 수 있는지 알아보겠습니다. 제가 내일 식당에 가서 그분께서 말씀하시는 내용을 알려드리겠습니다.

다시 한 번 감사합니다,

Clinton
대표
Terrace 식당

1. GX 스마트 오븐에 대해 언급되지 않은 것은 무엇인가?

   (A) 음식을 먹기에 안전하다는 것을 보증한다.

   (B) 원격제어에 의해 작동될 수 있다.

   (C) 다양한 기능을 수행한다.

   (D) 다른 브랜드 제품보다 더 저렴하다.

2. 첫 번째 이메일의 목적은 무엇인가?

   (A) 두 가전 제품의 특징을 비교하기 위해서

   (B) 직원의 성과에 대해 논의하기 위해서

   (C) Moon 씨를 기술 협의회에 초대하기 위해

   (D) 일부 장비 교체를 제안하기 위해서

3. Terrace 식당에 대해 추론할 수 있는 것은 무엇인가?

   (A) 음식의 품질에 대한 불평을 받았다.

   (B) 손님들이 서비스 속도에 만족하지 못한다.

   (C) 다가오는 컨벤션에서 부스를 운영할 것이다.

   (D) 현재 Magnet Appliances에서 만든 오븐을 사용하고
   있다.

4. Lipton 씨는 언제 Magnet Appliances에서 주문할
   계획인가?

   (A) 8월

   (B) 9월

   (C) 10월

   (D) 11월

5. Moon 씨에 대하여 사실인 것은 무엇인가?

   (A) 그는 전에 Magnet Appliances의 직원이었다.

   (B) 그는 Magnet Appliances의 CEO와 친분이 있다.

   (C) 그는 공동으로 GX 스마트 오븐을 설계했다.

   (D) 그는 과거에 유명 요리사와 함께 일했던 적이 있다.

정답 1. (D) 2. (D) 3. (B) 4. (C) 5. (B)

어휘 **appliance** 가전제품 **revolutionize** 혁명을 일으키다 **commercial** 상업적인, 상업용의 **outstanding** 현저한, 뛰어난 **stand out** 두드러지다, 뛰어나다 **competitor** 경쟁자 **vast** 다양한, 방대한 **remotely** 멀리서, 간접적으로 **boost** 늘리다, 증가하다 **employ** 이용하다, 고용하다 **monitor** 감시하다, 조사하다 **guarantee** 보장하다 **thoroughly** 철저하게, 완전히 **consume** 먹어 치우다, 소비하다 **refinement** 개선 **launch** 시작하다, 출시하다 **be equipped with** ~을 갖추고 있다 **relatively** 비교적으로, 상대적으로 **beneficial** 유익한, 이익이 되는 **reference** 참고; 추천서 **improve** 개선하다, 향상하다 **overall** 전반적으로, 종합적으로 **fault** 비난하다 **outdated** 구식의; 기한이 지난 **notably** 현저히, 명백히 **fully** 완전히, 충분한 **collaborate with** ~와 협력하다 **keep in touch** 연락하다, 접촉하다 **strike** (계약, 조약 등을) 맺다, 체결하다

Questions 6-10 refer to the following announcement, letter, and Web page.

Get Ready for the Irish Folk Festival!

The Irish Folk Festival has been running for almost two decades, and it has become a popular summer event that every music fan marks on the calendar. This year's festival differs from those of previous years, as it will be held in four different cities simultaneously in order to accommodate a greater number of music fans. As always, it will be held on the first weekend of July (July 3 and 4), and admission fees will be roughly the same as usual.

The festival will be sponsored by Glucozone Sports & Energy Drinks, and the company will be selling products and merchandise at the various festival venues before and after performances. In addition, most of the participating musicians will be selling CDs, T-shirts, and posters during the festival, and they might even autograph items for you and invite you into the backstage area at the end of their performance! Attendees will also be able to enjoy special promo prices offered by the venues during the festival. Please note that in an effort to provide an enjoyable concert experience for everyone, venues will insist that all mobile phones be turned off while the musicians are onstage.

For more information about participating musicians and venues or to purchase tickets, visit our Web site at www.irishfolkfestival.com.

Mr. Sean O'Shea
76 Keane Road
Drogheda, Ireland
A92 XPF2

Dear Sean,

It has certainly been a long time since we last corresponded, but I am writing to inquire whether you would be interested in performing at the Irish Folk Festival. Although it has been several years since we went to university together, I assume that you still play the guitar, sing, and compose your own music. I always felt that you were extremely talented and that your songs deserved to be heard by a wider audience.

My company is sponsoring the event, and I would be happy to put in a good word with the event organizers and venue-owners to secure you a place on the lineup. The festival will take place at four different venues: the Brazen Bull in Dublin, O'Doyle's Lounge in Kilkenny, the Copper Drum in Dundalk, and the Four-Leaf Clover in Waterford.

If you're interested in performing, please feel free to call me at 555-2981 and let me know your preferred venue, and I'll sort it out for you.

Best regards,

Carl Doherty

Irish Folk Festival
First Lineup Announcement!

We are delighted to announce the first batch of musicians who will be performing at the Irish Folk Festival, which will be taking place in various venues across multiple cities in Ireland in early July.

Venue	Performers
The Copper Drum	Lionel McWhirter, Colin Donaldson
Four-Leaf Clover	Penny Chambers, William Morgan
O'Doyle's Lounge	Emily Fitzpatrick, Sean O'Shea
The Brazen Bull	Tim Westley, Margaret Porter

For more information on the above venues, click the tab at the top of this page. Tickets may be purchased directly through our Web site or from the participating venues.

---

6. What is indicated about the Irish Folk Festival?

(A) It is free to attend.

(B) It lasts for three days.

(C) It was founded 10 years ago.

(D) It is held annually.

7. What will festival attendees NOT be allowed to do?

(A) Have merchandise signed by the performers

(B) Take advantage of discounts at the venues

(C) Use cell phones during the performances

(D) Access backstage areas after the shows

8. What is suggested about Mr. Doherty?

(A) He operates a music venue in Ireland.

(B) He will perform at the Irish Folk Festival.

(C) He works for a beverage company.

(D) He has composed music with Mr. O'Shea.

9. In the letter, the word "secure" in paragraph 2, line 2, is closest in meaning to

(A) protect

(B) determine

(C) attach

(D) guarantee

10. In which city will Mr. O'Shea perform?

(A) Dublin

(B) Kilkenny

(C) Dundalk

(D) Waterford

6. What is indicated about the Irish Folk Festival?

정답	(D) It is held annually.	✔ 주어진 단어와 관련하여 언급된 부분을 찾는 문제이다. ✔ 문제에서 주어진 단어는 'the Irish Folk Festival'이므로, 첫 번째 지문의 첫 번째 문단 'it has become a popular summer event that every music fan marks on the calendar. This year's festival differs from those of previous years'를 살펴보도록 한다. 여기에서 글쓴이는 다른 해와는 다른 올해 페스티벌의 특징을 언급하고 있기 때문에 이 페스티벌이 매년 여름에 열린다는 것을 알 수 있다. 따라서 정답은 (D)가 된다.
오답	(A) It is free to attend. (B) It lasts for three days. (C) It was founded 10 years ago.	✔ 'admission fees will be roughly the same as usual'라는 부분에서 입장료가 무료가 아니라는 점을 알 수 있기에 (A)는 오답이다. ✔ 'on the first weekend of July (July 3 and 4)'라고 한 부분에서 행사 기간이 2일이라는 점을 알 수 있기 때문에 (B)도 오답이다. ✔ 'running for almost two decades'라는 부분을 통해 이 행사가 20년 동안 진행된 행사라는 점을 알 수 있으므로 (C) 역시 오답이다.

7. What will festival attendees NOT be allowed to do?

정답	(C) Use cell phones during the performances
	✔ 세부 사항을 묻는 문제이다. ✔ 문제에서 언급된 attendees와 관련된 부분을 지문에서 찾는다. 첫 번째 지문 두 번째 문단 마지막 문장인 'Please note that in an effort to provide an enjoyable concert experience for everyone, venues will insist that all mobile phones be turned off while the musicians are onstage'에서 페스티벌 참가자들에게 휴대폰의 전원을 꺼 달라는 요청을 하고 있기 때문에 정답은 (C)가 된다.
오답	(A) Have merchandise signed by the performers (B) Take advantage of discounts at the venues (D) Access backstage areas after the shows
	✔ (A)의 사인을 받는 것과 관련된 언급은 'they might even autograph items for you'에서 찾을 수 있다. ✔ (B)의 내용은 'enjoy special promo prices'라는 부분에서 확인할 수 있다. ✔ 'invite you into the backstage area at the end of their performance'라는 부분을 통해 참석자들이 무대 뒤편에 갈 수 있다는 것을 알 수 있으므로 (D)도 허용되는 사항이다.

8. What is suggested about Mr. Doherty?

정답

(C) He works for a beverage company.

✓ 주어진 단어에 대해 언급된 사항을 찾는 문제로서 연계 문제이다.

✓ 우선 문제에 주어진 Doherty 씨를 지문에서 찾아 본다. 두 번째 지문을 쓴 사람이 Doherty 씨이기 때문에 이 지문의 내용과 보기에 있는 단어들과 매칭해 본다. 편지의 두 번째 문단 중 'My company is sponsoring the event'라는 부분을 보면 그의 회사가 행사에 스폰서로 참여한다고 했기 때문에 첫 번째 지문에서 스폰서와 관련된 단어를 찾아본다. 첫 번째 지문 두 번째 문단에 'The festival will be sponsored by Glucozone Sports & Energy Drinks'라는 내용이 있으므로 Doherty 씨는 음료 회사에서 일하는 것을 알 수 있다. 그러므로 정답은 (C)이다.

오답

(A) He operates a music venue in Ireland.

(B) He will perform at the Irish Folk Festival.

(D) He has composed music with Mr. O'Shea.

✓ Doherty 씨가 아일랜드에 거주하고 있는 것은 맞지만 음악 공연장을 운영한다는 정보는 찾을 수 없으므로 (A)는 오답이다.

✓ 편지의 내용은 Doherty 씨가 O'Shea 씨에게 공연을 권하는 것이므로 (B) 역시 정답이 될 수 없다.

✓ 편지의 첫 번째 문단의 'you still play the guitar, sing, and compose your own music'이라는 부분에 서 O'Shea 씨가 여전히 작곡을 한다는 것을 알 수는 있지만, Doherty 씨가 작곡을 함께 하는지는 알 수 없으므로 (D)도 오답이다.

9. In the letter, the word "secure" in paragraph 2, line 2, is closest in meaning to

정답

(D) guarantee

✓ 지문에서 주어진 단어와 비슷한 의미로 사용된 단어를 고르는 문제이다.

✓ 우선 주어진 secure라는 단어를 두 번째 지문의 두 번째 문단에서 찾으면 'secure you a place on the lineup'이라는 내용인데, 이는 행사에서 자리를 마련해 준다는 의미로서 자리를 보장해 준다는 의미이다. 따라서 (D)가 정답이다.

오답

(A) protect

(B) determine

(C) attach

✓ (A)는 '어떤 위협으로부터 보호하다'라는 의미이다.

✓ (B)는 '어떤 제안이나 의견에 대한 결정을 내리다'라는 의미이다.

✓ (C)는 '~에 첨부하다' 혹은 '~에 부착하다'라는 의미로 사용된다.

10. In which city will Mr. O'Shea perform?

정답	(B) Kilkenny

✔ 장소와 관련된 정보를 찾는 문제로서 연계 문제이다.

✔ 세 번째 지문에서 문제에 언급된 'Mr. O'Shea'를 찾아 보면, 공연 일정표의 세 번째 목록에서 그의 이름을 찾을 수 있다. 그가 공연하는 장소는 'O'Doyle's Lounge'인데, 두 번째 지문의 두 번째 문단에 'O'Doyle's Lounge in Kilkenny'라는 내용이 있으므로 정답은 (B)이다.

오답	(A) Dublin (C) Dundalk (D) Waterford

해석

Irish Folk 페스티벌을 준비합시다!

Irish Folk 페스티벌은 거의 20년 동안 진행되고 있으며, 모든 음악 팬들이 이를 달력에 표시하는 인기 있는 여름 행사가 되었습니다. 더 많은 음악 팬을 수용하기 위해 올해 축제는 4개 도시에서 동시에 열릴 예정이기 때문에 전년과는 다릅니다. 늘 그렇듯이, 축제는 7월 첫째 주말(7월 3일과 4일)에 열리며 입장료는 평소와 거의 같을 것입니다.

이 축제는 Glucozone Sports & Energy Drinks가 후원하며, 공연 전후 다양한 축제 장소에서 이 기업이 제품과 상품을 판매할 예정입니다. 이외에도, 대부분의 참여 음악가들은 축제 기간 동안 CD, 티셔츠, 포스터를 판매할 것이며, 여러분을 위해 물품에 사인을 하고, 공연의 끝날 때 무대 뒤편으로 여러분을 초대할 수도 있습니다! 또한 축제 기간 동안 참가자들은 행사장에서 제공하는 특별 프로모션 가격을 누릴 수 있습니다. 모든 사람이 즐거운 콘서트를 경험할 수 있도록, 음악가들이 공연하는 동안 공연장에서는 모든 휴대 전화의 전원을 꺼 주시기 바랍니다.

참여 음악가와 공연장에 대한 자세한 내용이 필요하시거나 티켓을 구매하시려는 경우에는 저희 웹사이트인 www.irishfolkfestival.com를 방문해 주십시오.

Sean O'Shea
Keane 로 76번지
드로게다, 아일랜드
A92 XPF2

Sean에게,

우리가 마지막으로 연락한지는 확실히 오래되었지만, Irish Folk 페스티벌 공연에 대한 당신의 관심 여부를 묻기 위해 글을 쓰고 있어요. 우리가 함께 대학에 다닌 지 몇 년이 지났지만, 저는 당신이 여전히 기타를 연주하고, 노래하고, 곡을 쓰고 있다고 생각해요. 저는 항상 당신의 재능이 매우 뛰어나다고 생각하고 있었고, 당신의 노래는 더 다양한 청중이 들어야 한다고 느꼈어요.

우리 회사는 행사를 후원하고 있으며, 당신이 출연진에 포함될 수 있도록 행사 기획자 및 부지 소유자들에게 좋은 쪽으로 이야기를 나눌 수 있으면 좋을 것 같아요. 이번 행사는 4개의 장소에서 열려요: 더블린의 the Brazen Bull, 킬케니의 O'Doyle's Lounge, 던도크의 the Copper Drum, 그리고 워터퍼드의 the Four-Leaf Clover예요.

공연에 관심이 있다면, 555-2981로 저에게 전화해서 원하는 장소를 알려 주시면 제가 일을 진행하도록 할게요.

행운을 빌어요,

Carl Doherty

축제에 대하여	출연진	장소	티켓

Irish Folk 페스티벌
첫 번째 출연진 공고!

7월 초 아일랜드의 여러 도시의 다양한 장소에서 열리는 Irish Folk 페스티벌에서 공연할 첫 번째 뮤지션들을 알려 드리게 되어 기쁘게 생각합니다.

장소	공연자
The Copper Drum	Lionel McWhirter, Colin Donaldson
The Four-Leaf Clover	Penny Chambers, William Morgan
O'Doyle's Lounge	Emily Fitzpatrick, Sean O'Shea
The Brazen Bull	Tim Westley, Margaret Porter

위의 장소에 대한 자세한 내용을 확인하시려면 이 페이지 상단의 탭을 클릭하세요. 티켓은 저희 웹사이트를 통해, 혹은 참가 장소에서 직접 구매하실 수 있습니다.

---

6. Irish Folk 페스티벌에 대해 언급된 점은 무엇인가?
   (A) 입장은 무료이다.
   (B) 3일간 진행된다.
   (C) 10년 전에 설립되었다.
   (D) 매년 개최 된다.

7. 축제 참석자들이 할 수 없는 것은 무엇인가?
   (A) 공연자가 상품에 서명 한다.
   (B) 공연장에서 할인 혜택을 제공한다.
   (C) 공연 중에 휴대폰을 사용한다.
   (D) 공연이 끝난 후 무대 뒤편에 접근한다.

8. Doherty 씨에 관해 언급된 것은 무엇인가?
   (A) 그는 아일랜드에서 음악 공연장을 운영하고 있다.
   (B) 그는 Irish Folk 페스트벌에서 공연할 것이다.
   (C) 그는 음료 회사에서 일한다.
   (D) 그는 O'Shea 씨와 함께 음악을 작곡해왔다.

9. 편지에서, 두 번째 단락 두 번째 줄의 "secure"와 가장 의미가 가까운 것은?
   (A) 보호하다
   (B) 결정하다
   (C) 부착하다
   (D) 보장하다

10. O'Shea 씨는 어느 도시에서 공연을 할 것인가?
    (A) 더블린
    (B) 킬케니
    (C) 던도크
    (D) 워터퍼드

정답 6. (D) 7. (C) 8. (C) 9. (D) 10. (B)

어휘 run 운영하다, 열리다 mark 표시하다 previous 이전의 simultaneously 동시에, 일제히 accommodate 수용하다, 맞추다 venue 장소 autograph 사인하다, 자필 서명하다 invite 초대하다 attendee 참석자, 출석자 in an effort to 동사원형 ~해보려는 노력으로 insist 주장하다, 요구하다 certainly 분명히, 확실히 correspond 연락하다 inquire 문의하다, 조사하다 assume 가정하다, 추측하다 compose 작곡하다; 구성하다 talented 재능 있는 deserve 자격이 되다 audience 관객, 청중 secure 확보하다 sort out 해결하다, 처리하다 announce 발표하다

파트별 필수 어휘 PART 7

UNIT 01

accept 받아들이다, 수락하다

accommodation 숙박

activate 활성화시키다

adjacent 인접한, 부근의

advance 전진시키다, 나아가다

approach 접근하다, 다가오다

aspect 측면, 관점

assemble 조립하다, 모으다

assembly line 조립 라인

audience 관객, 청중

bank transfer payment
은행 이체 결제

be delighted to ~하게 되어 기쁘다

be interested in ~에 흥미를 가지다

be satisfied with ~에 만족하다

be supposed to ~하기로 되어 있다

biology 생물학

boost 늘리다

browse 훑어보다, 둘러보다

business card 명함

communicate with
~와 의사 소통하다

compensate 보상하다, 보완하다

competitive 경쟁력을 지닌

compile 모으다, 편집하다

comprehensive 종합적인, 포괄적인

consecutive 연속적인

courier service 운송 서비스

cover letter 자기 소개서

current 현재의, 지금의

disabled 장애가 있는

district 지역, 구역

ecofriendly 환경 친화적인

economic recession 불경기

enrollment fee 등록비

environment 환경, 상황

equipment 장비, 기기

exclusive benefits 특별한 혜택

experienced 숙련된, 경험이 많은

extend 확장하다, 연장하다

fault 잘못, 결점

faulty 결점이 있는

figure 수치

fill up 채우다

free of charge 무료의

fundamental 기초, 근본

go ahead 계속하다, 진행하다

grab something to eat
~을 간단히 먹다

hardworking 근면한

hesitate to ~하는 것을 망설이다,
주저하다

hospitality industry 서비스업

improve 개선하다, 향상하다

in honor of ~을 기념하여,
~에게 경의를 표하여

in no time 즉시, 당장

in the meantime 그 사이에,
그 동안에

including ~을 포함하여

innovative 혁신적인

install 설치하다

instrumental 주된 역할을 하는

introduction 개론; 도입

leading 주요한, 선도적인

limited 한정된, 제한된

make out 이해하다

merchandise 상품, 물품

motivated 동기 부여된

notably 눈에 띄게

on one's way 도중에, 가려는 중

online streaming
온라인에서 재생하는

onsite 현장의

original 원래의, 원본의

outstanding 뛰어난; 미결제금의

overdue 연체된, 지급 기한이 지난

overseas 해외의

passion 열정, 흥미

payment 지불, 지급

perspective 관점, 시각

play a key role 핵심 역할을 하다

postage 우편 요금

pregnant 임신한

premise 건물, 토지

prompt 신속한, 즉각적인

properly 적절히, 제대로

prospective 예비의, 잠재적인

protection 보호, 방지

prove 입증하다, 증명하다

quality 고급의

receipt 수령, 영수증

recently 최근에

recruit 채용하다, 모집하다

rectify 수정하다, 고치다

reference 추천서

refund 환불, 반환

renew 갱신하다

renovation 수리, 보수

résumé 이력서

run 운영하다, 열리다

sales representative 판매원

scale 규모, 범위

seemingly 겉보기에는, 외견상

serve as ~의 역할을 하다

shipment 배송

statewide 주 전체에 걸친

stationery 문방구

step down 물러나다, 사임하다

stock 갖추다, 취급하다

take a seat 앉다

take an opportunity to
~할 기회를 갖다

take pride in ~을 자랑하다

theory 이론

tirelessly 쉬지 않고, 끈기 있게

trivial 사소한, 하찮은

under the supervision of
~의 감독 하에

up to ~까지

utilize 활용하다, 이용하다

vacancy 빈자리

waive 포기하다, 면제하다

workout 운동

UNIT 02

adjust 조절하다, 조정되다

advertise 광고하다

apply for 지원하다

audience 관객, 청중

be responsible for ~을 담당하다,

be scheduled to ~할 예정이다

brief 간단한, 짧은

cater (음식을) 제공하다

catering 음식 조달

celebration 축하 행사, 축하

dietary 식이 요법의, 음식의

disappointed 실망한

distinctive 독특한, 특유의

distorted 왜곡된

exceed 넘어서다, 초과하다

feature 특징으로 삼다, 포함하다

formally 공식적으로

get in touch with
~와 연락을 취하다

impeccably 나무랄 데 없을 정도로,
완벽하게

impressed 감명 받는, 인상 받는

improve 개선하다, 향상하다

incredible 엄청난, 놀라운

indoors 실내에서

ingredient 재료, 성분

initiate 시작하다

mop 대걸레로 닦다

oversee 감독하다

particular 특정한

persist 지속하다, 계속 ~하다

prefer 선호하다

primarily 주로, 우선

qualification 자격, 자질

query 질문

reasonably 합리적으로, 상당히

relevant 관련 있는

remove 제거하다, 없애다

repeat 반복하다

request 요청하다

seek 찾다, 구하다

shift 교대

situated 위치해 있는

slot 자리

spillage 엎지름, 엎지른 양

struggle with 분투하다,
열심히 노력하다

supervise 감독하다, 관리하다

troubleshooting 문제 해결,
분쟁 조정

unusual 특이한, 드문

worthwhile 가치 있는

UNIT 03

a wide selection of 다양한

absolutely 절대적으로, 완전히

admit 인정하다

advance payment 선불

aim 목표, 목적

alongside 옆에, 나란히

as a token of ~의 표시로

as requested 요청하신 대로

autograph 사인하다, 자필 서명하다

availability 유용성, 유효성

be divided into ~으로 나눠지다

be equipped with ~을 갖추고 있다

be set to ~하도록 예정되어 있다

beneficial 유익한, 이익이 되는

boardwalk 산책길

boost 늘리다, 증가하다

clientele 고객

collaborate with ~와 협력하다

comfortable 편안한, 안정된

commercial district 상업 지구

commercial 상업적인, 상업용의

compose 작곡하다; 구성하다

confer 수여하다

correspond 연락하다

deserve 자격이 되다

dispose of ~을 처분하다,
~을 처리하다

fellow 동료

fulfillment 실현, 성취

fully 완전히, 충분한

garment 의류, 옷

gift certificate 상품권, 선물권

glowing 열렬한

guarantee 보증하다

in an effort to ~해보려는 노력으로

in conjunction with ~와 공동으로

in terms of ~의 관점에서

keep in mind 명심하다

knowledgeable 박식한

lend a hand 도와주다

measurement 치수, 측정

neglected 방치된

notably 현저히, 명백히

on behalf of ~을 대표[대리]하여

outdated 구식의; 기한이 지난

overall 전반적으로, 종합적으로

pier 부두

preference 선호

previous 이전의

process 처리하다

protect 보호하다, 지키다

provide 제공하다

publication 간행물, 출판물

redeem 바꾸다, 상환하다

reference 참고; 추천서

refinement 개선

regret 후회하다, 유감이다

rejuvenate 젊어 지게 하다,
활력을 되찾게 하다

relatively 비교적으로, 상대적으로

relieve 완화시키다, 안도하다

reluctant 꺼리는, 주저하는

remaining balance 잔액

remotely 멀리서, 간접적으로

resident 거주민

review 검토하다

revolutionize 혁명을 일으키다

run 운영하다, 열리다

secure 확보하다

serve 근무하다, 제공하다

shortage 부족, 결핍

simultaneously 동시에, 일제히

sort out 해결하다, 처리하다

stand out 두드러지다, 뛰어나다

station 배치하다, 두다

status 상태, 지위

stretch out 뻗다

strike (계약, 조약 등을) 맺다, 체결하다

supply 공급하다

take care of 관리하다, 처리하다

talented 재능 있는

thanks to ~ 덕분에

thoroughly 철저하게, 완전히

turn out 밝혀지다, 나타나다

valid 유효한, 타당한

valuable 가치 있는, 귀중한

various 다양한, 여러 가지의

vast 다양한, 방대한

when it comes to ~에 관한 한